中村哲 *Nakamura Tetsu*

|1983〜2001| 上

中村哲 思索と行動

「ペシャワール会報」現地活動報告集成

ペシャワール会＝発行

中村医師の壮行会（1983年、北九州市）

1978年、登山隊の同行医としてパキスタンを訪れた中村哲医師（右から4人目）

ペシャワール旧市街の町並み

中村医師赴任当時のペシャワール・ミッション病院ハンセン病棟

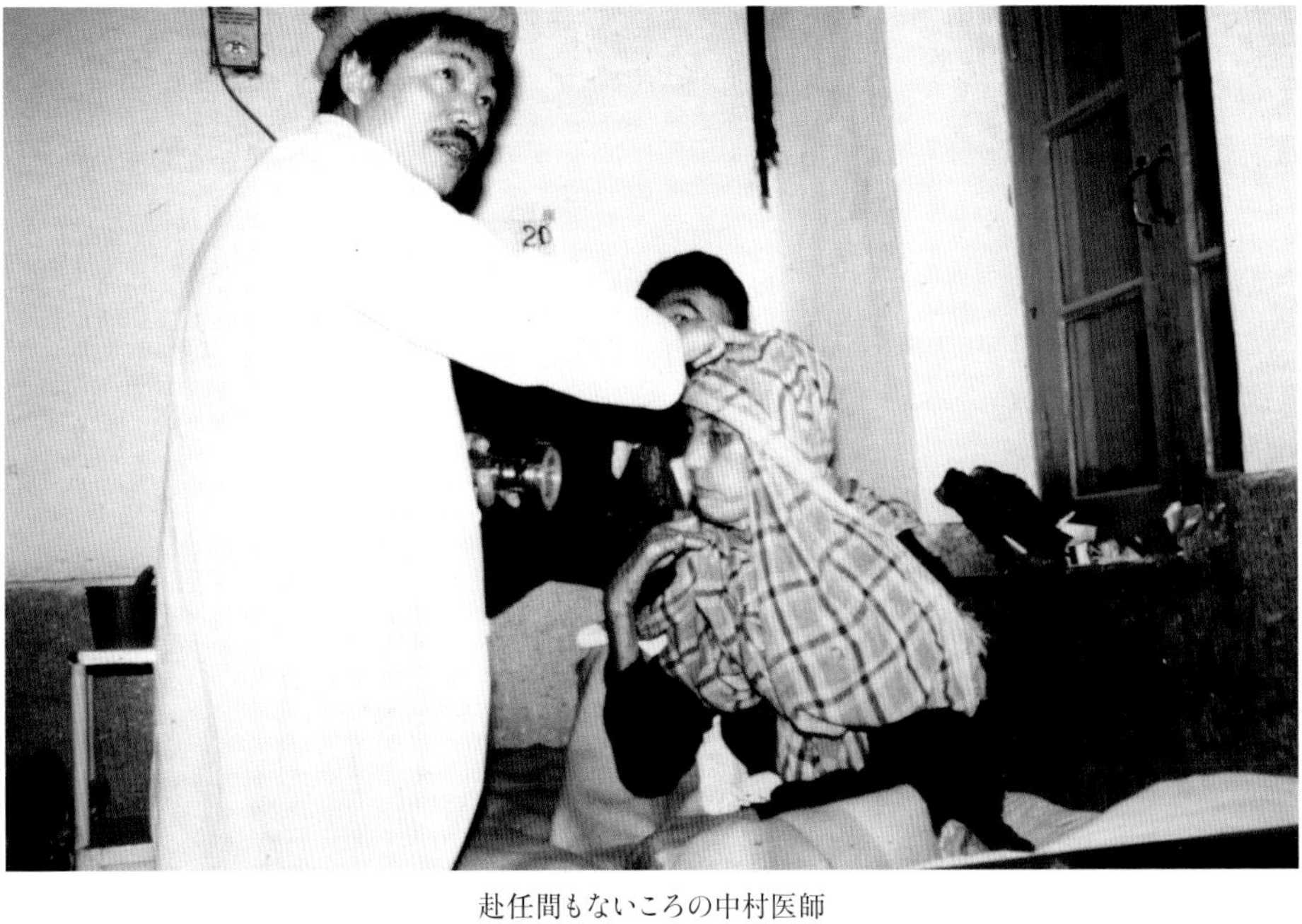

赴任間もないころの中村医師

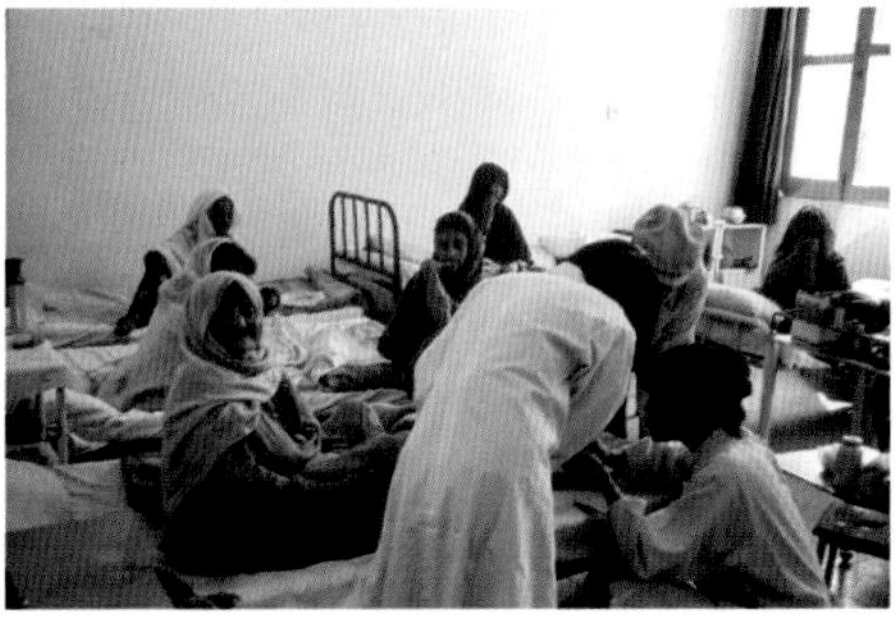

ペシャワール・ミッション病院の女性病棟

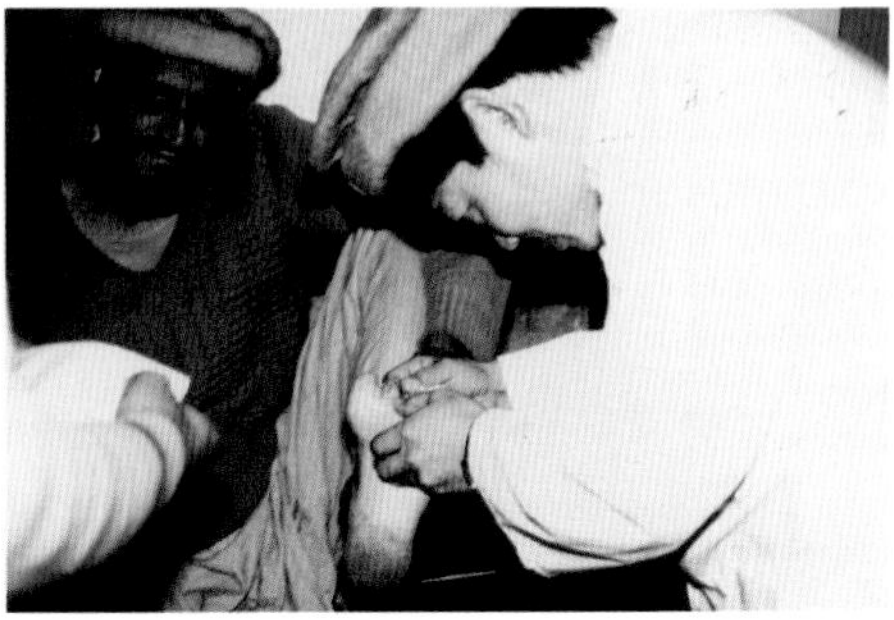

ハンセン病患者の診察をする中村医師

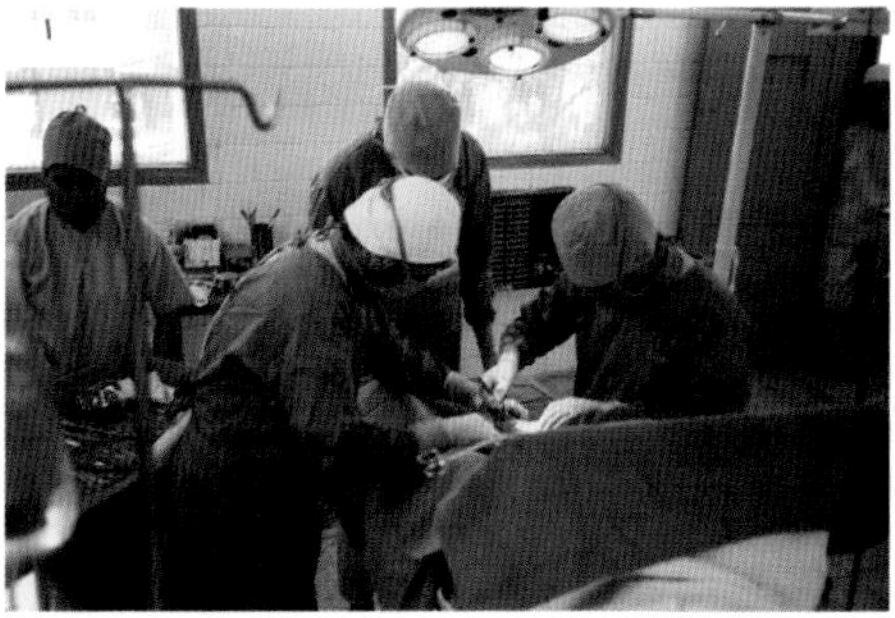

日本からの寄付で新築されたペシャワール・ミッション病院新病棟の手術室

中村医師が開設に尽力した、ハンセン病患者用のサンダル工房（ペシャワール・ミッション病院内）

パキスタンに逃れてきたアフガン難民キャンプでの診療

ソ連と共産政府軍に徹底抗戦したアフガン・ゲリラ

中村医師とJAMS（日本–アフガン医療サービス）のスタッフ

1992年、帰郷するアフガン難民のトラック

内戦中に犠牲となった人々が眠るアフガン東部ダラエヌール近郊の墓地

アフガニスタン国内診療所開設のため、JAMSスタッフとともに徒歩でミタイ峠を越える中村医師

アフガニスタン東部ヌーリスタン州ワマの村民に歓迎される中村医師

ダラエヌール診療所

ＪＡＭＳのペシャワール本院で診療を待つ女性達

ワマ診療所

ダラエピーチ診療所

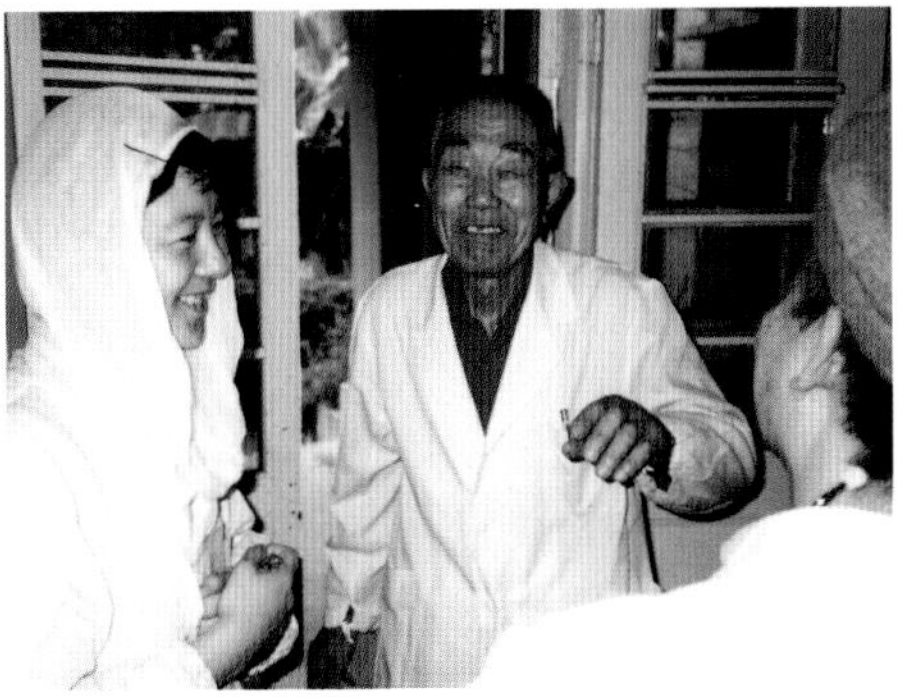

日本からは多くのワーカーが現地を訪れ、医療・事務など多方面で活躍した

パキスタン北部の無医村への巡回診療。ヤルクン川沿いの渓谷を行く中村医師らの一行

パキスタン北部ラシュト村での屋外診療

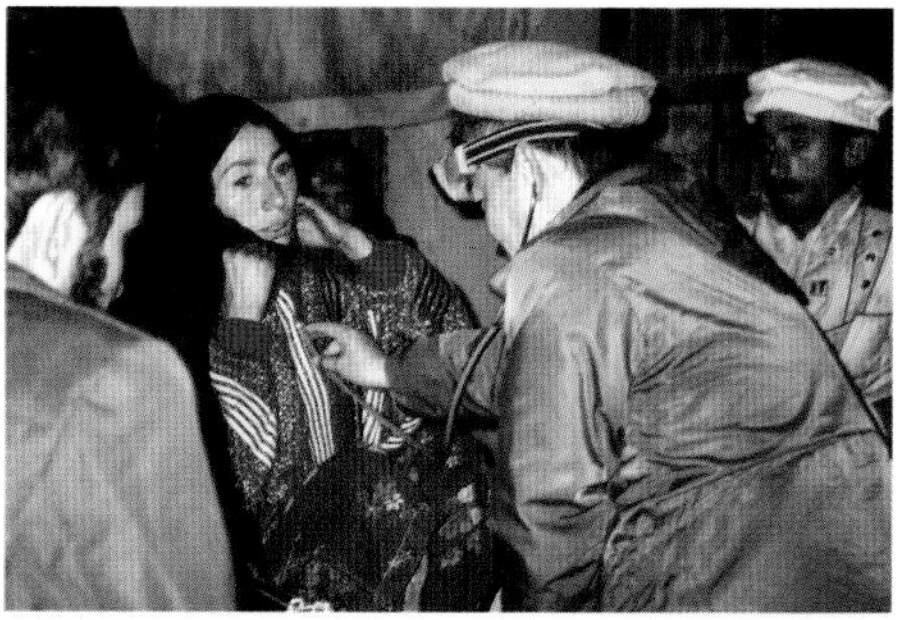

巡回診療中の中村医師（ラシュト村）

ラシュト診療所

コーヒスタン診療所（中央はジア医師）

建設中のPMS（ペシャワール会メディカル・サービス、後にピース・メディカル・サービス）基地病院

PLS（ペシャワール・レプロシー・サービス）病院

完成したPMS基地病院

PMS基地病院の開院式（1998年）

PMS基地病院の中庭での朝礼風景

井戸の掘削作業

2000年春よりアフガニスタンを含む中央アジア一帯を襲った干ばつで干上がったダラエヌールの耕地

2001年、無医地区化したカブールに開設された臨時診療所で

完成したハンドポンプつきの井戸

2001年10月の米英軍による空爆下、アフガニスタン東部ジャララバード近郊で緊急食糧配給を行なった

中村哲 思索と行動

「ペシャワール会報」現地活動報告集成［上］1983〜2001

刊行にあたって

ペシャワール会会長／Peace (Japan) Medical Services（平和医療団・日本）総院長　村上　優《まさる》

一九八三年、中村哲医師のパキスタン北西辺境州（現カイバル・パクトゥンクワ州）での活動を支援する目的でペシャワール会が発足し、その活動を伝えるために年四回の会報発行が始まりました。活動はその後アフガニスタンに広がり、中村医師逝去後も事業は継続しております。

ペシャワール会の活動も二〇二三年で四〇年となりますが、それを節目に、会報に掲載した中村医師の文章をまとめた『中村哲　思索と行動』を刊行いたします。ペシャワール会とＰＭＳが今日まで活動できたのは、日本の支援者が、波乱万丈と言えば月並みな表現ですが、次々に起こる困難を乗り越えて、医療や灌漑《かんがい》事業に邁進《まいしん》している中村医師に共感し、温かく支えてくださったおかげです。中村医師と支援者をつなぐ架け橋となったのが「ペシャワール会報」でした。

中村医師には多くの著作がありますが、会報は活動と同時進行で記された報告であり、中村医師の思索とそこから生まれた行動が生き生きと伝わってきます。皆さまの座右の書となることを願います。

本書を縁として、中村医師が手がけた現地事業への理解がより深まり、その活動が一層拡がるように祈りつつ、上巻をお届けします。

二〇二三年三月吉日

目次

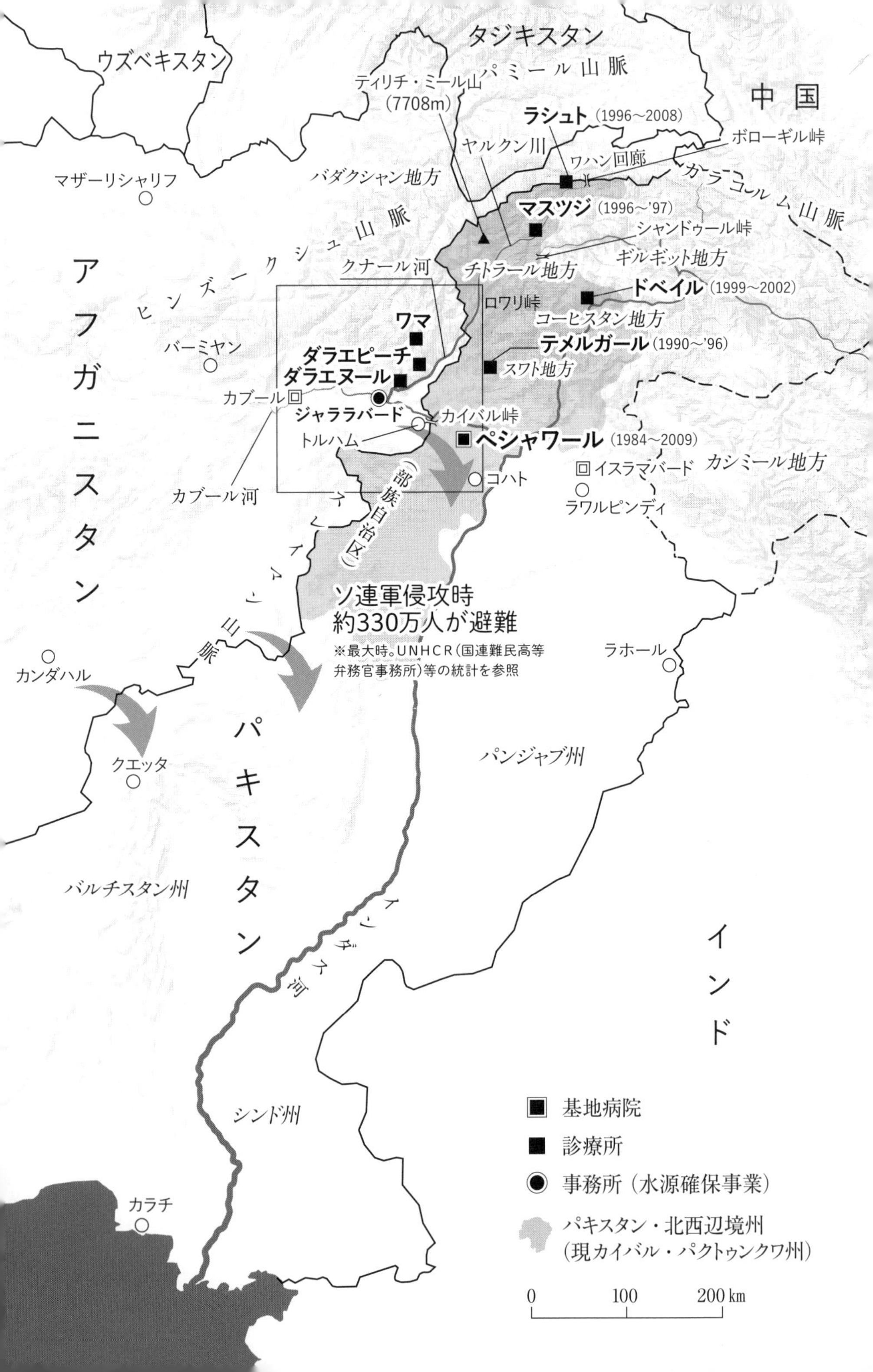

タジキスタン
ウズベキスタン
パミール山脈
ティリチ・ミール山
(7708m)
中国
ラシュト (1996～2008)
ボローギル峠
ヤルクン川
ワハン回廊
マザーリシャリフ
バダクシャン地方
カラコルム山脈
マスツジ (1996～'97)
シャンドゥール峠
ヒンズークシュ山脈
ギルギット地方
チトラール地方
クナール河
ドベイル (1999～2002)
ロワリ峠
アフガニスタン
コーヒスタン地方
ワマ
テメルガール (1990～'96)
バーミヤン
ダラエピーチ
スワト地方
ダラエヌール
カブール
ジャララバード
カイバル峠
トルハム
ペシャワール (1984～2009)
イスラマバード
カシミール地方
(部族自治区)
コハト
カブール河
ラワルピンディ
スレイマン山脈
ソ連軍侵攻時
約330万人が避難
※最大時。UNHCR(国連難民高等弁務官事務所)等の統計を参照
ラホール
カンダハル
パキスタン
パンジャブ州
クエッタ
バルチスタン州
インダス河
インド
シンド州
カラチ
基地病院
診療所
事務所(水源確保事業)
パキスタン・北西辺境州
(現カイバル・パクトゥンクワ州)
0
100
200 km

関連地図

パキスタン
面積：約79万6,000㎢（日本の約2.1倍）
人口：約9,700万人（＝1985年）
　　　約２億3,000万人（＝2021年）
公用語：ウルドゥー語
首都：イスラマバード

アフガニスタン
面積：約65万2,000㎢（日本の約1.7倍）
人口：約1,000万人（＝1985年）
　　　約4,000万人（＝2021年）
公用語：パシュトゥー語／ダリ語
首都：カブール

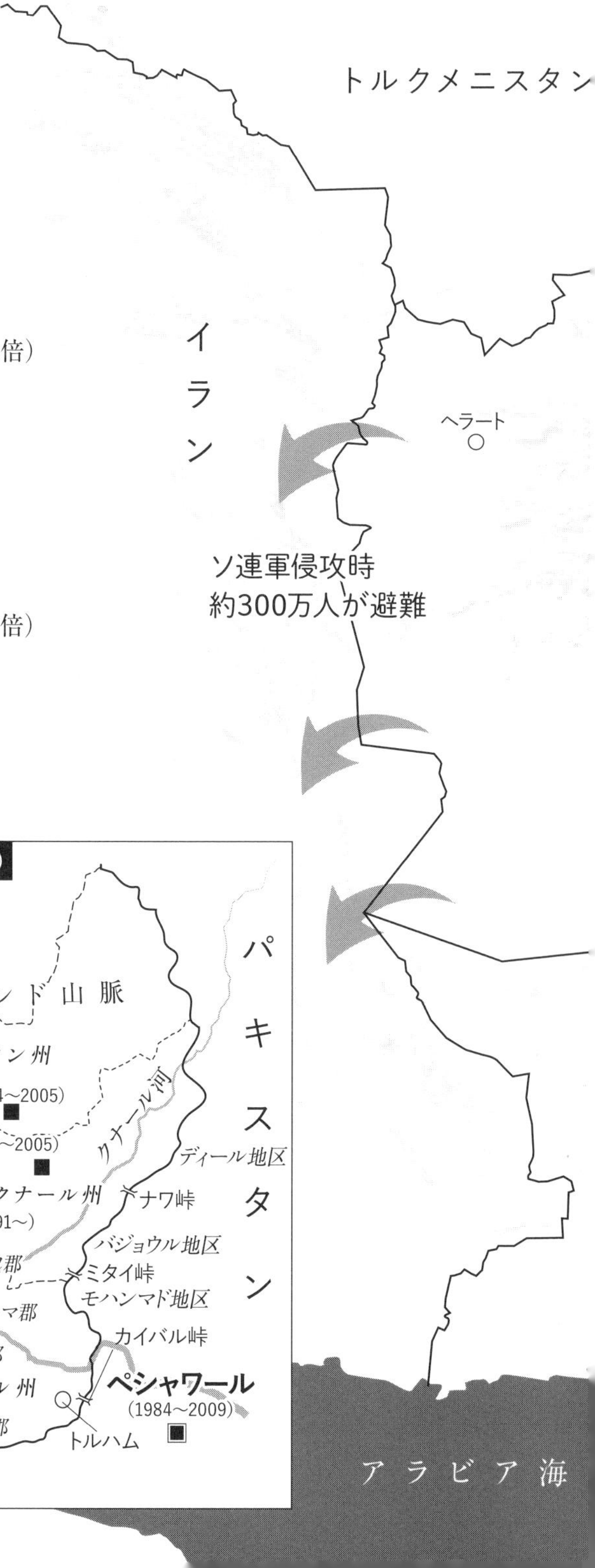

〈凡例〉

一、上巻には、ペシャワール会報（以下「会報」）の準備号（一九八三年三月）から七〇号（二〇〇一年十二月）に掲載された中村哲医師の文章を収録する。

一、活動の大まかな画期によって全体を五章に分け、各章扉には略年表を掲載した。下巻にはより詳細な中村医師の活動年譜などを付載する予定である。

一、本文にも記されている通り、中村医師の赴任当初の派遣母体はＪＯＣＳ（日本キリスト教海外医療協力会）であり、ペシャワール会は中村医師の現地活動を物心両面で支えるべく有志で結成された。「会報」は会員ならびに支援者に向けられたものだが、初期の報告にはＪＯＣＳに宛てられたものも多い。

一、「会報」掲載当時の記述・表記を極力尊重し、誤植や明らかな誤記以外は修正しなかった。「回教」「らい」「看護婦」など、現在では様々な観点から使用が避けられている語句も、あえて当時の表現のままとした。

一、地名（カブール／カーブルなど）を初めとした固有名詞の表記については、長期間にわたる記録ゆえに変遷が見られるが、統一はしなかった。

一、振り仮名を適宜施した。タイトル、小見出しについては編集部で整理した箇所もある。また「会報」掲載当時の写真や図版は一部を除いて割愛した。

一、ＵＮＨＣＲ、ＷＨＯなどの略称には著者による他の箇所での注記に従って、適宜（　）内に「国連難民高等弁務官事務所」、「世界保健機関」などの語を補った。時期により呼称が変わっている場合もある。

一、わかりづらいと思われる語句には〔　〕内に編集部による注を施した。引用文の出典などには＊や◎をつけ、簡単な解説を記した。

chapter

I

準備号（1983.3）〜17号（1988.10）

1747	ドゥッラニー朝成立（アフガニスタン建国）
1838	第一次英国・アフガニスタン戦争
1878	第二次英国・アフガニスタン戦争
1879	英国、アフガニスタンの外交宗主権国となる
1893	デュランド・ライン（現在のアフガニスタン—パキスタン国境）制定
1897	ペシャワール・ミッション病院開院
1919	第三次英国・アフガニスタン戦争。アフガニスタン完全独立
1933	アフガニスタン、ザヒル・シャー国王即位（〜73年）
1946	**9月、中村哲医師誕生**
1947	インド・パキスタン分離独立。第一次印・パ戦争
1953	日本、らい予防法成立
1965	第二次印・パ戦争
1971	第三次印・パ戦争。東パキスタンがバングラデシュとして独立
1973	アフガニスタン、クーデターにより共和政権発足。ザヒル・シャー国王亡命
1978（32歳）	**6月、中村医師、福岡登高会のティリチ・ミール（カラコルム・ヒンズークッシュ山系）遠征隊の同行医としてパキスタンに初入国** 軍事クーデターによりダウド大統領暗殺
1979	**11月、中村医師、新婚旅行でパキスタンへ** 12月、ソ連軍、アフガニスタンに大規模侵攻。ソ連の後ろ盾によりカルマル政権発足
1980	ソ連のアフガニスタン侵攻に抗議し、日本や欧米などがモスクワ・オリンピックをボイコット
1982	**パキスタンのペシャワール・ミッション病院がJOCS（日本キリスト教海外医療協力会）に医師の派遣を要請。中村医師、ペシャワール・ミッション病院を訪問**
1983	パキスタン北西辺境州政府による「らい根絶五ヵ年計画」開始 **4月、JOCS、中村医師のペシャワール派遣を決定。9月18日、ペシャワール会発会式。同月、中村医師、熱帯医学研修のため英国へ（84年4月まで）**
1984	**5月、中村医師、ペシャワールのミッション病院に着任**
1985	**7月、中村医師、韓国・麗水のウィルソン・レプロシーセンターへ再建外科研修のために渡航（翌年6月にも）**
1986	**4月、ミッション病院内に「サンダル工房」開設**
1987	**1月、中村医師とアフガニスタン人医療チーム、パキスタン側のバジョウル難民キャンプへ診療のための調査を開始** **4月、ALS（アフガン・レプロシー・サービス）正式に発足**
1988（42歳）	4月、ジュネーブ和平協定。ゴルバチョフ大統領、アフガニスタンより全兵力10万人の撤退を表明（89年2月に完全撤退） 8月、パキスタンのジア・ウル・ハク大統領搭乗の軍用機が爆発、死亡

準備号

1983・3

ご挨拶

　このたび私は、JOCS（日本キリスト教海外医療協力会）よりパキスタンの北西辺境州の地にワーカーとして家族と共に派遣されることになりました*。

　パキスタン北西辺境州は、カシミール、アフガニスタンに隣接する乾燥した広大な山岳地帯ですが、救らい**対策を始めとする医療事情も、パキスタン国内でもまた最もたちおくれた地域です。私は来年五月から、主にらい患者と山村部の住民のために長期間働くことになりました。

　この地を訪れたのは、一九七八年福岡登高会のヒンズークッシュ遠征隊に加わったのが初めてですが、その頃まで私はJOCSなどの活動については良心の免罪符か、外国人のおせっかいくらいにしか思っておりませんでした。しかし、かの地の実情は、観念的な批評をはるかに超えて圧倒的なものがあり、以来私は何をなすべきかを自問し続けてきました。そして今回、JOCSを通じて、北西辺境州の州都ペシャワールのミッション病院から協力の要請があり、ささやかながら、かの地の住民の健康のため働く機会を与えられました。これは私自身予想していなかったことですが、全く神の美しい御配慮というより他ありません。

　われわれの行為は、大海の一滴の水をすくうようなものかも知れません。しかし、JOCSのともし続けてきた日本人の良心の灯を、多くの心ある人々と共に絶やさぬよう微力を捧げたいと思っております。どうぞ私たちの会に御参加下さり、御協力いただければ幸いに存じます。

＊中村医師の赴任当初の派遣母体はJOCS（日本キリスト教海外医療協力会）であり、ペシャワール会は中村医師の現地活動を物心両面で支えるべく有志で結成された。「会報」は会員ならびに支援者に向けられたものだが、初期の報告にはJOCSに宛てられたものも多い。

＊＊「らい」（ハンセン病）については7号、18号、49号他を参照。

準備号表紙

1号 1983・12

ペシャワール会会員の皆様へ!

——ロンドンより

みなさんお元気ですか？　ここロンドンに来てから、はや二ヵ月がすぎました。現在、語学校で英語を学んでいますが、十二月中旬にリバプールに移り、熱帯医学の研修をすることになっています。「研修」といえばきこえがよいのですが、われわれ臨床家には、患者の診療ができないということは大変な忍耐が要ることで、ぜいたく乍《なが》ら「失業者」の気分です。毎日うす暗い天気と単調な街並みの中で、あの明るいパキスタンのことを思います。しかし、ペシャワール会のみなさんの暖い好意と期待を思うと心が自然に軽くなります。

九月の発会式のときには、思わぬ方々から多くの御支持と励ましをいただいて本当に感謝でした。多くの心ある方々が、夫々《それぞれ》の目立たぬ場所から暖い励ましの声を送って下さっていることを実感しました。こういうたぐいのことは、えてして悲壮な出征兵士のように、重苦しさと感傷的な気分でみたされやすいものです。しかし、私だけが自分でなにかをするのではなく、もっと広くて大きな、人々の良心の奥にあるものに支えられているという実感が私を楽天的にします。

発会式の時に述べたように、これはみんなの事業です。多くの人々の努力と良心を束にして初めて続けられることだと思います。説教がましいお題目や、ややこしい理屈をぬきにして、善意を素直によせ集めあって、この会を続けてゆこうではありませんか。そしてそれは、私たち自身のためでもあります。何も海外で派手な活動をすることのみが目的ではありません。このペシャワール会の活動を通して、ともすれば散らばって力を出せない、人の良心の輝きが、自己満足や屈折した気持を超えて私たち自身をうるおすように祈ります。そしてそれは、夫々の持ち場で時には虚無感にさいなまれながら苦闘している人たち——あるいは治る見通しのない病人のために心をくだいている人々、あるいは国内の離島で献身している人、あるいは一介の「町医者」として患者のために最善のものを求めて苦闘している人たち、あるいは教育者、一介のサラリーマンとして社会生活の中で良心的たらんとして悩む人々——これらの人々がそれぞれに力を与えられることでしょう。

ともあれ、戦いは既に開始されました。戦いである以上は実際に勝利をめざすものでなくてはなりません。いたずらに発展途上国の人々の窮状を絶叫するのみではなく、みんなの知恵と賜物をよせあつめて、実際の行いを通して私たちのめざすものを着実に実現させてゆかねばなりません。そしてそれには長い時間と忍耐が要ります。ぜひとも、このペシャワール会が継続性をもって着実に拡大し、私たちの良心の共通の灯として、今後も人々の心に訴え続けることができるよう、力を合わせてゆきたいと思います。そして私の体験をみなと分かちあい、一体となって仕事をすすめてゆきたいと思っています。

今後も力強い御支援を乞うものであります。

第1号表紙

2号　1984・4

リヴァプールより　――ご批判にこたえて

十二月で語学校での研修を終え、ロンドンからリヴァプールへ引越してきたところです。一月十日から熱帯医学校が始まります。現在は、しばしの休息というところです。

ロンドンを総博物館と呼ぶならば、ここは生活者の町です。英国一の失業率を出しながら、ロンドンのように過去の栄光をしのんで暮している老人くさい感じがしません。極めて庶民的な町で、人情も一般に親切です。市場の雰囲気も下町のバザールのようで、一歩ペシャワールに近づいた感じがします。私にはきっとこういうところがあっているのでしょう。日本人は殆《ほと》んど居ませんが、多くの地元の人々の協力でやっと家族と共におちつくことができました（子連れの家族のための住居を見つけるのは、私たちのような短期滞在者の場合、極めて困難なのです）。

旅行者気分もすっかり取れて、今ではなりふり構わず「生活」するのに一生けんめいといったところです。しかし、こちらに来てつくづく思うのは、多くの人々が海外協力事業に骨身を惜しまず喜んで協力してくれることです。私のような海外ワーカーはここでは珍しくもないらしく、斜めからみられることもなく、無条件に励ましと協力を与えてくれます。ひねくれた見方をすれば、植民地時代の経験のうらがえしだという意見もありますが、決してそれのみではありません。植民地を持たなかった北欧からも年々大量の海外ワーカーが出ていますし、それも十年、二〇年という単位で地元に根を下した活動が多いのです。政府の援助ではゆきとどかない、民間レベルの協力組織が、キリスト教団体を中心に非常によくゆきわたっています。左翼系の団体もこの種の活動には同情的です。

思えば、私がパキスタン行きの意志表明をするに当たり、日本では多くの人々の協力・激励と共に、批判もいただきました。ここで私なりに、それらの御批判にこたえておくのも無駄ではなかろうと思います。これらの批判を要約すれば、

①国内でもすべきことは沢山あるのに、なぜ外国までわざわざ出かけようとするのか。
②現地には現地のやり方があり、彼らが自力で解決すべきで、外国人が親切の押し売りをするのは疑問である。
③援助は現地の依頼心を助長し、独立性をうばう。
④現地なりに安定した「平和な」生活を、近代的医療援助は破壊する。

といったものでした。その他、極端な意見の中には、「帝国主義の手先である」とか、「人口増加に手をかして貧困を助長する」とかいうものまでありました。また、意地のわるい見方には、「自分の野心やロマンを美化するものだ」というものもあります。

私は根が単純な方なので、そういわれてみると、なるほど当たってるところもないではないと思います。ですから、これらの批判に対して、いちいち言い訳がましい反論をしようとは思いません。また、「キリスト教信仰の立場から」私の立場を正当化しようとも思いません。私たちが忠誠を果すべきものは〇〇教や〇〇主義の立場ではなく、はるかに普遍的で大きなものであります。

先ず強調しておきたいことは、人は何処にあっても、どんな立場にあっても、夫々《それぞれ》のやり方で、夫々の重荷を負いあって生きてゆくように召されているという事実であります。これが私たちの出発点であり、くりかえし、たちかえってゆくべき共有点であります。そして、それはあらゆる立場、あらゆる国境を超えて全ての人間に及ぼされるものであります。実際、「国内」でそれを真剣に考えている人々が、まず私たちの活動に心からの共感をよせてくれました（事の有効性や方法論にとらわれるとき、いかに不必要な分裂抗争がくりかえされるか、多少とも政治の世界にかかわった体験のある人ならば、身にしみて理解している筈でありますす）。「医療が金にかえられない仕事である」という倫理

観もここから来ています。

第二に、今日の日本の繁栄に限らず、全ての「繁栄」と名のつくものは、弱者の犠牲の上に築かれてきたことを否定するものはいますまい。悲しいまでに徹底したこの構造は、今日緩和されるどころか、明らかには意識されにくい形で強化されているというのが現状であります。もし日本に平和と平等があるという者があれば、それは、コップの中の平和と平等である。その中にある私たちが、「自力更生が原則である」といって自ら何もしなければ、それは結局「人のことまでそうかまっておれるか」という態度の別の表現でしかないことがしばしばであります。

第三に、「近代化」というのは発展途上国においては、過去の日本と同様、今や押しとどめることのできない滔々《とうとう》たる歴史の流れであります。「平和なアジアの山村」というのは、われわれの頭の中にある一種の郷愁の産物でしかありません。「近代化」は私たちの想像をはるかにこえて、大規模な形で破壊的に進行している。問題は、いかに良き近代化を彼らと共に模索しあってゆくかということにあります。海外援助のあり方も、過去一世紀以上に亘《わた》る膨大な経験と反省の集積をふまえて、真剣に検討されてきました。われわれの「援助」が「お恵み」ではなく、自助を助けるものであるべきことはいうまでもありません（しかも、現代の発展途上国においては、明治維新直後の日本におけるよりも遥かに複雑な要素が錯綜して、単純な形で社会の発展を期待することができないのが現状です。もし、多くのアジア・アフリカ諸国が「社会主義」をとるにせよ「自由主義」をとるにせよ、現在の欧米又はソ連のような国に変ってゆくなどとは単純には考えられないし、それが今後良い道かということもわかりません）。

ついでに、医療援助が人口増加に手をかして貧困を助長するとか、社会矛盾を隠蔽《いんぺい》するものだとかいう批判について一言。世界最大の医療援助団体たるＷＨＯ（世界保健機関）の係官すら、「われわれがそれほどの力をもつことができたら！」というのが嘆きであるのが現実なのです。

最後にもう一度、それでもなお私たちは重荷を負いあい、支えあって生きるという姿勢を捨てるべきではありません。世界が金と力で動かされ、利己主義や敵意、我執《がしゅう》や妬みで満ちているとはいえ、この世界をかろうじて破滅から守っているのは、このような「支えあう」という善意の努力かも知れません。少くとも、たとえわずかであってもわが身をけずって分かちあうことが、どんなに暖かい光となって私たちをうるおすか、はかり知れません。私たちの会が、このような願いと祈りをこめて、ささやかなりともこの世界を明るくするものでありますように。一九八四年も、会にとってさらに飛躍の年であることを祈ります。

もえなければ　かがやかない。
かがやかなければ
せかいはうつくしくない。
わたしがもえなければ
あたりはうつくしくない。
（八木重吉*）

一九八四年一月　リヴァプールにて

*中村医師が引いた詩は八木重吉（一八九八～一九二七）の「断章」と題された作品で、『定本 八木重吉詩集』（彌生書房）によれば正しくは以下の通り。「もえなければ／かがやかない／かがやかなければ／あたりはうつくしくはない／わたしが死なければ／せかいはうつくしくはない」。中村医師が記憶のままに記したものと思われる。なお八木は学生時代に洗礼を受けたクリスチャンで、自選の詩集に『秋の瞳』『貧しき信徒』がある。

3号　1984・5

ペシャワール通信(1)

パキスタンへ「帰る」

一九八四年五月二五日夜九時、イスラマバード空港にPIA（パキスタン国際航空）のジェット機が到着した。これで一九七八年以来六度目のパキスタン訪問である。

夕刻に機窓からカラコルム南方の白峰群をみる。すぐに厚い雲の中に消えてしまったが、機首がパキスタンに近づくにつれ、自分が何ものかに回帰しているという奇妙な感動を押えることができなかった。

飛行機を下りると、吹きつけてくる熱風やシャルワール（国民服）をまとって歩き回る人々の喧騒がたまらなくなつかしく感ぜられた。ふと一年前、二年前、三年前……とこの国を訪れた時の記憶が連続してよみがえってくるのに気づく。この一年の日本や英国での研修生活が、今の自分の世界とは無縁な、なにか夢のような空白に感ぜられるのである。私はこの一年間何をしていたのだろう。まるで六年前に最初に訪れてから、ずっとここで生活していたようにさえ思える。

空港では福岡登高会の新貝《しんかい》〈勲〉さんと日本大使館員が迎えてくれ、税関も難なく通過した。いつもゆきつけのラワルピンディのホテルにおちついたが、道路が少し綺麗になった以外は、何もかも六年前と変りがなかった。「ドクター・サーブ、またきたね」と声をかけてくる酒好きのムスリムのマネージャー。チップを欲しそうに水を運ぶ給仕。カイゼルひげが自慢の尊大な食堂の給仕。みな変りがなかった。ここでは時間が停止している。私もまた、この停止した時間の中からたまに日本に飛び出しては戻ってくる旅人にすぎなかった。

なつかしいペシャワールへ

到着後数日間は、ビザのことで大使館員の山村氏、JOCSの船戸氏と共に、イスラマバードの役所をかけずり回り、五月二八日になつかしいペシャワールに到着した。ラワルピンディからハイウェイで約三時間半の道のりである。暑い。強烈な陽光の下に、草も木も家々も、のろのろと歩く人々も、みなうなだれるように、光と陰影の世界を作る。

胸の躍る思いをおさえてミッション・ホスピタルの門をくぐる。顔なじみのスタッフの前でサングラスを外してみせると、一瞬まるで亡霊でも見るかのように驚いていた顔が、急にほころんで笑顔となり、抱きついて再会を喜んだ。そしてみなに報告にとんでいった。

一般病棟も、ライ病棟も、古いモスクを改造した礼拝堂も、スタッフたちも、全て変りがなかった。昨年来病院内では私がまもなく来るという誤報が毎月とびかい、首を長くして待っていたとのことである。ライ病棟では、古い患者たちが私をみつけると眼を輝かせて抱きついてきた。二ヵ月前に配属されたというシスターが病棟の責任者になっており、この若くて気のよい長身のドイツ人看護婦は、小柄な私を見おろしながら嬉しそうに私を歓迎してくれた。病棟ではライを専門に診療してくれる医師の監督が不充分で、スタッフも心細かったのである。

しかし、患者もスタッフも、まるでペシャワールの雲一つない輝く青空のように、底抜けに陽気で明るかった。ここでも私は、またやってきたというよりは、帰ってきたのであった。変形して崩れたライ患者の手先の、ごつごつした手ざわりを何度もなつかしく確認した。彼らの無邪気な笑顔を見るだけで、日本でのつまらぬ人間関係の心配などはふきとんでしまった。この笑顔をみるために私はやってきたような気がした。あとのことはささいな、どうでもよいことのように思えた。

院長のウジャーガー夫妻は相変らず多忙な毎日を送っていたが、快く様々の役所の手続きを、時間をさいて手伝ってくれた。

不思議な住民――パシュトゥン

病院のうら手は、ペシャワールでも最も歴史の古いキッサハーニ・バザールというところにあたる。紀元前四世紀にはすでに大きな市《いち》として栄えていたといわれる。アフガニスタンのカブールから密輸される様々の品物が、このバザールに流れてくる。日本製のテレビ、ラジオ、中国の陶磁器、ペルシァ絨毯《じゅうたん》、ロシアのサモワール、はては麻薬から機関銃まで、女以外の全てのものはここで手にいれることができる。日没と共にいずことも知れず人が湧き出して街路を埋め、コーランを誦《とな》える声と共にバザールは活気を帯びてくる。街路を歩いていると、「ジャパニ（日本人）か、チニ（中国人）か」としばしば店主に呼び止められる。呼びとめては茶をとりよせ、珍客と歓談するのが彼らの楽しみの一つでもある。ここはパシュトゥンの町である。

北西辺境州からアフガニスタンにかけて約一二〇〇万人居住すると言われるパシュトゥンは、古代からこの一帯に居住する精悍《せいかん》な山岳民族で、謎の多い不思議な人々である。足を組んで坐っているバザールのチャイカナ（茶店）の主人が世界情勢に精通したインテリであったり、高笑いで冗談をとばしている粗野な男が生命をかけてアフガンゲリラに献身する立派な外科医であったりする。路上に腰かけているうす汚れた老人が、突然親しげに話しかけてきて、自分がインド国民軍の士官として日本軍と共に戦った思い出を語り出すこともある。雑然とならぶ店々とうす汚れたシャルワールをまとってゆきかう精悍な顔だちの人々の雑踏の中で、文字通り魔法の絨毯にでも乗って、彼らが世界中をゆきかっているような錯覚にさえとらわれるのである。

「パシュトゥン」をぬきにこの北西辺境州を語ることはできない。常に銃と自由を愛し、自分たちの掟《おきて》（パシュトゥヌワレイ）以外の何ものにも従わない彼らは、いかなる支配も拒絶する。それは、彼らの底抜けに明るい性格と相俟《あいま》って非常な親しみを私に感じさせるのである。

英国植民地政策とキリスト教の宣教

しかし、一歩スラム地区や難民キャンプ、農村部に目を転ずれば、異国情緒などにもひたってはおれない。旅人の目には魅力のあるこの土地も、一旦人々の暮しの現実をみれば、他のアジアの国々と同様、多くの難問をかかえている。高い乳幼児死亡率、不衛生による感染症の蔓延《まんえん》、低い教育水準、貧困、人口増加、急激な都市化による諸問題、等々が山積している。英国統治時代にうけた傷跡は今なお深いものがある。

想像を絶する遠大な規模の収奪が周到に、徹底して行われた。十八世紀からの「アジア学」と称するイスラムに対する偏見の撒布《さっぷ》に始まり、ひきつづく英国のミッショナリー

（宣教師）たちの活動は、本人たちの意図はどうあれ、インド亜大陸のムスリム支配の手先としての役割を遺憾なく発揮した。少くともパキスタンの住民はそう信じているが、決してそれは被害妄想とも言えない。

（西欧人の目を通してみるイスラムは、野蛮で、迷信的で、愚かな異教社会の規範であった。それは西欧を範としてきた日本人のイスラム観にも大きな影響を与えてきた。石油問題がうかびあがるまで、その誤解が検討もされなかったのは残念なことである）

日本のクリスチャンたちの誤解を招くことを敢《あ》えて承知で述べれば、イスラム勢力の弱体化のためにキリスト教宣教が行われたのであり、それは少くともこの地では決して良きものをもたらさなかったといえる。それは、十字軍遠征の続きであったといっても過言ではなかろう。北西辺境州《フロンティア》は文字通りそのフロンティアとなったのである。

ダブガリ庭園小史

現在のミッション病院のおかれている土地—Dabgari Gardenとその建物の歴史そのものがそれを象徴している。

私の住居の真向いにムガール様式の美しい形をした円形の建物があり、現在はチャペル（院内のキリスト教徒の礼拝堂）として使用されている。私は毎朝この前を通って病棟に行く。

十六世紀に建立されたこのドームは、ペルシァ風の庭園に囲まれた王室の冬の別荘として使用されていた（その庭園が現在の病院の敷地にあたる）。しかし、その後は一般に開放されてモスク（回教の礼拝堂）として使われるようになり、十九世紀初頭から本格化する大英帝国の進出に抵抗するムスリムの根拠地となる。十九世紀中期にペシャワールを拠点とする極めて戦闘的な反英反乱は、やがて英印軍の手で鎮圧されるが、カイバル峠にしりぞいて抵抗を続けるパシュトゥン部族との戦いは継続される。英軍はこの庭園を接収して部隊の駐屯地とし、本部をそのドームに置いた。その後第一次・第二次アフガン戦争によってカブールより敗退した英軍は、より強力な大部隊の投入を行う一方、純真なミッショナリーたちを利用し、医療活動をエサにしてキリスト教の布教を始めた。

これが一八九七年のペシャワール・ミッション病院の始まりである。英軍司令部のおかれていたドームは病院のチャペルとなり、部隊の駐屯地には病棟が建設された。敬虔《けいけん》だが偏狭《へんきょう》なミッショナリーたちは、しばしば現地の民心を無視してトラブルをおこしたが、それにもかかわらず、ペシャワール市の重要な医療センターの役割を果して今日に至っている。しかしこれは、公平な目で見ても、やはり現地パシュトゥン住民に対する懐柔《かいじゅう》策の一環であったといえよう。一九七二年に現職のウジャーガー氏（パキスタン人）が就任するまで、歴代の院長は英国宣教団により英国人が任命されていた。

今私は、この病院のチャペルのドームを見上げる毎《ごと》に、ここに込められた住民たちの血と汗と涙が濃縮して壁にぬりこめられているような気がして、深い感慨を覚えるのである。朝もやにかすむドームは、人々の悲しみや怨念がヴェールをまとって、つつましく、しかし激しく人間の愚行と蛮行を無言のうちに非難しているように思える。われわれは今何をすることを求められているのだろう。

ともあれ、私はここに帰ってきた。

六月からはマリーにあるウルドゥ語学校に通う。ペシャワールとまたしばらく別れるのはさみしくもあるが、摂氏五〇度の暑さを避けられると思うと嬉しくもある。

4号

1984・12

ペシャワール通信(2)

会員のみなさんお元気でしょうか。

五月末にこちらに来てから、はや四ヵ月がすぎました。この間六、七月はパキスタンの国語のウルドゥ語を学んでいましたが、八月は急性肝炎で休んでいました。自分が病気になるとは情けない話ですが、それでもおかげで九月初旬には元気をとりもどし、現在少しずつ診療に携わっています。具体的には院内にある四〇床前後のらい病棟をうけもち、一部の外来患者の診療を行なっています。

語学校に通っている時期、自由な時間を利用して難民キャンプや辺境の事情をみてまわりました。その結果思ったことは、私がくりかえして述べてきたように、私たちはまだまだ本当にはこれらの同胞の苦痛をよく知らないでいるし、私たちの繁栄がこの苦痛の上に成り立っているという事実が理解できていないということでした（このペシャワール会の機関誌の副題は、「アジアと共に生きる」となっています。* これは、当初考えられた「アジアで共に生きる」というのでは、いかにも脱亜入欧をかかげてアジアと分離してきた私たち自身の立場がわれ知らず現われているのではないか、という批判が一部にあった為、わざわざ「と」を「で」に変えたものです。ふだんは余りこざかしい字句の修正や、理屈が嫌いなペシャワール会の代表者たちがこの修正をうけいれたのは、大切な意味があったからです。「いかに微力であっても、夫々《それぞれ》のできる範囲で力を尽して、同じアジアの同胞の苦悩も喜びもわかちあおうではないか」という願いがこめられているのです）。

「共に生きる」というのはそうなまやさしいことではありません。家庭のある人なら、すれちがいからくる夫婦喧嘩の回数を数える気もしないでしょうし、職場で他人と働く場合はなおさらです。まして遠いアジアの人々のこととなると、どうしても身近《みぢか》には思えないのです。しかし、だからと言ってひらきなおり、他人の不幸も当然のように考えることほど不親切で不人情なことはありません。越え難い溝がおかれているのは事実としても、それを何とか埋めたい、何とか同胞として重荷を負い合い、喜びも分かちたい、という気持が、かろうじてバラバラになりやすい私たち人間のあらゆる絆を保っているとは言えないでしょうか。

群をなしてやってくる難民たちや、社会的偏見の重圧下で生きているらい患者たちを診ていると、まだまだ私たちの力というよりも努力が足りないような気さえしてきます。怪我を治してもらって喜んでジハード（聖戦）に帰ってゆくアフガン人の背中を複雑な気持ちで見送ったり、次々に下痢で死んでゆく乳児たちと母親の悲しみにもらい泣きしたりすることもあります。「病気」として現れる人間の不幸が、わが同胞たちの不幸の全体の、ごく一部にすぎないというのが私の実感です。

（もちろん、暗いことばかりではありません。北西辺境州のパターン〔パシュトゥン〕人の率直さ、純朴さ、誠実さも、私にとっては分かちあいたいことの一つです）

これから、先ず病院での一般診療の質をさらに高め、その上で、地元の人々を励まして移動診療の組織化を図り、次第に活動範囲を拡大してゆく積《つも》りです。これには、忙しい日本では想像のできぬくらいの年月と試行錯誤が重ねられることでしょう。しかし、私はみなさんの代表のつもりですから、あわてずに着実に、この地に人と人との心の通った交流を築いてゆくつもりでおります。それにはやはり、現実問題として物量（医薬品、器具、ジープなど）が大きいにこしたことはありませんが、ものがただのものではなく、「アジアで共に生き」ようとする私たちの心の結晶となることを心から願っています。

仕事は緒についたばかりですが、どうぞこれからも今までと同様、変らぬ大きな御協力をお願いいたします。

一九八四年九月　ペシャワールにて

＊会報7号までの表紙にはこの副題が記されていた。

ペシャワール通信(3)

もろもろの山と丘とは義によって
民に平和を与えるように。
彼は民の貧しい者の訴えを弁護し、
乏しい者に救《すくい》を与え、
しえ〔虐〕たげる者を打ち砕くように。（中略）
彼の世に義は栄え、
平和は月のなくなるまで豊かであるように。
（旧約聖書　詩篇第七二篇〔口語訳〕）

首都イスラマバードから西方に走るハイウェイをバスでゆくと、約二時間でアトックという小さな町に着く。いかめしい城門のような検問所をくぐり長い架橋を渡ると、パターン人（パシュトゥン）の国、北西辺境州に入る。ペシャワールまではここからもうすぐである。

遠くヒンズークッシュの峰々の白雪は氷河となって山をけずり、解け出す水は北辺チトラルを潤してアフガニスタンに下る。さらにジャララバードでカブール川に合流して国境を越え、ここアトックでインダス川に注ぎこむ。茶褐色の荒寥《こうりょう》たる岩石沙漠を深くえぐり、無数の渦を巻いて悠々と流れる鉛色の巨大な濁流は、もう何万年も変らず、ここを通過してインド平原に入る多くの征服者たちを見送ってきたことであろう。

透き通るような空の青さ、インダスの濁流の鉛色、褐色の荒々しい岩肌——もうすっかりおなじみになったこの光景も、今年はなぜか重苦しく感ぜられ、川の流れが重く黒ずんでみえた。上流のジャララバードでは現在でもソ連軍とアフガン・ゲリラの激戦が続いているが、今春の米ソ会談が決裂して内乱の泥沼化が必至となった上に、八月の米国による武器援助四八億ドルの決定で、戦闘の近代化による大規模な殺戮《さつりく》が予想されるからである。これまでのように、各地に割拠するゲリラと各地方の政府軍との取引で非爆撃地区がとり決められたら、ラマザーン（断食月）の休戦*などという「牧歌的な戦争」ではなくなった。文字通り村ぐるみを殲滅《せんめつ》する残虐なものになるにちがいない。

現在アフガニスタン難民は推定三〇〇万人で、うち二〇〇万人以上がペシャワールを中心とする北西辺境州に居住している。戦闘が激しくなればなるほど、難民が爆発的に増加するのは間違いない。ただでさえ貧困なパキスタンには、これら招かざる同胞たちの受け入れは多大の負担であり、同時に政治的な爆薬庫となる危険な要素もはらんでいる。それがこの先際限もなく増加するとすれば……。まだ残暑が厳しいというのに、寒々とした気持で、故郷を捨てて乞食のように流れてくる難民たちのことを考えずにはおれなかった。

一方、ペシャワールは、おそらくこの町始まって以来の活況を呈している。難民の流入は巨額の外国援助をもたらし、カブール―ペシャワールの密貿易をさらに増加させた。「パシュトゥンの女王」といわれるこの町は、中央アジア最大の内陸貿易・消費都市として、現在未曽有の繁栄下にある。アフガニスタンから密輸されてくるものは、またしてもメイド・イン・ジャパンであふれている。日本製の服地と電気製品は、麻薬と並ぶ最大の取引商品となっている。

自給自足生活から突如として現金生活のまっただ中に放りこまれた難民たちが、この商品の海の中で、その本来の純朴さを溺死させるのにそう時間はかかるまい。加えて、生活手段をもたず、いわばお貰いの国際援助で食べている彼らがこの先どうなってゆくか、考えるだけでも暗い気持にならざるを得ない。

戦争と難民、バザールの活況と日本製品の氾濫、政治と宗教対立のはざまで苦しむ人々、消費生活に蝕《むしば》まれてゆく人々の心――ここには単純にはわり切れぬ発展途上国の苦悩の構図が、入り乱れて集約されている。

ともあれ、ここアトックでこの悠久のインダスの流れに見入っていると、ペシャワールのにぎわいも日本の繁栄も、どことなくインチキで空虚なものに思えるのだった。この流れの中に、上流のアフガニスタンからどれだけ多くの同胞たちの血と涙が溶けこんでいるのだろう。そして、これらの人々の犠牲の上に成り立っている繁栄とは何なのだろう。

今日も変らぬ鉛色の濁流は、物言わぬ一つの啓示である。今、この時代の変わりめで、われわれは何をすることを求められているのだろうか。遠い自分の国・日本を複雑な気持で思い浮かべずにはおれなかった。

一九八四年十月

＊ラマザーン（断食月）はイスラム暦の九月（毎年十日ほど早まっていく）を指し、人々は日の出から日没まで飲食や喫煙などを禁じられているほか、寄付や施しが推奨され、以前は戦闘行為も自粛されることが多かった。

JOCS「祈りの手紙」*（二〇号、二一号）より

お元気ですか。当地の暑さもやっと峠を越え、しのぎ易い天気が多くなってきました。それでもモンスーンの影響で湿気が多く、快適とは言えません。

今月は余りかんばしくない不名誉な報告です。八月初旬より急性肝炎にかかり、黄色くなって寝ています。八月十日にペシャワールに出かけ、余りきついので路上に坐りこんでいるところへ、偶然わが院長のウジャガー先生が通りかかり、さすがに眼科医、いきなり私の眼をみるなり「肝炎ですな」。

それで肝機能検査で確診したのち、厳に入院を命ぜられましたが、入院を拒否してラワルピンディに戻り、食事その他で自由のきくゆきつけのホテルで寝ていました。幸い、多くの旧知がかけつけて、あれやこれやと世話をやいてくださり、食欲も出てきてずいぶん元気になりました。こちらの人は過度と思えるほど親切ですが、夫々《それぞれ》が自信をもって自分の「黄疸《おうだん》」の治療法を主張し、気の弱い私は断わるのも悪い気がしてあれやこれや押しつけられるままに試してみました。さとうきびのジュース、大根の汁、みかんの皮、果物、ぶどう糖の溶解液……等々。

おかげで、どれが効いたか解らないけれど、ともかく回復してきました。

しかし、面会者が日に日に増え、中にはフンザやペシャワールからも来訪する人たちもおり、安静どころではなくなってきたところ、日本大使館の親切な申し出で救われ、大使の公邸にしばらく避難することにしました。しばらくは、何よりも完全な健康の回復が最も重要だと考えられたからです（ちなみに前日の来訪者は、英国ミッション・グループ三名、アフガン人三名、フンザ人三名、日本人四名、パキスタン人五名、フランス人一名と猫一匹となっております。絶対安静どころではありません）。それで今は、冷房のきいた部屋で、ぬくぬくと日本食をいただき、一日中寝ころんで、何か普通の人々に悪いような生活を送っております。

語学校は中途退学、ビザの件は棚上げ、ともかく一時完全休戦です。しかし、病気をしてみると本当に人々の情けが身にしみてわかります。みしらぬ土地で、多くの人々が無条件に好意をもって支えてくれる、そのことが大変嬉しく感ぜられます。肝炎と一緒にかえがたい友情も確認できたのですから、私としては本望です。

九月からはいよいよペシャワールへ移ります。これからの働きのためにどうぞお祈り下さい。

聖名を讃美します。

お元気でしょうか。先に電報でお知らせしましたように九月二三日付（観光ビザの切れる日）を以《もっ》て、長期ビザが取得でき、滞在に関する問題はなくなりました。要するに、スペシャル・ケースとして、半永久的にこちらに居ることができるというビザです。八月中旬までは、実は、ウジャガー氏も日本大使館も充分、自信がなかったのですが、その後、各方面の協力を得て、ようやく取得にこぎつけました。私が病気になって（肝炎）大使館にころがりこんだのも幸いしましたが、これに投入された多くの方々の御努力は、決して小さくありません。とくに大変な労をとってくださったウジャガー先生と在パキスタン日本大使、及び山村書記官には感謝しております。

これからの当面の見通しと予定について報告します。

①当面、これまで通り、らい病棟の管理、内科男性患者の院内診療を続け、良い人間関係を築く。

②移動診療は来年四月頃までに形を作り、それまでにはスラム地区の定期訪問を実施する。

③その後に活動範囲を拡大し、いずれは保健衛生面で活動するワーカーの出現を期待したいと思います。

そこで、十一月下旬から十二月初めには一旦帰国して態勢をととのえたいと思っています。

先日の事故では、大使館の方が私の病気を心配して（私は）手伝いはしませんでしたが、おかげで日本から来た医師団から沢山、薬品を貰って大助かりでした。

最近は「シルク・ロード・ブーム」で日本人のツーリストが増えてきました。しかし、時間などケタはずれに無視されているこの国で欧米人や日本人がスケジュールのぎっしりつまった日程を組むこと自体、無理なのです。今度の事故も、すり切れたタイヤのせいにするのはまちがいで、パック旅行方式を強行しようとした旅行社の側にも責任の一端があると私は思っています。数年前まではパンクやジープの故障は日常茶飯事でしたが、それでも意外に大きな事故は珍らしかったものです。自然を無視したスピード化が生んだ悲劇と言えると思います。

院内の診療（内科）が今のところ私の主な仕事です。しかし、改善すべき点が多く、移動診療のベースとして使えるだけの診療能力をつけておくべきだと思い、しばらく主力をここに注ぎます。

＊中村医師の当初の派遣母体であったＪＯＣＳ（日本キリスト教海外医療協力会）から派遣されていた医療従事者が、各々の〝祈りの課題〟を報告していた月刊誌。

5号
1985・3

ペシャワール通信(4)

会員のみなさんお元気でしょうか。一月二三日に福岡を発ってからもう一ヵ月が過ぎてしまいました。この間、家族をひきつれていろんなめんどうな手続きに時間を費し、やっと十日前に病院の新居に移ってきたばかりです。当地はもう春ですが、庭に咲いているコスモスをみていると、どうも季節感がわきません。ペシャワールは相変らず喧騒とほこりの街ですが、ここに居ると不思議におちついた気持がします。

ここは明日のことは誰もわからない。それで、何がおきてもみなくよくよしないのです。こちらでは、先のことを約束したり、予測をのべたりするときに「インシ・アッラー」ということばを必ずといってよいほどつけ加えます。これは「神のおぼしめしならば」という意味で、よく外国人は、これがいいかげんな生活の象徴のように批評するのですが、私にはそうとも思えないのです。好意的にみると、そこに人の力ではどうにもできない、何ものかに対する謙虚さと畏れがあります。何もかもが計画通りに進んでゆき、便利さにとりかこまれて生活している私たちは、えてして全てが人の力でどうにかなるような錯覚に陥ってしまって、その結果かえって大切なものを失ってしまっているのではなかろうか、と思うことがあります。ペシャワールに居るといろんな変った人々に出会いますが、外国人のジャーナリストや学者たちもその一つです。私なぞは及びもつかぬような該博なこの土地の知識をもっていながら、どうしても現地の人々に溶けこめないのです。イスラームとは何か、北西辺境州のパターン〔パシュトゥン〕人の生活様式はかくかくしかじかと、解説の多いわりに、何か物足りぬものを感じる。それはどうしてだろうと私はよく考えます。今さら「人間愛」などという歯のうくような麗句をいいたくありませんが、もっと暖い目と心が足りぬような気もします。かつて西郷隆盛が言ったように「敬天愛人」という精神的気風が日本人にもありました。他人の苦難に同情の涙を流し、何か畏れるべき人の道というものを心の中では大切にしてきた、その心情が、無用とはいわぬまでもどうでもよい知識や便利さに蝕まれてきたような気がしてなりません。ともあれ修身の教科書のような話は別にして、このペシャワールやアフガン人の世界には何か人をおちつかせるものがあります。それは、私たちが失ったものへの郷愁なのかも知れません。病院の仕事は緒についたばかりで、私たちのめざすものが実現するまでずいぶん時間がかかるでしょう。医療活動といえば、すぐ私たちは医者や看護婦がそこにでかけて派手に患者を診て回ることを想像しますが、決してそれだけではありません。とくに健康に金をさく余裕のない発展途上国では、日本のようにぜいたくに高価な治療をほどこすのは不可能です。日本の医療は、結核やライの対策にしても、金にものをいわせて押えこんでしまったようなところがあります。医療費がかさむのは当然でそのやり方をここにもちこむのは犯罪的でもあります。私たちのライの仕事にしても、当初私の頭の中にあったのは、要するに困った患者を診てあげたいという単純なものでした。しかし、しばらく居るうちに、ひどくなった患者を病院で待っているだけでは、だめだということがわかってきました。例えば、ライのやっかいな合併症に足底潰瘍《かいよう》というのがあります。これは、ライの患者では手や足の感覚がなくなるために痛みを感ぜす、足のうらに無理な力がかかってもそのままで、足のうらに傷ができ、そこから感染したりして、だんだん足が歪《ゆが》んだり、なくなってきたりするのです。これは、入院させて安静にさせておき、ひどいものには抗生物質を与えておけば治るのですが、たいていの場合は再び同じ状態で数カ月後に戻ってきます。このような状態では、とくに一家を支える主が患者の場合、家族にとっては大変な負担になるし、われわれにとっても湯水のように高価な薬や包帯を際限もなく使わせることになります。このいたちごっこを断つためには、潰瘍のできにくいような靴を患者たちに配布することから始めなければなりません。つまり、病院にたてこもってじっと待っていたのでは駄目で、予防や教育のために、外にうってでなくてはなりません。患者の社会生活が保障できるよう、様々の工夫が要求されます。乞食根性を失くして、自活の道を開いてあげることもしなくてはなりません。それがまた、全体的にみると、無駄にお金を使わないことにもなるのです。一口にライの仕事と言ってもいろんな局面があるわけで、それを一つ一つ根気よく解決してゆくつもりでおります。そして、こうして、ただ人々の窮状を絶叫するのではなく、現実的な本当に効果のある方法で問題を共に解決してゆこうとすることが、私たちの仕事を真に実りのあるものとする道であり、「分かちあう」ということだろうと私は思います。先は長い道のりですが、どうぞ私たちの活動に祈りをこめて、今後も様々の形で参加、協力していただくことを願っています。ひきつづき、一緒に仕事をしているつもりで、末永くやってゆきましょう！

一九八五年二月二〇日

◎会報6号には多忙のため中村医師の原稿はなく、「ペシャワール通信(5)」は妻の尚子さんが執筆した。

パキスタンあれこれ

今回より江淵徹男氏にパシュトゥ文学の一部を連載で紹介していただくことなりました。* 江淵氏は、二年間以上ペシャワール大学に在籍し、地元の人々と文字通り生活を共にしながら、主にパシュトゥ詩人の研究を地道に続けてきました。

パシュトゥンというのは、アフガニスタンからパキスタンの北西辺境州一帯に住む部族の総称で、現在推定約一二〇〇万人が両国にまたがって居住しています。アフガニスタン、北西辺境州に住む大多数の人々は、このパシュトゥンで、現存する世界最大の部族社会といわれています。義理人情に厚く、粗野で自由なこの住民たちは、尚武の気風を重んじ、何ものにも支配されず、男たちは銃を携行するのが習わしになっています。かつての英国の侵入に対しては頑強な抵抗を続け、三次にわたるアフガン戦争は英国がアジアで敗退した数少ない戦いのひとつといわれています。

ロマンに富む彼らの生活心情は昔から多くの人々の心をひきつけてきましたが、最近まで日本ではごく一部の人にしか知られていませんでした。元々パシュトゥ語が難解な上にパシュトゥン人は文字を余り重んじないので、その詩はかつての日本の語り部《べ》のように暗誦によって伝えられています。そのため、外国人に知られる機会が少なく、おそらく日本では貴重なものになると言えます。私自身もここの診療活動ではパシュトゥン住民との関りが深く、その意味でも江淵氏によるパシュトゥ語の紹介に期待しています。これを通して、ここの住民たちの生活意識と実際の暮しについて多くのことが学べるものと確信しています。

どうぞ、御期待下さい。

＊会報5〜7号に十七世紀の詩人ラフマン・ババの詩を紹介、解説。

7号

1985・10

ペシャワール通信(6)

みなさんお元気ですか。先日は、お電話ありがとうございました。パキスタン帰国直後より慌ただしく、ろくに通信もせず申し訳ありませんでした。先日は、なつかしくみんなの声を、きかせて貰いました。つい悲愴な気分になりがちの一人仕事なので、みんなの活動は頼もしい限りです。

仕事の方はステップ・バイ・ステップで、ワークショップも何とか形は整いましたが、正念場は、これからというところ。一年目は実情を理解することでもせいいっぱいのようです。ここは居れば居るほど、ききしにまさる対立、闘争の世界、多少神経がうつにならねば長持ちしません。小生も何に手をやくかというのは、人間関係と金の問題で、苦心惨憺《さんたん》です。遠くに居れば、小生がバリバリと立派な医療活動をして、苦しいながら、さぞ立派な仕事をしているとお考えがちでしょうが、事実はそうではありません。

先日もささいなことで、入院患者が病院と対立。小生が矢面にたたされると、今度は小生をかばう患者たちが他の患者と対立。不穏な状態となったのですが、私としては院内での発砲と傷害は、何としても避けたいので罵声をあびせて鎮めました。予算のことでも病院側の管理で、ワークショップの建物について、不当な値段の労賃が、私の留守に決定され、これにクレームをつけると病院側が、労働力の提供のうちきりを宣言。ペンキ塗りまで自分でするという始末。要するにヤボ用が多いのです。

しかし、それでも最近は多くの患者の指導層とアフガン人が小生に忠誠をおくようになり、事は少しずつスムースに運ぶようになりました。おかげで、理学療法、ワークショップの小屋も文字通り手作りで患者と協力して出来たようなものです。

まずは余りにおそまつだったライセンターの足元を固めてからで、人目をひくフィールドの活動などは、来年に本格化するでしょう。

会計係がみつかった由、嬉しく思いました。どこに行っても金の問題は頭痛の種で極度に気をつかいます。

さて、またお便りしましょう。江渕君が明日来るので、またよいお便りも彼を通じて伝わるでしょう。志満《しま》〔秀武〕さんに伝えて下さい。「ボクも頑張ってるから、アンタたちもガンバランとイカンよー」

ではまた。

一九八五年十月十四日

ペシャワールから見た日本

私が初めてパキスタンと関わりをもったのは七年前の一九七八年、ヒンズークッシュ山脈の秀峰ティリチミールへの遠征隊に参加して以来のことである。当時「医療協力」等ということは頭になく、ただ雄大なカラコルムの自然や私の好きな蝶に惹かれて当地を訪れた。しかしその折、感ずるところあってこの土地に惹かれ、その後も幾度か訪れたが、不思議な縁で昨年五月からその北西辺境の州都ペシャワールにＪＯＣＳ（日本キリスト教海外医療協力会）から医師として派遣され、長期の医療サービスに従事することになった。

私の主な任務は、北西辺境州政府に協力してハンセン氏病の絶滅計画に強力な側面援助を行うことである。ペシャワールは、最近でこそシルクロードやガンダーラ美術ブームで知られるようになってきたが、日本ではまだまだ遠い存在である。パキスタンの中でさえ、この北西辺境はアフガニスタンと共に異質な世界とみなされることがしばしばある。古代からカイバル峠を越えて無数の征服と闘争がくりかえされたこの土地は、人の和を強調するわれわれ日本人にはなかなか理解し難いことも多い。州の大半は険峻な山岳地帯と岩石沙漠で、加えてアフガニスタンとの長大な国境線をひかえて政情も複雑を極める。このような中で、「医療協力」と称しても、いったい何ができるのかと、居れば居るほど無力感にとりつかれるのが正直なところである。

ハンセン氏病患者の総登録数は現在約四千名で、発見活動が増せば増すほどその数は増加し、五千名に達するのは時間の問題である。しかし問題は発見後のケアである。有効な薬剤の開発された今日では、かつての日本のように隔離政策をとらず外来治療を行いながら患者の社会生活を保障するのが基本方針である。一部の病型をのぞいては終生服薬が必要であり、神経麻痺、足底潰瘍《かいよう》等の合併症はしばしば患者の社会生活を脅かす。我々のケアも当然様々の局面があり、医学的なケアのみでなく、その土地の文化の根幹に触れるような社会生活への配慮も行わなくてはならない。先ず、地球が丸いことさえ常識ではない人々に病気の説明をするのが容易ではない。我々が常識とか教養とか思っていることそのものが異なるので、彼らの生活心得をくんで彼らのことばで治療について語らねばならないのである。また、最も保守的なイスラムの根強いこの地では女性を隠す習慣から、女性患者の発見とケアは難行《なんこう》を極める（北西辺境では、女性患者の発見率は他の地域に比べて何と約半分の十数％である）。

さらに頭の痛いのは、国境を無視して往来するアフガン人の場合である。その所在がつかめないことも多く、つかめても政治的な理由でその家を訪れて家族内感染のチェックをすることもできない（アフガン難民は現在パキスタン中に約三〇〇万と推定され、そのうち約二〇〇万人以上がこの北西辺境州に居る。難民といっても、既にエチオピアのような急性期はすぎてマスコミの紙面を賑わすことはなくなった。しかし、問題は慢性化して目立たぬところで実は深刻化しているのが現状である。ハンセン氏病でも同様であるが、問題が目立つときだけ騒いでおいて、物や金を投ずれば援助だとするのは余りにお粗末である）。ともかくも、私の仕事は先ずは現地の人々の心と生活意識をつかみ、その土地に適ったやり方を模索するのに悪戦苦闘といったところである。

現地に居て氾濫する日本製品をみるにつけ、複雑な気持ちで自分の国・日本を思いかえすことがある。日本の異常な豊かさと同時に、他国とくに第三世界に対する異常な無知無関心である。ペシャワールもシルクロード・ブームのおかげで、ようやくその名を知られるようになったが、増えたのは観光客とメイド・イン・ジャパンのみである。つくづく思うのは民間援助の層の薄さで、どうもわれわれ日本人には、何かおかみにお任せしておけば目立つことを何も率先して自分がやることはないと思っている節がある。確かに日本の第三世界諸国に対する国家援助額は急速に増加してきているが、それが国家間のとりひきの中で、果して有効に人々の福祉に還元されているかは疑問である。

私がペシャワールに赴く際にも、多くの共感と同時に多くの疑問も出された。その中で最も多かったのは、「現地なりに安定している社会の生態系を破壊するのではないか」というものであった。これに対する明確な反論を私自身もたないが、今、何が、これらの開発途上地域におこりつつあるかを知って貰いたかった。第一に、我々の民間援助なるものも、「社会の生態系」を変えるほどの力も規模もないという現実である。第二に、「近代化」の破壊的な影響は今や世界の隅々にまで及び、社会と自然の生態系は既に大規模に変質しつつあることである。繁栄は常に弱者の犠牲を要する。開発途上諸国は日・米・欧の近代化の下請けを担わされて、伝統社会は充分に矛盾の多いいびつなものになりつつある。

とは言え、ペシャワールでのゆるやかな時の流れの中で慌ただしい日本をみていると、日本は未だに、あの「大東亜」の夢を総力あげて経済戦争として継続しているかのようにみえる。日本製品はその優秀さの故にパキスタンでも他国を圧倒した。米英を宿敵とする住民たちが日本を賞賛するのは、あの占領下の屈辱を知る日本人の一人として悪い気はしない。しかし、人々が、商品経済で破壊された自己の共同体の現実を見つめなおす時、今度は日本がその元凶として過大な敵意をひきうける時代がここでもやって来ないと誰が言えよう。

我々が敗戦後に誓った平和と繁栄とは何だったのだろう。戦後四〇年の今日、本当にアジアが「共栄」し、共に生きる道を、我々一人一人が真剣に考えなおす時期が来ているように思われる。

戦中から戦後を生きぬいたある詩人*が次のような捨てぜりふを残して逝った。

「将軍たちよ。もし君たちの崩れた堡塁に、錆びついた大砲が残っているならば、乾いた土の弾をこめ、われわれを砲撃してくれまいか。すばらしい飾り窓をねらうんだ。われわれの中にやけつくような紅玉〈ルビー〉の弾丸をぶちこむんだ」

これは余りの貧しさと虚構の繁栄との間で私が覚える実感でもある。

初出：「毎日新聞」一九八五年八月二九日（夕刊）

＊火野葦平（一九〇七〜六〇）。中村医師の母方の伯父。次行以下の引用は火野の遺作『革命前後』より。ただし多少の字句の相違がある。原詩はアルチュール・ランボー『地獄の季節』（小林秀雄訳）の一節。『革命前後』の冒頭に、この一節が掲げられている。

ライとは

ライは、ライ菌（Mycobacterium leprae）という結核菌に類似した細菌による、慢性の感染症である。発見者の名をとってハンセン氏病とも呼ばれる。

主に、末梢神経と皮膚がおかされる。主な初期症状は、皮膚の感覚障害と皮疹であるが、病型によって多少異なる。極めてゆっくりした進行で、症状がひどくなってくると、手や足の運動麻痺、顔面、手足の皮膚の変形、眼の障害等がおきてくる。手足の感覚が失われるために痛みを感ぜず、しばしば火傷外傷がくり返され、感染を併発してこれが手足の変形、機能障害の原因となることも多い。

やっかいな合併症として、①足底潰瘍《かいよう》（うらきず）と②ライ反応がある。足底潰瘍は、無理な圧が足にかかっても痛みがないために、足のうらに潰瘍（皮膚組織が部分的になくなって、いわば傷ができる状態）を生ずるものである。ここから感染を繰り返し、骨がおかされ、足の変形脱落の一因ともなる。ライ反応は、治療中に突然、全身の炎症反応がおこり、発熱に伴って、皮膚や神経に障害を生ずるもので、反転反応〈Ⅰ型〉とライ性結節性紅斑《こうはん》〈Ⅱ型〉ＥＮＬ

反応）と二種ある。ことに後者は、急激な運動麻痺をしばしばおこし、その後の患者の社会生活に大きな影響を与える。

感染は、幼児期に家族内感染するものが多い。皮膚から皮膚への感染が主であるとされているが、鼻汁等による（飛沫感染）等の説もある。潜伏期はきわめて長く、数年から数十年に及ぶ。

治療は、一九四七年にサルファ剤の一種ＤＤＳが導入され、その後次々と有効な薬剤が開発された。これにより、症状の進行を止め感染性を失くすことが可能となった。現在の主要薬剤は、リファンピシン、Ｂ６６３（ランプレン）、ＤＤＳ等である。リファンピシンが最も有効であるが、発展途上国では、高価なため使用されないことも多い。

以上のように、医学的にみれば、ライは治療可能な感染症の一つとなったが、人々に余り知られていないことから、様々の偏見に基づく社会的問題がつきまとう（日本にも現在約一万人の患者が居り、沖縄では今でも年間数名の患者が新しく出る）。

ＷＨＯの推定では、世界中に約一五〇〇万人（一九八〇年）と見積もられ、そのうちわずか三五〇万人が治療下にある。治療法の進歩によってかつての隔離政策から外来中心の治療にかわってきたが、発展途上国では、定期的に継続して服薬させることがしばしば困難で、物資や資金の欠乏と重なって、ライ対策は、今なお難行しているのが実情である。特に、いかにして、患者の良い社会生活を保障するかは大きな問題で、金や薬を与えれば済む問題ではない。ライにたずさわる医療スタッフは、医療上のことだけでなく、様々な社会的問題に直面して悪戦苦闘しているのが、世界中に共通する事実である。

古来よりライの問題は、人間に普遍的な差別・偏見の傾向と深く関わっている。世界中に救ライ組織が設立され、他の病気に比べるとむしろ患者数の少ない本病に対して精力的な努力が払われて来たのは、単に哀れな人を助けるという以上のものがある。おそらく、人間の在り方そのものの中に、深く根ざす何ものかに、触れるものがあるからであろう。

どうして靴が大切か

ライという病気の中で、最も厄介なものの一つに足底穿《せん》孔《こう》症というものがある。これは、ライ菌が主に末梢神経を侵すために手や足の温痛覚が失われることによるもので、わが病棟の患者の入院理由の半分以上を占める。

長歩きをしたり無理な力を足にかけると通常ならば痛みを覚えて休んだりして適当に足をかばっているが、痛覚が失われるとこの自然の防御機構が働かない。特に無理な圧力がかかりやすい場所ではその皮下組織がやられて、潰瘍《かいよう》――いわば皮膚に穴ができる状態を生じてくる。

治療そのものは単純で時にはギプスを巻いて足の安静を保たせておき感染をおこした傷には抗生剤を与えておけば、一時的には、ほぼ完治する。ところが問題は治って退院しても大抵は再び同様の状態になって数ヵ月後に舞い戻ってくる。これを繰り返していくうちに患者は職を失ったり離婚されたり、様々な社会生活上の問題を抱えこむ事になる。大抵の患者は小作農民であるから、「怠け者」として地主に村を追われることもまれではない。

しかし無理をして働けば今度はこの潰瘍から感染をおこし、足の変形・損失を生ずることになる。いずれにしても「たかが足の裏の傷」では済まされないのである。また同じ患者に高価な抗生物質やギプスを湯水のように使うのでは経済的にも大きな負担となる。この入退院のいたちごっこを絶つ努力が大切な事はいうまでもないが、問題はそれほど簡単なものではない。歩かないのが最も良い方法だがそれは社会生活上不可能である。

そこで我々としては予防的な面を重視して体重が足底の一部にのみかかりにくいようなサンダルの生産を企画している。こうして潰瘍の発生を最小限くいとめようという訳である。もちろんこれは靴さえ与えればよいというものではなく予防の為の教育と組み合わせて行わなければならない。一方スタイルも大切で、その土地の人々に受け容れられ易い恰好も工夫しなくてはならない。

私はペシャワールの靴屋街をいつもうろうろして回っているが、事情のわからぬ人々は、はるばる日本から来たお医者さんが靴屋を病院に開いて……などという声も聞かれる。足のケアが全《あら》ゆる意味で、ライ治療の要《かなめ》だという事がなかなか理解してもらえない。いつも病棟で患者の足の裏の傷をみながら、こいつの為にどれだけの被害が患者にかかるのかと、うらめしげに包帯をとりかえる毎日である。

8号

1986・5

ついに完成！ ワークショップ

〈事務局のみなさん、〈JOCS〉パキスタン委員会各先生方、小原安喜子《おばらあきこ》先生、ペシャワール会、溝口先生へ〉

念願の靴のワークショップが、四月にオープンしました！これで〝うらきず〟に悩ませられる患者がどんなに減るかと思えば愉快の一語に尽きます。ここに至るまでどんなに大きな努力と資金がつぎこまれてきたことでしょう。まことにこれは多くの人々の文字通りの好意の結晶でして、近年のMission Hospitalにとっても、JOCSにとっても一つの金字塔だと言っても誇大ではありません。

これはわれ乍《なが》ら、JOCSの仕事の、最近の傑作の一つだとひそかに自負しております。北西辺境州のみで推定二九〇〇名以上の、足底潰瘍《かいよう》の可能性のある患者の社会生活が脅かされるのが少なくなることを思えば、派遣決定以来のいざこざや苦労をうちけして余りあるものがあります。「靴のワークショップ」くらいで……と思われる方もあるかも知れませんが、少しでもらいの仕事にたずさわったことのある人なら、足の感覚障害からくる「足底潰瘍」がいかに患者の社会生活の脅威になるか、おわかりいただけるでしょう。またこの治療にいかに厖大な薬品、ギプス等々の費用がつぎこまれるか、そしてその努力にもかかわらずいかに困難なものか想像をこえるものがあります。結局、その予防が最も重要なのです（もちろん、これはうらきず防止のための教育と併行しておこなわれます）。

この計画は私が最初にこの病棟にやってきた時からの念願でした。北部、西部の山岳地帯からやってくる足の変形患者をみたとき、まっさきに頭にうかんだのは、あのごつごつした岩石砂漠の山道でした。きりたった鋭い石ころと急な坂道、狭い農耕地、たきぎで料理する村人の生活、等々、感覚のない手足には危険がいっぱいです。そこで、着任と同時に、私は良いはきものを与える計画を立てていました。とすれば、昔トレッカーとしてチトラルやフンザ等の北部の山々を歩き回っていたのも無駄ではありませんでした。

伝統的な生活習慣に固執する北西部の住民の習性をよく知っていたのも、靴のデザインを決める際によく参考になりました。靴が機能的にいかに優秀であっても、伝統社会にうけいれられなければ役にたたないからです。

次の段階は、北西辺境州全体のニーズを把握することでした。これもやや困難な仕事でしたが、統計資料の信頼性が極めて乏しいこの土地でまず行なったのは、過去三年間の新登録患者一〇〇名を無作為に抽出して足の感覚障害例の発生頻度をしらべることでした。

　こうして、ニーズにみあう生産体制、ワークショップの大凡《おおよそ》の規模を算定しました。必要な皮や素材、労賃（の相場）を求めて、バザールの靴屋街をうろうろしていたのもこの頃です。

　その後、計画を明らかにして多くの人々の協力を得ました。この計画に協力してくれた方々は数知れませんが、小原安喜子先生の勤める邑《お》久光明《くこうみょう》園がまっ先に技術的なアイデアを提供して下さいました。多額の指定寄付をして下さった福岡の溝口医師、小屋の建設に無償の労働力を下さったアフガン難民のShelter Now International、ラホール、カラチにまで足をはこんで素材や機械の価格をしらべて回ったスタッフたち、ペンキぬりまでしてくれた患者たち、心よく宣伝をひきうけてくれた外国人のChristian group、公営センターのfield workerたち。まことに、これは心のこもった人々の良心の結晶であって、最近これほど愉快なことはありませんでした。

　ある程度の非難を覚悟で量産体制のために機器類その他に金を投じたのは、次の二つの理由によります。

①良質の靴を一般にも販売すれば、ワークショップの財政的独立が可能となり、援助なしに維持することができる。ペシャワールの状態から、マーケッティングは充分できる。

②将来的に、他の皮製品（カバン、財布など）のワークショップとして延長ができる。これにより、患者自身の自助援助が、依存体質を作らずに可能となる。

以上は皮算用ではなく、現実的な見通しです。今後の私たちの努力いかんによります。

　一方で、理学療法とある程度の足の外科を発足させるのも必要でした。ただ靴さえ作ればよいというものではなく、足の問題は医学的、社会的に一体のもので、靴のワークショップは"foot-care unit"（＝人間生活のケア）の一部でなければならないからです。

　ともかく、こうして当地におけるわれわれの働きの序曲がやっと始まりました。一緒に喜んで下さい。そして今後も良き実りのあるよう祈りを合わせて頑張ってゆきましょう。

　一九八六年四月九日

ペシャワール通信(7)

（一九八六年三月八日の手紙より。抜粋）

お元気ですか。年度末で何かと忙しいことでしょう。先日来、いろいろとお世話になりました。工藤君に頼んだ品物も受け取りました。

私の方はマイペースでして、初めのうちはいろんな事が思うようにならず、ずいぶん廻り道をしましたが、最近はいろんな土地の事情ものみこめるようになり、まあなんとかやっております。最近は仕事の絶対量が増し、少しづつ余裕を作るよう工夫しておりますが、やはり心身の疲れは否めません（或いはもうトシのせいかも知れませんが）。

ペシャワールは現在、落ち着いていますが、散発的に（数週間に一度くらい）爆破事件は続いていますし、カイバル峠付近の国境線近くでは、ソ連軍とゲリラ部隊の激戦が継続しています。街にはやたらに警官や兵隊を見ることが多くなりました。しかし、ペシャワールという街そのものが昔からこの手の争いがむしろ普通であった所なので、人々はさして大きな動揺もなく、自分の生活をつづけている、というところです。

まとめを兼ねてこの一年を振り返ってみますと、

一、今年度の最大の懸案であった靴のワークショップは、やっと軌道に乗り出しました。装備、道具、材料、職人の雇用等で予算と精力を相当投入し、まあまあやっと人に見せられるものが出来るようになりました。しかし、生産価格はどうしても一足六〇ルピー（約六六〇円）を要し、これを患者に負担させるのは大変なので、そのうち、職工の労賃二〇ルピー（約二二〇円）を支払わせ、材料費だけを病院負担ということにしております。それでも需要がのびて、これが年間五〇〇足ということになりますと、年間予算は材料費のみで二万ルピー（約二二万円）となります。その他、drop foot（下垂足《かすいそく》）用のスプリングや、スプリント（簡易な装具）を作ることを考えると、年間五〇万円の補給は必要です。そこで、次の段階は、購入した器具を使って皮製品（財布、カバン等）の生産を企画、マーケティングをきちんとやれば、充分業者と競合は可能です。これでワークショップの財政的独立を図ることが来年度の目標です。将来的には変形患者のために必要なあらゆる装具ができるよう計画しています。

二、フィールド・ワークの方は、まずは小さな試みが散発的に行われた程度でした。これには、既に発足した公営センターの活動を補うという持ち分を決定するのに時間がかかりました。結論は、彼らの行動の行き届かぬペシャワール地区（福岡県程度の広さ）及びその周辺の自治区の一部、さらに、アフガン難民キャンプが対象となります。とくにアフガン人については公営センターでケアする余裕・力量、共になく、アフガン人患者へのサービス、キャンプでの活動が来年度の最大の目標になります。

今年一月下旬にＵＮＨＣＲ（国連難民高等弁務官事務所）に正式に活動の開始を宣言。まずはキャンペーンと早期発見のためhealth educationを各医療関係者を対象にして行い、既に登録されているアフガン人患者のcontact survey（家族調査）を実施することが二本柱になります。このため、現在パンフレット・ポスター・教育用スライドを作成中で、一方病院での講義、case presentationのカリキュラムの案を練っているところです。これにはカーブル・クラブの江淵君の協力も大きく、とくにパンフレット等は、英語・ウルドゥ語以外のものがないので、パシュトゥ語、ペルシャ語（アフガン・ダリ語）の翻訳を行なって、事情と土地柄に合わせて焼き直したものを作成して貰いました。ポスターもカーブル・クラブの送った工藤君の画才を頼りに良いものができそうです。

幸いＵＮＨＣＲに浅羽さんという日本人のスタッフが働いているので、難民の医療サービスについては良い情報が得られます。先日の難民医療援助団体の総会では、例外的に小生が我々の計画について話す機会が与えられ、各方面より好意的な反響が得られました。要するにサイは投げられ、あとは一本道となりました。しかし、一本道といえど前途多難で、多くの衝突や抗争を何とか乗り切ってゆかねばならぬでしょう。

フィールドについてもそうですが、ここは驚くべき対立社会で、中央集権的な管理は先《ま》づ成功しません。例えば、各地区に配備されているLeprosy Dispensary（公営〔診療所〕）も、担当者がＡ村の出身の場合、Ａ村と対立するＢ村の患者はとても薬を貰いに行けません。公営センターのフィールド・ワーカーがそのマネージメントの改善に行けば、銃で脅されて帰って来るという始末です。いきおい、各地区の患者たちは直接ペシャワールへ出て来て投薬治療を受ける方が便利でよい、という事態が多くなってきます。また、地区のLeprosy Dispensaryに行くこと自体が恥と思われることもあり、どうしても便利なペシャワールへ来る患者も居ます。

発足して新しい公営センターも四苦八苦で、その上センターでの質の悪い医療サービスは患者の悪評を買って、外人医師の去った後は、いずれ実質的に機能は停止すると思われます。

三、病棟の質の改善は、少なくとも一九八五年度は好評を得たと言えるでしょう。Medical care、理学療法共に大きく前進したと言っても過言ではありません。もちろん、既に欧米人を中心に組織されている他国のLeprosy Centreとは比べようもなくチャチなものですが少くとも患者たちにとって必要最低限の治療が受けられる、安心できるセンターの存在というのは大変大きな励ましになるのです。四千ルピー（約五万円）をかけて作った処置室と言える小手術場で僅かに、amputation〔切断術〕、bone-scraping〔骨削り術〕、bone-trimming〔骨切り術〕、skin-grafting〔皮膚移植術〕、tracheostomy〔気管切開術〕等の小外科ができる程度ですが、これとても絶大な効果があり、患者の多くに安心感を与えます。理学療法も良い人材を得て、変形防止、潰瘍《かいよう》（足底）治療のためのhealth educationは大きく前進しました。言い過ぎでなければ、行きどころのない患者達の安ホテルから、本当の治療・リハビリテーションのセンターへの脱皮が行われたと言えるでしょう。

各人対立する人間関係は、何か新しく創りあげる目標を与えられ、チームワークもずっと良くなりました。実際には、私は強制的な命令を発することはせず、全て夫々《それぞれ》の「力を合わせて」という方針を固持し、時には生ぬるい様《よう》にみえても結果的にはそれが改善をもたらす大きな力になりました。

一九八六年度はさらに一歩進めて、より良い質のサーヴィスに努めます。これは全体のleprosy control programmeにとっても大変重要なことで、きっと公営センターの活動の側面援助になるでしょう。

以上が主な今年度の業績といえば業績ですが、反省せねばならぬ点も多々ありました。例えば、絶えず繰り返される患者―病院、スタッフ―病院、患者―スタッフ、患者―患者という対立・争いは、私が中に入ることで緩和されました。しかし、今度は私が病院や他の科のスタッフ達と緊張関係を作ったり、他のミッショナリー（外国人）グループとの冷たい関係になる場合もでてきます。それの多くは時間と根気強い話し合いで解決できるものです。

問題は、単純、短絡的な患者達で、私に忠誠を示そうとする余り、無用な誤解や事態を生じることがしばしばありました。例えば、不正を憎むあるアフガン人患者の家族や、自治区パターン〔パシュトゥン〕人の一部が、「我々のドクターの敵は、自分の敵である」と信じるとします（〈敵〉といっても、ここでそれが何を意味するかは繰返される殺傷事件から想像して下さい！）。時々、自分でもぞっとすることがあります。彼等自身が武装集団を背後にひかえているので、忠義だてがとんでもない結果を生むのです。事実、事前に事を察知して、私自身が彼等に「そんなことをすれば、俺は居なくなるぞ」と脅かさねばならぬこともありました。以後、病棟での「抗議行動」は停止しましたが底流には依然続いています。

いきおい、私は他科のスタッフや病院職員から半ば恐怖の目で見られることにつながります。これは余り良いことではなく、精神的にも負担になります。難しいものです。

さて、またお便りしましょう。今日は、これでとりあえず。

尚、ジープの件は今秋九月をメドに実現するのがタイミングです。頑張って下さい。詳しくは今夏六月帰国時に相談しましょう。

JOCS「祈りの手紙」〔二五号〕より

みなさまお元気でしょうか。

赴任して初めてのクリスマスを当地でむかえました。喜ばしい日なのに冷たい雨がジメジメと何日も続き、ペシャワールはいつもの活気がありません。ペシャワールの郊外といってよいカイバル峠では、もう何週間もソ連軍とパキスタン陸軍が対峙、ソ連軍は砲口をペシャワールにむけて威赫砲撃し砲声が時折きこえます。一方西部辺境のカイバル地区では、武装したパターン住民と軍が交戦状態に入り、アフガニスタンと自治区の交通路は閉鎖されました。さらに、最近政府は難民パスの発行を停止、新しく急増した数十万人の難民が冷たい雨の冬空の下で途方にくれています。

何というクリスマスでしょう！ この日くらいは全ての煩《わずら》いを忘れて楽しく過ごそうと思っても、どうしても気分がうきませんでした。今年は形ばかりの儀礼を尽したのみで、はれやかな催しものにも出ず、戦争で故郷に帰れない患者や身よりのない患者と共に病棟でささやかにクリスマスを祝いました。せいいっぱいのぜいたくと思ってペシャワールで一番おいしいケーキを買いこみ、患者たちに切って与えました。ほんのひとときでも、この重苦しい、出口のない情況を忘れることができたら、患者たちも私もそれで幸せでした。イスラム教を信ずるものも、あるいは神を信ぜぬものも、等しく御慈愛の下にあるとすれば、私はここで何をしたら、その御心を現わすことができるのでしょうか。上等のケーキのひときれも私の感傷と共に、その一つであったにちがいありません。

はれがましい祝賀会が何かしらじらしく思えました。冷たい雨と砲声、重苦しい鉛色の空と戦争、ふるさとと家族を失った患者たち、寒空にふるえるアフガン難民たち……。だからこそ、だからこそ、私がここに居るのだと思うけれど、情況は余りに重いのです。このところ私も多少大人気《おとなげ》なく、この不幸をくいものにするジャーナリストやミッショナリーたち、慈善をうりものにするキリスト教関係者に怒りを覚え、必ず罪悪感を覚えさせるような皮肉を述べて一矢を報いることにしています。こんな非生産的なうさばらしをするのではまだまだ私も慣れていないのでしょう。しかし、これも、この地になじむ一つの段階かも知れません。

どうぞこれからの働きのためにお祈り下さい。

（JOCS「祈りの手紙」一九八六年一月二五日号より）

◎会報9号には中村医師の報告は掲載されていない。

補
1986・5

JOCSパキスタン・プロジェクト
——一九八五年度活動報告

◎本稿は元々、中村医師の派遣母体であったJOCS（日本キリスト教海外医療協力会）宛に送られた年次報告であり、ペシャワール会報には掲載されていない。英語表記も多く読みづらいところもあるが、当時の貴重な記録であり特別に収録した。

はじめに　パキスタン・プロジェクトの展望

一九八五年度をふりかえって、全体としてパキスタン・プロジェクトは当地パキスタン北西辺境州（以下NWFP〈North-West Frontier Province の略。現カイバル・パクトゥンクワ州〉）において小さからぬ役割をleprosy work の中で果たしたといえる。しかし他方において、このプロジェクトは内外共に厳しい情勢の中ですゝめられた。内にあってはプロジェクトそのものがJOCSの原則にもとるとの批判に耐えねばならず、外にあっては、貧窮状態にある病院を励まし、おそるべき対立関係の中ですゝめられなければならなかった。政治情勢も大いに不利に働いた。とくに辺境での戦争はフィールドワークを困難にし、ペシャワールの無政府状態は私のワーカー会議出席を不可能にして無用な誤解と批判を浴びた。

それにもかかわらず、少くとも私感によれば、パキスタンプロジェクトはあくまでもJOCSの基本方針を決して逸脱することはなく、ニーズと役割をみすえて、冷静な計算と周到な準備によってすすめられてきたと信じている。あらゆる意味で私たちは「相手方の弱さ」を担わねばならなかった。もし、本プロジェクトが今までのJOCSの事業と異質なものがあるとすれば、それをワーカーたる私や、プロジェクトを認めた理事会の責にのみ帰するのは早計といえよう。アジアは多様であり、ニーズも置かれた場合により多様である。JOCSの基本精神は時代と地域をこえてたくましく発展的に貫ぬかれてゆかねばならぬ。一つの時代又は地域での体験を根拠にして、かくあるべしと論断して審《さば》くには、情況は余りに複雑さと流動性に富んでいると言えよう。

であればこそ、この多様さの中に一つの共通するprincipleを探りあてる作業をぬきにして、曲解・誤報を基に表面の「異質性」のみを論議の対象とするのは、そのことそのものがJOCSの基本理念を危うくするものであろうと私は危惧している。アジアの人々と苦しみを分かつと言っても、アジアの人々そのものが多様で、ニーズが多様であれば、その分かちあい方もまた異ってこよう。自分の能力を逸脱した分かちあい方は論外としても、そこにその異質さ、多様さにまず謙虚に向かい合うことから始めねばなるまい。その上で十分に祈りと論議を尽くして、無謀な試みから距離をおく一つの結論が得られるのである。

その意味でも、出来るだけ主観的な意見を排除したレポートを私は委員会に送るように努力してきた。この報告が情況をより良く理解するための助けになることを祈ります。

I　パキスタン北西辺境州の情勢

ＮＷＦＰ（北西辺境州）における特殊性は、前近代的なパターン（パシュトゥン）部族の自治区の存在、山岳地域とその割拠性であり、複雑な民族構成、アフガニスタンの内乱による大量の難民の流入である。

アフガン難民はＮＷＦＰですでに二〇〇万人をこえたと推定されており、彼らはもはやminorityではなくなって旧来から定住しているパキスタン国籍の人々には一つの脅威となりつつある（アフガニスタンといえども一つのアイデンティティをもった国ではなく、パターン系、トルコ系、蒙古系、イラン系と複雑な構成をなしている。部族又は家族（ファミリー）を中心とする社会構成はＮＷＦＰと同じで、地域によっては数世紀は思考様式の遅れがあるのも大して変りがない）。一九八五年は今までになく内乱の激しかった年であり、戦闘の様式も規模も拡大した。ソ連軍は反政府ムジャヘディンゲリラの根拠地となっているＮＷＦＰ、とくにペシャワールからの補給路を絶とうとして国境線又はパキスタン領内で戦闘をくり広げている。

最近の顕著な傾向は、ソ連軍はアフガニスタンの人口減少を決意してまで村ぐるみ殲滅《せんめつ》の作戦を展開し、戦闘員そのものよりも婦女子・老人たちの犠牲が大きくなったことである。とくにカルマル政権後、より残忍な人物への権力移行が伝えられるや、難民の間でさえ小さなパニックを生じ、遠からず難民の数は再び爆発的に増加するものと思われる。

一方、パキスタン国内でも十二月になってやっと戒厳令解除が宣言され「議会政治」がスタートした。このことは国民の権利意識を刺激し、現政権に殺された故ブットーの娘ベナジールにひきいられる人民党が合法政党として大規模な活動を開始した。ＮＷＦＰは元々独立時のいきさつ以来から反政府傾向の強い所であったが、ペシャワールもまた人民党の大きな根拠地となり、ベナジールはこの数ヵ月で一人のヒロインとなった。昨年のインチキ翼賛選挙のやりなおしを要求して人々は異様な熱気を帯び始めている。

以上の情勢に加えて米ソ情報機関の活動はさらに混乱を加え、ペシャワールは昨年以来、数知れぬ爆破事件に悩まされ、市民を恐怖におとしいれた。自治区では麻薬をめぐって小さな戦闘がくりかえされ、十二月中旬にパターン部族の一部は政府軍と交戦状態に入った。ペシャワールは一時騒然たる情況に陥り、百鬼夜行の状態である。市内では殺傷事件が絶えない。

（このことは、われわれの仕事に直接はねかえり、病棟内ではアフガン患者がやたらに増加してきた。アフガン患者とパキスタン患者の対立も時には過熱することがあり、何かにつけ喧嘩が絶えない。全体としての流れは、後述するように、余り恩恵を受けぬアフガン人のらい患者へのサーヴィスを充実することが要求されているようである。われわれの役割はこの面でも、全体のleprosy control programmeの中で、カラチのセンターから熱い期待をよせられている。ＪＯＣＳのプロジェクト自身もこの情勢に大きな影響をうけることになるのは必至であると思える）

Ⅱ　NWFP leprosy workの現況とわれわれの役割

ここではこの一年間の目立った動きについて報告する。それと共に、この流動的な情勢に対応するニーズについて私なりの見解を述べてみたい。

(1)公営センターにおけるフィールド・ワークの活発化

昨年報告したように、control programmeのセンターは、一九八四年四月、Mission Hospital, Peshawar（以下ＭＨＰ）から公営のLady Reading Hospital（以下ＬＲＨ）に移され、leprosy workは名実共に「公営化」され、主役はＬＲＨに移った。しかし、財政・教育を全面的にバック・アップしているのはカラチのMarie Adelaide Leprosy Centre（以下ＭＡＬＣ）であり、Dr.ルース・ファウの下に全てが統轄されている（わがＭＨＰもＭＡＬＣの援助なしには成り立たない）。

Dr.ファウの指揮下にleprosy field officerという特別の地位が作られ、早期発見とdefaulter〔治療から脱落する患者〕の減少を目指してフィールド・ワークにエネルギーが投入された。これにより、①contact survey〔患者家族の検診〕②domicile treatment〔訪問医療〕に力がそそがれ、定期服薬例（年間三分の二以上）は著しく増加し、新登録数ものびた。殆どのlocal clinicで定期服薬例は九〇％を越えた。（全登録患者数は一九八五年内に四千名を越えたと思われるが、一九八五年末までにＭＨＰで登録されたものが一一八二名である）

これには多少の数字操作上のトリックがある。わずか二年間で、四〇％から九〇％への飛躍というのはにわかには信じ難い。注意深く数字を読むと二つの事実が明らかになる。①defaulterになりやすいアフガン患者を除外している。②一度になるべく大量の（長期の）薬を与えるようにしてカードの上で服薬日数を増やすことである。ＮＷＦＰでわがＭＨＰのみが五八％の低率にとどまったが、これは以上の操作をしなかったことと、患者が各地に散らばっていて把握が困難であるからである。しかし、以上のような小細工にもかかわらず、やはり四〇％→九〇％というのは評価すべき数字であると思える。

全国（ＮＷＦＰ）で三一ヵ所の大小のleprosy clinic（local）において、診療員をその土地から選び、カラチで訓練して送るという方法がとられた。他方leprosy field officer数名を駆使してその機能の監視にあたらせ、ＮＷＦＰの広大な地域に散在する患者へのサーヴィスを行うというのは、極めてこの土地にかなったやり方である。

(2)公営センター（政府プログラム＝ＭＡＬＣ）の活動の弱点

①以上に述べたdomiciliary treatmentをめざすfield workの強化は治療継続を容易にし、defaulterの減少は著しいものがあった。しかし、これにはその利点にも劣らぬ欠点もある。らいはいかなる田舎に行っても今なお〝業《ごう》病〟であり、local clinicに行くこと自体が一つの無用な偏見をもたれるという事態も生じてくる。患者の中にはそのことを恐れてわざわざ不便なペシャワールまで出てきて治療をうけたがるものもある。また、ドゥシュマーン（仇敵）の近くにある場合はlocal clinicに行けぬ。この点の配慮を今一つ欠く点がある。

②定期服薬患者の増加を企《はか》ることに力点がおかれる余り変形防止のための努力が後手に回ってきた。とくに感覚障害のある例への合併症予防の教育が不十分である。カラチ（ＭＡＬＣ）がＭＨＰに靴のワークショップの開設を強く望んでいた理由もここにある。

③アフガン人患者の対応には今のところお手あげの状態で、各難民キャンプでの活動も皆無に等しい。加えて、多くのアフガン人患者は難民として登録されてない場合が多く、パキスタン国内に定住地を有《も》たないことがしばしばである。彼らは事実上、ＮＷＦＰのcontrol programmeの中でよそ者扱いされている。

④診療員の官僚化。一部のものはその土地でドクターとよばれ、何か高い地位を得たように錯覚している。その結果は、private clinicを開業し、カラチから送られる薬品を横流しするとか、なるべく誇大な実績を伝えて予算を多くとるとか、leprosy workを金のなる木として利用するものも増えてきた。ＭＡＬＣやＬＲＨの管理がゆるめば、これらのlocal clinicの機能はたちまち荒廃するであろう。

⑤らいの合併症（手足の変形、足底潰瘍《かいよう》、眼の障害等）をゆきとどいて治療できるセンターはない。ＪＯＣＳが私をＭＨＰに派遣するまでは、小外科的な処置まで

カラチに送らねばならなかった。気管切開が遅れたばかりに死亡した患者もかなり居た。

⑶MHPの役割

以上の公営センターの活動の弱点を補うものとしてMHPの役割は決して小さくはなかった。私の派遣以前は、全体の傾向として自分の限界と能力を忘れ、過去の最大のセンターとしての夢を追ってLRHと競合しようとしていた。加えて現任の院長にleprosy workがhand overされてからは、leprosyへの基金は病院への全体の運転資金として消えていった。MALCがMHPのらい部門の縮少・消滅を企っていたのは当然のことである。

この点について病院側もスタッフたちも余りに楽天的であり、洞察があったとは思われない。一九八四年十一月に、私はDr.ファウと数回にわたって討議を重ね、少なくとも公営センター、MALC、LRHの当面ゆきとどかぬ点をMHPがカバーするという基本的な認識を得たのである。この当時、私自身もMHPでのサービスを具体的にいかに展開するか実際的な決定を迫られている立場にあった。Dr.ファウの示唆は明解であり、leprosy workとgeneral medical workと両者をとることは出来ぬ。何《いず》れかをとり、何れかを捨てねば良いサービスは出来ぬ、というものであった。靴のワークショップの話もその折に出た。私としては、自分とJOCSが外国で働くことのidentityを真剣に考え、leprosyをとった。これは、MHP—JOCSとの契約を部分的に修正するものであったが、敢《あ》えてこの決断を実行した。いと小さき者へのサービスこそがJOCSの本旨であろうと思ったのである。また、この背景には現院長が辞任することが公言されていたのであり、院長自身「あとは君の好きなように」とのことばを私に与えていたことがあった。

以上の脈絡の中で、私としてはMHPをNWFPのleprosy control programme全体の中に位置づけなおし、あるものは切りすて、あるものは拾いなおして新しく建設すべく、次のような基本方針をうちだした。

①らい合併症の予防的局面を重視し、そのために協力する（とくに足底潰瘍を主とする足の障害は社会生活上影響が大きい）。靴のワークショップの開設はその要《かなめ》となる。

②すでに合併症を有するもの、又はらい以外の合併症についても、患者が安心して治療をうけられる質の良い医療サービスを行う。医師及び理学療法士の下での治療体制を準備する。

③患者の自助援助をカラチMALCとの協力で行う。

④アフガン人患者に対するサーヴィスを徹底する。

⑤フィールドワークを強化してとくに困った患者のサー

ヴィスに努める。

これらの方針は現在も進行中である。①②については一九八五年度中に何とか態勢をたてることができたが、実質的な働きはこれからであると言える。私自身の研修を含めて準備段階は依然として続いているといえよう。

③についてはまだ構想の段階であるが、靴のワークショップの延長として他の皮製品、手工芸等で患者又はその家族への授産は充分可能である。

④⑤は切りはなせないが、これは今年度の大きな課題である。一九八五年度は宣言と可能性の検討にとどまった。アフガン人問題はNWFP全体にとっても最大の懸案の一つである。おそらくわれわれがこのパイオニアの役割を担うことが現実化してきた。詳細は後述するが、一九八四年から一九八五年にかけて名を捨て実をとるMHPの実質的な掩護《えんご》射撃は、カラチMALCの信頼を回復し、Dr.ファウは私の指揮の下にアフガン人プログラムを推進することを強力に要請してきた。これが一九八六年から一九八七年度にかけて、私自身の身のふり方も含めて最大のchallengeになる可能性が大きい。

Ⅲ　一九八五年度の活動状況

⑴靴ワークショップ

先述したように、これはあくまでも"foot-care programme"の一部であるが、その要ともなるものであった。一九七八年以来ほぼ毎年パキスタンの北西部の山岳地帯を歩いていた私には、ここの住民にとって足と靴がいかに重要かは直ちに理解できた。一九八四年の入院統計は、六五%が足底潰瘍が入院理由であり、これはらいの合併症中、最大のものであることを示している。患者の多くは固い皮と釘をふんだんにうちつけたひどいものを履いており、くりかえす入退院のうちに社会生活にとりかえしのつかぬ影響を与えるケースも多かった。

Dr.ファウ（MALC）はそれ故この靴ワークショップの開設を強く望んでおり、問題の大きさは直ちに私にも理解できたし、確実な地域のニーズとして、一九八五年度の大目標にかかげたのである。それで、不当に大規模でもなく、はかり知れぬ恩恵が患者に与えられるものと判断し、一九八四年十二月、JOCS理事会にかけて承認を得、本格的にのり出すことになった。

計画の骨子とtime scheduleは一九八五年夏に報告した通りであるが諸般の事情で遅延し、一九八六年四月にオープンした。

この経過は以下の通りである。

①一九八五年二月～四月。ニーズの算定、予算、スタイル等の決定

統計資料の信憑性の低いこの土地で先ず行なったのは、一九八二年から一九八四年の新登録（ＭＨＰ）のうち、無作為に一〇〇名を抽出し、足感覚障害例の発生頻度を調べることであった。結果は予想外に問題の大きさを語っていた。

◎調査対象例　一〇〇
足感覚障害　六八
不明又はなし　三二
足底潰瘍例　十四
足変形（grade2, 3）　十　全て足感覚障害を合併
垂足（運動麻痺）例　七

これがＮＷＦＰにおける新患者の足の問題を代表する数字だとすれば、約十％強が既に発見時から治療を要する足の障害をかかえており、約六〇％がその予備軍としてひかえているということであった。ＮＷＦＰ全体で約四千名が治療下に入るのは時間の問題であったから、ニーズは、理論的にはその六〇—七〇％、二四〇〇〜二八〇〇名が予防用のサンダルを要することになる。Replacementを一〜二年とし、defaulterを考慮しても年間一千〜一五〇〇足は生産せねばならぬことになる。

しかし、初期段階では様々の試行錯誤があろうから、年間五〇〇〜一千足くらいを目標にするのが無理がないであろうと思われた。

また、スタイルは、いわゆるleprosy sandalがＭＡＬＣのワークショップでは生産されていたが、殆んどの患者は着用していなかった。逆に高度の技術を投入して、機能的にすぐれたものが作られているラワルピンディのleprosy hospitalではコストのために広くゆきわたらせるのは不可能でもあり、何よりも患者がそれを嫌っていた。スタイルは、それ自身がらい患者の烙印とならぬように、なるべく地元のものに近いものがよいことは明らかであった。そこでＮＷＦＰで好んで着用されているいわゆるパターン人スタイルのサンダルを次々に買いこみ、自分ではいて歩いて回った。分解した皮の質・量、その他の素材を調べたりもした（その頃私の家に来るものは、玄関先で多くのサンダルがあるのを見て、たくさんの来客が毎日あると誤解しているものもあった）。

病棟では毎日靴を作らせるよりは、壊して調べる方が多かったので「先生は靴をこわすワークショップを計画しているのか」と冗談を言われたこともある。スタッフの中にさえ、「そんなに金をかけて靴を作るよりは、既製品の、良いものを買ってやればよいのではないか」というものさえ居た。私はあらゆる無理解を他《よそ》に、コツコツと靴を買ってはこわし続けた。燕雀《えんじゃく》いづくんぞ鴻鵠《こうこく》の志を知らんや、と多少偏執狂的に見えていたかも知れぬ。

ともかく、こうやって得た結論は、素晴らしいものだった。伝統的なパターン人のサンダルは素材を多少かえて柔いもの

を使用し、釘類を使わず、丈夫なスポンジ（microcellular rubber）を置けば、そのまま優秀な予防用サンダルとなるのである。半端な技術者を養成するよりは、まづはその辺りに居る靴屋の職人を連れて来ればよいのである。素材はマジックテープを除けば、全て病院のまわりで手に入るものばかりであった。丈夫なウラ底は古タイヤが最も適しており、耐久性もすぐれていた。

②一九八五年六月～十月　小屋の建設と設備の購入

小屋そのものは大した費用ではなかったが、どうしても理学療法の小屋とだきあわせに欲しかった（レンガ一個が一ルピー（約十二円）であるから大した費用ではなかった）。

これも金づるにしようとする病院側とは虚々実々のかけひきで行われた。小屋の建設（というほど大したものでもないが）を申請すると、病院側は小さな部屋（五×五ｍ）で、一部屋十万ルピー以上を通告してきた。これは契約業者との間で不明朗な事が過去しばしばおきているのを知っていたので、難民のための仮小屋作りを仕事にしている団体と連絡をとり、一部屋約一万ルピー（十二万円）でできることを知った。これはShelter Now Internationalというキリスト教団体で、彼らも私に親近感をもっていたらしく、こころよくひきうけてくれた。

ところが、今度は、病院側は、あの敷地はcantonment（軍用地の運営を管轄する部局）に属する土地であるから、建設物についてはそのboardにpermissionを得なければならぬと言いだして、間接的な妨害工作に出た。そこで、偶然私が患者として知っていた担当の将校に尋ねたところ、「permanentでなくtemporaryであれば何も問題はない。temporaryの定義は数ヵ月か数十年か規定はないので、らい病棟の敷地は当方としては事実上君たちの思いのまま使ってよい」という返事であった。要するに金づるになる可能性がなければよいとみた私は、Shelter Now Internationalに実費を「寄付」し、彼らが無償で病院に小屋を寄付するという話にしておき、他方で例のcantonment boardの担当将校に問題はなき旨の証明書を作成させ、「こんなタダのようなうまい話はない」として一挙に病院の快諾をとってしまった。しかし実際、こんなうまい話はなかったのである。

おかげで素敵な小屋が十月中には完成した。

その後、電気工事・ガス工事等々、何かにつけ不当な経費が要求されてきたので、私はぬらりくらりとして外の業者に重要な部分はさせておき、どうでもよいところだけを病院側にさせて満足させておいた。それでも蛍光灯のとりつけだけで一ヵ月を要し、一ヵ月分の労賃を貴重なわれわれのファンドからとろうとした時にはとうとう怒りが爆発してしまった。

ペンキ塗りを申し出られた時は、私は断って自分でペンキとブラシを買ってきて暇々に塗っていたが、そのうち患者たちの内で健康なものがみんなで手分けして手伝ってくれ、これも実費で済んだ。

機械類の購入は、NWFP全体の将来的なニーズを考え、同時にワークショップの独立採算を可能にするためには、潜在的な量産体制を敷いておくことが不可欠であるとの確信で、思い切って良いものを揃えた（といっても、日本円でおよそ五〇万円前後を費やしたにすぎぬ）。年間数千足となれば、これはもう一つの工場でなければならぬからである。それともう一つの心算は、将来的に他の皮製品のワークショップに延長が可能にしておけば、患者の授産にきっと役立つと思ったからである。殆どの者は「たかが患者の靴を作るのにどうしてこんなおおげさな……」と思ったであろう。しかしこれもまた私の「鴻鵠の志」として呟きながら事をすゝめる以外になかった。われわれの計画がNWFPから足の障害を根絶するfoot-care programmeであることを心から信じているものはごく少数であった。「気の毒な患者に靴を作ってあげる」という以上の考えをもつ者はらい病棟の数名のスタッフたち以外には居なかったと言ってよい。

（いや、らいのスタッフでさえ身を以てそれを気づき始めたのは、広大な領域に散在する患者たちへの配布体制の確立をめざしてNWFPの主要clinicや、カラチの要請でアザト・カシミールのセンターと、連絡をとり始めた最近のことである）

③一九八五年十一月〜一九八六年三月。生産体制の確立、試作

十月の段階ではただ立派な小屋ができて道具、機械類が揃えられたのみであった。頭の中では完成していても、実際になれば不出来のものばかりで、事の進捗を望まぬ人々からの嘲笑めいた発言にも耐えねばならなかった。MALCのDr.ファウのみが「いや何、手をつけたからには時間の問題ですよ」と励ましてくれた。

彼女の言葉は本当であった。窮すれば通ずで、皮をさんざん無駄にしたあげく、少しづつよいものが出来上がっていった。三月頃までには何とか人に見せられる、商品価値のあるものが作れるようになった。皮の使い方も利口になり、生産コストも約三〇ルピーで可能となった。患者用の一足を得るのに、一・五足を一般に販売すれば独立採算が可能となって、且《か》つ、マーケットで充分競合できるものが生産される見透しがついた。

open ceremonyは一月のらいの日に予定されていたが延期に延期され、ついに行われなかった。この原因は病院長がこれをネタにして援助を仰ごうと、州政府厚生大臣を招き、彼の手でテープを切らせようとした心算によるもので

ある。およそこの事業とは無関係の政治家の名前が、質素なたてものとは不釣り合いに大きな大理石の板に刻まれて空しく壁にはめこまれていた。しかし多忙な大臣はついに現われなかった。三度も延期されたＭＨＰのLeprosy Dayは三月二七日に形ばかりが行われ、院長命令でかり出された病院のスタッフ十数名が患者と列席して空々しい演説をきいただけであった。

四月三日、私は、パキスタンで愛妻を事故で失った福岡の溝口医師の指定寄付で建設されたこのワーク・ショップの、内側の壁の片隅に、小さな石板をはめた。

This workshop was donated by
Dr. Mizoguchi M.D.
With sweet memory of his wife
SACHI

13th April, 1986

と小さな大理石の板には刻まれてあった。何か熱いもので胸のふさがる思いがおさえられなかった。溝口先生にもＪＯＣＳにも、患者たちにも、そして任務を与えられた神に対しても一つの大きな義理を果したような気がした。

そして、その日が事実上のopenの宣言となって、各方面に通知を発した。私の胸中に去来する、複雑な思い出と感傷は誰にも伝えようがなかったし、伝えようとする意志もなかった。おそらく、パキスタン・プロジェクトを批判した人々にもこの気持ちは解るまい。しかし、私自身は、数千名の患者の社会生活の保障の大きな力のひとつとしてこのワークショップが機能していくことを考えれば、私の感傷をこえて、無条件に幸せな気持ちであり得たのである。

これは文字通り、無数の人々の好意と良心の結晶であり、私の闘いの結実でもあった。

④一九八六年四月以後。配布体制の確立の試み

次の段階はこのわれわれの製品をいかに患者の手元に届けるか、その配布体制を確立することである。これはおそらく、生産そのものよりも根気と時間を要するにちがいない。靴そのものは、あくまでわれわれのfoot-careのためのhealth educationの一部であり、その媒体なのである。

四月中に約一〇〇足を生産し、うち七五足を患者に配布（患者には二〇ルピー前後で購入させる）。その反応を視た上で、充分目的を達せられることを確かめ、ＬＲＨのフィールドオフィサーに頼んで書くdispensary（local clinic）の協力を要請した。

他方、ＭＨＰの方で“Foot-care Mission”を組織し、主要

なclinicでよい協力の得られるものを選び、面接スタッフを送り込んで、その地の事情にあう最良の配布体制の確立をさぐらせている。現在、スワート、ディール、チトラール、アザードカシミールを対象に"model-case"を確立することを目指している。今年中に実現する見透しである。各clinicの極めて好意的、協力的な反応をみれば楽観的な予想を立ててよいと思える。足底潰瘍防止の患者教育のためにポスター、大量のウルドゥ語のちらしも準備し、強力なプロパガンダを予定している。しかし、この活動もまた、各地のleprosy technicianたちの活動を支えることを本旨とし、われわれの業績としない方針は固持している。あくまでもNWFP Leprosy Control Programmeへの側面協力であり、実質的で強力な援護射撃をうちこむのが目的である。

⑵病棟における診療の改善

この経過についても、大小の困難は枚挙にいとまがない。時には信じがたい争いの中で体を張らねばならぬこともあった。住民の気風である、異常に不釣り合いなプライドと強い復讐心はしばしば良いチームワークの妨げになった。

赴任後二年目にして、そんなに一度に多くのことができるわけではない。しかし、NWFP一般の、とくにleprosy centreでの診療の質の低さは、その自己宣伝とは異常にかけはなれていた。

具体的な改善内容を列挙すれば、

①先づ、統計資料の整備、記録の徹底。

私が任された時点で、入院数はおろか、MHPの治療下にある患者数も把握されてはいなかった。いったいどれだけのニーズがあるのか把握することなしに、人々はめいめいの漠然たる印象で、誇大な自己宣伝をしたり、不平不満をのべたり、demanding〔要求が多い様《さま》〕になっている状態であった。病院当局もこのことについては無関心であり、NWFP中で最大の登録数を誇って大きな仕事をしている錯覚におちいっていたにすぎない。

統計資料の整備は急務であると言えた。そこで、パンチカードに似せた記録用紙に全症例について記録させ、必要な、病棟としてのニーズを把握するように努めた。

②消毒、不潔—清潔の指導の徹底を手始めにminor surgeryを可能にすること。

これにより、切断手術、気管切開、bone-scraping〔骨削り術〕、bone-trimming〔骨切り術〕、皮フ移植などの小外科処置が患者をたらいまわしにすることなくできるようになった。一九八五年十月から一九八六年四月の間に四八例の手術が行われた。

この間、おそらく切子〔ピンセット〕による感染から、一人の少年が劇症肝炎で死亡。これを機に消毒体制はより厳しく管理されるようになった。

手術室は四千ルピー（約四万八千円）の予算で、ライトは八〇ルピーの裸電球を使用し、粗末ながらも充分機能した。一九八六年三月に、Leprosy Mission International のDr.グレース・ウォレン先生が応援に来て下さり、らいのminor surgery で多くのことを学んだ。術後の管理もこれがきっかけになって一段とよくなった。勤勉な理学療法士（彼自身が患者である）を得たことも大きな力になった。

この約一年半の間に、安ホテルに近い状態であった病棟は、四〇床の収容力のある、名前の通り病院として機能するようになったのである。

③理学療法の充実。これも、靴ワークショップ、手術を可能にする上で不可欠であった。幸い、喧嘩早いが勤勉な先の理学療法助手が患者として入院していたので、彼の経歴を調べ数ヵ月間の観察期間をおいて、ＭＡＬＣにトレーニングに送りこみ、一九八五年六月から一九八五年十一月まで再度研修をうけさせた。理学療法は、予防（変形）、リハビリテーションの要であり、診療の改善には不可欠のものであった。加えてウルドゥ語、パシュトゥ語、ペルシャ語をこなす彼の言語能力は患者の出身地も雑多なこのＮＷＦＰによく適していた。

⑶アフガン人患者へのサービス

これは常に病棟の中で台風の眼であった。一九八五年二月まで病棟をとりしきっていたドイツ人のシスター・エッダは、カーブル奉仕時代から徹底したアフガン人びいきで、混乱を大きくしていた。

アフガン人患者は一九八四年末までにＭＨＰのみで一八〇名が登録されており、転院、死亡などを除けば一〇六名がＭＨＰの治療下にあった。通常、パキスタン国籍のものの場合、一旦ＭＨＰで登録されても、殆どがもよりのセンターに紹介されるが、アフガン人の場合はそれが困難であった。大半の患者は病院にかなり長期滞在して国内へ帰るか、浮浪人口として行方がわからなくなるケースが多い。

最近では難民キャンプに住む患者も増えてきたが、大半はキャンプ定住者でないことに悩みがあり、彼らの郷里は余りに遠く、またこの内乱状態では気軽な定期投薬は困難でもある。いきおい、長期在院の多くなる彼らは病棟の中で一大勢力になっており、私の神経を使わせた。なかにはムジャヘディン・ゲリラとしての経歴をもつものも少からず、単純な正義感は短絡的な武力行使としばしばつながる。

アフガン難民の数が公式発表のみで二〇〇万人をこえているＮＷＦＰで、未発見未治療のものがかなり存在することは明らかであったが、これをどうするべきか手つかずの状態でもあった。而《しか》も、ＭＨＰではアフガン人患者の数が次第に増加する傾向をみせ、一九八六年に入ってからは、新登録のうち半分以上がアフガン人で占められるようになった。彼らの多くは、難民登録からもれ、国際援助にも浴さぬleast中のleastであったから、事態を重視した私はアフガン難民関係者に働きかけて、一つのプログラムを組む必要性を痛感していた。

一九八六年二月、難民医療関係者代表の集まりで、特別に発言を許された私は、以上の事実を統計の数字として示し、協力をよびかけて大きな反響を得た。これは事実上、アフガン人を対象とするleprosy control programmeの宣言であった。これをＭＨＰ中心となって担わざるを得ないのは自然の勢いでもあったのである。

一方、ＭＡＬＣのDr.ファウの方でも早くから同様の必要性を痛感していた。一九八四年四月頃から三ヵ月間、Dr.ファウ自ら、ジャミアッテ・イスラームのゲリラ組織と共に戦乱のアフガニスタンに潜行して調査を敢行した。彼女の結論は、モンゴル系のハザラジャード、及びその他ヒンズークシ山脈の山岳地帯に患者が多く、パターン人の間では少いとの結論を得ていた。そしてこれは、われわれの把握している事実、印象とよく一致していた（これら患者たちの流れは大きく言って二つある。一つは南下してバルチスタン州にむかい、もう一つは東部国境からチトラール、バジョール、パラチナール、などからＮＷＦＰへむかう流れである。とくにペシャワールは東部方面での彼らの終着地であった。アフガニスタンの戦況はそのままこの流れに影響を与えた）。

浮浪人口を対象にしていたのでは、有効なprogrammeは組めないので、まづは「定住者」を対象に早期発見・早期治療のためのキャンペーンを実施しようということになった。一番てっとり早いのは、medical staffに、らいの知識を充分得《え》させることである。そうして疑わしいケースはＭＨＰに次々と送らせるのである。

フィールドの方は発生率の高い、ハザラ、トルクメン等のキャンプをねらいうちに、キャンプ内の医療関係者に徹底したキャンペーンをはることであった。

一九八五年二月まで病棟責任者であった先述のシスター・エッダは、この仕事に使命を感じてペシャワールへ戻ってきたので、一九八六年二月から、彼女にこれをやらせてみた。私は病棟やワークショップのことで十分なゆとりがなかったからである。しかし、いかによい看護婦であっても、オーガナイザーとなるとまた別の話である。彼女の行動はかえって混乱を大きくしたので、私自らが少しずつ立案にのり出し、主にＵＮＨＣＲ（国連難民高等弁務官）とのパイプを中心に長期的な展望にたった計画をたて、政府関係者、ＵＮＨＣＲに正式の申請書を出した。

ＭＡＬＣのDr.ファウは、シスター・エッダの精神状態がとみに悪化、無用な摩擦、誤解によるプログラムの進行の障害を心配し、今後ＮＷＦＰにおけるアフガン人プログラムについては、全てをDr.中村の指揮下で行うことを指示してきた。私の構想はほゞ全てうけいれられ、拙速を慎んで、いわば威力偵察を行い、数年かけて徐々によい方針を確立してゆくことが確認された。

先づは医療関係者、土着のムッラー〔イスラム僧〕等の指導層に対するhealth educationが何よりも先であり、このためにペシャワール内の各医療機関でのlectureを準備すると共に、各キャンプの医療関係者全てを対象にして、大量のちらし、education の材料が、ペルシァ語、パシュトゥ語で準備された。このため、別動隊を、アフガン人医師を中心に組織させ、MALCがその財政負担を買って出てくれた。主要人事も、私の提言を全てうけいれてくれ、極めて好意的な信頼をよせてくれたのである。問題はむしろ、病院側との関係であった。MALCは病院をきらっており、重要事は全て私と直接交渉しようとするので埒《らち》外におかれる病院としては面白くなかった。しかし、今ここで私を手離すことはMHPのらい部門の倒壊を意味するから、一方で私を金になるお客様として厚遇せざるを得ないのである。

（これが彼らの大きな弱さの一つでもあった。自分を捨てて、何か生産的なことにうちこむことによって、たとい一時的な赤字があり得ても、私のみるところ物心両面で多くのものを期待することができた。過剰に自分を守ろうとする営みは、病院全体の管理を陰気でみみっちいものにし、ジリ貧の悪循環を成していた。希望も活力も、自己防衛の営みによって、面白みのない吝嗇《りんしょく》と詐取の横行、やかましい過剰な自己宣伝にとってかわられていた。しかし他方で彼らのプライドはこの種の批判を許さず、外国人の批判にたいしては、ナショナリズムを依りどころに反撥し、執拗な復讐心を以《も》って応酬した。

こうして多くの外国人ワーカーたちが辞任していった経過がよく解った。けれども啖呵を切ってうさばらしをして辞めてゆくのは、もっとも簡単な解決方法であっても、本当にその地の住民へのサービスということを考えれば、決して最善の方法とも思えない。大切なのは、決して自分の正義感を満足させたり、大義をたてて争うことではなかろう。住民へのサービスよりも自分のidentityが重要になるという倒錯が、外国人ワーカーの側になかったとはいえない）

従って、ここは忍の一字に尽きた。いやがらせ、妨害をうけ流し、時には意図的にとぼけながら、着々と事を実際的にすすめる他はなかった。「相手の弱さをも担う」というのはただ単に我慢を重ねるというのではなく、弱さを認め受け入れながら、彼らをもまきこんで生産的な活動をつみあげてゆくことに他ならぬ、というのが私の中にある絶対の方針であった。

MALCのDr.ファウの、アフガン・プログラムの指示は、おそらく私と病院の対立をあおりたてることは明らかであったが、長期的な展望にたって活路を見出だすことが、ここでは要求されていた。私は実際的な仕事の上ではDr.ファウに絶対的な忠誠と信頼をおいていたが、運用面では常に病院の仕事であることを建前とし、常に花をＭＨＰにもたせてきたのである。しかし、今回はこの板挟みの中で二者択一を余儀なくされる可能性もでてきた。と言っても、病院を見捨てるのではなく、契約相手をＭＡＬＣに移すことも辞さず、との断乎たる態度をもって、真のサーヴィスの何たるかを病院側に示さざるを得ない事態が発生しうる、ということである。

これは一九八六年度の最大の課題であり、試練でもある。

一九八五年をふりかえって

二つのものの相剋《そうこく》

こうして、われわれの、こちら流に言えば聖戦（ジハード）が始められたのである。この努力の中で、私の心の奥で、相反する二つのものの相剋《そうこく》を、妥協をもってのり越えなくてはならなかった。一つはあくまでも一人の患者のケアを濃密にし、深くその人と関わろうとすることであり、他方は、極論すれば一人一人には構っておられぬ全体のプログラムを強力に推進することである。

一人を大切にすると称して、もの乞いを結果的に生みだすことも、数字や統計をいじって一人の人間の生きざまを無視することも、何れもが私の心を痛めた。前者は主に外国人ミッショナリーたちに、後者はＷＨＯや政府厚生官僚の態度に代表されていた。私は時には鬼にならねばならぬこともあり、時には聖人の如くその人を受け容れねばならぬこともあった。

異質な風土

さらに具体的に事をすゝめるにあたっては、以上に加えて、多くの誤解、無理解という障害をのりこえねばならなかった。発展途上国では予防的な局面がいかに大切かは、誰もが当然と思っており、内外のプロジェクトもこの優等生的なプログラムを組もうとするが、結局は業績報告作成のためのバカバカしいショーに終りやすいこともまた現実であった。気の短い外国人ワーカーの絶望組は、すっかり不平のかたまりになってしまい、果ては現地の民心の荒廃とメンタリティの低さはどうにもならぬ、というものもあった。

たしかに人々は協調性に欠け、互いに争い、弱い者からはは ぎとり、強いものからはものをねだっているようにみえる。協力よりは闘争が、公正よりは陰謀が、忠誠よりは裏切りが一般的であった。パキスタンで数十年のサーヴィスに従事している人々さえ、北西辺境の状況には匙をなげだしていた。いかなる美徳もここでは通用せぬように思える。そして、いかなる美しいことばも、ここでは、強烈な陽光でひからびた茶褐色のドライ・フラワーになってしまうが如きである。

　親切に対して報いを期待すればするほど、それだけ外国人ワーカーたちは失望を味わっていた。しかし、私に言わせれば、これは現地の民心を無視する外国人の傲慢である。第一、親切で何かを期待すること（金にせよ、改宗にせよ、感謝にせよ）そのものがおよそキリスト教精神とはほど遠いものである。この数世紀は考え方の進歩してない住民が中央アジア独特の略奪の精神を保持していたとしても、私には何の不思議もなかった。耳に心地よい感謝のことばを私は初めから期待していなかったからである。異文化を識《し》るというのはなかなか難しい。たとい何年もその中で暮らしていても、解らぬ人にはいつまでたっても解らない。解かっていたつもりが、ふとしたうらぎり等から一転して異物のように考え始める人も居る。

　私が外国人ワーカーに対して疑問をもつのはこの点である。理屈をいえば、異物であればこそ異文化なのであるから、異物を自分のものにすること自体がどだい困難なのである。私自身について言えば、一人の日本人たるのアイデンティティを崩してまでとけこむこと自体が不可能であった。おいしいと思って食べていたカバーブも、しょっちゅう食っていると体にあわなくなってきて、ついにはまずくなる。過度の賞讃も、拒絶も、私は信じなかった。

　こぢんまりと自分たちのsocietyを作って井の中の蛙で暮らしてる連中は論外としても、私にとってもっと重要なことは、異質なものの奥に、そのみかけの異質さを超えて普遍的なものを見出だす営みである。そしてひるがえって、その異質なものの奥に見出される普遍的なものから自己を見なおす、そのことが面白くもあり、何か私を落ちつかせるのであった。私がもし異端でないとすれば、回教徒の語ることばの中に真理を感じ、無神論者の行いの中に共感を覚え、彼ら自身のことばを以って彼らに語りかけることは、人のことばを超える、一つの確固たる普遍的なものを感じていたからに他ならない。「アッラーの慈悲において」患者への保護と思いやりを人々に訴えたからとて、私がミッショナリーたちから排撃される理由になるとは思われない。人のことばの愚かさを、ここでこそ私は身にしみて感じるのである。この心境はホスピスの人々にはわかってもらえるにちがいない。

「高潔」と「邪悪」のコントラスト

　そして、ここの住民が私を魅了するのはまさにこの天真爛漫な性悪さと貴族的なプライドであった。これは逆説的な意味でそうである。その風土、自然の如く乾燥しきって、強烈な陽光の中にくっきりと映し出される。光と影のコントラストの美しさが私をたまらなく魅きつける。邪悪な表情の中に清らかなものを見出だし、偽善の中に神への畏れを見出だす。これほど極端に人間の性悪さと高貴さをみせてくれるところを私は他に知らない。

私たちの仕事が、まがりなりに一つのチーム・ワークをもってすべり出し始めたとき、やっと気が付いたのは、彼らが決してチームの一員としての自覚をもっているのではなく、一人一人が私個人に忠誠をおいていることであった。その忠誠が、私にではなく、私の背後にある神であることを願う。しかし、面従腹背の彼らが、金や権力に一時的に懐柔《かいじゅう》されることがあっても、それによって彼らから自分を捧げる情熱をひきだすことはない。まさにこの極端な点が、私をとらえる彼らの魅力でもあり、彼らへの礼讃である。彼らはそのこっけいなプライドに見合うだけの、貴族的な高潔さを内に秘めている。それが見抜けないのは外国人の驕慢というものである。

だまされてもよい。その分に応じて与えるのである。そして一旦得られた信頼はよほどのことがない限り、うらぎられることはない。多少の落度には目をつぶり、彼らの無私の忠誠と情熱を尊敬することである。このような、いくぶん中世的で遊牧民的な人間関係は、欧米人には奇異に映るらしいが、まさに、この「前近代的なメンタリティ」が不思議に私をとらえたのである。

一つの試練と恵み

クリスマスから新年にかけては、私の働きが最も試された時期であった。まるで意地悪をされているように、内外の問題が一度に重なった。辺境での情勢は緊迫し、数キロ先ではソ連軍とムジャヘディン・ゲリラが激しい戦闘をしており、麻薬問題をめぐって政府軍とパターン部族が交戦していた。市内では爆破事件が相次ぎ、身近な人々もずいぶん死んだ。この中で脅える家族を置いてバングラデシュのワーカー会議に出席するのを断念したが、一方で私はそこで自分の立場を是非説明して理解を得たかった。通信もとだえ、誤解の大部分は、確かな情報と説明することで回避できると思われたし、自分も学びたいことが、沢山あったからである。

いったい、このような余りに異質な風土で、家族をまきこんで疲労と危険と誤解の中で、絶望的な仕事を続けることに、どれほどの意味があろうかと何度も自問した。晴れがましいクリスマスの行事はかえって心を重くした。財政の窮迫する病院では、いらだちのためか、何かにつけ落度をみつけては足をひっぱる行状が目立った。

（追い討ちをかけるように、今度は案の上ワーカーたちの側から私の仕事に対する疑念が表明されていることを後で知った。ワーカー会議で、いきがかり上欠席裁判が行われることを懸念していたが、誤解に満ちた批判は私にとって充分な精神的打撃であり得たのである）

私が精神異常にならなかったことを神に感謝する。

あの当時らい病棟は、戦争で帰郷できぬアフガン人患者とパターン部族の患者たちであふれていた。やけくそのようになけなしの預金をはたいてペシャワールで一番上等のケーキを買いこみ、病棟にとどまっていた四〇名の患者に切って与え、ささやかな私のクリスマスを祝ったことが忘れられない。故郷に帰れぬ人、あるいはすでに故郷を失った人々の思いが私の重い気持ちと共に、舌にとろける、おいしいケーキの一片で一瞬でも忘れられれば、それでよかったのである。「これは私のイード（宗教的な祝い）である」とのみ述べて大きなケーキの片《かけら》を患者たちに与えた。

彼らがどのくらい私の気持を汲んでくれたかは別として、少くとも私の同情と感傷は彼らに伝わったであろう。真冬の寒々とした石の部屋で、一時的に明るい談笑が生まれた。〈これでよいて。全てはこの笑顔の中に凝集されて私は報われているのだ〉と私は自分をなぐさめた。そして、この暗さの故にこそ私がここに居るという事実をかみしめ、秘かに心の中で合掌した。パキスタン・プロジェクトの意味はこれに尽きていた。

10号 1986・12

ペシャワール通信(8)

――韓国・麗水《ヨス》よりの手紙

ペシャワール会のみなさん、お元気ですか。こちらに来て早くも三週間経ちました。ここは麗水《ヨス》愛養再活院というらいセンターですが、事実上、この辺では質の高い整形外科病院として機能しています。

ここは禁酒禁煙、一日が祈りで始まり祈りで終るという、まさに修道院入りです。静かな海辺に宿舎があって、海の向こうは博多です。ああ、海のむこうではペシャワール会の人たちが今日も集って……と水曜日の夕刻ともなれば恨めしげに海を見ています。

昼間は多いときで十例以上の手術があり、だいたい八〇％以上が足の手術で、とてもためになります。ペシャワールで最も手をやいていたのが足の故障でしたから、今度の研修は実りの多いものになりそうです。ただ、仕事が終ると少しさみしくて……。言葉が通じないのも悩みの一つで、「今日は」と「アリガトウ」だけで一日をすごしているのだから心臓といえば心臓です。今はペルシャ語の学習でせいいっぱいで、韓国語を勉強して来なかったのは手落ちでした（暇があったら簡単な入門書を送ってください）。

食事もパンジャブ*顔まけの辛いものです。毎日毎日キムチとのたたかいです。白菜のキムチ、大根ときゅうりのキムチ、スルメのキムチ（?）、そして豆腐のキムチ。キムチというのは漬物ではなく、れっきとした主な副食であることを初めて知りました。しかし、以上のような、こしょうでまっかな漬物が山のように並べて出されるのはおどろきました。何日かは舌がしびれていましたが、やっと慣れてきました。いやはや、顔つきや態度は日本人によく似ていても、やはり外国だなと思いました。

日本語は殆《ほとん》ど通じません。時たま、お年寄りで教育を受けたことのある人は日本語で話しかけてきますが、最初のころは誰も私を日本人と思わず、「インドネシア?」「マレーシア?」等という言葉をしばしば耳にしました。きっと私が、いつものことながらフーサイがあがらぬためで、日本人といえばもっと羽ぶりのよい感じがするのでしょう。

以上のような次第でなんとかやっております。ペシャワール会も海のむこうで何とかやってるだろうと思いながら、(今日は水曜日）手紙を書いております。

みなさんも頑張って、といいたいところですが、私はもう一つ頑張りがたらず時々こっそりと喫煙しております。何かかわるいことでもしているような……しかし健康によくないのでもうそろそろ止《や》める時期かと思っています。
では。とりあえず。
一九八六年七月九日

＊パキスタン北東部からインド北西部にまたがる地域。

らい病棟での小さなできごと　故郷《ふるさと》

彼はアフガニスタンからやってきた。年齢は自分でもよく知らない。多分十七歳くらいだと本人は言うが、どうみても十二〜十三歳くらいの少年である。故郷はバダクシャーン（ヒンズークシ山脈の北麓）。とってもきれいなところだ。父に伴われ、三年前にペシャワールに連れてこられた。二歳上の兄も同じ病気だった。兄は入院後まもなく死んだ。いつか父が迎えに来るだろう。――それが、彼の記憶の中から拾いあげて人に語り得る全てであった。静かなものごしの中にまるで世捨て人のような、年にふさわしくない何か悟りきった面影がある。

きっと迎えに来る。と言って帰った父は、三年間何の消息もなかった。三年前といえば一九八三年で、ソ連軍の侵攻後、内戦が次第に激しくなっていた時期である。バダクシャーンからは、パキスタン側のチトラールまで約二〜三週間歩き、チトラールからさらに二日バスを乗り継いでの道のりである。彼の父は帰途、戦闘にまきこまれて死んだかも知れぬ。あるいは……しのびなく自分の子を捨てざるを得ない事情があったかも知れぬ。ただはっきりしているのは、彼は、われわれの病棟の中で一人ぼっちで将来のみとおしもなく入院を続けざるを得ない、ということだ。

あるとき、私は回診中に「おい、まだいのちがあるのかい」と声をかけたことがある。これは親しい人に対して述べられる冗談めいた普通の挨拶なのだが、少年はしばらく間をおいてさみしそうな笑いをうかべ、「先生、私のいのちはあるけれど、完全でないですよ」と切りかえした。妙にしんみりした声の調子だったので、私も真顔になってじっと顔をのぞきこんでみると、この年齢にはふさわしくない老人のような諦念が表情に現われてみえた。以後、私はこのような冗談を彼に言うのをやめた。この少年には何かの希望をもたせる以外にない、と私は思った。

古い記録を調べてみた。少年とその兄は、一九八三年四月三〇日、この病棟に父に連れてこられた。らい腫《しゅ》型のらいと診断され、兄の方は変形がひどく入院後まもなくらい反応をおこし、喉頭浮腫《こうとうふしゅ》によって窒息死した、とある。この時、気管切開等の救命処置は何もされず、一九八三年五月二六日に死亡している。病院の医師からは何の指示もなかったという。その後少年は“Social problem”により長期在院、MDR（多剤併用療法）をうけ、ほぼ治癒に近い状態となった。“Social case”のファイルには、彼の教育と将来の自立についてごてごてとアイデアが羅列してあったが、何一つ実現されたものはなかった。病棟で、雑役でスタッフを助けるのが彼の唯一の日課であった。

おそらく、彼は自分の故郷に対して愛憎の混じった複雑な記憶を心にいだいていることであろう。元来、彼の母国語はペルシャ語であるが、入院中にウルドゥ語を覚え、パキスタン人と意思疎通は困難でなかったので、入退院する多くの患者たちをみてきた。この病棟と周辺のオールド・バザール、それに複雑な感慨をもって追憶する彼の故郷アフガニスタン――これが、彼の世界の全てであった。〝外〟の世界に比べれば、ミッション病院のらい病棟のスタッフたちは親切であった。少なくとも、一人前の病人として患者をとりあつかってくれた。限られた範囲ではあっても、出来るだけのことはしてくれた。一九八四年三月にアフガン人びいきのドイツ人のシスターが病棟管理でやってくると、特にこの少年は大切にあつかわれた。病気が治ってゆき、父親がいつか迎えに戻ってくるという希望をもって、よく他の病人の世話もし、スタッフの手足になって彼は働いた。

しかし、父親は現われず、ドイツ人のシスターも一年後には病棟を去り、少年の心にはいつしか暗い陰がさし始めていた。らい病棟での多くのできごと、病棟の偽善的な態度、患者同士の対立、なぐりあい、乞食のような患者の態度、スタッフ同士のいがみ合い……感受性の豊かな少年の眼にはこれらのことがどんなに気落ちさせるか、察して余りがある。いつしか様々の不平が、若者にありがちな強い正義感で増幅され、うちとけにくくなっていくのを私は感じていた。自分は乞食ではない。口先でイスラームの平等と同胞愛を説きながら患者たちを食いものにしている「パキスターン」にたまらなく嫌気を覚える、と少年は述べた。

折しも一九八五年頃から、ペシャワール市内でおきた多数の爆破事件は、市民の中にアフガン人―パキスタン人の亀裂を深めさせていった。意を決して、彼はパキスタン北辺チトラールに赴き、そこで難民として定住しているかも知れぬ親戚を捜してみたようだが、消息は摑めず、この戦乱のさなかに一人で故郷に帰るのは不可能でもあったので結局ペシャワールに舞い戻ってきたことがあった。

一九八五年十月に彼がチトラールに赴くべく私に許可を求めた時、おそらくこの少年は戻ってこぬかもしれぬ、と思った。それで、「何か困ったことがあればいつでも戻ってくるように。危険な真似はせず、時を待ち、自立できるように読み書きを覚え、何か手仕事を身につけておくのも方法だ」と私はそれとなく示唆した。「先生がおっしゃりたいことは解っています」と彼は言った。「しかし、それを誰がしてくれるのですか。学校に行け、訓練所に行けと皆は言うが、先生以外に誰も努力をしてくれなかった。アフガン難民の訓練校も、キリスト教会のアフガン人のための英語学校も、どこも僕を受けいれてくれなかった」

これで彼のチトラール行きの目的は明らかになった。彼は余りに多くの人の気持ちの醜さをみすぎたのだ。それもよかろう、と私は思った。彼の言うことは事実なのだ。ただ、一人前の判断をするには彼は若すぎる。夢と希望が自暴自棄に転化して、心がすさんで行かぬよう、逃げ道を作ってやらねばならないと私は考えた。

「よろしい、行きなさい。しかし、これは退院ではない。外出だ。君のベッドはそのまま空けておく。読み書き、計算の方は俺が今準備中だ。勉強しておくのは、たとえアフガニスタンに帰っても役に立つから」とだけ述べて許可を与えた。

二週間後に彼は戻ってきた。チトラールで彼が何を考え、何を感じたか私は知らない。チトラールは私も何度も行ったことがあるが、人も自然も事実上アフガニスタンの続きであるといってよい。美しい白雪をいただく巨大なヒンズークシュの山なみと、平和な緑のオアシスの村々の光景が、いかに強烈にこの少年の郷愁を呼びおこしたか、私は容易に想像できるのである。土埃《ぼこ》りと騒音にみちたペシャワールの雑踏が、彼自身の不幸せな体験と重なっていかに異物のように感ぜられたことであろう。

しかし、ともかく少年はもどって来た。

「チトラールはどうだったかい？　楽しんだかい？」と私がきくと、彼は初めは興奮して、ひとしきりチトラールが自分の故郷に似ていること、チトラールのキャンプでは故郷から来ていると噂をきいた伯父には逢えなかったこと、山の中で石小屋に閉じ込められて暮しているらい患者をみたこと等を、たて続けに話した。だが最後に、ふと声をおとして少年は私にきいた。

「先生もあのシスターのように、いつかはここを出てゆくのですか？」

「インシ・アッラー（御意《みこころ》ならば）、いつかはね。しかし、おまえが一人だちするまで俺はここを離れない。ともかく、今はここで手伝いをしている。悪いようにはせん」

「心配をかけました。ドクター・サーブ」

「案ずるな。ムサルマーン（回教徒）も、イサーイー（キリスト教徒）も、みんな何かをさがして巡礼しているのさ。結局、メッカは自分の中にあるのさ」

「ドクター・サーブ、長く居て下さい。ありがとう」

　祈りの時間を告げるコーランの読誦《どくしょう》がモスクから流れてきた。患者たちは西にむかって礼拝を始めた。少年は高く澄んだ秋の青空を仰ぎ、ひと仕事終えて一息ついたようなすがすがしい顔をして自分の部屋に帰っていった。

　一九八六年十一月

11号
1987・3

ペシャワール通信(9)

　お元気でしょうか。祈りの手紙〔14頁の注参照〕や会計報告、遅れて申し訳ありません。年末年始の事務処理におわれて、このところ眠る間もありませんでした。ということで、報告の遅れがちなこと御容赦下さい。

　一九八六年度（一九八六・一・一〜十二・三一）の業務報告書を送ります。これはあくまでも病院あてのものですが、そのままそちらで、私の病棟の仕事の理解の一助になるものと思います。この病棟の仕事と共に、実質的にはAfghan Leprosy Serviceで行っている仕事が、ＪＯＣＳに報告されるべき仕事内容ですが、後者の方は、年度末（日本）にまとめてお知らせいたします。

　昨日一月十七日は、ペシャワールとその近郊のキャンプからアフガン・ゲリラ各組織合同の集会が市内で行われ、数万人のゲリラ部隊が集結しました。各部隊共に、ロシアくたばれ！　アメリカくたばれ！　と口々に叫び、おそらくこれが一丸となれば軍によっても制圧不可能で、脅威を身近に感じました。外国人のジャーナリストは恐れて近寄れませんでしたが、何か新しい動きが本格的に始まったことを感じました。人々は組織の枠を超えて動き始め、ペシャワールでアメリカの援助をうけながらぬくぬくと暮らしていた組織の幹部たちは身の凍る思いがしたでしょう。何かの終りの始まりです。集会は整然と行われ、大きな衝突はありませんでした（犠牲者は数十人程度ですんだのではないかと思われます）。

平和は尊いものだということをしみじみ実感しました。日本はどうでしょう。いつも思い出の中では美しいものしか浮んできませんが、案外片思いで、ここで目の前にみえる戦争や争いよりも、もっと厳しいものがあるのかも知れません。何か日本が本当に遠い国になったような気がします。

なお、お陰でカラチのＭＡＬＣ（マリー・アデレード・らいセンター）本部からもＪＯＣＳの仕事は一応の評価をうけ、西独からの援助も徐々に回復しているのではないかと思います。一九八六年は一応の目標を達したと思われますが、まだまだ本当はこれからというところです。

一九八七年一月十八日

お元気ですか。一月十八日付のお手紙でジープ募金一件落着の新聞のコピーをみましたが、大団円ですね。こちらの方も乗りもののことでは四苦八苦していましたから嬉しい限りです。どうもありがとう。お疲れさまでした。ペシャワール会もさらに燃やされて＊一層意気があがっているところでしょうが、次の目標が待っておりますから、調子にのってハメを外し過ぎぬように。……とまず、ペシャワール会の楽しい集いにうらやましくなり、水をさしたくなりました（実は、ペシャワール会あっての自分だ、と頼りにしておるのです）。

丁度一昨日にペシャワール北方のバジョール地区でのsurveyから帰ってきたところですが、ハンセン氏病の、アフガニスタンにおける東の震源地であるクナール州出身者の調査を始めたところでした。バジョールはクナール州と隣接する自治区で、カイバル峠が閉鎖に近い現在、パキスタンからアフガニスタンに入る要衝となっています。調査は二週間たらずでしたが、国境から数キロメートルのところでソ連軍の爆撃に遭遇し、脅威を身近に感じました。

バジョールそのものもおそらくパキスタン北西辺境の中でも最も後進地帯で、ここ数世紀、人々の考え方も変っていないのではないかと思われます。イスラームと闘争だけが彼らの世界で、異教徒はまるで人間とは思っていないようでした。

新聞ではアフガニスタンからのソ連軍撤退がとりざたされていますが、ともかく現在のところ、国境における戦闘は少しも弱まっていません。一月二三日午前九時十五分頃には、バジョールのハール・バザールから北西方十五キロメートルの地点が爆撃され、十七機のジェット戦闘機がパキスタン領内に飛来しました。黒煙が間近にあがるのをみて、文字通り来るところまで来たと思いました。難民キャンプの状態はおそるべき貧困で、充分に国際援助が末端までゆきわたっていないことを改めて実感しました。

私も、らいの患者を追って、ようやく人々の苦悩の中枢部に到達し、西方にソ連軍という壁を実感しました。人々は戦争に忙しく、小型トラックに分乗してライフルや自動小銃をかかえて次々にクナール方面へ向っていましたが、それでも我々の来た目的を話すと親身になってよく協力してくれました。

以上のような次第で、早くジープが来ればなあとチームのメンバーと話していたところでした。キャンプは少し幹線をはなれると、大変辺ぴな所がありますから、今回もライトバン二台で、川を越え丘をあがりで、パンク、ブレーキの故障が少なくなく、必要性を改めて痛感していたところでした。

病棟の方はもち直し、ほぼらいの診療に必要な全ての治療態勢はできあがりました。小さな四〇床の病院ながら、少ないスタッフでフルに動いています。一九八六年の病棟の仕事、統計資料を作成しましたので理解のため御参考下さい。これは病院とカラチの本部への報告書ですが、一応の参考にはなるでしょう。実際にはこれに加えてアフガン人を対象とするフィールド・ワークがあります。数字はあくまでミッション・ホスピタルだけのもので、全体の私の活動報告は年度末にします。

教育ファンドは非常に有効です。現在、理学療法士（患者）、靴職人（患者）、及びその助手たち（患者）に月々五〇〇～八〇〇ルピー、計約三千ルピー（約二万五千円）を教育費として与え、さらに通学を希望するものには教材や入学費用を援助し、彼ら自身の自活への道を拓かせると同時に、我々の活動にも役立つよう配慮しております。これは将来的見通しから、不可欠且《か》つ大変な恩恵になるでしょう。詳細は追って報告します。ジープ募金の後の次の目標にかかげてよいでしょう。

靴の方もよい評価を得るようになってきました。年間五〇〇～六〇〇足くらいが無理のないところですから、これくらいだと会からでも支えられるのではないかと思います。

ともかく、善意の募金は確実に目の前で生かされております。ペシャワール会の活動は大変重要であると、自信をもって言うことができます。お互いに息切れせぬよう、楽しく続けて下さい。私はクリスチャンですから、ダシにされるのを喜んでいます〈我々のことばでこれを〈地の塩〉と呼ぶのですが、これはみなさんにはどうでもいいことで、要するにこれでいいのです〉。問題は良いダシになることで、悲壮感をただよわせず、日常生活の中でできることを無理なく楽しくやってゆけばよいのです。
長くなりました。ではまた。どうぞお元気で。桜がもうすぐですね。花見には参加できぬのが残念です。では福岡で。

一九八七年一月二八日

＊会報10号から熊本在住の支援者有志が「熊本は燃えている!!」と題して活動を報告したことを受けている。

ひとつの事故から

ペシャワールに居て危険なのは何も機関銃や爆弾だけではない。先日、警官の誘導に従って車で三叉路を幹線道路に出たところが、猛スピードで直進してきたミニバスに激突した。急ハンドルをとっさにきって大難をさけたが、助手席側は破壊された。安全地帯に停止したのを確かめて横に乗っていたアフガン人のドクターを見ると、幸いかすり傷程度で、折れ曲がったドアから飛び下りて相手の運転手の方に怒りをあらわに歩いて行こうとしていた。私はジャンパーのポケットに手を入れたが銃はなかった。

警察官の方もまた一人であったから、自分の身の安全を確かめて、仲裁に入ってきた。本来ならば、警官の誘導を無視してつっ走ってきたミニバスの方が悪いのだが、ここでは日本で考えられるような法は通用しない。その場での力関係と金がものをいうのである。群集と共に応援の警官が来てくれたのは幸いだった。バスの乗客のひとりが私が日本人であるとわかると、「ノー・プロブレム。一千ルピーで済む」と横合いを入れる。しかし、こちらは車を大破された上に金までとられるのではかなわぬ。

「パキスタンの誇る法と秩序はここにはないのか。この警官殿は何のためにここに立って交通整理をしているのか。それを無視したのは誰であるか」と言いかえす。

相手のドライバーはまだ二〇歳にもならぬ若いアフガン人であった。いざとなれば押しの強いアフガン人のドクターが機転をきかせて、ブルドッグがうなるように警官たちに命令口調で言う。

「こんなところで騒ぎを起こせば君たちにもまずい。警官と当事者と三者だけで話せる場所へ車を移せ」

幸い車は動いたので、数百メートル離れた場所へ移動して交渉が始まった。

免許証の呈示を求められた時から勝負は決まっていた。私が「友邦日本」のお医者様であり、国際免許証に立派なネクタイ姿の写真があること、相手のドライバーが正式の免許ではなく許可証しかない難民であることである（実はパキスタンは国際免許の条約国には加盟しておらず、相手の許可証の方が法的には有力な筈であるが、そんなことはここではどうでもよいのである）。警官の方としても、どちらを金づるにするかは決まっていた。

「よろしいです。どうぞ行って下さい。後は何とかします」

しかし、何とかすると言ってもドライバーから金をまきあげるのが事後処理であるから、そんなことをされるとこちらも腹立たしいし、後味が悪い。若いドライバーは脅えてしまっていた。大切なミニバス（ここでは車は人の命よりも大切なのである）のヘッドライトをこわした上に、一千ルピー近くも脅しとられれば、その償いの金をためるのに一年はかかるかも知れぬ。免許とり消しになれば失業する。

「ドクター・サーブ、どうしますか。あなたのお気持ち次第ですよ」とアフガン人のドクターが言う。

「どこのキャンプか知りませんが、私と同じ難民です」

「彼がすみません、と素直に言えば忘れよう」という私のことばを早口のパシュトゥ語で彼が伝えた。相手のドライバーは「イスラーム」を連発して数百ルピーで警官と事を済ませようとしていたが、ドクター曰く、

「イスラームとは何であるか。相手のことも考えずに神が喜ぶものか。金で事を済ますのがイスラムならば何の益があるか。ドクター・サーブは御親切にも、被害を忘れようとおっしゃってくれているのだ」

と吠えるように言った。

今度は警察官が金づるを失うまいとしたので話がややこしくなったらしい。被害者たるわれわれが加害者を弁護するという妙な立場になってきた。少しずつ群集が増えてきた。ペシャワールの西のはずれのこの地区は自治区のパターン〔パシュトゥン〕人やアフガン人が殆《ほと》んどであるから、これは多勢に無勢の警官には無言の圧力を意味する。頃合い

をみて、

「もうよい。これでおしまい。兄弟、イスラムのよしみにて。過ぎたことだ（水に流そう）。さようなら。サラーム」と抱擁の挨拶をして別れた。警官はポカンとつっ立ってわれわれを見送って、一件落着となった。

壊れた助手席の車の運転は風通しがよいが、ペシャワール郊外の砂塵をまきあげて車内は快適というわけにはいかなかった。アフガン人のドクターが私に言った。

「ここの人間は無知な奴らばかりだから。警官の誘導なんかも気をつけて信じないがいいですよ。ここは日本ではないですから」

「いやなに。命びろいしたと思えばやすいものだ。これから気をつけよう」

アフガン・レプロシー・サービスの事務所に帰ると、喧嘩早いパターン人の運転手が一部始終を聞いて、

「パキスタンのポリ公の野郎め。金さえとれりゃ誰でもイスラムの兄弟なのさ」

と怒って言った。確かに何かの交渉ごとには必ず、〈イスラム〉が住民の間で連発されるのを私は興味をもって聞いてきた。例えば、ある時、チトラールの山奥から連れて来られたらい患者の女性が居た。チトラル語しかわからず、病院で危害を加えられるものと勘違いしたらしい。すっかり脅えきっていた。その時にも大声で、

「イスラーム！　イスラーム！」

をくりかえして助けを乞うたことがあったのを思い出した。その時は私をトルコ系のアフガン人と誤解していたのである。

ここの対立社会をかろうじてつないでいるものが、おそらく〈イスラーム〉なのであろう。〈イスラーム〉とはここの住民にとって何なのだろうと、柄にもなくふと興味を覚えて、パターン人のドライバーに聞いてみた。

「イスラム、イスラムとみんな言って話していたが、何のことだ？」

「ドクター・サーブ、馬鹿げたことですよ。イスラムでことが済まされりゃ、こんな目茶苦茶な世の中はないし、第一なんでみんな争ってるんです？　結局、生活の方便に使っているのに過ぎないのさ。われわれだって現に、イスラム教徒の故に苦労のしづくめでさ。仏教国にでも生まれてりゃ、もっといい国になったろうに。金が全てのアホらしい世界でさァ、全く」

これは全くパターン人らしい卒直な意見だった。しかし、このような発言はここでは禁句である。彼は数年前まではカブール近郊でゲリラ兵士として前線でバズーカ砲を手に闘っていたということを私はひそかに知っていた。これはそれでも、常識あるイスラム教徒自身の、言いにくいが一般的な感想なのである。

しかし、考えてみれば、〈イスラーム〉を〈人間性〉とか〈民主主義〉におきかえてみれば、程度の差はあれ（私の眼からみて甚しい差ではあるが）、本質的にペシャワールも日本も変わりはなかろう。この無秩序なペシャワールという町に何か魅力をおこさせるものがあるとすれば、極めて幼稚かつ陽気に、人間の持っている弱点と欠点が大手をふって歩いていることもその一つである。

大破した私の車は、思い思いのスピードで行く馬車やトラックや乗用車、羊や牛の群をくぐりぬけて走り、雑然たるバザールの修理工場へ運ばれて行った。

一九八六年十一月

12号 1987・7

JOCSパキスタン・プロジェクト
——一九八六年度活動報告

はじめに

一九八六年度は、前年度にもましてめまぐるしい一年間であり、私の第一期赴任の最終年にも相当する。三ヵ年をかけて、ハンセン病棟の基礎的な改善を企《はか》り、次期に備えて離陸を完了する積りでいた。

元来、私の仕事は、ペシャワール・ミッション病院の中の任務であり、あくまで病院をたて、独走をせず、その一員たるの姿勢を崩さなかったが、他方ではハンセン病のコントロール計画はパキスタン北西辺境州政府の保健行政上の問題でもあった。それ故、ハンセン病棟を担当する私の立場は、病院の方針と全体のコントロール計画を推進するカラチのマリー・アデレード・レプロシー・センターの方針との撞着《どうちゃく》のただ中で、有効な活路を見出さねばならなかった。

三ヵ年をふりかえって、この間の慌しい出来事は、私自身理解するのが困難なこともあったし、かといってペシャワール・ミッション病院、マリー・アデレード・レプロシー・センター共に実情をよくのみこんでいたとは言えない。まして、遠い日本の人々に正確な理解を得てもらうのは不可能に近いといっても過言ではない。ただ、全ては異常かつ異例の状況下で行われ、流動的な情勢はしばしば新しい活動の展開を余儀なくさせた。このために、他方では非難と批判を、一方では賞讃を過度にひきうけねばならなかった。

一九八六年度の新しい展開は、北西辺境州中唯一のハンセン病治療センターとしての中味を完備し、その名に値する基礎的な治療態勢を固め、さらに積年の懸案であったアフガン人問題に積極的なとりくみを開始したことである。

私としては、この、いわば生みの苦しみの時期をのりきれば、後は多少の起伏があっても何とかなるものと思ってはいたが、困難は予想を遥かに上回った。ペシャワールの治安は次第に悪化していったし、アフガニスタンの内乱は政治的なとりひきとはかけはなれてさらに激しく、複雑なものになっていった。マリー・アデレード・レプロシー・センターとペシャワール・ミッション病院の対立は深刻となり、私自身のワーカーの立場も微妙なものになっていった。マリー・アデレード・レプロシー・センターからの賞讃はペシャワール・ミッション病院からの非難となったし、ペシャワール・ミッション病院自身も財政的に倒壊寸前で、よい仕事をすればするほど、「この非常時に……」という不可解な批判を甘んじて受けねばならなかった。異常な嫉妬心はハンセン病棟の管理をしばしば困難にした。

アフガン人治療グループの組織化は、ペシャワール・ミッション病院への暴力的な圧力ととられたし、同時にペシャワール・ミッション病院側のアフガン人への粗暴な態度は、ぬきがたい不信と恨みを買って悪循環を形成した。しかもここでは、友人を得ることは敵を得ることと同一であり、友情と忠誠心が本物であればあるほど、他方との対立は鋭いものとなっていった。

アフガン勢の強力な助成は、西部辺境での活動を容易にし、われわれとしてはいわば広大な処女地に足を踏み入れた。同時に、この仕事を通じて、今まで外国人には殆んど伝えられることのなかった、アフガン難民の苦悩の中枢部の実情に身近に接せられるようになった。

一九八七年一月には、われわれの活動範囲はさらに西方に延び、国境地帯に達した。ペシャワールの北西部国境で、ソ連軍のミグ戦闘機の機影と爆撃に遭遇した時は、文字通り我々の活動の限界を思い知らされた。もはや、病院でのいざこざや、ペシャワール・ミッション病院とマリー・アデレード・レプロシー・センターとの衝突は小さなものとなった。最大の障壁はこの人々とその抱えている苦悩であることを実感した。

こうして、一九八六年度の終りにはやっと問題の核心部に迫ったといえよう。実情を正確に伝えるのはやや困難を覚えるが、本報告書がＪＯＣＳのペシャワールでの活動を知る一端ともなれば幸いである。

Ⅰ　パキスタン北西辺境州の情勢

政治情勢を語るのは私の本旨ではないが、我々の働きの理解を得るには、この土地の風土、政情を述べぬ訳にはいかない。ここではこの一年間の大ざっぱな動きを概観してみよう。

以前の報告書で再三述べたように、北西辺境州は、事実上アフガニスタンと一体でありながら、行政上はパキスタンの一部である、という奇妙な位置にある。一九七九年のソ連軍侵攻後、アフガニスタンの内乱は、二五〇万人を超える難民と共に直接北西辺境州に重大な影響を与えた。難民は爆発的に増え続け、パキスタン連邦政府側では影響が中央に及ぶことを防ぐために難民の定住地を北西辺境州内に留《とど》める政策をとった。それでペシャワールのような都市では、恰《あたか》もアフガン人の国であるかのような様相を呈した。しかも殆んどの難民自身がムジャヘディーン（イスラムの敵と闘う戦士のことを言う）であり、武装勢力でもあったから、パキスタンとしては巨大な爆薬庫をかかえることになった。

難民流入の初期には、イスラム化の国策もあり、彼らを同胞として歓待した。しかし難民の流入による様々の社会問題は、国内の治安とからみあってその関係は微妙なものになっていった。いきおい、パキスタン国籍のものとアフガン難民との間には亀裂が生じ、敵対心が隠然と底流をなすようになった。一九八六年はペシャワールにおける多数の爆破事件によってこの傾向はさらに深まった。

抵抗組織〔パキスタン側を拠点とする反ソ・反政府アフガン・ゲリラ〕自身は、巨額の援助によって武器も豊富になってきた。しかし内部抗争は少しもおさまらず、公称で七つの抵抗組織は互いに分裂、同盟をくりかえしている。元来が闘争・対立を気風とする土地柄の上に、米国の介入によってこの傾向は迫車をかけられた。九九％以上のイスラム住民は徹底した反米感情を根強く持っているので、米国側としては「分離統治」の方針をもって各抵抗組織の武器援助を続けているようである。この結果、抵抗組織の事務局は援助によって充分うるおったが、実際の戦線で戦っている軍民からはうきあがり、各組織共に人々の信頼を失った。一部には彼らを「アメリカの息子」（アフガン人は、パキスタン人を「英国人の息子」といって軽蔑する）と、あからさまに述べるものもでてきた。

（因《ちな》みに、この種の反英米感情はぬきがたいものがあり、アフガン人は過去の英国との三次にわたる戦争で英印軍を撃退しており、アングレーズ（英国）は敵の代名詞として使用される。アフガンの住民にとっては、アメリカはこの「アングレーズ」の肩代りをしてやってきた敵という訳である）

ともあれ、一九八六年暮れから始まった「和平交渉」は、少くとも現地では大勢に影響を与えず、戦闘は少しもおさまらなかった。一九八七年一月になり、各抵抗組織は米国とパキスタン政府の圧力によって不承々々統一集会を開いて、反ソ統一戦線を呼びかけたが、ペシャワールに集結した数万名の軍民は〈ロシアに死を！　アメリカに死を！〉の大合唱で答え、取材に来た欧米人を震えあがらせた。たとえソ連軍が撤退しようと、別の形で内乱は続くであろうというのが一般的な見方のようである。

パキスタン自身も、アフガン難民問題で、損失したものも大きかった。大量の武器がバザールに流出した。ロシア兵からの戦利品又は中国製・米国製の横流し品として銃器類は最大の取引き品となり、ラホールやカラチに流れていった。麻薬の売買と並んで、これはカラチ、ラホールの暴動、市街戦の背景をなしている。パキスタン内部の治安悪化の促進要因といえよう。一九八六年十一月、一九八七年一月のカラチ大暴動による数千名の死亡者の背景は、こうして作られていたのである。

これは我々の仕事にも重要な影響を与えた。後述するように、アフガン人のハンセン病患者は増えに増え続けたし、フィールド・ワークを組織するのも政治的紛争にまきこまれるのを避けるため、細心の注意を払わねばならなかった。我々のアフガン人のフィールド・オフィスも武装を含む自衛さえ考慮せねばならなかった。

一九八六年度の北西辺境州の一連の動きは、一つの破局の始まりを予想させるに充分なものがあった。パキスタン自身の〈イスラム化政策〉も一つの転換期にさしかかっているといえよう。

Ⅱ　パキスタン北西辺境州レプロシー・ワークの現況

⑴ 五ヵ年計画の結末

一九八二年から始まった、北西辺境州のレプロシー（ハンセン病）・コントロール・プログラムは、一九八六年に形の上では終了し、大規模な成功を収めたと報告された。実績は一九八七年末に詳細が出される。

五ヵ年計画の骨子は、一九八三年に私が提出したＪＯＣＳへの報告に紹介されているので詳細はくりかえさないが、

①北西辺境州に計三一ヵ所のサブ・センターを設け、診療員を各二〜三名配備、投薬、簡単な合併症治療を行わせる。

②フィールド・ワークに重点を置き、早期発見・在宅治療を積極的に行う、というものであった。

元来、北西辺境州のレプロシー・ワークの中心は、一九八二年までペシャワール・ミッション病院が中心であり、英国系、ベルギー系のミッション団体が既に主要地区にサブ・センターを設けて事実上の下地はできあがっていた。しかし、一九八一年にはベルギー人のグループは駆逐されてしまい、ペシャワール・ミッション病院の診療能力の著しい低下と相俟《あいま》って、治療センターは「政府管理」の名のもとに公営病院の一角に移された（一九八三年四月、レディー・リーディング病院に開設）。ところが、この「政府管理」を全面的に支えていたのが西独系のファウ医師にひきいられるカラチのマリー・アデレード・レプロシー・センターというわけである。

従って北西辺境州のみで、一〇〇名近くのレプロシー・テクニシャン（ハンセン病診療員）がカラチのマリー・アデレード・レプロシー・センターで急造され、各地に配備された。ペシャワール・ミッション病院は事実上無視されて、治療センター（公営）の活動を補いペシャワール地区のみを担当すると共に〝身寄りのない変形患者の家〟の役割とアフガン人診療に重点を置かせられていた。

この〈公営化〉の利点と欠点は昨年一九八五年度の報告書（45頁以降に掲載の年度報告）に述べた通りである。五カ年計画の構想は、北西辺境州の実情によく適ったものであったが、問題は、診療員側の態度にあった。元来、ハンセン病の仕事というのは、天然痘や結核とは異って、そこに差別を憎み、弱い者に同情をよせるといった強い動機をもった人々によって支えられていた。しかし〈公営化〉は多くのレプロシー官僚とレプロシー・ビジネスマンを生み出し、長年月を待たずして次第に変質してゆくであろうことは目に見えていた。成績をよくして援助を増やし、利得をうることに腐心するものが少なくなかった。五カ年計画は確かに画期的な試みであったが、この欠点は致命的である。しばしば誇大宣伝と金がゆきかう馬鹿々々しい見世物となり、肝腎の患者は置き去りにされることも珍しくはなかった。

各診療所は、一九八六年初めには、九〇～九五％といった定期服薬者の率を誇り、〈大戦果〉を連発していた。しかし、わずか二～三年でこの定期服薬率を三〇％から九〇％以上にひきあげたというのは信じ難い。

北西辺境州で計約五千名が登録されたが、そのうち一二〇〇名はペシャワール・ミッション病院であり、多くの診療所ではペシャワール・ミッション病院から逆に患者が送られる数はかなりのものがあった。

ともかくも五カ年計画の結末は、総登録患者約五千名、治療下にあるもの約三千名、定期服薬率八〇％前後、配備された診療所（投薬所）三一カ所、全ワーカー数、一〇〇名以上ということで、一応の成功は収めた。早期発見、早期治療、定期服薬の態勢は一応の下地ができたと言えよう。

しかし、これは北西辺境州において、ハンセン病が終息に近づいたということではない。公平にみて、根絶計画の下地ができたということであって、計画そのものが完成したとは言えない。むしろ、問題の大きさと根深さが明らかにされた段階であって、真のとりくみはこれからと言える。〈五カ年計画の大成功〉と〈ハンセン病に捧げたマリー・アデレード・レプロシー・センターのファウ医師の表彰〉というニュースを半ば白々しい気持で聞かざるを得なかった。

(2)治療センターの変遷（公営の衰退とペシャワール・ミッション病院の活発化）

これも一言では語り得ぬ多くの歴史的背景がある。北西辺境州における最初の治療センターはペシャワール・ミッション病院ではなく、東部のスワトから始まった。現在のJOCSの働きを理解するため、少しさかのぼって述べてみよう。

◎ピール・ババ・コロニー

北西辺境州東部にスワト渓谷という豊かな地帯があり、州の中では比較的民心が温和である。ここにピール・ババという聖者の墓がある。年代は不明だが数々の奇跡を行なって人々に尽し、その名は全アフガニスタンとカシミールに知れわたった。現在でもこのピール・ババ〔廟〕は、各地からお参りに集ってくる人々で大変な賑いをみせている。

スワト地方自身がハンセン病の多発地帯であることもあってか、多くの人々は〈ハンセン病にかかるとピール・ババに行けば治る〉と信じている。私の知る範囲で、西はアフガニスタンのヘラートから、東はカシミール、北インドまで、多くのハンセン病患者がこのピール・ババに集ってくる。

パキスタンの分離独立からまもなく、一九五〇年代の初め、あるフランス人の看護婦がカトリック団体の援助で簡易診療所を作り、患者の世話を始めたことが、北西辺境州の近代的なハンセン病治療の発端となった。今となっては、このフランス人看護婦がどのような動機でこの辺境に来たのか、どうしてハンセン病治療を始めたのか知る術《すべ》もないけれど、ハンセン病治療の分野ではこの土地においてイスラム聖者ピール・ババに劣らぬ奇跡を現出した。

一九六〇年に当時ペシャワール・ミッション病院の院長に就任した、英国人医師J・G・ショウは、ピール・ババ・コロニーからの依頼をうけて定期巡回診療を始め、入院の必要な患者をひきうけるために、院内の一角をハンセン病棟として割りあてた。これが当病院におけるハンセン病治療の発端となる。ピール・ババに定住して生涯をささげた一人のフラシス人看護婦の精神はこうしてペシャワール・ミッション病院にうけつがれ、一層の発展をみることになり、その苦労は充分報われた。

◎ペシャワール・ミッション病院　レプロシー・ワークの発展

一方、カラチのマリー・アデレード・レプロシー・センターは一九五五年に西独系の寄金を母体として活動を始め、スタッフ教育に力を入れてレプロシー・テクニシャン・トレーニング・コースを開設していた。ショウ院長は、ただちにカラチと連絡をとり、数名の技術者を養成。一九六五年にペシャワール・ミッション病院内にレプロシー・ユニットを設立した。こうしてペシャワール・ミッション病院が北西辺境州全体の本格的なハンセン病センターとして活発な治療活動を始めたのである。マリー・アデレード・レプロシー・センターのファウ医師が着任したのも大凡《おおよそ》この頃である。

しかし、現在のレベルから言えば、〈困った患者の世話をする〉という程度で、北西辺境州全土に亘《わた》る〝根絶計画〟とはいえなかったので、一九七〇年代半ば頃から、ベルギー系のカトリックミッション団体が大巾《おおはば》に介入し、本格的な活動を開始した。ペシャワール・ミッション病院は治療センターとしても充実し、ピール・ババ・コロニーとの協力で、スワト、マルダン、ディール等の多発地帯にサブ・センターを設け、患者の登録制を確立し、名実共に北西辺境州のセンターとして機能するようになった。

◎公営化の発端とペシャワール・ミッション病院の停滞

一九七〇年代の初めから、欧米の各キリスト教団体が、パキスタンのレプロシー・ワークに一度に押しよせた。そこで彼ら自身の合意がとりかわされ、カラチ、シンド州は西独系、パンジャブ州はアメリカ系、北西辺境州はベルギー系と一応の〝なわばり〟がとり決められていた。いくら医療奉仕とはいえ、これは前世紀的な列強分割を髣髴《ほうふつ》させ、独立国としての体面上、由々《ゆゆ》しきことであったから、〈パキスタン〉政府としては公営化を切望していた。

そこで、パキスタン連邦政府側は、カラチのマリー・アデレード・レプロシー・センターを主たるパートナーとして選び、その実質的な援助を借りて公営化をすすめる方針を採用した。レプロシー・センター側も、ファウ医師をカリスマ的なヒロインにしたてあげ、医療行政に〝連邦政府厚生省レプロシー・コントロール名誉顧問〟として入りこみ、政府のお墨つきで自由にコントロール・プログラムを立案できたし、素性の正しい団体として外国の基金も仰ぎやすくなったのである。ファウ医師自身どういう気持であったのかきく由《よし》もないが、おそらくカリスマにさせられるまま、その立場に徹してパキスタンからハンセン病を一掃する決意をかためたと思われる。金と名誉が大巾にものをいうこの国で、彼女としてはあらゆる非難をうけて実質的な行動をする決心をしたらしいことは、その人柄から想像に難くない。

こうして「公営化」の方針は北西辺境州にも及んだ。一九八一年当時、先に述べたベルギー人グループはペシャワール・ミッション病院内で、〝北西辺境州レプロシー・センター〟と名乗り、病院ともほぼ完全に独立して活動していた。この当時〝民族主義〟は時代の流行であり、ペシャワール・ミッション病院の院長職も英国人からパキスタン人の手に渡り、地元側からみれば、〈外国人ミッショナリーたちが大金を惜しみなく使って民心に影響を与え、地元のパワーを無視する〉のは面白くなかった。

そこで、ペシャワール・ミッション病院はカラチのマリー・アデレード・レプロシー・センターと結んで、ささいなことをきっかけに「不法居住、不法医療活動」としてベルギー人指導者（シスター・ラザ）を告発、ベルギー人グループは悲憤のうちにペシャワールをひきあげた。

一九八二年の十二月に、私がＪＯＣＳの意を汲んで下見に来た当時は、病棟は荒廃しており、言いすぎでなければ、まるで安宿で包帯巻きをしているという程度のひどい状態であった。カラチのマリー・アデレード・レプロシー・センターは先ずペシャワール・ミッション病院の力を充分弱めておいて、公営センターをペシャワールの公営病院レディー・リーディング病院に移す心算で、初めから計画的に事を運んでいたのは、今となっては事実のようである。こうして〝政府主導〟の名の下にマリー・アデレード・レプロシー・センターのリーダーシップで、五カ年計画がぶちあげられ、一九八四年四月に、センターをレディー・リーディング病院の一角に移し、ペシャワールとしてはぜいたくな冷房入りの病棟二〇床と各オフィスが巨費を投じて建設された。私は一九八四年にペシャワール・ミッション病院に着任したが、マリー・アデレード・レプロシー・センターからはギルギットへの転任をすすめられたのみで、まるで無視されていることを感じた。これは何もカラチのレプロシー・センターが謀略を駆使してミッション病院のレプロシー・ユニットを消滅させようとしていたからではない。ミッション病院自身もハンセン病資金の一部を病院全体の運用に転用したり、「慈善」の誇大宣伝をする割に中味がなかったからでもある。

◎公営センターの停滞とペシャワール・ミッション病院の活発化

一九八四年五月、私の着任当時、ペシャワール・ミッション病院のハンセン病棟は以上のような状態であった。元来私の契約は一般病棟での働きを中心にしたもので、レプロシー・ユニット兼任ということであったが、自分の力量を考え、フル・タイムで大巾な管理権限をもたなければ、とても当病院のレプロシー・ワークの立てなおしはできぬと考えられた。

一つには、情報を数ヵ月がかりで集めてなるべく冷静に事態をみると、「公営センター」の荒廃もまた時間の問題であり、よき治療センターを継続できるのはペシャワール・ミッション病院以外にない、と思ったことである。もう一つは、当病院のスタッフは数少く、能力も充分とは言えぬが、一つの使命感をもって行動しており、あの惨めな状態の中で悪戦苦闘しているのが私の心をうったこともあった。

ペシャワール・ミッション病院自身、数々の政争で財政的にも窮しており、レプロシー・ワークをチャリティーショーにして財源にしていたし、また、このような病院側の態度にはスタッフ・患者共に憤りをもっていた。事態収拾には、①ハンセン病棟のフル・タイムの責任者として管理改善にのり出すこと。②マリー・アデレード・レプロシー・センターから期待される役割を遅怠なく実行してその信用を得ることであった。前者については、JOCSとペシャワール・ミッション病院との契約内容の修正も含まれるので、なし崩し的に次第にハンセン病棟にとどまる時間をふやし、医師の監視なしによい仕事が出来ぬことを実証した上で、JOCSの事務局や一部の理事を煩わせて契約の修正をして貰い、公然とレプロシー・ワークにうちこめるようになった（一九八五年十月塩月総主事、伊藤理事来訪）。

後者については、足の変形予防用の靴ワークショップの設立、身寄りのない変形患者の世話、アフガン人の診療等が宿題として与えられていたので、より簡単な問題から一つ一つ片付けてゆく積りでいた。この経過については後述するが、最低限の財政的うらづけなしに事が前進せぬのは明らかであり、病院自身職員の給与さえ満足に払えぬ状態であったから、何とかその工面をもせねばならなかった。そこでJOCSとしては異例の、プロジェクト費を組ませる結果となり、あらぬ論議も呼んだのである。

ともかく、以上の予測は次第に現実のものとなっていったし、計画は一つ一つ紆《う》余《よ》曲折を経ても実行されていった。

レディー・リーディング病院には、私とほぼ同時に独人医師のエーデルが着任した。彼女はラフな性格だったが実直で、親身になって患者の世話をし、よく働いた。北西辺境州において女性が一人でしかも人を指揮する立場で働くというのは大変なことである。ここの風習にして、その苦労は想像を超えるものがある。管理は困難で、いつか精神的に疲弊してペシャワールを去るのは時間の問題であると考えていた。マリー・アデレード・レプロシー・センター自身実情をよく把握できず、場当り的な指令でしばしば混乱をおこした。

レディー・リーディング病院には、外科的処置の治療態勢がなかった（できなかった）ので、我々がそれをひきうけた。理学療法を整備し、病室を改造して小外科からやがて小さな手術場での再建外科となり、やっかいな合併症である足底潰瘍《かいよう》の治療も靴のワークショップと共に容易になっていった。我々は決してレディー・リーディング病院と競争していたわけではないが、みかけはやや汚くても質の良い治療と和やかな雰囲気を求めて患者はペシャワール・ミッション病院に集まってきた。

一九八六年五月になって、レディー・リーディング病院の管理者たるエーデル医師がペシャワールを年内に去ることをうちあけた時、いよいよわれわれの側の使命は重くなると思った。エーデル医師なきあとは、レディー・リーディング病院のハンセン病棟は他科に吸収されるか、実質的にただのオフィスとしてしか存在しなくなることは明らかであった。レディー・リーディング病院の首脳部がハンセン病棟の他科への合併を考えていたことは明らかで、エーデル医師の留守中に、甚《はなはだ》しきはエアコンが他科に持ち去られていたり、エーデル医師に「アングレーズ（英国人＝敵）」という烙印を押してスタッフを煽動したりもした。

レディー・リーディング病院のセンターもまた対立・闘争の渦中にあることはペシャワールと北西辺境州の他のあらゆる組織、人間関係と共通していた。レディー・リーディング病院の管理者とハンセン病棟、レディー・リーディング病院とペシャワール・ミッション病院、ジュニア・スタッフとシニア・スタッフ、北西辺境州にばらまかれた各診療所同士、患者とスタッフたち、夫々《それぞれ》がバラバラに離合、集散をくりかえしていた。

他方、ペシャワール・ミッション病院の方でも同様の問題をかかえてはいたが、幸い小規模であり、JOCSワーカーたる私としては、神の前の平等を常に唱え、夫々の仕事は私物化するものではなく、患者と神にそなえるものであることを強調して統一・共働する方針を崩さなかった。日本国内でこのような方針を述べれば変人扱いされようが、この点についてはアフガン人、パターン〔パシュトゥン〕人は純朴であり、紛争がおきても、少くともその場はこれで押さえることができた。従って、私はペシャワール・ミッション病院側でレディー・リーディング病院のできぬ点を補うべく、対立をさけ、その場は軟弱にみえても、少しづつ着々と診療態勢を充実してゆくことができた。

一九八六年十月には、小規模ながら足の再建手術も可能になった。一九八六年十二月には邑久光明園《おくこうみょうえん》のグループの協力で兎眼《とがん》〔顔面神経麻痺による症状〕の再建手術と菌検査も可能となり、手の手術と装具の一部を除けば、不完全ながら全ての基本的なハンセン病の治療に必要な診療態勢を備えた。

一九八六年十二月、一九八七年二月と二度に亘ってペシャワールを訪れたファウ医師は、急に態度を変え、我々のハンセン病棟の充実を〈奇跡〉と絶讃し、レディー・リーディング病院のセンターをわれわれの側で監視するようにとの指令を出した。これにより、一時的ではあるが公営の方がわれわれに吸収される形となった。ペシャワール・ミッション病院内部でも病院側からハンセン病棟への大きな干渉はなくなった。結局、〈ドクター・中村は御《ぎょ》し難し。放置するが得策〉との方針を採ったようである。

しかし、私の方はこの種の讃辞がしばしば政治的なかけひきとして行われるのを見てきたので、いわれのない非難と同様にうけとめ、さらに改善を続ける積りでいた。エーデル医師は一九八六年十一月をもって、レディー・リーディング病院のハンセン病センターから疲れ果てて退いたが、その後の公営センターの凋落《ちょうらく》は甚しいものがあった。甚しきは公営のスタッフ自身が、「うちではダメだから」といって患者をつれてくる。身内にハンセン病患者又はその疑いが発生した場合は、殆どペシャワール・ミッション病院に相談にくるようになった。ペシャワール大学の医学部の保健実習でも、常にペシャワール・ミッション病院に学生を送りこむようになった。

こうして、一九八六年秋から一九八七年冬にかけてはペシャワール・ミッション病院は多忙を極めたが、著しく活気にあふれていた。

ペシャワール・ミッション病院のレプロシー・ユニットは北西辺境州では小さい乍《なが》ら、唯一の実質を伴った治療センターとしての地位を確立し、よいサーヴィスを通じて各診療所・公営機関との関係も大巾に改善した。これに伴って未治療患者多数が、北西辺境州各地からペシャワール・ミッション病院に集まってくるようになり、早期発見に貢献する度合は無視できぬものになっていった。

一九八七年三月三一日現在で、わずか三ヵ月の間に未治療患者の登録は三六名をこえた。フィールド・ワークで発見されて治療開始を予定されている患者を入れるとその数は五〇名となる。一九八七年中には百数十名をこえる未治療患者がペシャワール・ミッション病院で、登録されるのは疑いない。

この数字が画期的であることは、今までの新患登録が年間せいぜい四〇〜五〇名であったことから明らかである。

(3)レプロシー・ワークにおけるアフガン人問題

これについて大略は一九八五年度の報告書に述べた通りであるが、一九八六年度には問題はさらに深刻になってきたので、この一年の変化を中心に今一度ふりかえってみたい。

アフガニスタンのハンセン病の問題は、過去散発的に二、三の小さな診療所がたてられたことがあるのみで、殆ど手つかずの状態であったと言ってよい。しかし、地理的な位置からこれは我々の避けて通れぬ問題であった。カラチのマリー・アデレード・レプロシー・センターも早くから関心をよせ、ファウ医師自ら多発地帯であるハザラ地方に潜行・調査を敢行したこともある（一九八二年）。

ＷＨＯの報告（一九六〇年）ではアフガニスタンは空白になっているが、少くともある地域ではインドに匹敵するほどの高い発生率を示すことは確かである。これらの患者たちは、パキスタンでは大抵国境沿いの大きな町に流れてくる。

この流れは大きくいって二つあり、一つはアフガニスタン南部からバルチスタンのクエッタに下り、さらにカラチに流れてくるもの。もう一つは、東部方面からチトラル、ディール、バジョウル、ペシャワールに至るもので、とくにペシャワールは東部方面の患者の流れの終着駅である。ペシャワール・ミッション病院のような余り大きいとは言えぬ病院でさえ、約三分の一がアフガン人であり、難民流入に伴ってその占める割合は増加し、一九八六年の新登録患者の四三％を占めた。入院患者も、在院日数を考慮すれば常に約五〇％以上のアフガン人がペシャワール・ミッション病院にとどまっていることになる。ペシャワール・ミッション病院はかつての名をアフガン・ミッション病院といい、アフガン人たちの間にもある程度知られていたので、かなりの患者たちは当病院に集まり、直接その治療下に入るものが多かった。

一方、カラチのマリー・アデレード・レプロシー・センターの方では当然アフガニスタンから南部へ下る患者を把握していたので、ペシャワールとやや事情が異っていた。マリー・アデレード・レプロシー・センターでは出身部族から、ハザラ族に患者が多いと主張し、パターン部族の多い北西辺境州を余り重視しなかった。我々は部族よりも、むしろ地理的な条件を、北西辺境州出身の患者の分布から重視していた。

アフガニスタンは、人口約一六〇〇万人の約半分八〇〇万人前後が多数民族のパターン人で、その他は極めて複雑な民族構成をしている。主たるもので北部のウズベク、タジク、モンゴル系のハザラ、トルコ系のトルクマン、イラン系のバルチ等で、群小の部族を入れると二〇を越える。これらは入り乱れてまさにモザイクを成してアフガニスタンの民族分布を複雑極まるものにしているが、ハンセン病の発生する区域は決して特定の部族に集中していない。

話がやや微に入るが、組織だった調査の不可能なアフガニスタンのハンセン病の問題を、パキスタン側から考える場合、次の点を考慮せねばならない。

①アフガン側からパキスタンへの人の流れ。

②各々の地域における、ハンセン病への関心のあり方。

である。①は、先に述べたように、アフガニスタンの中央部・南部の人口は南下してバルチスタン→カラチと交流が深いし、北東部は当然北西辺境州各地→ペシャワールと関係が深い。難民流入の傾向と同様である。西部の患者はイラン側にゆく傾向があることは容易に想像がつく。②は、共同体のハンセン病に対する態度、医療関係者の知識で発見率、治療のあり方が異ってくるということである。例えば、ハザラ族の場合、一般にハンセン病に対して人々の反応は敏感で、変形の著しい患者はひどいとり扱いをうけるが、同時に早期発見もある点では容易である。反対にパターン部族の一部では変形がおきても人々は無関心で、醜い迫害もない代りに発見も困難となる場合もある。あるパターン部族の地域では、ハンセン病とわかるとこれを殺し、親族から抹殺するので「ジュザーム〈ペルシャ語で「ハンセン病」〉という言葉すら忌み嫌われる所もある。また、ある地域ではジュザームは恐ろしい病気で、これにかかれば人肉を喰うようになると信ぜられているが、実のところは誰もその症状を知らず、患者は沢山居る、ということもある。

また、当然医療関係者にハンセン病の知識が充分あるところでは、〝発生数〟は高くなってくる。極端な例は、ペシャワール・ミッション病院の新患者中、約三〇％が同一の医師〈皮フ科〉の紹介によることもあった。

以上のような要因を考慮に入れなければ〈〇〇人種にハンセン病が多い〉という判断は早計であると言えよう。従って、カラチでとり扱うアフガン人患者のみをみていると中央部のハザラ族のみにやたらに患者が多いという錯覚をうけるが、実はそうではない。イラン側、バルチスタン側、北西辺境州側と総合的にみて結論を下すべきものである。少くとも我々の考えでは、ペシャワール・ミッション病院で扱う患者の情報とマリー・アデレード・レプロシー・センターの意見を総合すると、ハンセン病の多発地帯は、完全にヒンズークシュ山脈の山岳地帯と一致する。パターン人の間には少いとされるのは、彼らが主に平野部を占めているからであって、高地に居住するパターン部族にはハンセン病が多発する。

このことに私がこだわり続けてきたのは、決して議論を挑むためではない。実際的な活動で、例えば北西辺境州二五〇万人のアフガン難民のキャンプでどこどこに標的をおくか、難民医療機関に働きかける際にどう協力をとりつけるかで、直接重要なポイントになるからである。

◎アフガン人患者の二重の苦難

一般にアフガン人患者は、この病気による重荷と同時に難民としての重荷をも背負っている。一九八六年から一九八七年春にかけて、多数のテロ事件が発生し、全てが難民のせいにされ、許可なしにペシャワールのバザールを歩き回ることさえ困難になった。一九八七年二月には大きな爆破事件をきっかけに〈ペシャワール市民〉が難民キャンプを襲い、既に武装しているキャンプは機関銃で応戦、市街戦の様相さえ呈した。患者は各キャンプから我々の病院にくることができず、〝治療証〟さえ発行せねばならなかった。治療脱落患者が増えるのは当然である。

我々の病棟でもアフガン人とパキスタン人の間に冷たい空気が流れていた。地元のキリスト教勢である病院当局もまた、この圧倒的なムスリム社会の中で生きのびるには、パキスタン・ナショナリズムをかかげて、〈キリスト教徒のパキスタン国民〉の位置を確保しなければならなかったから、アフガン人患者への風あたりは強かった。

一九八六年六月から八月まで私が研修のために日本へ帰っている間に、三名のアフガン人患者が〈不法入院〉で退院させられた。理由は、退屈しのぎにバザールをうろついたのみであったが、「散歩できるほど健康な者に入院の必要なし」という無理無体なものであった。その上、この退院患者のうち二名が死亡、一人は消化性潰瘍による吐血、一人は虫垂炎として手術をうけ、術後死亡していた。手術をうけた患者は、公営病院で若い医者のトレーニングに使われたという噂が広まり、私が九月にペシャワールに帰った時は、殺気だった空気が流れていた。柄にもなく、「復讐すべからず」という言葉をこの時ほど熱をこめて人に説いた事はない。復讐は北西辺境州とアフガン人社会の中では当然の慣習法であったから、心ない病院当局のしうちに対して院内で殺傷事件が発生しても、誰も怪しまなかったであろう。

これは氷山の一角である。このような事態はすでに前々から予測されていたことであった。そこで私の結論としていたことは、①患者の生活に対する不安をとり除くことなしに、管理ばかりを強行するのでは解決にならぬこと、②この問題の抜本的な解決をはかるために、特別にアフガン人の手による別動隊を組織し、難民救済各機関に働きかけ、その福祉機能をフルに利用、早期発見・継続治療の努力もあわせて行わせること、であった。

私としては、これ以外に解決策なしとみて、一九八六年四月頃から具体的な立案にとりかかっていたが、その後の経過については後述する。

ともかく、このアフガン人患者の問題をぬきに北西辺境州のレプロシー・ワークはなりたたないし、同時に手のつけにくい難問でもあった。なお、女性患者の発見率が低いこと、治療継続の難しいことは、北西辺境州以上のものがある。

Ⅲ　ペシャワール・ミッション病院レプロシー・ワークの改善（一九八六年度）

一九八六年度は、

①変形予防用靴ワーク・ショップの充実
②足の治療を中心とするハンセン病の外科の基礎作り
③アフガン人患者のための診療グループの組織

を大目標に掲げ、次期に備えて一応の基礎固めをする計画でいた。一言しておきたいことは、ペシャワール・ミッション病院で決して何らかのプロジェクトや展望がある訳でもなく、また財政的に何の援助もなかったことである。通常、海外派遣の場合、主として政府又は欧米のキリスト教系の民間団体が一つのプロジェクトを豊富な財源で組み、ワーカーのみを依頼に応えて日本側から送り出すというのがJOCSを初め、日本の民間医療協力のパターンであった。派遣ワーカーが自分の裁量で立案し、契約相手たる病院の承諾を有無をいわさずにとり、ある程度の財政負担を肩代りするということは余りなかった。

しかも時代の流行として、〈保健教育を中心にせねばならぬ〉という考えが、時には行きすぎた固定観念として欧米の援助団体にもしみついたところがあった。金のかかる割に、恩恵をうける患者数の少ない「病院中心主義」として、ハンセン病棟の改善が初めのうちは余り評価をうけぬこともあった。病院中心主義を脱してフィールド・ワークに重点を置き、早期発見・治療をするというのはレプロシー・ワークでも疑いなく正論であるが、事はそう教科書的には進まない。カラチで訓練をうけて、北西辺境州各地に配備された診療員、フィールド・ワーカーたち自身が、「みつけた後は、どう始末するのだろう?」という不安を示していたことからもあきらかである。

とくに、北西辺境州では変形患者が多かったから、この問題に深刻であった。簡単な垂足《すいそく》手術や兎眼の手術さえカラチに送らねばならず、長い間〝ウェイティング・リスト〟で待たされている間にとりかえしのつかぬ障害の進行をみる者も希《まれ》ではなかった。良い治療センターの存在は、患者や診療員に安心感を与え、「ペシャワールに送りさえすればなんとかなる」と思えるだけで躊躇《ちゅうちょ》なく患者に保障を与えることができるのである。五ヵ年計画はこの点について充分考慮していたとは言えない。

また北西辺境州の実情から、たとい各地に投薬所を設けても、診療員が「味方」でない場合はペシャワールに来なければならないし、サブ・センターにゆくこと自体が偏見につながったり、サブ・センターよりもペシャワールの方が交通の便がよい、という事態も場所によってはあった。

従って、ペシャワール・ミッション病院のハンセン病棟を良い治療センターとして改造することは、北西辺境州のコントロール・プログラム自身に益することになるとの確信をもっていた。加えて、ペシャワールの各医療機関からミッション病院に送られ、当病院で診断されて各サブ・センターに送られるケースも非常に多く、これとても良い治療サービスあってのことである。治療センターの充実はフィールド・ワークと共にコントロール・プログラムの要《かなめ》でもあったのである。

(1)靴ワーク・ショップ（予防用サンダル工房）

一九八五年度の報告で述べたように、ハンセン病の合併症中最大のものである足底潰瘍（うらきず）の対策は重要であった。ペシャワール・ミッション病院で、一九八五年までの入院理由の約半分以上がこれによって占められ、診療の上でも、財政的にも大きな負担となっていた。予防が最も重要であることは誰もがいうことであるが、誰もが手をつけたがらぬ地味な仕事でもあった。

長い間懸案であったこの仕事は、福岡の溝口医師の好意と、その他の無数の人々の善意・協力の結晶として、一九八六年四月十三日にオープンした（オープンに至るまでの努力は前年の報告書を参照されたい）。しかし、私は当分は相当の試行錯誤を覚悟していた。品質、機能のみでなく、土地の人々に受け入れられるスタイルであることも重要で、ニーズをみて満足できる生産体制を確立するまでには年余を要すると考えていた。それと共に、この仕事を純粋に人々の好意として生かすことが大切で、決して病院の金づるにするまいと思っていた。

ワーク・ショップは案ずる通り、無用の悪評がどこからかまきちらされ、九月に研修を終えてペシャワールに帰任した際は、ほぼ潰滅状態だった。依頼していた靴職人が利潤をあげようとして粗悪なものを作った上に多くの道具や材料をもちにげして、助手をしていた患者たちが細々《ほそぼそ》とみようみまねで靴を作っていた。

こういう事態は予想されていたので、素材の購入から生産及び販売までを直轄管理とし、患者たち自身で作るように指導した。数名の器用な患者に技術を覚えさせ、交代で出稼ぎにこさせれば、患者もうるおうし、我々としても商売ぬきに管理が容易になる。素材も多少生産コストがあがっても良質の皮を用い、消耗期間を長くすれば結局安くつく。配布体制はカラチのマリー・アデレード・レプロシー・センターと提携して各サブ・センターからの注文制にした。

品質は向上し、一九八六年十二月頃までには、各方面からよい評判をうるようになった。生産コストは一足約六〇～八〇ルピー（五〇〇円～七〇〇円）で、患者には二〇～三〇ルピー（一八〇円～二七〇円）で販売、これを靴を作る患者に労賃として与える、というしくみである。従って年間の生産を五〇〇～六〇〇足とみて実費の材料費のみを我々が買い与えればよいわけである。ワーク・ショップの独立採算制も試みたが、仕事が煩雑になるし、準備するのに結局多額の「投資」を要し、かつビジネスと金が行きかうことによって、仕事そのものが初志を忘れて変質する。それよりも〈日本の募金者が一人五〇〇円を出せば、北西辺境州のハンセン病患者一人の足が数年間守られる〉という直接の援助を手配する方が心がこもっており、後くされもない、というのが私の考えである。

こうして、一九八六年十二月までにはワーク・ショップは完全にたてなおされた。五ヵ月間に二百数十足が作られて各地にばらまかれた。マリー・アデレード・レプロシー・センターも我々の生産品に注目し、ペシャワール・ミッション病院にカラチから注文が殺到するようになった。生産能力は一日三足で、一〇〇足の注文には一ヵ月で応えることができる。カラチのレプロシー・センターにとっては、粗悪なホーチミン・サンダルにラバースポンジをのせただけのものを七五ルピー（六〇〇円）で販売していたから、一つの驚きであったにちがいない。これでミッション病院は彼らの信頼を得る一つの手がかりを得たのである。

管理ゆるめばまた崩れ、七転び八起きで進んでゆくであろうが、もはや楽観的な見通しを、長期的には持つことができよう。多くは山岳地帯に居住して、感覚障害の足には危険がいっぱいの患者のことを考えれば〈善意の五〇〇円〉は計り知れぬ恩恵になるのは確実といえよう。海外援助のものものしいふれこみとその実態を苦々しくみてきた我々には、これは大変愉快なことであった。

⑵再建外科の発足

ペシャワールに来る患者をみていると、先のうらきずと並んで、神経麻痺による手足の変形が非常に多い。数年に一度、専門の整形外科医が訪れて、散発的に手術が行われているが、需要を満たしきれず、カラチのマリー・アデレード・レプロシー・センターに送ることになっていた。しかし、カラチの方でも常勤の外科医が一人で、応援を頼んでこなしていたから、とても間に合うものではない。北西辺境州で、このような治療ができるセンターがないこと自体が無理な話であった。

一九八五年度にささやかな小外科の処置ができるようにしたが、より大きな手術、とくに垂足、鵞足《がそく》変形、顔面神経麻痺による兎眼の手術は非常にニーズが高かった。ペシャワール市内にこれらの再建外科が可能な病院はなかったし、先に述べたカラチのレプロシー・センター側の能力もあったから、一九八六年度の目標にかかげた。

そこで、六月から八月までＪＯＣＳの手配で韓国のウィルソン・レプロシー・センターに手術の習得に行ったのである。九月にペシャワール帰任と同時に、予算約四〇万円を費して、ミニ・手術場を整備し、ミッション病院のハンセン病棟独自に手術ができるようにした（ミッション病院内に外科手術場はあったが、再三交渉してもラチがあかず、消毒面でも不安があったので、結局病室を改造して、手術場にしたてた。病院側でもその方が良かったらしい)。

手術例は決して多くはなかったが、スタッフの人員不足と知識不足で、器具の選定から消毒まで、自分で行わねばならず、大きな手術は一週間に一～二名するのがやっとだった。他の様々な重要な仕事もあったから、これは大変な負担となった。これによって各方面へ影響が出た。スタッフへの負担も増したし、術後患者を収容するために在院日数が長くなり、ベッド数も不足してきた。一九八七年一月には室内に入れずベランダに多数の患者が寝る状態で収拾がつかなくなった。入院数の増加と共に病棟内は不潔になってきたので、一九八七年二月に十六床を病院に増設させた。これは福岡徳洲会病院の好意によるものである。これで約五〇～六〇床は収容可能となったが、古い病棟の天井がおちたりして老朽化が目立ってきた。

一九八六年十二月二七日から一九八七年一月六日まで、邑久光明園(国立ハンセン療養所)から、応援のチームが来て、兎眼の手術、菌検査もペシャワール・ミッション病院で行えるようになった。こうして、この規模の病院としては相応の、一応の診療の下地ができあがった。一九八六年度末には、充分とは決して言えぬが、次期へむけて離陸を完了したといえると思う。病院側も、レディー・リーディング病院も、ミッショナリー・グループもささいな意地悪ができるだけで沈黙した。何よりも患者自身が自分の家のようにこの小さな病棟を愛し、頼りにしていたからである。

Ⅳ　アフガン・レプロシー・サービスの発足

〝レプロシー・ワークにおけるアフガン問題〟については先に述べた通りで、この問題の解決なしに、ペシャワール・ミッション病院の、ひいては北西辺境州全体のレプロシー・ワークは完成しない。

マリー・アデレード・レプロシー・センター(カラチ)の側でも、ファウ医師自らアフガニスタンの中央部で、一九八二年戦乱の中で調査を敢行し、翌年小さな診療施設を設けた。その後、マリー・アデレード・レプロシー・センター側では、ペシャワール・ミッション病院をアフガン患者診療の基地にすることを直接、間接に促してきた。

しかし、ペシャワール・ミッション病院ではこの問題に巻きこまれることを好まず、かつ、外国人ミッショナリー(宣教師)たちも事あるごとに関心を示しており、敵対関係にある両者が共働することは不可能で、事態は複雑になっていた。外国人ミッショナリー・グループは主に難民救済機関にもぐりこみ、まるで地下活動のように宣教活動をしていた。異教徒には厳しいこの土地で、このような活動はしばしば非常識であり、この点については私は地元のキリスト教徒から成るペシャワール・ミッション病院を支持していた。

私としては、この複雑な対立関係の中で問題を解決するには、アフガン人の手による診療グループの組織化以外にないと判断し、一九八六年四月から実質的な準備を始めたのである。

「アフガン人のレプロシー・ワーク」の組織化は、ペシャワール・ミッション病院、宣教団体の干渉を排除して、いわば「自治区」として自由に活動できるものでなくてはならなかった。

先ずは良き人材を得ることだった。幸いリーダーの風格を備えた献身的なアフガン人医師が報酬ぬきでミッション病院に助っ人できてくれていたから、彼を説いてカラチのマリー・アデレード・レプロシー・センターに訓練に送りこんでいた。

次には財政的なうらづけと「素性の正しさ」である。これが頭痛の種であったが、オフィス程度のものであれば、病院と異って巨額の維持費は不要であり、マリー・アデレード・レプロシー・センターを説得して、そのペシャワール支部として発足させることに成功した。これには、福岡を中心とする病院・医療関係者がこころよくレプロシー・センターに対して援助を買って出てくれたことが大変な力になった。これによって私としては、ペシャワール・ミッション病院や外国人ミッション団体に気兼《きがね》せず事を運べるようになった。ともかく、最初からレプロシー・ワークを何かの宣伝に使ったり、金づるにすることから絶縁しておくことが大切だったからである。

◎オフィスの発足（アフガン・レプロシー・サービス）

一九八六年九月に、カラチに何度も足を運んで交渉を重ね、契約を速やかに行い、一九八七年四月を期して正式に発足するよう準備に着手した。

このチームは、全てアフガン人によって編成され、正式にはマリー・アデレード・レプロシー・センターの〝ペシャワール支部〟とし、私は単にアドバイザーとして関与することになっていた。チームリーダーの医師一名、レプロシー・テクニシャン一名、看護婦一名、運転手一名、門番一名の編成で、主要任務を、①フィールド・ワークを難民キャンプを中心に行なって早期発見・治療に努めること。②ハンセン病についての保健教育活動を難民医療機関に対して行うこと。③各難民救済機関と連絡をとりあって、アフガン人患者の福祉増進に努めることとした。

実際には、これは私を介してわれわれの病棟と連動し、重要な「分身」として活動し始めた。準備は速やかであり、女性のワーカー以外は、一九八六年十二月までに基本的な態勢を完了した。

一九八六年十一月には、フィールド・ワークの準備も整い、十二月には最初の試みが行われ、一九八七年一月には標的である西部辺境の難民キャンプの調査も本格的に行えるようになった。

一方、ペシャワール・ミッション病院の方では、アフガン人患者のうけいれ態勢の充実のためにも、これと併行して病棟の改善を少しづつ行なっていたわけである。

マリー・アデレード・レプロシー・センターが好意的にこの活動を支持してくれたのは、彼ら自身パキスタンのハンセン病問題が北西辺境州を除いて一応の見通しがついてきた段階で、アフガニスタンに大きな関心をよせていることもあった。

◎外国ミッション・グループとの衝突

欧米の宣教グループは、少なからぬものが地元の実情を無視して「伝道活動」を行い、ひんしゅくをかっていた。彼らの一部は内乱前には言わばアフガン合同ミッションと呼べるグループを作り、カーブルで様々の社会事業に従事していた者たちで、難民流入と共にペシャワールへ移って来たものである。一九八四年にペシャワール・ミッション病院のハンセン病棟で仕事をしていたシスターもその一人である。

（イスラム教について、日本人の間では余り、その実情を肌でふれた者は少いが、アフガニスタン・パキスタン共に、イスラムを除いて人々を語ることはできない。イスラム教はキリスト教と同じく強力な「伝道宗教」であり、しかもアフガニスタンにおいては、九九・九％がイスラム教徒、それも最も戦闘的なイスラム社会である。カーブルのような大都会に住む者は別として、殆んどのアフガン人はイスラム教徒以外のものをカーフィル（異教徒）と呼び、異物扱いにする。イスラム教徒が異教に改宗するのはもっての他であって、異教徒になるものには厳しい制裁が加えられる。本人はもちろん惨殺されるが、親族一同まで村八分にされるのである。アフガンの内乱において、ソ連軍への抵抗のエネルギーを供給しているのもこのイスラームであり、イスラームを抹消すれば〈アフガニスタン〉のアイデンティティもなくなる。イスラームとは人々にとって人間共通の法であり、教えであり、社会体制そのものである）

このような中で、熱狂的なキリスト教宣教団体の活動は、たとい悪意はなくとも、協力が干渉に、好意が妨害になるのが常であった。ひとたび異教の宣教師という烙印を押されれば、キャンプ内の活動が困難になるばかりか、命の心配さえせねばならない。我々としては充分距離を置かざるを得なかった。

マリー・アデレード・レプロシー・センターとしては財政の相当な部分をこの欧米のミッション団体に仰いでいたから、衝突をさけたがっていた。そこで、先のドイツ人シスターもこの〝アフガン・レプロシー・サービス〟の一員としてのりこみ、混乱の要因となった。

このシスターの背後には欧米の宣教団体があったことは確実で、彼らの意図はレプロシー・ワークとペシャワール・ミッション病院を宣教活動の基地とすることにあり、医療そのものにはないようにさえ思えた。

私やアフガン人スタッフの意図は、表面的なキリスト教色を拭《ぬぐ》い去り、金にしろ、宣教にしろ、全ての下心ある医療活動を排することにあったので、シスターをめぐってオフィスは初めから紛糾した。イスラム過激論者は宣教団体を憎んでいた上に、われわれのオフィスが悪いことに、かつて彼らのゲスト・ハウスであった。我々は彼等の活動に恐怖心さえ抱いていた。

シスターは、実際の仕事の前進には大きな興味はないらしく、オフィス内を聖書の聖句のポスターで飾りたて、聖句入りのパンフレットを作り組織から組織を渡り歩いて無用かつ有害な宣伝をして回っていた。敬虔《けいけん》なムスリム（イスラム教徒）であるアフガン人スタッフは面白かろう筈がなかった。対決はさけられなくなった。

私の方では、「東の雄たる日本」の先鋒としてアフガン人・パキスタン人から、また一人のキリスト教徒としてミッション団体から、二重の期待をもたれていたので、このことは将来の働きのベクトルを決定する上で重要な試練となった。しかし、この北西辺境州とアフガニスタンの土地柄を無視して自分のヒロイックな冒険心を満足させたり、レプロシー・ワークを「商いの家」とするあらゆる傾向に対しては決然たる意志表示をすることにしていたから、これらの宣教団体と決別する意志を固めた。

そこで、地元のアフガン人・パキスタン人が言いたくても言えぬことを平然と代弁して反応を待ち、かたわら衝突により無用な被害をこうむらぬよう準備した。対決は意外に早い時期にやってきた。

シスターの方で大きな問題をおこした。元来、ハンセン病の知識の普及のために作られたパンフレットを改作して、聖句入りの、イスラム教徒が見れば眉をひそめるような、ペルシャ語のパンフレットを大量にばらまいたのである。一部から苦情がでたので慌てて回収し、印刷された五千部の中で四八〇〇部をロッカーの中に収めたが、二〇〇部は行方不明となった。

このようなことは、非常識の一語につきた。彼らは宣教の対象としやすい半ば西欧化したアフガン人の有産階級に近づき、ペシャワールのサロンで無駄話をするのにはさしつかえなかったであろうが、ハンセン病の多発する一般の人々の中に入ってゆく我々としては危険極まりないことであった。

そこで、一九八六年十二月にマリー・アデレード・レプロシー・センターのファウ医師がペシャワールに来るのを待って判断を仰ぎ、例のパンフレットをつみあげて焼却した。これはかなりの影響を残した。私は宣教師グループの一部からは〈異教徒〉のように思われたし、チーム・リーダーのアフガン人医師もドクター・中村をそそのかした悪者として陰口をたたかれた。

しかし、陰口や小さな妨害のみで、大きな干渉はなくなった。これを機として大方の外国宣教団体は「尊敬すれど深入りせず」との態度をとるようになった。私は〈親切に下心あるべからず〉として、ムスリムもクリスチャンも同様に扱い、親切を何かの道具に用いる傾向に対しては決然たる態度を以《も》って臨んだ。

ともかく、これによって政府機関との関係も良くなり、あらぬ疑いをかけられることはなくなった。パキスタン側としても、たてまえの上で「イスラム共和国」をたてねばならず、宣教団体の動きに警戒をゆるめなかったからである。

このアフガン・レプロシー・サービスによって、難民キャンプにも自由に出入りが許されるようになったし、ハンセン病に関してのみならず、キャンプの人々とその暮しを間近かに、下から見る機会を得た。国連や民間の各援助団体の宣伝・公表とは余りにかけ離れた難民の苦悩を身近にした。

もはや、組織同士の対立や小さな病院とのいざこざ等はどうでもよいささいな問題だった。実態を知れば知るほど実のない各組織の宣伝や、紙の上の業績の誇示が空しいものに思われた。最大の難関は、この土地の人々そのものとその苦難であることを、このアフガン人のための活動を通じて知った。

V 一九八六年度をふりかえり

ペシャワールの実情を伝えるのは、他の発展途上の国々と同様に難しい。戦争・難民・貧困と富の格差、宗教対立、政治の不安定、等々、アジアの国々のかかえる全ての悩みがここに集中しているからである。

〈海外医療協力〉などというふれこみとはほど遠く、深入りすればするほど、空しさと無力感がつきまとった。ハンセン病の仕事にしても、当の住民からみれば「それどころではない」のである。ハンセン病で死ぬことはないし、国が滅亡することもない。多くの人々にとっては、「外国人がどやどやとやってきて華々しい慈善のショーをしてひきあげてゆく」と映っても仕方がないことである。

それでもなお……と言えるものがあれば何なのであろう。パキスタン人とアフガン人とが対立して殺気だち、病院と患者とが対立し、スタッフ同士がいがみあい、患者同士が嫉みあう。金と力とがわがもの顔に横行するこの極端な社会の中で、われわれの使命は単に小さな、何かの明りを守り続けること以上のものでないことを身を以って感じた。しかし、この何かの明りこそ、日本でもペシャワールでも同様に人の心を暖くする共通のものであった、と私は信じている。

我々の仕事は、いわば砂漠の中に小さなオアシスを築くこと以上のものでないことを、私は何度もスタッフたちに説いてきた。世界は砂漠である。しかし、我々の仕事の中には、全《あら》ゆる国境や人権、風土や思想の垣根をつきやぶり、高貴さも醜《みにく》さもむきだしにした、生身の人間の或るものに触れることができるからである。それはいかに小さくとも人間のある深いところに達している。

私が家族をまきこみ、多くの人々をわずらわせ、この三年間の間に何かを学んだとすれば、人間は、それ自身のチャチな思想や観念を超えたなにものかであり、神以外に恐れるものは何もないということだけである。

〈貧しい者に仕える〉とか〈アジアの人々に学ぶ〉というスローガンさえ、この圧倒的な困難の前ではうつろにひびく。真理はスローガンや絶叫によっては語り得ない。たくみな論理や断定的に述べられる真実というものを私は殆んど信ずることができなくなった。真実は、不透明さを残して口ごもりながら述べられるものである。

〈共に生きる〉という標語もそうである。これはなかなか難しい。私は任期を通じて一人の日本人である姿勢を崩せなかったし、その積りもなかった。もちろん、逆に何かを教えてやろうという気もなかった。ただ、この土地の風土に従い、自分を要《かな》めにして、協力することを知らぬ人々をつなぐ一人の小ボスとしてふるまわざるを得なかったが、事がまとまるものならそれでもよいと思った。日本国内で、いかにわれわれが思考をこらし、最善と思えるプランを用意しても、所詮《しょせん》思考は思考にすぎない。人々が前近代的な忠誠心を以って私に無私の気持で協力することで事が運ぶなら、それもまた、このペシャワールに適ったやり方であろう。私が消えれば、この仕事もまた消えるだろう。しかし、それが過去数千年間ここでくりかえされてきた歴史であり、この風土なのである。

やがては全てが漠々たる砂漠の塵となって消えてゆくという確実な実感がここにはある。ソ連軍の機影もムジャヘディーンのライフルも、戦争も、われわれの聖戦（ジハド）たるレプロシー・ワークも、患者の苦悩や喜びも、やがては過ぎ去ってゆく小さな人間の蠢動《しゅんどう》にしかすぎぬ。

しかし、地表をうごめく一人の人として自分に割当てられた任務は、くりかえすが、人の忘れてはならぬ大切な何ものかを灯し続けることだと思った。そうして、分を超えて跳梁《ちょうりょう》する人間の思いあがり——金や力への妄執、名利の追求、他人への無関心や優越感等に対してせめて一矢を報いたかった。この意味では、募金の大小を問わず、その単純かつ純粋な人々の好意が目の前で生かされてゆくのは小気味がよいことであった。

我々のできることは余りに小さい。しかし、大切なことは、凡《あら》ゆる人々の中に潜んでいる良心を糾合《きゅうごう》し、この灯を絶やさぬよう地道に仕事を続けることだと信じている。私は単にその仲介で一役買ったと言うことにすぎまい。

13号
1987・10

ペシャワール通信⑽

小さな二都物語
――カブールとペシャワールの間で

一　ドクター・アクバル

ペシャワールに居ると様々な人に出会う。良くも悪くも全てがここでは極端で、忘れ難い人物が多い。偶然の出会いから私の手伝いをするようになったアフガン人医師・アクバル（仮名）もその一人である。

一九八六年三月に一人の医師が紹介されて、私のハンセン病棟にやってきた。紹介したのはかつて病棟を管理していたドイツ人シスターで、アフガン人のハンセン病対策に使命を感じて活動を始め、この医師をトレーニングにと我々の所に送り込んだものである。

アクバルは三〇代の後半のようにみえたが、正確な年齢は三三歳とのことで、ダウード政権時代〔一九七三～七八〕に軍学校を出た後、カブール大学医学部を三年前に卒業、昨年、アフガニスタンの現政権下で働くことに困難を覚えパキスタンに逃げてきたのだという。

　私はそれ以上深く尋ねなかった。言うに言われぬ苦労があったのだろう。心労と暗い体験がその顔ににじみ出ていた。彼はペルシャ語に、たどたどしいフランス語と英語を混ぜて何かを語ろうとしていたが、よく理解できなかった。しかし、野牛の如くがっしりとして精悍《せいかん》な風貌の、鋭い眼の奥に、重い鋼鉄のようなものを感じたので、以心伝心でともかく信頼を置いた。

　その後、月日が経ってから彼との言葉のコミュニケーションが楽になり、やっと、具体的な身上と気持ちが解るようになった。

二　亡命

　事の次第はこうであった。カルマル政権（一九七九〜八六）当時、イスラム各党だけでなく親中国派の社会主義者グループも、政府に敵対して勇敢に戦っていた。

　しかし、そのリーダー格の人物が秘密警察に射殺されたので、部下はその当時の警察長官に復讐を敢行した。一九八四年八月のある日に、八名の一行は自動小銃で武装し、トヨタのランドクルーザー二台に分乗した。夜間、件《くだん》の長官が車で帰宅する時間をみてひそかに追跡。カブール市内の路上で機をみて長官の車を追い越す瞬間、弾丸の雨を浴びせた。長官は頭部銃創のみで五発、全身蜂の巣となって即死、車は街路の並木に激突して炎上した。

　さて、暗殺と復讐には成功を収めたものの、他のゲリラ組織はほとんどがイスラム党であり、いくら同じ反政府活動をしていると言っても、「異教徒」（カーフィル）と見なされる社会主義者は身の危険にさらされていた。そこでその夜は、かつての知己を頼ってアクバル医師のところに身をよせた。

　アクバル医師の方では深夜に硝煙をただよわせた武装集団が飛び込み、外はけたたましいサイレンの音で家族は脅えていた。しかし、この一行の中にかつての軍学校時代の恩師を見出して、アクバルは快く彼らをかくまった。この恩師はかつて尊敬すべき教練士官で通称「マオ・ブー」（毛おじさん）といい、党派をこえて信望を集めていたのである。

　事件後マオ・ブーはフランスに亡命したが、アクバル自身もスペインの親類を頼って亡命をすべく機をうかがっていた。

　一九八五年夏、アクバルはアフガニスタン北東部の激戦区パンジシェールの前線に軍医として配属された。これはまたとない好機であった。口の固い妻にのみ計画を告げ、一歳と三歳の幼児、三人の妹たち、母には黙ってカブールを後にした。パンジシェールは彼の亡き父の故郷であったから、勇猛で名を馳せたマスード司令官（ゲリラ側）と容易に連絡がとれ、夜陰に乗じて投降した。

こうして一九八五年八月、ペシャワールの郊外ランディコタールに入ったが、胸を躍らせて見るパキスタンは、見るもの聞くもの全てが宣伝と異なっていた。アフガン難民は国際援助で天国のような暮らしをしていると聞かされていたからである。

八月のペシャワールは酷暑である。遮蔽《しゃへい》物のない炎天下にたち並ぶ無数のテントと泥の小屋、物乞いをする子供たち、想像と余りにかけ離れた同胞の生活に彼は衝撃をうけた。ペシャワールへ向かうバスの窓にかじりついて外を見ながら、しばしば涙をかみ殺さねばならなかった。

「難民ビジネス」で肥え太っている一部の抵抗組織の事務局にも彼は失望した。金と支配欲の横行する党派にはどうしても好意が持てなかった。

三　ヒンズークッシュの白い峰

アフガン難民側ではおそろしい医師不足で、あちこちから声がかかったが、どうしても「仕官」する気になれなかった。各医療機関のほとんどは党派の私物となっていたからである。うつうつと日々を過ごすうちに、知人の医師からハンセン病対策に関わっているドイツ人シスターに紹介され、ヨーロッパ亡命へのつなぎにその手伝いをすることにした。こうして、はるばる東方からやってきた日本人医師との出会いが備えられたわけである。

おそらく、彼の心中ですでに少しずつ醸成していた何ものかが、私の手伝いを通じて一つの固い決心に結晶した。ヨーロッパ亡命の計画を捨て、ペシャワールにとどまって自分の医療技術を捧げることを誓ったらしい。彼は私には解らぬペルシャ語にフランス語やドイツ語を混ぜながらそのことを告げたが、その心中を察し、人物と見込んでカラチのレプロシー・センターに英語学習を兼ねて訓練に送った。一九八六年五月末のことである。

彼は元来が大の日本びいきである（日本が余りに遠すぎるのでファンタジーしか湧かないこともある。我々が中央アジアの血なまぐさい歴史を忘れて「シルクロード」を夢想するようなものである。殊《こと》にイスラムの伝承には「東方からある民が起こって救いがくる」というものがある。宿敵ロシア、英、米とかつて干戈《かんか》を交え今また猛烈な生産力で欧米の没落に一役買っている日本が、この東方の民と二重映しに見えるのであろう。一般に、南西アジアの人々は長い欧米支配の歴史的うらみのせいで親日的なのである）。

そのこともあってか、「全て先生の計画の下に手足になって働きたい」と申し出た。私はゆきずりの外国人である。君の生活に保障を与えられるほど力もない。熟考するようにと示唆したが、彼の気持ちは変わらなかった。

　この少し前に、アフガン人を対象にするキリスト教の宣教グループが彼に近づき、あの手この手で興味をひこうとしていた。時にはそれがあまり露骨だったので彼は嫌気がさしていた。彼にしてみれば、やはりそれもまた、難民の不幸にたかるビジネスとしか思えないのであった。私がキリスト教団体から派遣されていることを彼は知っていたので、これについて余り多くは語らなかったが、ただ、探りを入れるように私に尋ねた。

「先生は日本に居ればそう苦労もないものを、何を好んでこんなところで働いているのですか」

「ドクター。これは単に、アッラー（神）の配慮だ。これを偶然とよぶならそれでもよい。君をペシャワールに留めているそのものと多分同じだろう。確かに我々はこの困難の前には虫けらだ。巨象を相手に這いずり回る蟻にすぎない。しかし、どんなに世界が荒れすさんでも、人の忘れてはならぬものがある。そのささやかな灯りになることだ。自分は決して善良な人間ではないが、これもアッラーの御心ならば仕方がないのではないか。これは、我々のジハード（聖戦）なのだ」

「それはインサニヤット（人間性）のためではないですか」

「君がアッラーという言葉が嫌ならそう呼んでもいい。中味が同じならたいして変わらぬ。人間の言葉は余りに貧しい」

　ペルシャ語の世界はある意味で、おそろしく思弁的である。日本人は一般に神学的な論議は苦手で、結局、何のことか本当には解らないものである。私は面倒になって言った。

「私に見えるヒンズークッシュの白峰の頂きは、どんな言葉、どんな人が述べても同じく美しい頂きである。共にそれを仰ぐことができれば、他に理屈は要らん」

　しかし、どういうことか、その言葉がいたく彼の気に入った。その後、彼は党派・信条を越えていろんなよい人材をかき集めてきたが、常に口にするのが、この「ヒンズークッシュの美しい白い峰」の話であった。

　ともかく、アクバル医師はこうして私の仕事の上でも分身となり、時には慎重に、時には獰猛《どうもう》に、中世的な忠誠心で無私になって活動した。

四　家族の亡命

　カブールの方では、一九八五年夏以来半年間、何の連絡も家族にはなかった。妻は夫アクバルの計画を知らされてはいたが、長い音信不通で不安になっていた。パンジシェールは当時激戦区であり、政府＝ソ連軍が最も手をやいていた。多数の政府軍将兵が死傷したので、アクバルも死亡した可能性が強いと思った。

　将兵の戦死通告はこの内乱の最中で軍紀もゆるみ、ずさんであった。前線で大量の脱走兵が出るのは日常茶飯で、戦死やら、脱走やら、解らないことが多い。絶対的な兵隊不足で悩む政府は、カブール市内に毎日パトロール車を走らせ、通行中の若者を有無をいわさず捕え、片っぱしから護送車で兵舎へ送るようになった。逆に言えば、それほど前線で消える者が多かったからである。

一九八五年暮れに憲兵隊が事情聴取に来た時に初めて、アクバルが逃亡した事を知った家族は驚喜した。次いで、某国大使館を通じてアクバルの手紙が家族の手元に着いたので、ともかく生きていることを知った。

しかし、一九八六年から所謂《いわゆる》「和平交渉」が本格化していたし、多くの家族の将来を考えれば、ペシャワールで惨めな難民生活をするのが良いのか悪いのか解らない。妹たちと母との間で意見が別れた。住みなれた故郷を捨てる時の人情はどこも変わらない。殊に老母にとっては、死別した夫の想い出の残る家を去るのは強い抵抗があった。長い議論をかわしたあと、結局、アクバルの妻子と二人の妹だけがペシャワールに行くことになった。

政情は常に流動的で希望と失望が交互に折り重なって、決心は幾度も崩れたが、ともかく、敵前逃亡兵たるアクバルがカブールに帰ることができないのは確かである。ともかく妻子だけはペシャワールに送るべきである。一九八六年三月に、家族はジャララバードというカイバル峠の西側の町へ休暇を理由に移った。カブールの冬は厳しいので、人々はしばしば暖かいジャララバードまで下りてくるのである。

久しぶりにカブールを出た家族は予想外に戦局の厳しいことを知った。わずか一〇〇km余りの道のりに何十もの検問所があり、取り調べも意外に厳重だった。カブールとペシャワール間のハイウェイは政府にとっても補給の生命線であるから、ソ連軍の戦車とヘリコプターが幾重にも監視の眼を光らせていた。

家族は一旦、カブールへ帰り、アクバルの知らせを待った。ペシャワールへ亡命してゆく家族は大勢いたが、しばしばソ連兵によって子供が連れ去られるのを見聞きしたのである。これらの子供たちは集められてソ連に送られ、「特殊な教育」を受けているらしい、というのが巷《ちまた》の噂で、母親たちを恐怖に陥《おとし》れた。

何回もアクバルと通信を取り交わした後、苦心惨憺の末、妻子と二人の妹がペシャワールへ着いたのは一九八七年一月終わりのことであった。もちろん、これはペシャワール側からの手引きによるものであったが、その苦心は省略する。

一方、ペシャワール側で、妻子と二人の妹たちをむかえた我々は、より詳しい事情を直接、彼らの口から知ることができた。

五　母親の亡命

さて、例の警察長官の暗殺事件は、目撃者が全員死亡したので即決ができず、しばらく書類は未決のまま放置されていた。また、この手の事件はカブールでは希《まれ》ではなく、他の重要事件もあって忙しかったらしい。検察当局がアクバル医師を重要関係者として捜査に乗り出したのは、二年以上も経った一九八六年十二月のことであった。ところが、この混乱のさなかで各行政組織間の連絡もでたらめである。軍の方では彼が前線で逃亡していたのを把握していたにも拘《かかわ》らず、別の「アクバル」が逮捕されて二四日間拘置尋問をうけた。これは勿論《もちろん》、当局の基本的な誤認で、同郷出身、同姓同名の全く無関係な人物であり、驚いた父親の嘆願によって釈放された。

当局が本人の逮捕にカブールの自宅を訪れた時には当然、彼は妻子と共にアフガニスタンから消えていたわけである。息子アクバルの亡命に反対していた母親も、この時ばかりは大変な喜びようだった。夫の想い出を振り切って息子の住むペシャワールに合流する決意を固めた。

一方、ペシャワールでこの母の知らせを受けた我々は、初め、抵抗組織と連絡をとり、カブールからペシャワール行きのバスに便乗させ、金をばらまいて堂々とカイバル峠を越えさせる手筈であった。カブールとペシャワール間は毎日バスが出ていたし、病人や年寄りの場合は先ず問題がなかった。

（我々からすればこの激しい内戦状態の中で不思議に思えるが、ともかくバスは毎日カイバル峠を越えて自由に出入りしていた。ソ連＝アフガン政府側もペシャワールからの補給を絶っては闘えないという不思議な戦争である。一つには、アフガン政府の大きな財源が、昔ながらの輸送による中間貿易の利益だからでもある。無税でアフガニスタンで購入された様々の物品は、たいていペシャワールで売りさばかれるのである）

ソ連軍のおさえているのは点と線で、主要幹線さえ夜ともなれば完全なコントロールは不可能になる。伝達は遅いが、我々は様々な手段でカブールの状態を知ることができた。

しかし、当然カブール側でもペシャワールの様子は手にとるように解っているであろうから、慎重の上にも慎重を期さねばならなかった。病気の老女一名ならば金さえあればフリーパスで来られるが、残って母親の世話をしていた十九歳の妹も一緒では事が難しいことがわかった。その上、アクバルが既に二年前からペシャワールに居り、家族の殆んどが最近、彼に合流したことが明らかになった現在、警察側も目を光らせているに違いあるまい。おおっぴらにゲリラ組織を利用する訳にはいかなかった。

非常に信頼できる人物のみを選び、先ずはカブールからジャララバードの親戚のところに移す。その後は護衛をつけて北東部のクナール州からパキスタン側のディール又はバジョワルへ連れ出すよう計画を立て直した。故郷のパンジシェールからは容易であったが、心臓の悪い母親に一週間以上もかかる山越えは無理だったのである。雪どけを待ち、春になって山越えをするのがだいたい四月から五月になるであろうというのが我々の予想であった。が、ペシャワール側には五月下旬になっても何の音沙汰もなく、やきもきせざるを得なかった。最後の知らせは、五月初めには母親がカブールから消えたということだけだった。

当のアクバルは明らかに苛立《いらだ》っていた。障害は何もソ連兵だけではないからである。ソ連軍が最も手をやくのは決して組織された党派の軍勢ではなく、夫々《それぞれ》に自分の故郷と部族を守るという単純かつ健全な動機で戦う「地元民」そのものである。彼らの大部分は山岳地帯にたてこもるか、パキスタン領内の国境沿いに「難民」として定住し、執拗かつ頑強な抵抗を続けている。彼らは大旨《おおむね》、同様に宿敵たる米・英の支援をうけることも潔しとせず、夫々が文字通りその「おらが故郷」のために戦闘を続けている一匹狼の群である。しかし、戦争が長びくに連れ彼らも自活せねばならぬ。これら耕作・放牧地を失った者にとって唯一の収入源は、敵からの「分捕り品」（主として銃器類）又は亡命者の輸送である。だから、亡命者が途中人質にされて「輸送料」が請求されることもないではなかった。

六　再会

一方、カブールの母親の方では、郊外の戦闘が激しくなったのでじっと待機していた。戦況はラジオ、カブールの報道とはうらはらに激しさを増していた。ソ連＝政府軍の示威的な攻撃はパキスタン国境線に集中していたが、アフガニスタン内部では各地の軍民が割拠して手がつけられなくなっていた。一部の軍民は北部のアム川を越え、ソ連領内で軍事行動さえしていた。カブールは今や、ゲリラ勢力の海に浮かぶ小島のような感じさえした。

ペシャワールから送られてきた知人の手引きで機をみてカブールを脱出できたのは一九八七年五月二日であった。ジャララバードまでは「親戚の家にゆく」ということで、いくつもの検問所を通過できた。しかし、計画のクナール方面は戦闘が激化して危険となったので、応援の護衛を待って東南部のパクティア方面へ下り、ヒンズークッシュ山脈の支尾根を五日がかりで越え、五月二五日にパキスタン側へ入っていた。

この辺りの山越えは標高三千メートル級の尾根を越えねばならぬ。山中の村々はしばしば無人化しており、最近の爆撃の激しさを物語っていた。一九八六年の抵抗勢力側の大攻撃に対する、ソ連＝政府軍の報復である。途中の少なからぬ廃村では、皆殺しのために腐爛《ふらん》死体を片づける者も居ず、悪臭が漂っていた。散乱する屍《しかばね》に目をおおい、臭気による嘔気《はきけ》を押さえて、約三〇ほどの雪渓や谷を越えた。谷から吹き下ろす風の音は人々のうめき声に聞こえた。

眩《まば》ゆい純白の雪と透明な紺碧《こんぺき》の空。この清冽な自然と血みどろの人間の現実とが奇怪なコントラストをなして、複雑な感慨でしばし熱いものがこみあげてきた。五日がかりの山越えでパキスタン側へ下りた時は精根尽き果てていた。やっとペシャワールに着いたのは五月二七日であった。

一方、我々ペシャワール側ではラマザーン（断食月）明けの祝祭（イード）を五月二八日にひかえ、猛暑の中で沈うつな気分でいたが、突如として母親との再会となり、滅多におめにかからぬ文字通りのイードとなった訳である。私も十分にこの幸せを共にできたことを感謝した。

これでアクバルの一家は二年半ぶりに、再び一つの屋根の下に暮らせるようになった。しかし、いくらアクバルが医師とはいえ、三人の妹、妻、二人の幼児、母をかかえて一家八名が難民として生活するのは容易でなかろう。

私が、「やっと本格的な難民生活だな」というと、アクバルはやや自嘲的に答えた。

「軍学校時代、私たちはダウード大統領の下で、パキスタンに居る同胞解放のために攻め入るのだときかされたものです。あれから十年経って、確かに今私たちはパキスタンにやってきました。但し何もない難民として、パキスタン政府の保護を求めて」

と言ってからからと笑い始めた。そして哄笑《こうしょう》なのか嗚咽《おえつ》なのかわからなくなり、しばらく、しゃくりあげるような声が止まらなかった。

七　終わりに——アフガニスタンの悲劇と国際的認識

一九七九年十二月のソ連軍介入以来、内乱はアフガン社会を根底から疲弊させた。特にベトナム戦争を思わせる大量殺戮《さつりく》はアフガニスタンの人口を激減させ、生産力は壊滅的な打撃を受けた。人口一千数百万のうち、最低、約一五〇万人以上が死亡し、約六〇〇万人が難民として流出したといわれる。

殺す者も殺される者も同様に信念をもって生き生きと獰猛《どうもう》に戦った。だが、今回のジハード（聖戦）はかつての英国に対する戦争よりも遥かに大規模であり、影響力も大きい。

私としては医療協力でこの地に留《とど》まっているのであり、アクバル医師を助けたのは単に友情のみではなく、彼の生活の安定を得ねば仕事がすすめにくいこともあった。ソ連軍侵攻の是非、イスラームの正義等々については、一介の医師たる者の判断を超えることであり、私のあずかり知らぬところである。

しかし、このような、「幇助《ほうじょ》」が我が身の危険につながることはもとより、承知の上である。ここでは友を得るとは敵を得ることである。不退転の意志をもって臨めば、協力者もまた並々ならぬ覚悟で協力する。友情の前には命さえも軽い。そういう土地柄なのである。

私の方針は単に良き共働者を大切にする事で、誠実さに応じて出来ることは何でもする。そうして誠実なワーカーを育てるのが、長期的には最善の投資となると信じている。そのためにある程度敵を作るのはやむを得ないのである。

単に紙の上の業績を誇示して名声を求める者、安価な冒険譚を作るのに熱心な外国人、医療行為をビジネスや思想、宗教の宣伝に用いる者、事を斜めからみて批評ばかりする者、これらの人々とは一線を画し、干渉に対しては常に挑戦的な態度で臨んできた。

ジャーナリズムも大方は一線を画した部類に入る。わずかな情報からいきなり天下国家を論じ、この内戦の中で派手な政治的動きや軍事行動の陰にいかに多くの人々の苦悩が隠されているかに本当に関心がむけられていたとは思えない。戦争の取材も、限られた党派の情報と勇敢なムジャヘディン（イスラム戦士）の戦いで話が終る。しかし、殉死者（シャヒード）を出した家族がその後いかに辛酸をなめるか誰も語りはしない。


全てこれらの「業績」はアフガニスタンの庶民たちの無数の血と涙の上に成るものである。「援助」にしろ「取材」にしろ、行きずりの旅行者の関心以上のものでなければならぬ、というのが私のささやかな不満である。

アフガニスタンだけではない。第三世界についての新聞記事は今日も暗いニュースであふれている。しかし、ささやかな行間の中に、数知れぬ庶民たちの苦しみと喜びを感じとることができた時こそが、本当に日本が国際社会の一員となった時だと思うのである。

◎会報14号には中村医師の報告は掲載されていない。

15号 1988・4

歴史の中、常に抗争の舞台に

中央アジアと西南アジアは我々日本人の頭の中で、最も空白の部分の一つである。西域のロマンとアラビアンナイトと石油問題が、ごちゃごちゃになっていて、その実像を摑みにくい。

ヨーロッパ世界の繁栄するはるか以前から、ペルシャ世界とインド世界は古代文明の一大中心地であった。中央アジアはアーリアン民族の故地であり、多くの遊牧民族が盛衰をくりかえした、歴史の一大舞台である。

現在のペシャワールは、日本などよりずっと歴史が古い。サマルカンドから今のアフガニスタン、ペシャワールの地域は丁度、ペルシャ世界、インド世界、中国世界の交叉点にあたり、しばしばギリシャ、アラブの影響にもさらされた。近代になってからは、英国とロシアの南方での抗争の舞台となり、両帝国によってふみにじられた。

ペシャワールと北西辺境州は、英国のインド支配の最前線となり、三次にわたるアフガン戦争で英国は敗退し、北進をあきらめた。現在のアフガニスタンとパキスタン北西辺境州国境はこのいきさつの中で全く人工的に定められた政治国境線である（一八九三、デュアランド・ライン）。

ロシアも南下してアフガニスタンの征服を企てたが、トルコ系の諸部族の激しい抵抗でその目的を果たせなかった。この英露両帝国にアフガニスタン征服をあきらめさせたのは、日露戦争（一九〇五年）である。このことは日本でも余り知られていない。

しかし、一九七九年のソ連軍のアフガニスタン進駐以来、過去の英露の対立は米ソの対立としてむしかえされ、今なお当地の人々はその対立の犠牲となり続けている。

ソ連軍機による越境爆撃

辺境の住民はしばしば難民と一体になって、ジハード（聖戦）に参加する。戦闘意欲は旺盛で（これが、男たちのいきがいでもあるが）まるで出勤でもするように国境を越え、ソ連＝アフガン政府軍に襲撃をかける。ソ連＝アフガン政府軍にとっては国境沿いのキャンプはシャクの種で歩兵をパキスタン領内にすすめることはできず、しばしば越境爆撃が行われる。この種の報復爆撃は一九八五年頃から次第に頻繁に行われるようになった。

16号 1988・7

流動する内外の状況
――JOCSパキスタン・プロジェクト 一九八七年度活動報告

一九八七年度の概況

一九八七年度は内外共に、最も流動的かつ問題をはらんだ年であったといえる。アフガニスタンの内乱は、米国の介入によって大規模化し、地対空ミサイルのゲリラ側への供与は戦局を相対的安定状態にしたといえよう。ソ連軍の撤退がささやかれはじめるや、ペシャワールは再び混乱し、爆破・テロ事件も日常化した。

医療組織と称して、大規模な米国の援助団体の進出がやたらに目立ち始めた。和平交渉にもかかわらず、難民流入は、月に数万名を下らず、減少の兆しはなかった。

一方、我々のプロジェクトである北西辺境州のハンセン病根絶計画の援助も大きな曲がり角にさしかかっていた。一九八二年に始まった五ヵ年計画も、巨費をさんざん投じたあげく、正確な患者数さえつかめないまま、混乱を残して終わった。カラチのコントロール本部であるマリー・アデレイド・レプロシー・センターは北西辺境州の状態を余りに甘く見すぎていた。さらに、米国や西独の援助団体と組んでアフガニスタン内部に診療所を開設するなど、無謀とまでいえる試みに熱中し、政治問題にまきこまれる危険性さえでてきた。

鳴りものいりで開設された「公営センター」も質の低下が甚だしく、一九八八年三月になって、結局、名実共に我々のセンターの支部のごとくなり、これに吸収された。

ペシャワール・ミッション病院のハンセン病棟は、院内で半官半民の独立状態となり、病院当局からの大きな干渉はなくなった。しかし、病棟の入院数は赴任当時の二〇床から四八床までふくれあがり、未治療患者の登録も爆発的に増え、少ないスタッフの手ではもはや維持・運営が不可能になりつつある。加えて患者たちの権利意識は、ペシャワールの混乱したムードに感染し、ささいな事件をきっかけに白昼のデモ行進にまで至った。「院長に死を！」などという不穏な圧力団体まがいの組織的活動に対して、私も断然たる処置を採らざるを得なくなった。八八年三月には捨て難いワークショップさえ閉鎖してこれに応えた。

以上のように、八七年度は、北西辺境州のLeprosy Workのニーズを見すえて、一応の基本的診療能力を備えたセンターの充実、アフガニスタン難民の患者のケアの態勢確立という目標を達成したものの、大きな一つの転換期にさしかかったと言えよう。しばらくは、事態を静観し、次の方針をたてるのが賢明と思われる。本報告が現場理解の一助ともなれば幸いである。

I ペシャワールの政情

過去の報告で毎回述べてきたように、パキスタンの北西辺境における活動は、複雑な歴史・政情の背景の理解ぬきには語れない。例えば、割拠対立は現地社会の基本的色調である。ここでは、一九八七年度に目立った動きを述べてみよう。

(一)アフガニスタンの内乱

一九七九年十二月のソ連軍介入以後、絶え間のない戦乱はアフガニスタン社会を根底から疲弊させた。北西辺境州のみで難民は三〇〇万人を超えた。同一民族のパシュトゥン人の国である北西辺境州の都ペシャワールは、当然その内戦指導の根拠地となってきた。

この一年間の目立った動きは、和平交渉が活発化してソ連軍撤退の現実的見通しが出てきたこと、アフガニスタン内部の軍民とペシャワールの事務局との間に亀裂が深まったことである。「ソ連軍の撤退」は、平和を意味しない。共通の敵を失うことの方が、かえって様々の組織や部族間の対立を煽《あお》る結果、混乱はいっそう激しくなる、というのが現地の見方である。

われわれの仕事との関連を述べれば、北西辺境州に流れてくる患者の治療・ケアをどうするかが問題となった。幸か不幸か、ハンセン病は他の急性疾患にくらべると、余り大きな問題としてはとりあげられぬから、無関心の隙間をぬって様々な試みが可能であった。しかし、現状を無視した見世物的な試みは危険である。これについては、カラチの本部(マリー・アデレイド・レプロシー・センター)に対して再三忠告した結果、アフガニスタンの北東部に診療所を開設するような無謀な試みを放棄させた。

ペシャワールには医療機関に名を借りた米国機関が大規模に進出し、「戦後処理」に備えてかなり派手な活動を始めていたし、抵抗組織間の争いも激しくなっていた。この中をたくみに泳ぎながら何かを建設してゆくことは容易なことではなかった。外国人の活動はえてして旅の恥はかきすてのようで、本当に現地住民の福祉に主眼が置かれているとは思えなかったからである。

ともあれ、推定約二〇〇万人以上の死者・行方不明と、五〇〇万人以上の流出人口は、致命的な打撃をアフガニスタン社会に与えた。流出人口の六〇%以上は北西辺境州にとどまり、たとえ内戦の終結があっても、大半はすぐには荒廃した故郷に帰ることはなかろう。「第二のレバノン化」という見方も有力である。

㈡揺れ動くパキスタン国内

パキスタンの建国以来の苦悩と不安は、パキスタン国家そのものが「イスラーム」のみを統合のシンボルとして結合した不安定な複合民族国家であることである。ナショナリズムの育つ基盤が初めからうすい。加えて、イスラームそのものが国境を超えた一種のインターナショナリズムを基調としている。ヨーロッパ的な近代ナショナリズムによる国家形成には余りに不利な条件が重なり合っている。

植民地時代の人為的な国境線が災いのもとになっている事情は、他の発展途上国と同様、北西辺境州でも深刻である。北西辺境州、とくに辺境は、パキスタンであってパキスタンでなく、アフガン民族であってアフガニスタン人ではない。当然、中央に対する忠誠心は極めて希薄である。事実、二重国籍を持つものも少なくはない。何世紀も変わらぬ生活意識で暮らしてきた辺境住民にとっては、どうでもよいことなのである。

アフガニスタンの内乱はこの政情を更に複雑にした。

そもそも広大な山岳地帯をかかえて生産力の乏しい辺境では、インド的な大土地所有制度は発達しにくく、完成されたこの封建制度は一部の平原部や比較的大きなスワトやチトラールなどの盆地にとどまっている。大部分の地域では形態は類似していても、はるかに小規模であり、「地主」と称しても、自ら耕作に従事する、いわば日本のかつての郷士《ごうし》に近いといえよう。

従って、他州の比較的発展した地域では、工業化に伴ってこのザミンダーリ制度がすでに変質過程にあるというのに、北西辺境州やアフガニスタンではほとんど変化をこうむらなかった。「パターン（パシュトゥン）人に半人前はいない」という割拠対立の気風は、このような小地主群がそれぞれに一国一城の主という一種のミニ封建性を基盤とするもので、人々の共同体意識は家族・部族の血縁集団を超えない。

（ソ連が帝政ロシア時代の農奴解放のような正義感をもってアフガニスタンに入ってきたと好意的に解釈しても、これは地元住民にとっては甚だ迷惑な話であった。中央アジアの事情に精通しているソ連にとって、アフガニスタンに兵を進めるのが不利なことは承知していた筈である。人民の名の下に多数の人民が犠牲となった。戦争は破壊と混乱以外になにものももたらさなかった）

ここ数年の動きで目立つのは、アフガニスタンの内乱が根底からこの社会構造を揺るがし、その波は北西辺境州にも及んだことである。さらに、難民救済の為の多額の外貨の投下は、いびつな商品経済と消費欲をたかめ、社会制度を変質させつつある。

「異国情緒あふれるペシャワール」というのはただの観光会社のキャッチフレーズとなり、かつて胸を張って述べられた「パターン人の道」も色あせた。富の格差もさらに拡大した。

ただ粗暴さと対立は増幅されて残り、大量の武器の流出は、治安を悪化させた。これは米ソの攪乱工作を容易にし、北西辺境州ばかりか、全パキスタンにわたって紛争と内訌《ないこう》の因となった。一九八七年にはペシャワールのテロ・爆破事件は日常化し、さらにカラチ、ラホール等の大都市にも飛び火していった。

ペシャワールにいると、「パキスタンを前線国家とし、北西部の脅威（ソ連）にあたらしめる」という超大国の戦略が生々しく現実のものとして感ぜられる。

この戦略の手段は武器の供与のみではない。開発・医療協力に名を借りた経済・技術援助もそうである。もちろん、医療に関する限り、それによって住民が潤えば悪いことではなかろうが、為にする援助というものは、どだいロクな結果を生まない。しばしばバカバカしい見世物となったり、政治局員のたまり場になったりする。初めから動機が異なるからである。

こうして、我々が純粋の医療人であることは、アフガニスタン難民に手をつけはじめると、非常な努力を要した。しかし他方においてハンセン病計画の公共化・組織化のためには、行政機構や大学等の公共機関とのつながりを深めねばならず、ある程度の政治色をよそおうことも避けられなくなってきた。トップ・レベルとの交流が強まると当然、「下々《しもじも》」との付き合いはうすくなる。

しかし、現実問題として人々のサービスのためにはお上《かみ》との協力は避けられない。このはざまで、要はバランスを失わず、実質的なサービスを地元の人々の中にぶちこむという基本的な目標を失わぬことである。当然といえば当然だが、バランスの要《かな》めをどこにおくかは、その情況の中で穏当と思われる常識的判断としかいいようがなかった。そこで私は、「ローマ人にはローマ人のように、ギリシャ人にはギリシャ人のように*」振る舞わざるを得なかった。

この混乱の中でこのような自覚をもって、いかなる非難も賛辞をも相手にせず、一年を過ごしえたのは、芸当というよりは恵みであったと信じている。少なくともこのような自覚と目標のあるかぎり、われわれは欲得や狂信、錯覚から自由でありうるからである。

サービスとは、歯のうくような美しい言葉や巧みな言葉にだまされず、文字どおり、仕えることの実践にほかならないと改めて感じた。

パキスタンの混乱の中でこそサービスの意味が問われたことを感謝している。

とぼとぼとロバをつれて歩いてゆく人々の傍らを最新型の日本製ジープで通り抜けてゆく自分を、屁理屈でなだめようとは思わなかった。しかし、それが当然のことだとも思わなかった。それはただ事実であり、私の妥協なのだった。

Ⅱ　北西辺境州・ハンセン病根絶計画の現状

一九八二年にスタートした五ヵ年計画は一九八七年初めに終結し、北西辺境州全体で約六千名が登録され、定期服薬率は九〇％以上と発表された。この五ヵ年計画については八五、八六年度の報告に述べたとおりである。

この推進役であったカラチのマリー・アデレイド・レプロシー・センターは大戦果を誇示して、一九八八年一月三一日（世界レプロシー・デー）、その指導者であるファウ医師は大統領自らの手で大きな表彰をうけた。しかし、その実態については率直に語る勇気を持たない。口は災いのもとで、日本語でこの報告書が書けるのをありがたく思っている。

㈠「二〇世紀末までの根絶」のフィクション

マリー・アデレイド・レプロシー・センターは二一世紀初め（二〇〇一年）までにハンセン病をパキスタンから絶滅せしめるとの宣言を出し、事実、もろもろの統計資料はそれをうら付けているように見える。

ハンセン病が多いということは、一般にそれだけ後進性が強いというイメージを与えるから、その完全なコントロールというのは一国家にとって一つのステータス・シンボルである。その意味でマリー・アデレイド・レプロシー・センターとファウ医師の四半世紀にわたる活動は国家的な賞賛に値するものであったし、地元住民の手によってという基本的方針には私も心から共鳴していた。様々な批判をあびながらも、ファウ医師は巧みに行政機構に入り込み、たとえ未完成であっても、「慈善事業から組織的根絶計画へ」よくハンセン病計画を組織した。

一九八七年度でパキスタン全土約四万名の患者登録がおこなわれ、定期服薬率の実数を四〇～五〇％と低く見ても、やはりこれは、この社会の中では驚嘆に値する。診療そのものよりも、パキスタン各州の教育に力をそそぎ、彼らをハンセン病診療員として各地に配備し、金も時間もかかりがちな病院中心主義を一貫して避け、合併症の予防教育に重点がおかれた。パキスタンにはインドやネパールのような高水準のハンセン病専門病院があるとはけっして言えないが、私自身はこのファウ医師の方針と実行力に感銘を覚える。であればこそ、私は彼女の北西辺境州における活動を強力に側面援助することを主眼としたのであった。

五ヵ年計画は一つの路線をひくためのショーであったといってよい。かつて北西辺境州のハンセン病センターであったペシャワール・ミッション病院から外国人ミッショングループをたくみに追い出し、力を弱めたうえでなりものいりの五ヵ年計画をぶちあげ、公営病院であるLady Reading病院の一角にセンターを一九八四年に移した（この経緯はかつて報告したようにすばらしく謀略に満ちた政治的かけひきであった）。

しかし、事実は、五年やそこらでは問題の片づかぬことはマリー・アデレイド・レプロシー・センター自身が承認していた。それに加えて北西辺境州の特殊情況はカラチの手掛けてきたシンド州やパンジャブ州とは異なって、余りに困難が多く、楽観をゆるさないものがあったのである。

地元出身のハンセン病診療員を北西辺境州三一ヵ所の投薬所に配備し、フィールド・ワークに重点を置くというのは理に適ってはいるが、カラチとペシャワールは余りに遠く、本部は十分に現状を把握していたとは言えぬ。

そこで私の働くペシャワール・ミッション病院側としては自分のサイズに見合った側面援助ということで、マリー・アデレイド・レプロシー・センターが予算をさきにくい「病院中心」の充実を企《はか》ってきた。後述するように、ワーク・ショップ、再建外科を含めた、より良い医療サービスを黙々と手掛けたのである。

これには、はじめマリー・アデレイド・レプロシー・センター自身軽視していた北西辺境州の特殊事情があったからで、一九八四年赴任当時、自分独自の判断というのは、以下の点である。

⑴地理的にも歴史的にも各地域の割拠性が著しく、これは、カラチのマリー・アデレイド・レプロシー・センターが多少の実地検分をしたくらいでは歯がたたぬこと。

例えば、チトラールとペシャワールとの交通は十一月から四月まで閉ざされ機能的な連絡は不可能となる。さらに同じ地域でも一つ谷を隔てれば全く異なる血縁集団がおり、所によっては戦争さえしていることもある。人口と地図上の面積のみで何かを立案するのは不可能である。

⑵流入してくるアフガニスタンからの患者を手掛けなければ、北西辺境州からのハンセン病根絶は不可能である（この主張はファウ医師自身温めていたものがあったらしいが、難民患者については大きくとりあげてもらえなかった）。

⑶急設したLady Reading病院の新しいセンターは、長期的な展望ですこしずつ充実を図らねば、必ず数年で崩れ去る。外《ほか》にハンセン病専門病院のない現状で、それを担えるのはペシャワール・ミッション病院しかない。すくなくともペシャワール・ミッション病院とLady Reading病院とは緊密な協力関係で結び合うべきであ

る。Lady Reading病院のゆくすえが定かでない現状で、ペシャワール・ミッション病院を次の持ち駒として切り捨てないことである。

一九八四年当時、以上の建言は極めて妥当なものであったと今でも信じているが、わたしが赴任早々の新顔であり、マリー・アデレイド・レプロシー・センターとしてはペシャワール・ミッション病院の縮小・切り捨てをはかってセンターを移した矢先であったので、真面目には相手にされなかった。ペシャワール・ミッション病院も過剰防衛的になっていて、マリー・アデレイド・レプロシー・センターと対立して主導権に固執し、ハンセン病対策の新局面を理解して貰えなかった。自分はそのはざまで、両者をたてつつ実績にものを言わせる以外になかろうと思っていた。

全てこれらの実状とその後の推移は、一九八八年三月になって一つの節目を迎えた。Lady Reading病院とペシャワール・ミッション病院は合併統合してセンターの一本化がうちだされ、ペシャワール地方の登録制と外来も合併、実質的にはLady Reading病院の方が吸収された。Lady Reading病院は名前だけのセンターとなり、フィールド・ワーカーたちの情報交換場所にすぎなくなった。

マリー・アデレイド・レプロシー・センターのうちだした五ヵ年計画自体が一つの試行錯誤であった。未登録新患者数は増え続けて減少の気配はない上に、三一ものサブセンターを各地に配備したのは結果的に混乱を生み、正確な患者数さえ把握できぬ有り様である。現在、各サブセンターの統廃合が進められている。

他方、北西辺境州政府自身は、充分な予算をハンセン病につぎこむ意図も余裕もなく、民間委託の態度を基本的に捨て切れない。マリー・アデレイド・レプロシー・センターの方も、もう一歩ふみこめないのは、連邦政府と北西辺境州との隠然たる対立感情が背後にあるからである。

更に、「国内植民地」といわれるほど後進性の強い北西辺境州にしてみれば、乏しい福祉予算で、まさに「ハンセン病どころではない」のである。

(二)最近の新患者の動き

ここ数年次第に変化してきた顕著な動向がいくつかある。

(1)早期発見のケースが増えてきたこと。これは長年にわたるhealth educationが効きめを現してきたのである。医師とくに皮膚科からの検査依頼が激増し、一九八七年度はこの傾向が目立ってきた。事実、未治療新患者の五〇%以上はこれらの医師側からの紹介によるものだった。

(2)以上に関連して変形患者の占める割合も減少した。

(3)女性患者の割合が増え、やっと二〇~二五%を占めるようになった。

(4)アフガン人患者の増加。これは積極的な難民キャンプでの活動によるものと思われる。

(5)DDS〔抗菌剤の一種〕単独・長期投与例に、散発的に再発例がみられるようになってきたこと。実際には、かなり以前からあったと思われるが、一九八七年度から自分の手で菌検査が速やかに実施できるようになった為だと思われる。来年度に本格的な調査を予定している。

III Mission Hospital Peshawar ハンセン病病棟の改善

(一)病棟に於ける治療態勢の充実

一九八七年度は、再建外科、ギプス、理学療法、いずれも量的に件数が急増した。年度別に区切ると以下の数字がそれを物語る。

	一九八六年度	一九八七年度
手術例	五六名	九七名
うらきずギプス	五二名	一一〇名
入院数	一七〇名	二四八名
新登録	六三名	九八名

一九八五年度以前は明らかな統計資料がないので数字で示すことはできないが、少なくとも一九八四年赴任時には手術例はなく、うらきずに対する処置も粗雑で件数は少なかった。病棟も閑散として、常時わずか十数名の患者が細々と治療を受けていたにすぎなかった。

われわれの小さな病棟はけっして満足のゆく設備が整っている訳ではないが、四年前と比べると隔世の感がある。停電・雨もりと闘いながらも我々の小さな手術室はよく機能した。時には野戦病院のごとく、器具が足りなくなるとアルコールをぶっかけ、マッチで点火して「乾熱滅菌」するなど、日本では考えられぬ光景もあるが、これとても治療をうける患者たちの大きな励ましになったものである。

手術例の増加と新患の急増でベッド数が不足し、多数の患者が屋外に泊まるという異常な事態になったので、新たに、十六床を増設してもらった。これで収容力は計四八床となった（一九八七年十月、福岡徳洲会病院有志）。これで冬季の患者の急増を何とか切り抜けることができた。現在、常時四十数名が入院している。

しかし、北西辺境州のニーズからすると、公営のLady Reading病院とあわせて合計七〇床にも満たず、とても州全体の患者六千名の合併症が治療できるものではない。病院当局に要請してさらに病床数の拡大と治療の充実をはかっている。消毒やうらきずの治療は、赴任以来の努力によって何とかスタッフに任されるようになってきた。しかし、無理なく拡大するように配慮はしているものの、絶対的な人手不足はおおうべきもない。八八年度は、さらに能率化をはかって対処していきたいと考えている。

(二)サンダル・ワーク・ショップのその後

これも、質・量ともに八七年度は躍進した。年度別にみると生産数九〇〇足、前年度の三倍以上である。足底に使用する現地のラバーは消耗が極端に早いので、思い切って多量のplastazote rubber（熱で足型を簡単に合わせられるプラスチック素材）を日本から持ち込み、これを主に使用するようにした。これは極めて有効で何度もとりかえる必要がなく、重量も軽くできて好評だった。足底潰瘍《かいよう》の再発は、あっても期間が長くなったと思う。

（これについては邑久光明園《おくこうみょうえん》、ペシャワール会の協力でワーク・ショップの維持・改善がほぼ見通しがつき、多少のブレーキがあっても軌道に乗ったものと見てよい）

しかし、何もかも調子よく進んだ訳ではない。まだまだ協力する職人の数が少なく、患者に靴作りの技術を覚えさせることで交替の出稼ぎ態勢をめざしていたが、完全なものではなかった。当然、少数の患者が長期入院してワーク・ショップの中で采配をふるうようになり、患者達の間で仕事場が一種の社交・会議場所のようになったのである。増加する長期入院患者達の不満はこのワーク・ショップを集い場として組織化され、病院当局へ集団でかけあうほどになった。

私自身は憎まれ役ではなく、殆どの患者は一種の忠誠を私に置いていたので、私の敵は彼らの敵という迷惑な受け取りかたをされていた。これは自分にも責任がある。しばしば私が病院当局と口論している場面をかれらは見てきたからである。病棟の食事の貧弱さ、投薬ミス、見世物的な行事、等々に対して鬱憤《うっぷん》が総て病院当局に向けられた。

一九八八年三月三日、マリー・アデレイド・レプロシー・センターの首脳部が北西辺境州のハンセン病コントロール計画の再編のために我々のハンセン病棟に留《とど》まって会議を繰り返していた。この時をねらって組織的な騒ぎが準備され、食べ物の不満をきっかけに、入院患者たちがファウ医師に直訴に及んだ。

ちょうど私は留守で、驚いて駆けつけてきた院長がつるしあげられ、殆どの入院患者が「院長くたばれ！」と叫んで市中を行進し、パキスタン政府・難民事務所に訴えるという事態を生じた。

この背景については後述するが、とにかくこのような不祥事は病院にとって恥であり、私の責任でもあったので、やむなくワーク・ショップを閉鎖し、率先してデモを呼び掛けた靴作りの患者全員を退院せしめた。これには患者はもちろん、病院当局も意外の感にうたれたが、長期的展望にたてば、一時の流血の方が慢性的に危機をかかえるよりもマシだと判断したためである。また、私自身もすすんで憎まれ役を買うべきと思ったのである。

ともかく、一九八七年度は、ワーク・ショップの有効性、現地中心運営の可能性を実証したものの、一つの区切りを迎えた。勿論《もちろん》、一九八八年中には復活するが、管理面での難しさを改めて思い知らされた。

(三) Health Education ——早期発見の試み

既述したように、北西辺境州のような広大な山岳地帯をかかえて無政府状態に近い所で、地図と推定人口をもとに何かを立案するのは無理がある。より急性で発生率の高い細菌性下痢や結核、マラリアなどならばともかく、いくらフィールド・ワークといっても極めて効率は悪い。もう一つ五ヵ年計画で見落とされていたのは、北西辺境州では口コミのニュースの方がいかなるマス・メディアよりも迅速で確実なことである。

私の判断では、良い治療サーヴィスと、医療関係者の徹底した認識をよびおこすことが効率よく早期発見を増やすことにつながる。確かにフィールド・ワークはいかにも辺地で活躍しているような印象を与えて見栄えがするけれども、多大の予算と時間が要るし、病棟の仕事がおろそかになる。フィールドでうろうろするよりも、診断能力のある医療関係者や患者を多数作り上げる方が遥かに良い。難治性の皮膚病―ハンセン病の疑い―ペシャワール・ミッション病院という連想を徹底的に地域に植えつけることである。この意味では、一週間のフィールド・ワークよりも一時間の講義の方がはるかに優れている。

以上の構想を実現するには、(1)病棟での良い評判を高め、(2)保健行政機関を含む医療関係者にキャンペーンを徹底し、(3)ハンセン病を「何でもない皮膚・神経疾患の一つ」として取り扱うのが重要な点である。一九八七年度はとくにこの点に力を注いだ。

診療対象の拡大と公的機関との関係強化

このために外来ではてんかんやポリオなどの神経疾患にも窓口をあけ、皮膚疾患はもちろん力を入れたし、感覚性ニューロパチーやリーシュマニア症、さらにポリオや外傷による神経損傷等も積極的に入院させてみた。

さらに、保健婦学校からも五人グループで交替に実習に来させ、カイバル医学校(ペシャワール大学)の公衆衛生学講座にもハンセン病を大事な科目の一つにとりあげてもらった。月に二回、十五名から二〇名の医学生が送られてくるようになった。実際には、このような試みは私の赴任以前からもあったものであるが、これをさらに拡大し、内容もスライド等を準備して魅力あるものにした。これはかなり良い反応を得た。

大学の医学教育はこの四、五年間、かなり変化してきており、community health や予防医学に力が注がれる一方、医学の進歩に遅れまいと、かなり高い内容が学生達に教えられるようになってきた。そこで、もう役立たぬと思って捨てた筈の私の神経病学専門医の立場が大いに力を発揮したのである。これは予想もしてみぬことだった。

ペシャワールには本格的な神経病学の専門医はおらず、卒業後の研修に窮していたので、昔の知識を思い出しつつ、求めに応じて積極的に協力した。自分のこの立場を利用して、内科や精神神経科のカンファレンスにも定期的に参加し、事あるごとにハンセン病の講義をするようにした。

また、専門の、本来の神経病学というものは、診断のために特別な医療機械は要らぬ。理学所見と病歴で殆どの疾患は正確に診断出来るものである。えてして高度の機械の不足を理由に低水準にとどまっているといいがちな大学病院では、一つの新鮮な衝撃を起こし、若手の医師や教授を交えて神経病学カンファレンスが発足した（八七年十一月）。

要するに当方としてはこうして公的機関に入りこみ、ハンセン病について注意を喚起するのが目的であった。それともう一つの心算は、ハンセン病以上に混乱を極めている多数のてんかん患者診療の下敷きをしくことにあった。公営病院に八六年に発足した脳外科はＣＴスキャンの作動していないことを理由に実働していなかったし、肝腎の神経病学はニーズが高まっているにもかかわらず、専門医はパキスタン全土で数名、ペシャワールには居なかった。実際的な問題として、神経病学の背景のない組織的なてんかん診療というのは考えられない。脳波計すらペシャワール大学になく、まともな診療がおこなわれているとは考えられない。

なぜ「てんかん」を？

元来、私がハンセン病を手掛けたのは、ＪＯＣＳの精神を汲んで、現地の無限のニーズの中にあって「least（いと小さき者）」に主力を投入する、陽の当たらない所で悩む人々を先ず診ようということであった。それも、ただの慈善事業ではなく、保健行政と協力して効率よく根こそぎ病気を無くしてしまう事を目指したのである。無論、事はそう甘くはなかった。率直に述べるが、この五年をふりかえると、ことさらハンセン病のみを叫び続けたことが良いか悪いか私には判断する自信がない。

ハンセン病根絶のみを考えても、我々のレプロシー・ワーク自身が果たしてわれわれ外国人のためであったか、本当にその人々のためであったか、少し再考を要すると思った。「皮膚・神経疾患診療」の構想もそこから生まれた。

更に手を拡げれば、てんかんは、ある意味でハンセン病よりも悲惨であり、患者の数もハンセン病のたぐいではなかった。本来、大部分の患者は案外安い治療法でコントロールできるのに、不適切な診療で金を使い果たした上にその一生を棒にふる者も多い。「least」は何もハンセン病患者のみではない事実を、外国から来るワーカーやハンセン病患者自身に再認識してもらうことも重要であった。

昨今、ハンセン病患者の権利意識が不釣り合いに高まり、援助を増せば増す程、いよいよdemanding〔要求が多い様《さま》〕になってゆく傾向がある。元来、日本や欧米で考えられている程には社会的偏見の少ないこの地で、これは奇妙な現象と言わざるを得ない。理由は、ハンセン病の分野で重要な役割が専ら外国人ワーカーの手によって担われてきた結果である。この事情は、日本におけるレプロシー・ワークに欧米のミッショナリーたちが画期的なインパクトを与えたのとは、やや異なっている。また、時代の流れも大きく変わった。

何事にも程度というものがある。わずかな皮膚病変が生活保障になるようなレプロシー・ワークは、少なくともパキスタンでは曲がり角になる。ハンセン病を特別視せず、皮膚・神経疾患の一つとしてさりげなく扱うのが自然のように思える。我々がこの極めてささやかな活動の中に、人の忘れてならぬ何物かを見いだすことに意味を感ずるとすれば、支え合う事を忘れさせる援助の如きはあってはならぬ。今後の大きな課題である。

ともあれ、公共機関とのつながりは、以上のような考えかたの下に、いたずらにハンセン病を叫んでセンセーションを起こさず、より広い視野にたって行われるべきだというのが私の意見である。また、そのように手掛けるつもりである。この試みは、何年か後にはある程度の結論を出せるかも知れない。

Ⅳ　アフガニスタン難民患者のハンセン病コントロール計画

アフガン・レプロシー・サーヴィスの発足については、一九八六年度の報告で詳しく紹介した。カラチ本部のファウ医師と充分な協議の末に一九八六年九月より準備し、正式には八七年四月一日に発足した。

ファウ医師自身、八三年に続いて八七年五月、再度アフガニスタン中央部の多発地帯ハザラジャードに潜行・調査を敢行し、中央部から南部にかけて計四ヵ所の小さな投薬所を設けた。既に述べたように、マリー・アデレイド・レプロシー・センターは、アフガニスタン中央部―バルチスタン―カラチという患者の流れを重視しており、事実そのように中央山岳地帯（ハザラ族の居住地）にこれら投薬所が開かれた。

しかし、もう一つの患者の流れ（アフガニスタン北部・東部―北西辺境州各地―ペシャワール）については手がつけられなかった。これは少し説明を要する。

複雑な民族構成とレプロシー・ワークの困難さ

アフガニスタンにおける多数民族はパターン族で総数約一五〇〇万人といわれ、約半分はパキスタン側の北西辺境州に、半分はアフガニスタン側に居住している。アフガニスタンにおける支配民族で、政府や軍の要職は彼らによって占められる。この他にモンゴル系のハザラ族が比較的多数の人口をかかえ、これがアフガニスタン中央部の山岳地帯を根城にしている。二〇〇万とも三〇〇万人とも言われ、正確な数字は分からないが確かに想像以上の数のハンセン病患者が居る。

この他に、北部のトルコマン族、ウズベク族、タジク族が大きな集団で、ソ連南部の各共和国と隣接して住んでいる。現在では、パターン民族以外の集団はペルシャ語化して「ファルシーワン」（ペルシャ語を母語とする者）と一括して呼ばれることもある。さらに群小の民族を入れると、ギリシャ系、モンゴル系、イラン系、アラブ系、ユダヤ系、インド系と、アジアにおける全人種をみることができ、民族分布からして複雑を極めている。

問題になるハザラ族はモンゴル軍の残留部隊の末裔という説もあるが、定かではない。アフガニスタン社会の中では地位が低く、支配民族であるパターン人に対して対抗意識をもっている。日本では余り知られていないが、新聞報道に登場するゲリラ指導層はペシャワールに本部をおくパターン民族が主流で、他の少数民族はそれぞれ個別の抵抗組織を持っている。中でも、最も頑強な抵抗でソ連・政府軍を悩まし続けてきたのがこのハザラ族なのである。そのうえ彼らは長いパターン民族優位の歴史に恨みをもっており、同じ回教徒でも多数派のスンニ派と異なるシーア派である。従って、アフガニスタン内部のハザラ居住地域に開設された四つのクリニックは事実上、彼らの専有物とみてよい。他の部族にそれが開かれることはあるまい。

従ってハザラ族の人脈を中心に立案したマリー・アデレイド・レプロシー・センターは、パターン部族はもちろん、アフガニスタン北部・東部の人口には手が出せなかったのである。マリー・アデレイド・レプロシー・センターとしては、ペシャワールに居る我々の手でアフガニスタン内部にハンセン病クリニックの開設を示唆したが、私としては、冒険を避けること、多額の予算と手間のかかる割に効率の悪いことを主張して譲らなかった。それに、当方は北西辺境州の難民患者に着手したばかりで、はったりめいた空約束や見世物は頑としてはねつけた。

ついでに述べると、マリー・アデレイド・レプロシー・

センターで育てられたアフガニスタン人の診療員が我々を恐れていた。彼らが本部に対していかに誇大広告をしようと、ペシャワールに居る我々にはつつぬけであったからである（これは北西辺境州でも同様である）。「白犬の手先」（アフガニスタン辺境地帯では一般に欧米人を白い犬と呼んで敵視・軽蔑している）とでも言われると、政府軍はもちろん、イスラーム抵抗勢力も容易にこれを壊滅する事ができた。日本では信じられぬが、そういう世界なのである。

当面の展望と方針

我々の計画は単純で自然なものであった。

⑴北西辺境州に居住する全アフガニスタン患者を把握してアフガン・レプロシー・サーヴィスの管理下に置くこと。こうしてアフガニスタン人によるアフガニスタン人のケアを確立し、内乱の本格的な終結の際には、そのままアフガニスタン側へそれをスライドさせればよいのである。それに北西辺境州のパキスタン人によるサブ・センターでは難民キャンプの情況は手に余る。二重・三重登録によって患者数はおろか、患者の同定さえ出来ていないのである。このずさんな管理体制をアフガニスタン側に持ち込めば、将来きっと禍根を残すであろう。

⑵現在の、アフガニスタン北部・東部―北西辺境州―ペシャワールという流れを無視して、広大な山岳地帯で各地の分断されたアフガニスタンの内部にわずか四つの診療所を置いても、諸事情によって全アフガニスタン人の患者がそこにおもむくのは不可能である。北海道の患者に九州まで通院しろというに等しい。

およそ人の流れというものは自然に出来上がるもので、最も便利にできている。迅速な安全な交通を確保すれば、無理に危険を冒して内部に診療所を作る必要はない。ソ連軍の完全撤退が実現しても、平和はまだ遠く、荒廃した国土が復興するまでにはまだまだ時がかかる。ペシャワールは依然として復興の為の基地であり続けるだろう。さらに、大規模な米国各機関が医療協力を装って進出してきている現在、マリー・アデレイド・レプロシー・センターがことさら彼らと結んで何かを始めるのは、政治的リスクが大きすぎる。

そこで、我々はペシャワールからアフガニスタン内部の主要拠点までの輸送手段確保を、党派とではなく、内部のゲリラ勢力との直接協力下に着手しつつあったのである。

以上の意見は、ほぼ全面的にマリー・アデレイド・レプロシー・センターのファウ医師に受けいれられた。北西辺境州の各サブ・センターの統廃合の中で、全アフガニスタン人患者をアフガン・レプロシー・サーヴィスのケアの下に置くように指令が出され、ペシャワール・ミッション病院との協力が強く指示された。

ペシャワール・ミッション病院は北西辺境州の中で名実共にセンターとして認められると同時に、アフガニスタン人患者の診療基地となった。

アフガン・レプロシー・サーヴィスの性格

これはＪＯＣＳ理事会の中でもとかくの議論や誤解もあったので、この報告書の中で明らかにしておきたい。この種の組織をマリー・アデレイド・レプロシー・センターは一九八四年当時から切望していたが、予算、人員、複雑な対立のために実現できないでいた。ペシャワールはカラチから余りに遠く、コントロールが効かないせいもあった。

初めのうち、本部はペシャワール・ミッション病院に基地を持つことを期待したが、病院当局の方針と衝突してお流れになった。そこで、マリー・アデレイド・レプロシー・センターは、西独系の難民援助団体の軒先を借り、アフガン人に同情的なミッショナリーの助けで事を運ぼうとしたが、これも成功しなかった。一九八六年三月にRed Sea Missionという、イスラーム世界を対象にする宣教団体が首脳部を送り込んで積極的にマリー・アデレイド・レプロシー・センターに働き掛け、私をかつぎ出そうとしたが、これは私が拒否した。当時、基地たるハンセン病棟の改善に忙殺されていたし、名前からしていかにも十字軍的なこの団体に何かうさん臭いものを嗅ぎとったからである。少なくとも表面上でも、政治・宗教色をぬきにした、下心のない団体でなければ、とても長続きはするまいと考えていた。

そこで一九八六年帰国の際に、難民援助に関心のある日本の団体に事情を紹介し、技術・財政援助を期待したのである。ＪＯＣＳは物や金の供与団体なるべからずとの基本方針があったし、ペシャワールは余りに遠く、東南アジア各国ならともかく、事情を知るものは少なかった。又、アフガスタンの内乱やパキスタンの政情不安が大きくとりあげられていた時期であったので、公的機関は「危険地帯」と断じ、結局、火中の栗を拾おうとする機関は少なかった。(時には、「ご奇特だが物好きな……」と言われたこともある。ひどい場合は、げすの勘ぐりで、名誉心で家族を犠牲にするなと要らぬ説教さえする者もあった。概して大きな機関は規定に縛られて動きがつかなかったし、志ある者も諸事情で自由がきかなかった。確かに私は物好きでペシャワールくんだりに居って右往左往していたのに相違はないが、普段は立派なことを言う割に、日本の「国際化時代」も中味は薄っぺらで、人情もすたれたものだと思った。実際には、この時機を逃してはならぬという焦躁感が自分の中で強く、人々の反応に過敏になっていたのである。同じく「物好きな」ペシャワール会の人々や、快く協力をかってくれた者に、この時ほど人情味を感じたことはなかった。逆に言えば、それほど好機だという判断があったのである)

およそ人の情けに理屈は無い。純粋の義侠心から、このアフガン人患者のプロジェクトに医療人として快く援助を買って出たのが、九州を中心とする徳洲会病院の有志たちであった。

その後、彼らとマリー・アデレイド・レプロシー・センターとの間で協約があり、現在のアフガン・レプロシー・サーヴィス（マリー・アデレイド・レプロシー・センター、ペシャワール支部）が成立したものである。勿論、私がその間に立って奔走したことは言うまでもない。

さらに、名古屋サウス・ライオンズ・クラブ、邑久光明園有志、ペシャワール会有志などが、時には現地に自ら赴いて協力を惜しまなかった。

ともあれ、こうしてアフガン・レプロシー・サーヴィスはマリー・アデレイド・レプロシー・センターの支部として重要な拠点となったし、他方、日本の良心的民間援助の受け皿として成立したのである。ペシャワール・ミッション病院の病院当局もそれを認め、むしろ協力を奨励するようになった。このような対立社会ではまれな事で、各機関の衝突のクッション役としても意味は大きい。このことは特に強調したい。

チームのメンバーは現在、医師一、看護士・助手三、事務・女性助手二、運転手一、門番一、検査技師一名の構成で、形としてはこのうち五名がマリー・アデレイド・レプロシー・センターから雇用されて給与を受けているが、実質的には、全て日本側からの支援で成り立っている。

難民キャンプでのフィールド・ワーク、health educationが主な仕事である。一九八七年度には、名古屋サウス・ライオンズ・クラブの手で事務所の拡張・整備とジープの寄贈がおこなわれ、人員を増やしてさらに充実した。

維持のための財政基盤は、九州の徳洲会病院の有志を中心に、ペシャワール会なども加わってマリー・アデレイド・レプロシー・センターを主に通して支えられている。

JOCSと他のNGO（民間団体）との協力

私は、以上のような手配がJOCSのワーカーとしての働きを逸脱するものとは考えなかった。貧弱な日本の民間国際援助を積極的に誘致して、第三世界の実情に積極的に目を向けて貰うのは、JOCSの基本理念そのものである。そうでなければ、「我々自身が変えられ、ひいては日本国民が変えられてゆく…」という理想は、美しい言葉で終わるだろう。真実の理想とは現実の力とならねば、格調高い観念の操作や無責任な評論以上のものではなかろう。

いったい、このような活動が出来る事が、JOCSの大きな長所であると思われる。現地の働きかたに大幅な自由をもたせ、緩やかな管理をワーカーたちに置いている。このことは管理上短所があっても、働きかたによっては、他の機関にはできぬ重要なパイオニアの役割をいかんなく発揮できる可能性を持っている。

実際には日本国内には、こと医療に関する限り、かなりのボランタリーたちが潜在している。そしてまた他ならぬ日本自身が「助けざれば助からず」という、想像以上の厳しい国際環境にさらされつつある。陳腐な言い方かも知れぬが、時代そのものが我々の国際的な相互扶助、それも人任せではない、自覚的な支え合いを要求しているのである。そしてそれは、国家援助額ではもはや評価できぬ時代となっている。小回りのきく民間援助でしかできぬ事も多い。問題はせっかくのボランタリー・スピリットが効果的に引き出されていない現実である。政府の援助態勢を批判する前に、「我々が変えられ」なければならないのである。この意味で、一般論はともかく、われわれＪＯＣＳの働きがどこまでこの問題に挑戦できるかが私の興味でもある。

パキスタン・プロジェクトが国内に対しては、この具体的な考察の材料であることを心から願うものである。

Ｖ　一九八七年度をふりかえって

目まぐるしい一年であった。何もかもが流動的でレポートを出すのに躊躇《ちゅうちょ》した。一つの局面を伝えると、日本側でそれが固定した全体として議論されているうちに、たちまち別の重要な局面と変化が現れるからである。全局の把握は難しいが、少なくとも大局的な流れは本報告と前年度のものを読めば解ってもらえるようにこれを書いた。

民間援助の貧弱さと片思いのパキスタン

繰り返すが、総て曲がり角にさしかかり、ここで足元をふりかえる時期だと思われる。第一期の総括から、日本の民間援助の貧弱さにいらだちを覚えていたが、それゆえにこそ自分の働きもあるのだと思った。神でもない自分が日本の弱点を一身に背負っているとまで思い上がってはいないが、このままでは駄目だと思った。

一九八七年夏に帰国した日本の印象は、国民全体が円高による危機感に煽《あお》られて、ますます心のゆとりを失っている感じがした。他方パキスタンにおいては、日本への期待はさらに高まり、人的交流の面でも最も近い国の一つになった（パキスタンの学校で教えられている地理の教科書をみると、他と不釣り合いに大きく描かれている国が二つある。一つは当然、旧宗主国である英国であるが、もうひとつは、何と日本なのである）。

このような中で、全体の働きの方針を大きく修正はしなかったが、将来をみとおして、確実な実弾を大量にかつ継続的に投入する手配なしには、私の活動も無責任な美談で終わるだろうと考えた。

ペシャワールにおいては、欧米各国の民間団体が入り込み、大使館との緊密な協力下に工夫と資金を尽くして、多岐にわたるプロジェクトが多数行われていた。日本人は他に居なかった。もちろん、遠いせいもあろうが、ひとりの日本人でしかありえない私には、これは耐え難かった。アフガニスタン難民に対する国家としての援助額がどこよりも大きい事など、誰も信じる者は居なかった。私のできることは、公私を問わず多くの良心的な日本の人々をまきこんで無理のない効果的援助態勢を、長期的展望で組織せねばとても長続きするまいと思った。そこで、あらゆる批判を覚悟で、志のある日本の諸団体の誘致を準備し、民間レベルの直接の交流を促すように心がけたのである。

組織されぬアジアへの同情とボランタリー精神

日本が自己完結的な世界で、他国への思いやりが薄いとの批評は必ずしも的を射ているとは思われない。問題は援助のやり方がよく分からない事と、おかみ任せか過度に自己閉鎖的になっていて、有効な組織化が立ち遅れていることにある。もう一つは、国家援助額の大きさのみをみて、日本が発展途上国の人々に貢献しているという錯覚があるからでもあろう。決して、日本人のモラルがひどく荒廃しているとは思えない。いかに無関心であろうとしても、一度これらアジアの国々を見るものは、飢餓と戦争を体験した苦い思い出をもつ国民として何かを感じざるを得ないからである。

野放図な自由の幻覚で大切なものを失いかけている米国人にはない、一つの重い心情とこだわりを、アジアに対して我々はどこかに持っている。単に、豊かになったから、もっと困ったところへというのではない、何かの共通するもので結ばれているのを感ずるのである。

事実、この日本から遠いペシャワールでさえ、技術援助を惜しまなかった国立邑久光明園、国立肥前療養所、若松臨床検査技師会、多忙な時間をさいて様々な労をとりつづけたペシャワール会の人々、大きな難民援助のアクトを行なった名古屋サウス・ライオンズ・クラブ、アフガン・レプロシー・サーヴィスを支える徳洲会の有志たち、好意的に助力をいただいた外務省・厚生省の人々、医療機械を寄付した福岡鶴城《かくじょう》ライオンズ・クラブ等々、実に多くの人々が心からの声援を送ってくれた。そうして、これらの人々の好意こそが、アフガニスタン難民へのプログラムや地元ペシャワールとの実質的な交流へと結実していったのである。

とは言え、理解されぬ事も少なからず、異常な忙しさと管理体制で、人々は自分のことで忙しく、寂しい思いをしないでもなかった。美しい国・日本は、次第に思い出の中に夢のように描かれて、帰国する毎《ごと》に「こんな筈ではなかった」という感じを拭《ぬぐ》い去ることが出来なかった。それが何だったのか自分でも釈然としないが、故郷は遠くでこそ美しかった。

再びペシャワールで

ヒンズークシュをはるかに、ぬけるような青い空、山なみを縁どる銀色の稜線、強烈な陽光で眼を射る岩石砂漠。ペシャワールの雑踏と汚れたシャルワール・カミーズを着て行き交う人々の賑わい。アラビアン・ナイトの盗賊たちがそのまま物語から抜け出してきたような山岳民のゲリラたち。行き交う馬車とけたたましく走るオート・リキシャ。ペシャワールのこの乱雑な光景は、おそろしく親密感を覚えさせる人間の匂いで満ち溢れている。

みな誇り高く、邪悪で気高く、粗暴で親切なのであった。ペシャワールに戻ってきて全てこの親近感で日本の出来事を振り返ると、何もかもがいじましく、こざかしい気がした。バザールで例の患者が乞食をしているのを見ても、それはそれで一つの生活なのだとしか思わなかった。ここには手ごたえのある人間の生活が何の虚構もなく営まれていた。ペシャワールにはむきだしの人間と神が在る。

私もまた、荒涼たる茶褐色の岩肌や、埃まみれの街路の煉瓦の壁のように、うすぎたない地肌を眩《まばゆ》い陽光にさらして生きてゆく一人の人間にすぎないのだ。日本は余りに仮構に満ちており、もはや多くの議論に倦《あ》きた。美しい言葉も巧みな論理もここでは通用しない。私は訳知り顔に「国際援助」を説き、何を守ろうとしていたのだろう？　守るべきものは実は何もない。明るい光にさらして見れば、全ては、何でもない人間たちのこっけいな悲喜劇にすぎぬ。我々が何かを守っているのではない。我々が実は守られているのだという事実をここでこそ私は発見する。

考えれば確かに暗いことは多いが、我々に誠ある限り恐れるものは何もない、と柄にもなく感傷にふけった。そして理屈ぬきの善意で支えられてきた自分を幸せ者だと思った。

一九八八年度も難問は限りなかろうが、努力ある限り困難はある。祈りは見える力として現実化してのみ活路がある。支える会とて同様である。組織や事業が自己目的化してその防衛・保存が目標となった瞬間から自由とナイーヴさは失われる。本来の素朴な正義感や思いやりを理屈の中で変質させてはいけない。「それぞれのペシャワール」へ向けて良心の実弾をぶち込め。そうして支え合いの中に身を失う事によって得る恵みのいかに大きいかを知らねばならぬ。これが一九八七年度の結論である。

＊新約聖書のパウロ書簡（「コリント人への第一の手紙」九章二〇節）や「使徒行伝」に記された伝道を踏まえた表現か。

17号 1988・10

◎中村哲医師帰国報告──第6回総会

難民問題とさまよえる豪華客船日本丸

こんにちは。

今年はちょっと体をこわして例年よりも早めに帰ってきました。

この五年間、毎年ほぼ同じような話をしておりましたので、今年は、ソ連軍の撤退であるとかアフガン難民の援助等の問題についてお話ししてみたいと思います。

難民問題と日本

私の主な仕事はパキスタン北西辺境州のハンセン病コントロール計画の支援にあります。しかし、一九七九年のソ連軍のアフガニスタン介入以来、二五〇万人を超えるアフガン難民が流入、否応なく難民を対象にした医療活動をも展開せざるを得ませんでした。やっと、ことし四月十四日にジュネーブ交渉の妥結により、曲がりなりにも難民問題に明るい見通しができ、五月十五日よりソ連軍の撤退が始まりました。アフガン問題は、新聞紙面をにぎわし、この問題の論評が活発に行われています。しかし、報道のあり方、日本国民の難民問題に対する対応のあり方、折から叫ばれる「国際化」などについてみてみると、現地にかかわりを持ち続けてきた私には、何か隔靴掻痒《かっかそうよう》の感を免れません。

非現実的プランの横行

元来、北西辺境州とアフガニスタンは、言語、民族ともに一体です。アフガニスタンと北西辺境州の多数民族であるパシュトゥン族は総勢一五〇〇万人と推定されますが、ちょうど半分ずつが国境線に分断されて住んでいます。当然、往来は自由です。特に「部族自治区」として国境地帯に残された部分は、パキスタン政府も慣習法による自治にまかせ、住民の「越境権」を認めて、よほどのことがない限り干渉しません。こうして容易に「難民」の流入する下地ができあがっていたのです。当然パシュトゥン族の南側の都、パキスタンのペシャワールは難民流入とともに、アフガニスタンの内戦指導の根拠地になってきました。

私が極めて不審に思うのは、ソ連軍の撤退──アフガニスタン難民の帰還という図式が直ちに描かれたことです。事情を知らぬ者が言うならまだしも、十年以上も腰をすえて「難民の世話」をしてきたＵＮＨＣＲ（国連難民高等弁務官事務所）が、現地の人々が笑うような非現実的なプランを出し、各国政府の支援態勢がそれに振り回されました。援助額一、二を争う日本も例外ではありません。

他国にとっては「対岸の火事」

たとえば、難民から直ちにふるさとの農村に帰れるような状況ではありません。それらの農村はただでさえ、荒涼たる谷あいにある上に、所によっては数メートルおきにロケットやミサイルの砲弾が突き刺さり、埋設された地雷は数知れません。全滅して村そのものが廃虚と化しているところもあります。また、各国政府の難民援助金も、末端の難民まで、行き渡っていないのが現状のようです。

これらのことについて、関係者の言い分はあるでしょうが、尽きるところは、国連を含めて諸外国にとって、アフガン難民問題は「対岸の火事」であったということ。極言すれば、肝心の難民よりも、それぞれの事業、ビジネスや、援助団体のアイデンティティーの方が重要だったといえます。ジャーナリストの取材もごく一部を除けばそうでした。耳目を集めるニュースの商品性のみが追求され、従軍戦記ものばかりが出回りました。その陰に隠れた多くの人々の苦悩に関心が寄せられたとは思えないのです。

「人間」置き去りの援助

肝心の「人間」が置き去りにされた援助によって、アフガニスタンはまるで、大国のおもちゃのようになり、ずたずたに引き裂かれたと思えます。すべてとは言いませんが、多くの欧米のボランタリー団体の行うこれらの偽善的行為を、私はアフガンやパキスタンの同胞とともに忘れないでしょう。

日本の対応は、金を出すことだけでした。金を出すことが決して悪いことではありません。しかし、その金がいかに使われたかを知るべきでした。日本にとっては小遣い程度の金であっても、額によっては一国の命運を左右し得るのです。

さまよう豪華客船

この五年間ほどで、日本は確かに変わりました。「国際化」が声高に叫ばれるようになりました。つい最近まで、われわれが政府に対して突きつけていた民間援助と国際交流の重視を、逆に突き返される状況です。しかし残念ながら、官民ともにまだ成熟した「国際的な意識」を持っているとはいえないと思います。これは、ペシャワールのような片田舎から時々帰って驚く浦島太郎の感想ですが、アフガン難民の状況を通してみる限り、豪華客船の日本丸は、内部が華美になるばかりで、行きつく先もなく、さまよっているように見えます。

批判を覚悟で言えば、日本が抱く大抵の悩みは全地球的規模からすればぜいたくな悩みです。日本は金をもてあまして、ふらふらしているのに、日本列島の住民は、相変わらずゆとりなく、密室の客船の中でガサガサしたり、逆に虚無的になったりしています。危機的テーマであるはずの「国際化」も、ビジネスやお祭りに転化しています。楽しい国際交流が悪いとは言いません。私が叫びたいのは、「国際化」もまた、自国向けのショーで終わるという危険な傾向があることです。

何かを捨てること

乱痴気騒ぎ集団から最も厳格な思想集団に至るまで、相手のことを二の次にして、自分の方が大切だという点で一致しています。堅苦しいことは言いたくありませんが、他人様を助けることは何かを捨てることです。与えるとは自分の何かを失うことです。援助の原理は極めて簡明なことです。相手のために徹底的に尽くすことです。これらを踏まえた援助や国際化を私は望みます。

◎本稿は中村医師の報告要旨をまとめた「西日本新聞」(一九八八年七月十五日)による。

chapter

II

18号 (1989.2) ～41号 (1994.10)

1989 (43歳)	**1月、ALS（アフガン・レプロシー・サービス）がJAMS（日本―アフガン医療サービス）に改称**
	3月、中村医師の初の著作『ペシャワールにて』（石風社）刊行
	11月、「ベルリンの壁」が実質崩壊。東ヨーロッパで政変が相次ぐ
1990	**6月、中村医師、JOCSの2期6年を終了。派遣任務から離れる**
	10月、中村医師とJAMSスタッフ、初のアフガニスタン国内調査を行う
	12月、テメルガール診療所（パキスタン）開設
1991	1月、アメリカを中心とする多国籍軍、イラクを攻撃、湾岸戦争が始まる（日本は130億ドルの財政支援と海上自衛隊掃海艇のペルシャ湾派遣を行なった）
	12月、ゴルバチョフ大統領辞任、ソビエト連邦消滅
	JAMS、ダラエヌールに初のアフガニスタン診療所開設
1992	2月、ミッション病院ハンセン病棟改築
	4月、アフガニスタン、反政府勢力が首都カブールを攻略。ナジブラ大統領失脚。共産主義政権が崩壊し、反政府党派間の戦闘が激化
	5月、アフガニスタン難民の爆発的な帰還が始まる
	6月、「国連平和維持活動（PKO）等に対する協力に関する法律」が成立（復興援助に人的貢献が加えられる）
	12月、ダラエピーチ診療所（アフガニスタン）開設
1993	**8月、ダラエヌール診療所で悪性マラリア発生。ペシャワール会は11月より特効薬キニーネ購入のための募金活動を開始**
	10月、パキスタン、ブットー人民党政権誕生。イスラム圏で初の女性宰相
1994	1月、アフガニスタン、再び内戦激化
	4月、ワマ診療所（アフガニスタン）開設
	9月、アフガニスタン南部のカンダハルでタリバン結成

18号　1989・2

近代という迷信の中で

宗教とらい

「らい」は日本でも諸外国に於ても古くから業病《ごう》としてとり扱われた。近代医学の眼から見れば、これは皮膚病・末梢神経をおかす抗酸菌による感染症にすぎない。外見の容貌の変形のみをとるならば、他にも様々な皮膚・神経疾患はある。どうして「らい」のみが、ほぼ世界的に共通して差別の対象になったのだろうか。

差別と偏見は人類の発生と共にある。今らいについて思うとき、人間の差別史の根源を垣間見る気がするのである。

とはいえ、らいに対する人々の態度は時代と地域によって異なっている。また、その宗教的背景によっても関心の有様は修飾される。たとえば、キリスト教徒が一般に本病に対して強い関心を示すのは、弱者に同情を寄せるというイエス＝キリストの教えのみではなく、新約・旧約の聖典のいたるところにその記事をみるからである。今から考えれば恐らく他の疾患も含まれていたであろうが、旧約聖書では本病を宗教的に汚れたものとみなし（ツァーラーハット）、厳重な隔離のしきたりがあったことが記述されている。新約聖書においては、旧来のしきたりを根本的に問い直す倫理観が貫かれ、差別される側のあらゆる階層へ暖い眼が注がれている。「らい病人の癒し」の記事はその象徴的出来事としてしばしば引用されている。世界各地で、欧米の宣教師たちがらい治療の先駆的役割を担ったのは、決して偶然の博愛精神による着想ではないのである。

らいに対する意識

北西辺境州において、わずか数年という短いサーヴィスで私がこのようなことを強く考えさせられるようになったのは、理由がある。北西辺境州からアフガニスタンにかけては、巨大なヒンズークッシュ山脈によって住民は各地域に分断され、割拠性が著しい。その社会の発展段階と共同体意識も様々である。生活様式も山岳民と平地民、農耕民と遊牧民でまるで異なる。また各民族、各部族でも著しい差が見られる。近代化の程度も様々で、古代後期から現代までを平面的に見渡せる観がある。そしてらいに対する意識もその部族と近代化に応じて様々なのである。同一地域でも階層によって異なっている。

一般に、パキスタンでもアフガニスタンでもらいのことをジュザーム（juzam）と呼ぶ。アフガニスタンの北東部では「ジュゾーン」と呼ぶが、これは前記のペルシャ語のジュザームの訛《なま》りである。これが日本語の「癩《らい》」に相当することばと見てよい。ところが、イスラム世界ではこのジュザームを宗教的に忌み嫌う記述はほとんどみあたらない。従ってジュザームであるが故に偏見を持つというのはイスラム教とはほぼ無関係で、土着の伝統的な差別意識に基づくものと思われる。

地域による違い

ここで全てを記すゆとりはないが、一部の例をあげると、北西辺境州のスワト地方では一般に本病に対して人々の反応は寛大であり、よほどの変形があってもよく共同体に受け容れられる。患者が困窮状態になるのは合併症による機能障害であって、決して共同体からつまはじきされる為ではない。日本においても、かつて一部の地方では治療に来る患者をよく受け容れ、住民は寛大にもてなしたといわれるが、どこかそれに似ている。このスワトには、ピール・ババという有名なイスラム聖者の廟があり、お参りに来れば本病が治るという言い伝えで沢山の患者が集まってくるのである。もちろん、この聖者崇拝自体も正統的なイスラムとは関係なく、インドのヒンズー教や日本の神道に通ずる土着の「御利益」を求める風習である。

逆の極端な例もある。アフガニスタンのクナール州の南部では、「ジュザーム」は恐るべき病気で、シャイターン（悪魔）の業《わざ》と信ぜられている。この意識は上層の「知識層」に強く、下層農村では聞いたことがある、という程度である。彼らの話によれば、ジュザームにかかると人肉を喰うようになるとか、昼間は山に隠れ夜になれば人里に下りてきて子供をさらうだとか、根拠のない尾ひれがついてくる。最近ペシャワール近郊のマルダンという所で、狂った母親が我が子を殺してカバーブ（焼肉）にして食べるという異常な事件があったが、このような異様な精神病反応等も容易に「ジュザーム」に結びつけられて語られる可能性がある。このような地域では、ジュザームは彼ら自身の手で、「根絶計画」が行われる。親族自らが文字通り抹殺して家名を守ろうとするのである。

またチトラールの一部では、ジュザームの患者が高地の石小屋に閉じこめられていたこともあった。クナール州の一部ではまた事情が異なる。「ジュザームとは恐しい病気ときいてはいるが、私はまだ見たことがありません。このあたりにはおりません」と、あるひどい変形患者の前でその兄に言われて絶句したことがある。あるいは、ジュザームの名前は知ってはいるが、偏見もなく快く協力して貰える場合もある。

以上のように、各地域によって、らいに対する意識がおそろしく異なるので、我々の対応も様々にならざるを得ない。とくに早期発見の場合は気をつかう。ある所は脅して服薬させねばならないし、別の所ではジュザームという言葉はさけ、「皮膚病の一種」としておし通す。こういう場所では、決して日本人の頭の中にある「らい」や、キリスト教ミッションの人々の「らい病者の癒し」などという一本調子の考えを当てはめてはいけない。厳密に言えば「ハンセン病」、「癩」、「レプラ」、「ジュザーム」は微妙に異なった概念で不統一のものである（日本の場合は、「差別語を排してなるべく科学的な用語を」ということで「ハンセン病」を使用する傾向にあるが、偏見の構造をなくすことなしに言葉のみを変えても新しい用語が新しい差別用語にやがては変わってゆくのではないかと思われる）。我々の意図は単に言葉上の操作ではなく、いかに、そこにいる患者が共同体に適応できるかを苦心することにある。らいに対する偏見がらい根絶計画によって助長されたという批判は、決して根拠のないことではない。これは、相手の立場を考慮せぬ融通性のない「啓蒙」「慈善」により生ずるものである。

「近代」による偏見

こうして、らいに対する共同体の態度を見渡してみると、少なくともアフガニスタンとパキスタン北西辺境では一定の傾向が見られるのに気づく。

第一に、有識層になる程、偏見が強い。医療関係者に甚しいのも特筆に価する。第二に、近代化以前の社会では一種の「祟り」または「天命によるもの」と信ぜられるが、ひどい偏見はむしろ近代化に応じて強くなってくることである。いずれにしても、科学的知識の普及につれて差別も無慈悲なものになってゆくという奇怪な現象がみられるのである。

前近代的社会では、本病が「人にうつる」という認識がゆきわたった時に、当然厳重な隔離の風習が生まれる。元々皮膚疾患一般が他の病気と異なってみかけのいいものではない。それに手足や顔の変形、二次感染による悪臭が加わり、本病に対する独特の観念が各社会に出来あがってゆくものと思われる。さらにそれが「うつる」という認識は、人々に不安と恐怖心をうえつけ、患者を共同体の末端に隔離しておこうとするものらしい。

ところが、それでもなお北西辺境州及びアフガニスタンでは、ごく一部を除けば患者にも共同体内で一定の席が割り当てられている。他国の事情はよく知らぬが、少なくとも私の知る範囲で患者を残虐なやり方で追放する例はむしろ希《まれ》だといいうる。スワト地方にゆけば、ひどい変形患者でさえ、時には家庭内でちゃんと尊敬されて暮らしている老人もいるし、離婚されずにいる妻もある。流浪する患者でも、ピール・ババの廟にゆけば人々は快く施しをしてくれる。もちろん、これは地方により、宗教指導者の考え方、美醜の感覚、生産力、等によって多少の修飾はあるが、近代日本にみられたようなむごい迫害はないと言えよう。

　迫害の本格化するのは比較的「近代化」された社会においてである。「感染」という科学的な概念が導入され、そこに精神的なものを媒介とせぬ「うつる」メカニズムが人々の頭脳に定着し始めてからである。精神科医ならば、妄想という精神病理そのものと、そこに登場する妄想内容とを混同することはなかろう。「祟り」におびえようと、「感染」に脅えようと被害妄想であることに変わりはない。本病に関する限り、近代的迷信の方がタチが悪かった。「祟り」の場合は、人間の良心がたとい歪んだ形であっても社会的ルールの中に反映する余地がある。度をこした意地悪や美醜の感覚のみで人を断罪することに対する償いの気持ちが、差別の中にも社会に一つの寛容さを備えさせると思われる。患者もまた、自分の病いを「アッラーの御意」として甘受する限り、我々が日本やヨーロッパの近代史の中で想像するような惨めさはないと言える。

「科学的知識」と迷信

　このことは、「科学的知識」を以《もっ》て治療に当たる我々のよほど心してかからねばならぬことである。下手をすると泣かずに済む子供を泣かせることになりかねない。私は本部の命ずるまま「らいは治る」という旗を掲げて仕事をすすめているが、科学以前の人々の中で、「ジュザームは感染症である」という事実のみがいたずらに恐怖心を煽《あお》り、差別迫害を無慈悲なものにしてゆくのを何よりも恐れる。

　ともあれ、社会学者でもなく、らい専門医としての経験も浅い一介の医師たる私が「近代化」の功罪を論ずるのは僭越に過ぎるが、らいをこの地で見ることを通して、一つの結論をひきだすことができる。人々の精神生活をらいを通してみる限り、「近代化」とは中世の牧歌的な迷信が別のもっともらしい科学的迷信におきかえられてゆく過程であるにすぎない。そして古い迷信の方がまだ人情味の残渣《ざんさ》があるだけマシであった、と私はつくづく感ずるのである。近代化の恩恵は我々の日常生活の便利さと快適さ以外に何があったのだろう。人間の意識の中で空白となった神の座に別の目に見えぬ偶像が居座ったといっても過言ではあるまい。

　より進んだ現代社会では事はさらに悲劇的である。近代化の功罪が反省され、その恩恵も苦悩をも知りすぎた者は、中世的な牧歌的迷信に回帰することもできず、次の未知の迷信を求めてさまよわざるを得ない。不信も狂信も同根である。不信の世界を脱しようとする屁理屈も、生きることの倦怠感も、異常な熱狂も、全ては神なき精神の廃棄物ともいえよう。

　私はよく「ペシャワールのような危険なところで……」

と感心されたり逆に変に思われたりする。しかし、愛憎も苦楽も悲しみも喜びも、ここでは手ごたえのしっかりしたい、い、人間と神がいることを幸せに思っている。

19号
1989・5

◎ペシャワールからの便り

アフガン人チームの育成とてんかん診療の準備中です。

内外ともに波乱含み

皆様お元気でしょうか。年度末の慌ただしい中、ペシャワール会のお仕事お疲れ様です。そちらはもう桜の花もほころんで、また恒例の花見を楽しみに、お元気でお過ごしの事と存じます。

こちらは日に日に夏を思わせる日射しで、洗濯物の乾きが早くなって参りました。しかし、夜はまだ冷え込みます。

今が最も忙しい季節で、四月九日に始まるラマザーン（断食月）の前に大抵の仕事のキリをつけておかねばなりません。先日来、医学生の鎌田君が手伝いに来てくれ、助かっております。今年は例年を遥かに上回って、外も内も波乱含みで、真面目に考えると気も狂いそうですが、ここは持ち前の怠け癖を発揮し、おつむを鈍感にして生き延びております。

さらに加えて、（妙な話ですが）「女性を外で働かせるのはイスラムに反する」という反動ムードに押されて、事務のアフガン人が休職を余儀なくされ、事務機能が麻痺してしまいました（パキスタンの首相は女性ですが、自ら「女性は男性と握手の挨拶をせぬように」とのおふれを出しました）。

気も遠くなりそうな未決書類の山を前に、イスラムというのは日本人の我々が想像する以上に強靱な掟だということを、改めて思い知らされるこのごろです。

思えばこの一年間、情勢は波乱につぐ波乱で、殺伐なムードの中、案外サボリ癖を出しながらゆるゆるとやって行くのが良いのかも知れません。

ＪＡＭＳの発足

ミッション病院はこのところ、らい病棟建築中で動きが取れず、この数ヵ月はアフガン人チームの育成と、ペシャワールのてんかん診療態勢の準備に力を入れてきました。その結果、アフガン人チームは現在四四名の大きな部隊として急成長し、名称もアフガン・レプロシー・サービスからJapan-Afghan Medical Services（ＪＡＭＳ）と変わり、国連機関との協力下にアフガニスタン再建の一翼を担うと共に、日本の良心的なボランタリーの受け入れ団体ともなりつつあります。手元に届いた「アフガニスタン復興のための農村医療計画」は、彼ら自身の手になるものです。（次頁）

これは、らい多発地帯の山岳農村部に積極的な医療・保健活動を展開し、恨みのらい震源地の息の根を止めることにもなります。七月から二ヵ月間の綿密な調査を組織して企画を具体化し、今年の夏からサブセンターの配備と試行錯誤を開始するそうです。私は単にオブザーバーの役で、非常に重要な役を果たしている訳ではありませんが、どうぞ彼らの国土再建の情熱にご声援下さい。

てんかん診療の意気上がる

てんかんの方は、これまで一年半以上にわたって、ペシャワール大学の主に精神科と協力して臨床カンファレンスを重ね、神経病学の向上に力を注いできました（これは余り怠け癖を出せませんでした）。かいあって、今回ペシャワール会から待望の脳波計がＪＡＭＳを通じて大学病院の精神科に送られる事になり、精神科教授以下、大変な喜びようでした（それまで、ペシャワールには何と脳波計もなかったのです。一つは脳波を読影できる人材がなかったので、粘り強くカンファレンスを続けて読影技術を伝えました）。

脳波計は三月十四日に合法的な手続きを終えて受け出され、現在精神科の医師たちが操作方法をＪＡＭＳのスタッフたちから習っています。習熟した後に、ラマザーン前に正式に引き渡されます。ちょうど佐藤雄二先生が昨年四月精神科を訪れ、シャフィーク教授と約束してから一年目、感無量です。

これにて、てんかん診療の意気はますますあがり、引き続き脳波カンファレンスを続ければ、極めて有効な技術協力となります。いままでおろそかにされがちであった、てんかん患者たちに少しずつ大きな恩恵がゆきわたることでしょう。

また、今年になって、ミッション病院とＪＡＭＳに「てんかんクリニック」が開設され、延べ診療数約三千名、現在数百名が定期治療下にあり、パキスタン・アフガニスタンの多くの患者たちに励ましを与えています。どうもご協力ありがとうございました。脳波計を寄贈された福岡・北九州のソロプチミストの方々に、心からの感謝の意をお伝え下さい。

カイバル峠の向こう側ジャララバードでは激しい戦闘が続いており、三月に入って、負傷した瀕死の戦闘員を満載した車がペシャワールを行き来しています。パキスタン側では、例の預言者モハメッドを誹謗した出版物で反米暴動が頻発。ペシャワールの英国領事館も爆弾で吹き飛ばされました。アフガニスタンの「戦後処理」も米ソの思惑がからんで、抗争と混乱の巷《ちまた》です。平和はまだ遠いです。

ではまた、とりあえず。皆様もお元気で。

一九八九年三月二五日

アフガニスタン復興のための農村医療計画（Ⅰ）

ＪＡＭＳ責任者　Dr.シャワリ・ワリザリフ
医療顧問　中村　哲

まえがき（一部省略）

（ソ連軍撤退以降）今まで難民援助団体として活動してきた各国ＮＧＯ（非政府団体）は、活動の中心をアフガニスタン内部に移動し始めた。彼らの活動は、農業・医療・教育分野の多岐にわたり、幅広い分野で国土再建の主力となりつつあるが、日本のＮＧＯの活動は他国に比すれば皆無に等しい。また、日本が他国を凌ぐ援助をしていると言っても、主として国連を介する技術・財政援助に限定されており、それがどのように機能しているかは余り知る者がいない。

このような中で、現地事情に沿った有効な援助を我々自らで組織し、たとえ小さくとも一つの範となりうる援助の形を身を以《もっ》て示す事が求められていると思われる。我々の活動規模は他の欧米諸国のそれと比ぶべくもないが、敢《あ》えてそうしてこそ、将来アフガニスタンと日本との真の友好の絆が培われて行くものと信ずる。

我々は、決して金や物資に飢えているのではない。祖国アフガニスタンは米ソの弾丸で蹂躙《じゅうりん》されたかと思えば、今度は国際援助という名前で不必要に注がれる金によって蹂躙されようとしているからだ。我々は心のこもった真の友好と平和の絆に飢えているのである。長いことロシアと欧米勢力の暴虐と干渉にさらされてきた我々アフガニスタンの人々にとって、日本は今でも一つの輝かしい希望である。たとえ片思いであっても、これは決して誇張や世辞ではない。日本の心ある人々との協力を我々は誇りを以《もっ》て感謝している。この、温かい友好と協力の輪が広がってゆくことを願ってやまない。

Ⅰ　援助活動の概要

⑴活動母体は日本―アフガン医療奉仕団（Japan-Afghan Medical Services）である。この前身は、一九八六年以来日本側の民間援助で支えられてきたAfghan Leprosy Serviceで、パキスタン政府公認の独立した難民医療団体であり、ACBAR（民間のアフガン難民援助団体協議会）に属し、UNHCR（国連難民高等弁務官事務所）とも緊密な接触を持っている。

⑵本計画は、アフガニスタン難民のための医療援助活動を、現在の「難民救済活動」から更にアフガニスタン内部へ拡大発展させ、北東部の農村復興に医療側から積極的に協力するものである。

⑶従来主たる診療対象であったらいのみならず、他の一般的な疾病《しっぺい》をも診療し、さらに北東部山岳地帯の無医地区（バダクシャン、クナール、ヌーリスタン、パンジシェールなど）の二〇ヵ村（人口各一千～五千家族）を対象にして、モデル的な医療協力態勢を作り上げる。

⑷このため、各村より一名、計二〇名の候補者を選び、短期の診療員養成コース（六ヵ月）をペシャワールの本部に開設、所定の徹底した訓練を施して各村のサブ・センターに配置する。各診療員はペシャワールのセンターとの緊密な連絡の下に各村の保健衛生状態の改善に力を注ぎ、以て自分の村の復興・建設に協力する。

⑸医療と切り離せぬ他のプロジェクト、とくに伝統的な水利施設の再建・充実は急務であり、本計画の一部として関係者の協力の下に積極的に取り組む。

⑹諸外国のアフガン難民援助の弊害は、しばしば地元（パキスタン北西辺境州）の同様に貧困な状態を等閑視してきたこと、アフガン人の一部に外国への依存体質を作り上げてきたことである。

我々の活動はペシャワールや北西辺境州住民にも益ある

よう配慮し、依存体質の助長を極力排除して、「自立への援助」を固い方針とする。また、諸外国のＮＧＯと異なって、我々はいかなる政治・思想・宗教的な意図を持たず、医療人として厳正中立で臨む。

(7)一九八九年一月より訓練コースを開設、一九八九年夏より各村に診療員の配備を開始、試行期間を二年間とし、良好な結果を確認してから拡大を図る。

（次号に続く）

20号
1989・7

遠い将来を見越して種まきが始まった

——ＪＡＭＳの活動本格的に

ＪＯＣＳパキスタン・プロジェクト
一九八八年度活動報告

Ｉ　一九八八年度の概況

パキスタンからの報告は毎年、「内外共に流動的」「波瀾を含む」で始まるが、ソ連軍のアフガニスタン撤退が現実化した一九八八年度は、過去のどの年よりもそうであった。

一九八八年四月十四日のジュネーブ協定妥結後、同年五月からのソ連軍撤退開始、六月ジュネジョ内閣の解散、八月ジア・ウル・ハク大統領の爆殺、十一月総選挙におけるパキスタン人民党の勝利、米国とアラブ勢力に後押しされたアフガニスタン反政府勢力の活発化、一九八九年二月ソ連軍撤退完了とゲリラの一斉蜂起と、政情もめまぐるしく変化した。各国・各勢力が入り乱れて、情勢はさらに複雑怪奇である。平和は依然として遠い。

肝腎の我々の医療活動も、このような中で、複雑な対立の海の中を泳いで行くのは容易ではなく、しばしば立ち止まって慎重の上にも慎重を期すことが求められた。全体的にいうと、一九八八年度は、情勢を見ながら、いわば水面下で次の段階を準備することに費された。

らい根絶計画との関連で述べると、パキスタン側の公営センター、ミッション病院らい病棟ともに診療能力は落ち、カラチのらい根絶計画本部であるMarie Adelaide Leprosy Centre自身も、北西辺境州については一九八七年に終わった五ヵ年計画以後は積極的な方策なく、自分達の組織の立て直しに忙殺されていた。情勢を無視して強行されたアフガニスタン内部のクリニック開設も、複雑な政治闘争にまきこまれて迷路に陥った。

ペシャワール・ミッション病院のらい病棟は、八八年七月から、私の留守中に無断で新建築が始められ、ワークショップの小屋も取り壊され、病床数は半減、病院の内紛と私の長期休暇と相俟《あいま》って、病棟機能は半ば麻痺状態に陥っていた。そこで一時的な措置であるが、八八年十月より、ペシャワールにおけるらい診療の重要な機能をアフガン人チームに移して診療能力の温存が図られた。

この結果、アフガン人チームはハンセン病治療について は、充分な実力をわがものにした。さらに、戦後復興を見通して再編成が進められ、将来レプロシーのみならず無医地区の医療活動の担い手となるべく、大きく模様がえがなされている。名称も、Afghan Leprosy Serviceから、Japan-Afghan Medical Services（JAMS）となり、日本の良心的なボランティアの受け皿となるべく、人員を増やして長期的な展望でさらに本格的な改善が進んでいる。

アフガニスタン情勢

この一年間、アフガニスタン情勢はしばしば日本の新聞紙面を賑わしたが、正確に伝えられているとは言い難い。ソ連軍撤退＝戦争終結＝難民帰還という図式は、少なくとも当分は、アフガニスタンには当てはまらない。アフガン問題という巨象を描くのに、日本に伝えられるニュースは断片的な表層の動きで、勝手な解釈がなされているとしか思えぬこともある。

一九八九年二月、公称七派の主要ゲリラ組織は、内部暫定政権の結成を宣言、現カブール政権の打倒をめざし、アラブ・米国に後押しされ、近代兵器を導入して大規模な正規戦を展開した。

しかし、内部分裂と諸外国の思惑の動揺で結束が簡単には進まなかった。イランを中心とするシーア八派連合も独自の動きを見せているし、「難民」とならずにアフガニスタン内部で闘争を続けてきた少数民族の地域では、既に独力で再建の動きがあり、彼らが容易に中央に従属することは考えられない。また、復讐・略奪の横行する状態では、罪のない一般住民までパニックに陥るありさまである。さらに、「内部政府」側のジャララバード攻略は、結果的に一時挫折、各地に割拠するゲリラ勢力に動揺をもたらした。かつての「侵略者に果敢に抵抗するムジャヘディン（イスラム戦士）」というイメージは薄れ、住民を置き去りにした権力闘争という印象を与えつつあることは否めない。

このようにして、肝腎のアフガン住民や北西辺境州三〇〇万の難民も大方は冷ややかであったといえる。難民は増加している。彼らの帰る兆しは今のところない。

内乱前に押さえられていた少数民族は、ハザラジャード、パンジシェール、バーミヤン、ヌーリスタンなど各地に割拠して自治を確立し、たといカブールの中央政権の動きがいかに展開しようとも、もはや従順であることはなかろう。

さらに、米国の企図する時代錯誤の王政復古も、十年以上にわたる内戦で変化した人々の気持ちには受け容れ難いものがある。

ようやく人々の目に明らかになってきた内戦の実態は鬼気迫るものがあった。犠牲者二〇〇万人といわれる大半は婦女子であった。全部落が潰滅して廃村となっているものも多い。

アフガニスタンの「戦後復興」を掲げて欧米各国の救援団体が殺到したけれども、このように混乱を極める情勢に対する認識は極めて甘い。平和はなお依然として遠いのが現実である。

揺れるパキスタン

アフガニスタン情勢の影響を直接こうむったのは、パキスタンであることはいうまでもない。一九八八年八月のジア・ウル・ハク大統領の劇的な爆殺テロは、決定的な動揺を与えた。外国の諜報機関の暗躍も一層活発となり、テロは暴動とソ連軍撤退と総選挙に絡んで、一時は全パキスタンを席巻した。一九八八年度中に起きたテロ活動の傾向は、ペシャワールのみならず広範囲かつ大規模に及んだこと、とくにラワルピンディ、カラチ、ラホールなどの大都市を中心に、より組織的な騒擾《そうじょう》・扇動が起こされたことである。治安はかつての戒厳令下時以上に悪化した。国民の動揺を避けるためにひかえめな報道がされたけれども、相当な犠牲が生じたと思われる。

一九八八年十一月の総選挙では、ベナジール・ブットー女史の率いるパキスタン人民党（ＰＰＰ）の勝利に帰したが、パンジャーブ州政府は反対党も優勢で、軍部も無気味な沈黙を守っている。旧政権を支えていた官僚機構や治安維持の組織もそのまま温存されている。

北西辺境州では、人民党の人気は圧倒的であったが、これは、より顕在化してきたパキスタン国籍者の難民に対する敵意と、パンジャーブ州優位への反感、貧民層の権利意識の高まりに支えられていたと思われる。

無視できないのは、反米意識の高まりである。イスラム住民の本能的ともいえる反米感情が総選挙を機に一挙に噴出した。一九八九年に入ってから、英国人の著作「Satanic Versus」〈邦題『悪魔の詩』〉が預言者マホメットを冒瀆《ぼうとく》するものとして、激しい反英米デモが全国に荒れた。一九八九年三月、ペシャワールの英国領事館も爆破された。

米国の軍事援助で肥大していたムジャヘディン（イスラム戦士）のゲリラ組織は、依然として北西辺境州・ペシャワールで勢力を張っており、一部ではまるで二重権力のような状態が続いている。新しく誕生したパキスタン政府も、俄《にわ》かには彼らに圧力をかけにくい状態にある。

さらに、軍部の沈黙は、米国の武器援助が続くかぎりにおいて守られているという見方もあり、新しい「民主政権」もまた、米国に生殺与奪の権を握られているといっても過言ではない。

新生パキスタンにかける人々の希望に、我々も共に夢を託したが、アフガニスタンと同様、パキスタンもまた依然として混乱と矛盾の渦中にある。「米ソの雪解け」といいつつも、この雪解けは全く彼らの都合によるもので、決して日本を含む関係アジア諸国の迷惑が考慮されていないそら恐ろしい現実を、我々は知るべきである。

Ⅱ　北西辺境州・らい根絶計画の動き

公営機関との協力

前年度の報告で述べたように、ペシャワール・ミッション病院のらい病棟と公営センターとのつながりは、さらに緊密となった。具体的な役割分担がかなりはっきりと根を下ろしてきた様《よう》である。

公営センターの方では、主にらい反応などの内科的合併症を、我々ミッション病院らい病棟の方では、主にウラきず（足底潰瘍《かいよう》）、火傷、外傷などの小外科的処置、再建外科などを診《み》ている。ペシャワール地方の登録制の一本化も進められてきている。らい根絶計画の公共化についてミッション病院側がまだ充分な理解を示しているとはいえないが、少なくとも、病院独自で取り組むには余りに問題が大きいことは理解されてきたようである。

一九八八年度はMarie Adelaide Leprosy CentreやLeprosy Missionから少なからぬ技術協力（手術指導など）があった。実際にはアフガン人チームの助力であったが、一九八九年三月に派遣されたDr.Warrenの指導は大きな収穫であった。ペシャワール大学（カイバル医学校）の公衆衛生学とのつながりも何とか続いた。私自身はなるべく表に出ぬようにしているが、北西辺境州政府からは、ミッション病院らい病棟の活動に対して、かなりの評価が得られているものと思われる。

ただ、八八年度は当方がアフガン人チームの再編成に忙殺されていたのと、新建築のために病棟機能が著しく鈍っていたことにより、大きな進展は見られなかった。

菌検査態勢の集中化

らい菌検査は、診療上最も大切なもののひとつであるが、北西辺境州では、数千名の患者に対してわずか一人の検査技師が公営センターでこなしていた。検査結果を得るまでの時間は、約数ヵ月から一年を要し、結果も余りあてにならなかった。

この菌検査は、通常、らい診療員が塗沫《とまつ》標本を皮下組織から採取し、これを受け取るセンターの検査技師が染色して顕微鏡で調べる。結果が当てにならないのは両者に技術的な欠陥があると共に、各サブセンターとの連絡不備の為である。加えて、唯一の技師が転勤となってしまった。カラチ本部の方では、検査技師養成コースを持ってはいたものの、誰もペシャワールに赴任したがらなかった。そこで、全検体をカラチに送ることが要請されたが、これは非現実的な話である。結果を早くて半年後に見られたとしても、事実上確かな治療方針を立てる事はできない。

我々のらい病棟とアフガン人チームに対しては、一九八六年以来、邑久光明園《おくこうみょうえん》のベテラン・松本技師が二度に亙《わた》って現地を訪れ、試薬の調合から菌指数の評価まで現場指導で教えていた。アフガン人患者やミッション病院の例については、我々独自で耐性菌の調査まで出来る態勢にあった。

そこで、本部を説得して、北西辺境州独自で正確かつ迅速な菌検査態勢を作り上げるように手配した。検体採取時の技術的な不備は、フィールドワーカーと協力して各サブセンターから診療員を呼びつけて技術指導し、スタッフ二名をはりつけにして専ら菌検査に集中させた。この結果、一週間以内に各診療所に正確な検査結果を届けられる事になった。これは、目立たぬ事だが、診療の質の向上に与える効果は計り知れない。それまで漠然と述べられていた耐性菌の問題や再発が明瞭に知られることになった。

「WHOの方針に基づく多剤併用療法はオールマイティで、これさえ二年間受ければ服薬中止ができる」という診療員の確信に満ちた錯覚は、払拭《ふっしょく》された。DDS〔抗菌剤の一種〕耐性菌が本格的な問題として認識されつつある。八九年度には本格的な調査を予定している。

一九八八年度の新患者の動向

確実な統計は北西辺境州ではあてにならぬが、全登録患者は一九八八年度中には五千名を超えている筈である。新患者も減少しているとは言い難い。

ミッション病院のみで見ると、未治療新患者四六名、前年度八六名に比べると低くなったが、これは、①我々のらい病棟の活動が、一九八八年度は低調に止まっていたこと、②アフガニスタン内部の戦闘の激化でアフガン人患者の動きが落ちていたこと、などが主な理由だと思われる。北西辺境州全体でどれほどか、まだ正確な数字は発表されていないが、担当者の印象では三〇〇名を下らぬということであった。

数字の減少は、らいが終息に向かっていることを意味しない。女性患者の率は、依然として二〇％前後というお寒い状態だからである。

Ⅲ　ペシャワール・ミッション病院らい病棟

八八年度は、私の長期の夏期休暇、病棟の改築工事、アフガン人チームの再編などで改善のゆとりなく、収容力も四八床から十八床に落として「延命」させるので精一杯であった。アフガン情勢の変化と人民党政権の誕生の余波は、ペシャワール・ミッション病院の内紛の激化に少なからず影響を与えた。これは病院首脳が前政権に癒着《ゆちゃく》していたのと、病院の財源を専ら難民基金に依存してきたからである。サンダルのワークショップも再開されずに終わった。

「延命策」の一つとして、これまで築き上げてきた再建外科やフィールド・ワーク、菌検査などの重要な機能はアフガン人チームに委《ゆだ》ねられた。しかし、それでもなおペシャワール・ミッション病院のらい病棟は、多くの患者たちにとって、依然として「最も頼りになるセンター」としての面目を保っているといっても誇張ではない。

主な実績は以下のとおりである。

	一九八七年度	一九八八年度
病床数	四八床	十八床
未治療新患登録	八六名	四六名
入院数	二四六	一八五
手術数	九六	一〇三
菌検査数	一六四	八四六
うらきずギプス例	一〇五	一〇二
保健教育（受講者数）	三五二	二一一
サンダル生産数	九七〇	〇
外来治療数（らい）	九八二	七八〇

以上のように、病床数の著しい減少にもかかわらず、ワークショップ以外は何とか機能の維持はできたと思われる。新患者の減少は北西辺境州全体の傾向で、我々がサボっていた訳ではない。その他の治療機能は、アフガン人チームと、ペシャワール会員有志を中心にするボランタリーたちの精力的な協力に負うところが大きい。

一九八八年十月より　七ヵ月間　安部看護婦
一九八八年十月より　三週間　松尾検査技師
一九八九年二月より　三ヵ月間　鎌田医学生
八九年度になるが四月より　石松医師（数年予定）

これら、日本のボランティアたちの参加も八八年度の顕著な傾向であったと言える。

更に、一九八九年二月には高名ならい外科医、Dr.Warrenを迎え、技術指導が行われた。彼女は一九八六年三月にも小外科の指導に来たことがあるが、三年前の、「外科」と呼びうるものが何もなかった当時と比べて隔世の感をもった。ただ、今後いかに現地に根を下ろさせるかが大きな課題である。

Ⅳ　アフガン人チームの実績と再編成

北西辺境州のらい根絶計画を考えると、土地柄アフガン人患者のコントロールがいかに重要か、過去毎年の報告で述べてきた。一九八六年から九州の徳洲会病院有志、名古屋サウス・ライオンズクラブ、国立療養所邑久光明園有志などの支援でAfghan Leprosy Serviceが成立し、難民キャンプを対象に活動が大きくなってきた経過については既に詳しく報告した。これはＪＯＣＳの直接のプロジェクトではないが、我々の仕事上切っても切り放せぬ動きなので触れておきたい。

一九八八年度の主要活動実績は以下の通り。

⑴フィールドワーク

チトラール、バジョウル、ディール、スワト、タルなど、主として国境地帯二五の難民キャンプに対して、調査・診療回数：計二二回、診療日数：計八一日、十四キャンプは定期訪問。診療患者数五一六〇名。出動回数、機動力共に向上した。

⑵センターの改善

外来患者数三二三八名、総検査数一〇七一名、手術例八九名で、難民診療機関としては大した規模とはいえないが、一九八八年度はミッション病院らい病棟機能の一時的な肩代わりと訓練コース開設（後述）のために、機能は質量共に充実した。

一九八八年四月一日現在、スタッフ二二名、八九年中に四二名となる。らい菌検査のみならず、基本的な血液・尿便検査、肝機能、心電図、結核・マラリア・リーシュマニアなどの菌塗沫検査も完備した。小さくとも最低限の検査は現地補給で出来るようになった。

以上のように、これまでのleprosy workは充実させながらも、一方で一九八八年度は、アフガン情勢の急転回によって再編を余儀なくされた。難民の国際法上のステータスが不安定になってきたこと、「戦後」に向けて人材育成が痛感されるようになったこと、アフガニスタン内部の活動が以前より容易になったことなどによる。よく誤解されるように、決してアフガン問題の重要性が政治上マスコミなどで大きく浮上してきたからではない。我々にとっては、昔から変わらず北西辺境州と一体の重要課題だからである。

診療員養成コースと農村復興モデル計画

我々の意図は、やや誇張すると、積年の恨みであったアフガニスタン内部のらいの震源地に、らいを粉砕する強力な時限爆弾を投入することであった。過去の報告で述べたように、アフガニスタン北東部山岳地帯に手をつけなければ北西辺境州からのらい根絶は将来ともあり得ない。

同時に、これまでの経験から痛感していた北西辺境州のらい根絶計画の欠陥を持ち込まぬようにすることである。第一に、らいを特別扱いするような診療や印象を避けること、第二に、共同体に受け容れられつつ最小限の手間でケアできるよう配慮すること、第三に、らいを外国人のチャリティーショーや「商いの家」にしないことである。

このため、アフガン人チームの強い要望に応え、パキスタン政府の認可を得て、旧名称のAfghan Leprosy ServiceをJapan-Afghan Medical Services（ＪＡＭＳ）と改め、診療員養成コースを開設、モデル農村復興計画をうちあげた。Leprosyという名称を消したのは、らいを「さりげなく診《み》る」機関にして人々の不要な誤解を避けるためで、Japanをつけたのは日本の民間の良心によって成り立っている事実を鮮明にしたのである。

計画の骨子は、らいの多発地帯であるアフガニスタンのクナール、パンジシェール、ヌーリスタン、バーミヤンなどの地方数ヵ村にモデル診療所を置き、独自に訓練した診療員を配備し、荒廃した農村の復興を医療側から支援し、併せて徹底的な総合的疫学調査を実施しようというものである。

これらの地域は概《おおむ》ねハザラ、ヌーリスターニー、タジクなど少数民族の居住する地帯で、政治的に重要な主要民族・パシュトゥンに集中しがちな国際援助がゆき届きにくい。しかし同時に、住民は「援助ずれ」しておらず、内乱の隙間で強力な自治を獲得してきた所が多い。保健衛生教育を中心に、伝統的な相互扶助のやり方に則《のっと》って水と緑の復興に手をかせば、少ない予算で多くの病気をまるごと激減させることができる。らいとても例外でない。

我々チームは、外国の「救らい活動」の、年毎《としごと》に増加してゆく不釣り合いな多額の予算と、発展途上国の実情に合わぬ高度の研究・治療技術の誇示（私のひがみもあろうが）に、危惧の念を抱くようになっていた。華やかな学会やらいワークショップ、外国人の援助の論理を満足させる保健教育用の雑誌やパンフレットは、貧弱な我々の現場からは余りに遠く、空しさを覚えさせるものである。本部のばらまく患者への巨額の「福祉予算」は、少なくともアフガン人患者に関する限り、浮浪化と依存性を促進していた。また、欧米・アラブ各国による「難民ビジネス」に引き続く「復興援助ラッシュ」の、しばしば破壊的な作用を、心あるアフガン人たちは鋭く嗅ぎとっていた。

アフガニスタンの実情に即して百年の計を以《もっ》て臨むならば、今こそ種蒔く時である。しかし、いささか感傷めくが、小さな我々に今できる事は、自ら一粒の種となって地上に落ち、時を待つことである。「時限爆弾」とはこのことである。

まるで桁の異なるアラブや欧米のＮＧＯ（民間団体）の大規模なプロジェクトと競合する必要も能力もない。このような狂気と絶望の支配する中で求められるのは、小さくとも生まれつつある良心の希望の芽を守り育てることである。はやる心のアフガン人チームに対して、私の指針として与えたのは、アフガニスタンの農村の将来あるべき再建の道とらいの根絶の資料を提供する、貴重な調査と小実験であった。

「人狩り」と訓練コースの開始

一九八八年八月から、アフガン人チームは多忙な難民キャンプでの活動をぬって、準備に着手した。まず彼らの行なったのは人材の確保である。ペシャワールには英語の流暢なアフガン人の若者が大勢増えたが、長い目で見てまず使いものにならない。多くは既に自分の故郷に愛着を持たないからである。行きずりの外人にたかる流れ者に近いのが実情で、外国人の活動もまた、実績のための実績と化していることが大半であるから、これは最悪のコンビになることが多い。

どだい「難民」というステータスがゆきずりであるし、長い内戦の混乱の中で育った若者の立場を考えれば、解らなくもないが、いやしくも一国家、一民族の再建と呼ぶにはおそまつにすぎる。事を決定的に規定するのは人間であるという真理はいずこも変わらない。

そこでアフガン人チームが先ず行なったのは、人材の「人狩り」である。自ら現地に赴いて、「自分の村を離れてペシャワールのようなところに行きたくない」と嫌がる教育のある若者を、強引に説得して連れ出し、寮に半ば軟禁状態にして厳しい訓練と多忙な日課を与えるのである。英語は余り教えず、国語のペルシァ語で通す。外国人に技術協力して貰う場合は、外国人にペルシャ語を学んでもらう（英語は奴隷の言葉である、とパキスタンで彼らがもらすのは決して負け惜しみではないように思える）。いささか乱暴で回り道のようでも、こちらの方が長続きする。

一九八八年十二月三一日までに二〇名の人材を集め、最低限の教育態勢を整え、予定どおりに一九八九年一月一日に訓練コースはスタートした。一九八九年夏にアフガニスタン内部の予備調査で安全な候補地を選定、一九八九年度中に着手される予定である。

日本の民間援助とボランティアの受け皿

我々ＪＡＭＳの活動は、決して他の欧米諸国のＮＧＯと張り合っている訳ではないが、小さいとはいえども日本の良心の存在を示すためにも重要であったと思う。

ペシャワールとアフガニスタンに関する限り、国連組織を通じて行われる政府援助以外は日本の影は薄かった。日本に決してボランタリーが少ないのではなく、送り出す日本側の社会にゆとりがないこと、受け入れる現地側の態勢が整備されていないことによるのである。確かに、日本の社会は minority（少数者）に厳しい社会で、海外ボランティアもどちらかといえばこの少数派に属する。美談とはなっても、実質的な社会的評価を受けにくいものである。

欧米とアラブの殆どの国のＮＧＯが顔を並べているが、中にはアフリカのスーダンの団体もあった。スーダン自身が難民と貧困であえいでいる国である。「自分の国のことで精一杯ではないのか」と問うと、「とんでもない。我々自身が難民と政治干渉で苦しんだからこそ来たのだ。ひとごととは考えられないからだ」と当然のように述べた。経済大国日本の事を思えば赤面する思いに耐えられなかった。

とはいえ、一九八八年度は少なからぬボランティアが短期であっても駆けつけてくれたのは、ペシャワールでは画期的なことだったと思える。一九八八年十月に福岡済生会病院の松尾検査技師が、個人ボランティアとして短期協力し、一九八九年四月には、大分天心堂へつぎ病院から石松義弘医師が長期ベースでＪＡＭＳの活動に参加し、徐々にではあるが、日本のボランティアたちの本格的な受け入れ団体としても意味を持ちつつある。

今後ＪＡＭＳの活動は、これらボランティアたちの働きを一つの大きな柱として発展して行くものと思われる。

Ｖ　その他の医療活動

一九八八年度のペシャワールにおける医療活動の、もう一つの成果は、てんかんの組織的な診療態勢を敷いたことである。大学病院ですら脳波計もなく、神経病学のレベルも低かった。てんかんの大部分は、十分な臨床指導で案外安い費用でコントロール可能である。

ペシャワール大学のカイバル医学校とは、らいの保健教育で公衆衛生学とのつながりが深かったが、てんかんについても精神科と積極的に協力した。脳波カンファランス、神経学カンファランスを二年近く地道に続けて脳波読影のできる医師を育てて下地を作っておいた。一九八八年度は日本光電福岡支社、ペシャワール会、ＪＡＭＳの協力を得て、福岡・北九州ソロプチミストによって、ペシャワールの大学付属病院・精神科に脳波計が寄贈された。これで、ペシャワールにおけるてんかん診療のレベルは飛躍的に向上した。

一方ミッション病院内部にてんかんクリニックを開設させ、地元のボランティアの医師を置き、大学病院との協力の下、地元中心の継続的な自立的診療態勢を確立したといえよう。ＪＡＭＳのオフィスでは、スタッフたちが既に一年前に送られてきた別の脳波計の操作を一九八七年度中に習熟していたので、大学の医師や技師たちも容易に覚えることができた。初心者向けの良い英文のテキストがないので、手伝いに来た日本の医学生が翻訳までして労をとってくれた事もあった。「技術つきモノ援助」である。公的病院に埃をかぶってころがっている高価な医療機械を見るにつけ、これも成功した民間援助の一つとして報告に値する。

ついでに述べると、我々はトップレベルとの交流はなるべく避け、静かに実質的に事をはこんだ。新聞に載るような、なりもの入りの見世物は一般に仕事を駄目にする。何よりも当の患者達とペシャワールの人々が、事態をよく見ている。オールド・バザールの住民たちが、「またおえら方の例の見世物か」と、しばしば嘲笑する声はなかなか日本には届かないものである。

Ⅵ　一九八八年度をふりかえって

一九八八年度は、以上のように表面上は大きな進捗はなかったが、将来へ向けて、より深く大きな流れが水面下で進みつつあると思う。アフガニスタン情勢の転回と、騒々しい政治宣伝やマスコミのわきかえる報道を尻目に、遠い将来を見越して種蒔きが始まったばかりである。

過去五年をへて年々強くなる正直な実感は、問題が余りに大きく、解決が余りに遠いということである。確かに、アフガン難民問題は日本で考えられるほど甘くはないが、十年、二〇年という長い単位で考えればいつかは落ち着くであろう。平和と戦争は繰り返されるだろう。内乱によって過去の封建制度はもはやとどめをさされるに違いない。しかし、ペシャワールで未来のことを考えるのは幾分恐ろしい。膨大な物量の投入と工業化の促進、貧民層の増加と一層の貧困化、人口増加、農村の疲弊、自然からの搾取、年々増加する一方の消費、減少の気配のない麻薬取引、すさんでゆく人々の心……人間全体にしのびよる破局の兆《きざし》――このような表現が余りに絶望的に聞こえるなら、過去を一掃する新秩序の到来の予感――を感じ取るのは、おそらく我々だけではあるまい。

二七年間パキスタンのらい問題にかかわり続けてきた本部の指導者、ファウ医師自身がもらしたことがある。「星の数よりも多い無数の犠牲者と病人の中で、たったの数万名のらい患者！　自分のしてきたことは確かに意味のあったことに違いない。そう信じてきたし、信じたい。だが『しかし……』という余韻をこの修羅場の中で覚える」。一九八八年五月、ギルギット西方のディアミールで組織的な暴動が起こされて村々が争い、数千名が死亡した時のことである。このディアミールはらいの多発地帯で数百名が登録されていた。長い時間と費用をかけて築いたらい根絶の活動も、一挙に水の泡となった。はからずも、患者の命もろとも「根絶」されたケースもある。

先は遠い遠い道程に違いない。建てては壊し、壊しては建てる、はかない努力に我々は自己満足的で感傷的な意味しか見出せないのだろうか。そうではなく、目前の二〇〇万人の犠牲の下で、内外共に人間そのものが危機の時代に、戦争や暴力、金や事業欲では揺るがぬ、小さな灯を守ってきたのだ。というより、それに守られてきたのだ。我々の活動にささやかな気負いがあるとすれば、少なくともそれに誠実であろうとしたことだけである。

このことに関連し、我々のプロジェクトに対する多くの日本の方々の温かい理解と協力に心から感謝したい。JOCS、福岡ペシャワール会はもちろん、名古屋サウス・ライオンズクラブ、NCC（日本キリスト教協議会）教育部、徳洲会各病院、北九州・福岡の国際ソロプチミスト、福岡鶴《かく》城《じょう》ライオンズクラブ、天心堂へつぎ病院、大分医科大学有志、ペシャワールの石松医師を支える会、福岡・熊本の諸教会、北九州アジアを考える会、熊本ペシャワール会、若松を初めとする福岡・北九州の主なロータリークラブ、現地UNICEF（国連児童基金）に派遣された喜多医師、日本大使館など、実に多くの方々の無償の厚意と良心に我々は支えられてきた。

一九八九年度も多くの日本の良心を束ね、アフガン人―日本人共に手を携えて、力を尽くして問題に取り組んで行きたい。

アフガニスタン復興のための農村医療計画（Ⅱ）

JAMS責任者　Dr.シャワリ・ワリザリフ
医療顧問　中村　哲

Ⅱ　当面の具体的計画

本計画は、(A)診療員養成コース・アフガニスタン内部のモデル診療所開設、(B)診療施設（センター）の拡大充実を骨子とする。

(A)　診療員養成コース・モデル診療所

アフガニスタンの実情を考えるとき、単に都市圏の医療設備を充実させれば済むものではない。地理的のみならず、民族・部族の割拠性が極端である。これに加えて、大都市偏在型の医療構造が他のアジア諸国と同様に著しい。我々の標的はアフガニスタンの大部分を占める無医村にある。しかし、教育程度の極端に貧しいこれらの地区では、絶対的な人材不足に悩んでいる。かといって単に医師を急増して配備するのは時間も費用もかかるし徒労で終わる事が多い。

いかに効率よく、いかに長続きするかを以上の実情に即して考えると、最低限の処置の出来る診療員を各村に配備して簡単な一次診療と共に、積極的な保健衛生活動を行わせる以外に方策はないと判断される。我々の養成コース開設はこれを目的とする。

実施計画は以下のごとし。

一、一九八九年一月より、診療員の短期養成コースを現在のオフィスに開設する。第一回目は六ヵ月の期間で二〇名を養成する。

二、対象地区はアフガニスタン北東部（クナール、ヌーリスタン、パンジシェールなど）とし、これら地区のうち二〇ヵ村（各村約一千～五千家族）を選び、各村よりある程度の教育と意欲のある者を候補者とする。

三、人選を厳しくしたうえで、これら候補者は、基本的な診療技術、地域に即した保健衛生学を十分に学び、一九八九年七月より自分の村に配備される。

四、診療員は、地域に即した保健教育活動と簡単な一次診療を村人と協力して行うとともに、基本的な村の衛生状態の改善にも積極的に参加してゆく。

五、ペシャワール側のセンター（Japan-Afghan Medical Services）では、診療員の定期的な再教育、診療所の定期訪問を実施して実績を把握し、最低限必要な医薬品の補給、実情に即した村の衛生状態の改善に協力する。
六、衛生状態の改善とは、半砂漠地帯の多いアフガニスタン北東部では水と緑、良い保健教育に尽きる。非医療機関とも積極的に協力して、この問題と真剣に取り組む。
七、試行期間二年とし、良好な結果を確認したうえで許容する範囲内で拡大を図る。
八、診療員の身分については、当面は地域を統轄する各ゲリラ指導層と協約を結び、将来的にも良い働きを継続できるようにその安全と地位に責任を持つ。

Ⓑ　診療施設（センター）の拡大充実

一、既述のように、Afghan Leprosy Serviceは、診療対象を拡大すると共に誤解の多い「LEPROSY」の名称を避けるため、新しい名称である「Japan-Afghan Medical Services（JAMS）」を申請した。パキスタン政府の認可を得て、一九八九年二月より本名称を使用している。
二、センターは今までのらいコントロール計画の協力を継続するが、新たに以下のように機能を拡大する。
⑴一般的な疾病《しっぺい》（主に内科、小外科）の診療
⑵Aで述べた診療員養成の為の訓練・再教育
⑶アフガニスタン北東部に配備される診療所（二〇ヵ所）の管理
⑷ペシャワールにおけるてんかん等の神経疾患の診療・情報提供・教育サービス、皮膚疾患の診療
三、以上に伴って、入院施設十二床、外来診療、基本的な検査科をセンター内にひらく。診療施設は当然、養成される診療員の教育目的でもある（小外科、らいの外科設備は一九八八年三月までに既に完了。基本的な検査：血液一般、肝機能、検尿、検便、細菌・原虫・寄生虫検査、心電図、てんかんの為の脳波検査等はアフガン人スタッフの訓練を一九八八年十一月までに完了、現在十四名のスタッフで更に準備を進めている）。
四、センターに併設して診療員二〇名のための寮と教室を置く。
五、教育スタッフを兼ねて、アフガン人看護士若干名を雇用する。

Ⓒ　その他

一、若干の一時的な技術協力を除けば、総て現地補給、現地運営を原則とする。スタッフもアフガン人によるアフガン人の教育・管理とし、ペルシャ語を主とする。
二、把握する予定の二〇ヵ村（約十数万名）において、水利施設の充実と緑化は衛生状態の改善に欠かせず、本

プロジェクトの一部として積極的に非医療機関と提携して取り組んでゆく。

三、財政・技術援助は、これまで通り日本のＮＧＯ（ペシャワール会、徳洲会有志、名古屋サウス・ライオンズクラブなど）から支えられるが、さらに有志の参加を呼び掛けてゆく。しかし、徒《いたずら》に大規模にせず、あくまでモデル的な試みとして「Small, but beautiful」に徹する。本当に実のある効果的な自助援助ならば、結果は自ずと他の各村にも広がってゆくものと信ずる。

（完）

21号
1989・10

◎ペシャワールからの手紙

我々の種蒔きの仕事は何十年でも続くでしょう

イナゴによる飢饉が発生

仕事の方は、今年は石松先生のおかげで例年よりも早めに軌道にのり、何とか滑り出しました。でも、絶対的な資金・人員不足でギリギリのゆとりなさです。石松先生も小生もシャワリ先生も皆、体力的に限界が間もなく来るような気がします。長続きさせるためにも、ボランティアの参加の呼び掛けや、募金活動の方をぜひ宜しくお願いします。石松先生も過労気味のようです。

ペシャワールの方は九月の下旬になってやっと秋を思わせる気候となりました。今は騒々しいクーラーの音ともお別れで、快適な季節です。しかし、情勢はますます混乱の度を深めているように見えます。戦乱と複雑な政争に加えて、アフガニスタン北部でかなり大規模な飢饉が広がりつつあり、難民は月に四万人以上と言われております。

アフガニスタンの穀倉地帯と言われる北部の平原部、最低の見積で五〇万ヘクタール以上が、イナゴのために潰滅したそうです。混乱を避けるため現在大きなニュースとしては発表されていませんが、一九七一年の大飢饉以来の規模のものです。

通常、飢饉状態の発生する時は、農民は都市の小麦の蓄えを頼ってカブールのような大都市に流れてきます。一九七一年の時は、餓死する子供を見るに忍びず、誰かが拾ってくれるのを期待して路傍に捨ててゆく光景が普通に見られたそうです。ところが今年は、戦乱でカブールのような大都市は孤立しており、アフガニスタン内部の「国内難民」を抱えて、都市住民自身が飢餓と隣合わせにあります。事実、小麦のヤミ価格は、ここ数ヵ月で十倍以上となっており、ソ連からの補給も十分ではありません。

援助ビジネスの末路

欧米のＮＧＯ（民間援助団体）は、今頃になって情勢の不利を悟り、ＵＮＨＣＲ（国連難民高等弁務官事務所）の歩調に合わせて、いわゆるcross-border operation（パキスタン側からの復興援助）を中止する模様で、一部には既に引き揚げの動きがあると聞きました。馬鹿げた事です。事情ものみこまず、手前の都合でドカドカとやって来るからです。国連も同じです。実際のところ、我々も気分としては、これら援助ビジネスの外国人どもをつまみ出してやりたい所です。今から冬にかけて、一体何が起きようとしているのか、考えるだけで身の凍る思いがします。「政治難民」に加えて「飢餓難民」のため、パキスタン当局の予想では、現在の難民流入が数倍に急増するのは時間の問題だということです。

私達のＪＡＭＳやらいの仕事は、何がおきても変更はあり得ません。北西辺境州のらい根絶計画と関係が深い「医療側からの農村復興計画」も遅延を余儀なくされていますが、ここは幸い小規模で小回りがききますから、何年かけても時機を待ち、今は十分力を蓄えるべき時だと心得ております。そのための人づくりをコツコツとやっております。大金や何かの大規模プロジェクトには振り回されないので、ある意味では気が楽です。たとえ国連や各国政府が引き揚げても、何十年かかっても、我々の種蒔きの仕事は続くでしょう。

土壌にふさわしい種蒔きを

北西辺境州のらい根絶計画自身も、曲がり角にあります。見世物のような外国人の援助で大打撃を受けたと言えます。結局、後に残って立て直しを図らざるを得ないのは我々で、今やペシャワール会の働きは、この方面でも無視できぬものとなりました。ここ数年以内に、ペシャワール会を初めとする日本の役割が中心になるでしょう。一見遠くとも、そこにはそこなりのやり方があるのだということ、土壌にふさわしい種蒔き・さし木の方法を探り、それを可能な選択肢として地元に示し得る援助でなければ無意味なのではないかと頻《しき》りに思うこのごろです。

長くなりましたが、皆様もお元気で。また連絡しますが、とりあえず。

22号
1989・12

あるパシュトゥン患者の死

頑固さと誇り

私が駆け付けたときには、もう彼は虫の息といってよかった。十三歳の息子が、息もたえだえの父を半座位に抱え起こして茫然としていた。ペシャワールの、スラムと言うよりは、一般の人々の家並みの一角に彼の住居がある。すえたどぶの匂いと埃のたたずまいをくぐり、土壁に囲まれた彼の家に入ると、炊事場と便所とを兼ねた小さな空間を残して六畳ほどの小屋が一つある。薄暗い部屋には丸太で組んだベッドが三つあり、ここに彼は七人の家族と共に生活してきた。

「ドクター・サーブ」と彼は私を認めて、弱々しく、しかし絞り出すように言った。

「私はここが幸せなのです。家族を離れて治る見通しのない入院生活を続けたくなかったのです。どうせアッラーのお召しなら、病院よりもここが良いのです。どうか放っておいて下さい」

そう言ってさめざめと泣いた。いや、泣こうとしたが瞼《まぶた》の閉じぬ白眼は乾燥して涙の粒はあふれてこなかった。指の無くなった平たい両手でしっかりと私の手を取った。「意地を張らずに病院に帰れ。助かるんだぞ」と私が言うと、毅然として首を横に振った。パシュトゥンらしい特有の頑固さと誇りをむきだしにしたので、私も黙ってしまった。

　彼はもう六〇歳になる。本当に六〇歳かどうかは疑わしいが、ペシャワール・ミッション病院のらい病棟のチョキダール（門衛）として雇用された年齢に二〇を足すとそうなる。しかし、正確な年齢を詮索するのは我々の余計な厳密さである。ともかく彼は、自分でもう天に召されても不思議はないと判断できる年齢に近くなったということだ。

ジハド

　彼はアブドゥル・サタールという。故郷はペシャワールの北西、アフガニスタンのクナール州の一寒村である。ものごころついた頃から、彼は他の村の子供達と同様、家の手伝いと遊びに余念がなかった。何の変哲もない山奥の平和な村の生活だった。

　夏は羊を駆って谷から谷をカルカ（牧草地）を求めて歩き回った。春から夏は小麦の収穫、高値な米は領主様にさしだす。秋は冬に備えてたきぎ集めが忙しくなる。水汲み、小さな弟や妹の世話も大切な子供の仕事だ。学校？　そんなものは物好きの地主様のお坊ちゃまの行くところだ。俺達には何の関係もない。字など覚えるのは偉いモスクのムッラー（お坊さま）の仕事だ。マドラサ（モスクでの宗教教育）で神様の事を知れば十分だ。

　時折、大人たちが領主様の命令でラシュカル（戦争）に出掛ける。「アングレーズ（英国人）」と戦うのだという。アングレーズって何だろう。何だかよく解らないが得体の知れぬ悪い奴らだ。俺達パシュトゥンとイスラムの敵だ。カーフィル（異教徒）だ。第一、地主様やムッラー様がそうおっしゃっている。

　――そう信じて彼は育った。

　ある時、大勢の村の男衆たちが武装し、長老に連れられて村を出た。村人は熱狂的にそれを見送った。待ちに待ったジハド（聖戦）の時が来たのだ。カシミールへ！　我々の桃源郷を異教徒ヒンドゥたちが奪おうとしているのだ。カシミールのイスラム同胞を救うのだ、と彼は聞かされた。旧式のエンフィールド銃を手に、薬莢《やっきょう》を肩に掛けたものものしいいで立ちの男たちは、村々から集まってたちまち数百人の部隊となり、チトラールからシャンドゥール峠を越えてカシミールに入った（一九四九年の第一次印パ戦争の時とほぼ一致する。カシミール争奪を巡る印度―パキスタンの紛争に多数のパシュトゥン住民が参加したらしい)。

サタールはまだ十歳前後だったがこの時の男たちの勇ましい姿が忘れられない。帰ってきた若い衆の手柄話に、眼を輝かせてうっとりと聴き入ったものである。自分もいつかは誇り高いパシュトゥンとして生き、命を神に捧げるのだ、と何度も自分に言い聞かせた。

ジュザーム

それから数年が過ぎた。単調な毎日だった。茶褐色の荒々しい岩肌と不毛の岩石沙漠に浮かぶオアシスの村、抜けるような青い空、となり村との争い、日なたぼっこをしながら楽しむ噂話、農作業の手伝い、それが全てだった。

ある夏の日、サタールは小麦の刈り入れをした後、シャツの袖がぐっしょり血に染まっていることを弟から告げられた。刈り入れの最中に、鎌で怪我をしたそそっかしい奴が自分の服に触れたのだろうと思った。よく調べると小指から手の甲にかけて深い鎌きずがあった。しかし、不思議なことに何の痛みもなかった。ハーキム(村医者)のところで手当を受けたが、小指は化膿してそのうち無くなってしまった。

その後、しばしば指先や足にやけどや怪我をしたが、妙なことにひどく化膿してから目で見てやっと気づくのである。そのうち体中に赤いはれものが出ているのに気づくようになった。時々熱が出て体の節々がひどく痛む。医者に見せたいが、ペシャワールは遠い。第一よほどのことがない限りペシャワールなど村人はゆかぬ。こんな寒村で一生に一度見ればよい所だ。

やがてさらに数年が過ぎた。サタールの病状は年々悪化して行った。両手の指は殆ど無くなり、足指もいつの間にか抜け落ちてしまった。まだ若いのに頭髪が抜けてはげあがり、瞼が閉じにくくなって白まなこがむきだしになった。近所の者も気味悪がるようになり、家族も心配した。祟りだと言う者もあった。


とうとう決心して、ペシャワールの医者のところに行くことにした。バス賃が無かったので、知り合いの運送業者に頼んで乗せてもらい、やっとたどり着いた。ペシャワールには同郷のクナール出身者が居たので、とりあえず身を寄せ、出来たばかりの、無料診療をしていると聞いた病院に行った。

何時間も待たされてやっと医者に会えたが、「大丈夫、そのうち治る」と言われ、一目見るだけで診察らしいものもなく、面倒臭そうに処方箋を渡されただけだった。もう一枚の紙切れには何か英語で書いてあったが、よく分からなかった。帰宅して知人に見せると、「おまえはジュザーム(らい)だ」といわれて突然追い出されてしまった。

「ジュザーム」とは何だろう？　以前にどこかで聞いたことがあるが、サタールはよく知らなかった。その知人に食い下がった。

「なぜジュザームがいけないんだ。同じムサルマーン（イスラム教徒）なのに何故そんなことをするのだ」

彼は、屈辱に耐えられなかった。

アングレーズの病院

――その後のことは、彼は余り語りたがらなかった。ただ、私が人から聞いたのは、彼が物乞いをしながらペシャワールをうろついていたということだけである。故郷のクナールにはもう帰らなかった。

こうして、またペシャワールで何年かが過ぎた。一九六八年のある日、ミッション病院で、ジュザームの治療をする所が出来た、と噂に聞いた。「アングレーズ（英国人）」の病院だが評判が良かった。ペシャワールの人々はアングレーズでも、いい人ならば構いはしない。サタールも、長いペシャワールでの生活で多少は抵抗がなくなっていたので、思い切って訪ねてみた。

おそるおそる会った「アングレーズの医者」は、サタールの異様な容貌も、薄汚い物乞いの姿も意に介さないようだった。流暢なウルドゥ語で、ちゃんと治療すればこれ以上は悪くならないから、と丁寧に説明して、膿《うみ》だらけの傷を手当てしてくれた。サタールは涙がこぼれた。おそらくこれが、彼が故郷を出てから初めて受けた親切な態度だったからである。

案内された病棟には、同じジュザームの患者たちが入院して治療を受けていた。パキスタン人のスタッフがこざっぱりした身なりで、てきぱきと病気の説明をし、薬を続けてのむこと、手や足の傷に気をつけ、何かあったらいつでも病棟にくることを説明してくれた。

一九七五年に、「別のアングレーズ」のグループがらい病棟に来た。アングレーズにもいろいろあって、ベルギーという所から来たらしい。ともかくよく分からぬが、非常に献身的で、カーフィル（異教徒）とも思えない。「イスラムの兄弟」は自分に何をしてくれたのだろう。このカーフィルたちは、本当はムサルマーン（イスラム教徒）に違いない、とも思ったりした。彼らはサタールの物乞いをやめさせ、らい病棟の門衛として雇用した。「神は大変お喜びになります（ご喜捨を）」などと言って、もうバザールで屈辱的なお貰いをする必要はなくなった。初任給は四〇〇ルピーで、まずまずだった。

五〇ルピーでスラムの一角に家を借り、数年後には貯めた金で女を娶《めと》り、一家を構えることが出来た。職務には忠実で、一度も遅刻をした事はなかった。

実直なイスラム教徒

私が一九八四年に赴任して以来も、サタールは常にらい病棟の入り口で、まるで警察官のようにじっと椅子に腰掛けて番をしていた。目付きの悪いやつだ、と初め私は思っていたが、パシュトゥ語が分かるようになって世間話ができるようになると、屈託なく冗談を飛ばして明るい男だった。

指のなくなった手は、よく私の診療の役に立った。感覚障害で不注意にやけどを繰り返す、きき分けのない患者がいる場合、このサタールを呼びつけ、彼の指のない両手を見せる。

「用心してないと、おまえもこんな手になるぞ」

サタールは心得たもので、クナールなまりの強いパシュトゥ語で、威嚇するように演技する。

「ドクター・サーブのおっしゃるのは本当だぞ。これを見ろ。おれも、もう少し早く治療を受けて、いうことを聞いていれば、こんなにならなかったものを……。アッラー（神よ）、トーバ、トーバ（くわばら、くわばら）」

大抵の新患者はぎょっとして、よく分かりましたと、何度もうなずいたものだ。

長期滞在患者が増えてきて病棟で不穏な動きがあるときは、彼がいちはやく察知して知らせてくれる。スタッフの怠慢もつつ抜けで、病棟の様子が手に取るように分かる。目立たぬが貴重な存在だった。

しかし、彼も自分の習性と信念から、イスラム教徒としての節《せつ》を貫いていた。パシュトゥンとしての誇りも捨てなかった。口論のときなどは、人間ばなれした獰猛《どうもう》な顔つきに変わる。あるときは、食事の改善をめぐって入院患者のハンガー・ストライキがあった。またある時は、パキスタン患者とアフガン患者との対立が起きたりした。そんなとき、「お前もムサルマーンだから加われ」という誘いに、眼をむいて怒って言った。

「ここが嫌なら他へ行きゃいい。『ムサルマーンだから』なんて言葉は俺は信じねえ。おめえたちの事でドクター・サーブが居なくなりゃどうするんだ。俺はそのムサルマーンとやらに騙《だま》されて来たのさ。それに、パキスタンもアフガニスタンもあるものか。ジュザームはジュザームだ。患者はちゃんと治療を受けてりゃいいんだ」

全く彼は実直なイスラム教徒であり、パシュトゥンであった。

男女の不祥事にも厳しかった。ある時、夜間に女性のトイレに潜んでいた男子患者が発見されてつかまった時などは、皆で犯人を捕らえ、顔に墨を塗りつけて追放したことがあった。

「パシュトゥンの習慣なのか」と尋《き》くと、「とんでもない。

村ではこれくらいでは収まりませんや。鉄砲でぶち殺して終わりでさ」

一徹者

一九八八年秋、アフガン人チームの再組織化のため、私は一時的に病棟を離れていた。その直後、サタールは高熱で倒れた。私が診《み》に行った時、明らかに腸チフスであったが、その後急激に衰弱し、敗血症、さらに急性粟粒《ぞくりゅう》結核を患った。私の代わりにミッション病院の内科の医師が診ていたが、長引く治療に耐えきれず、怒って退院してしまった。というより、自分の判断で「臨終」を決め込んでしまったのだ。

一徹者のサタールは、不誠実なパキスタン人の医者と病院をのろい、死を決意した。私が三週間たって彼の家を訪れたときは、本当に虫の息だった。聴診器を忘れてきたので、自分の耳を彼の背中につけて聴くと、ひどい喘鳴《ぜいめい》が聞こえ、高熱で耳が熱く感じた。しかし、衰弱しきった状態にもかかわらず、彼の体温が何かたぎるような彼の意志を生々しく私の耳に伝えるようであった。一緒についてきたアフガン人の医師が言った。

「死相がでています。このような患者を私は何人も診ました。もう諦めるべきです。彼らの意志を変える事は不可能です」

しかし、私はこの患者への愛着を捨て切れないと同時に、残される家族――妻と四人の子供達の事を思えば、いたたまれなかった。死亡する前にと、急いでミッション病院からの年金の手続きを済ませ、ともかく指示された結核の薬と、日に二リットルのスープは無理にでも飲むように命令した。

「お前は潔いつもりだろうが、そうはいかん。後に残される者のことも考えてみろ。お前の命はアッラー（神）のものだ。お前自身で判断はつかぬ。恰好をつけるな。恥をさらして生きなきゃいかんこともある」

「ドクター・サーブ、分かりました。おっしゃる通りにします。ただ、病院には死んでも帰りません。家族と一緒に居させて下さい」

横では、もう一人の病人が狭く暗い部屋の中に横たわっていた。彼の妻で、まだ四〇歳前であったが、青白く痩せこけて激しく咳きこんでいた。十歳前後の女の子がその背中をさすっていた。彼女も肺結核で、最近治療を始めたばかりであった。他の五、六歳の子供達は姉の手伝いをして、水運びや両親の世話で忙しそうであった。

殆ど絶望的な気持ちで私は外に出た。暗い家の中と対照に、明るい青空と強烈な日差しが目に痛かった。埃の舞う路地では、近所の子供達が何事もないように群れて、笑顔に溢れて楽しそうに遊んでいた。粗末な泥の家並みを背景に駐車している、日本から送られてきた真新しいジープが、妙に不釣り合いで白々しかった。

大通りに出ると、折から戒厳令解除後初の総選挙の後で、街は騒然としていた。人民党の赤・黒・緑の三色旗と赤旗が街路を埋め尽くし、人民党の圧勝と「自由とデモクラシーの到来」をスピーカーが喧しくがなりたてていた。しかし、勝利を告げる人民党の三色旗も、イスラム平等主義のスローガンも、パキスタン建国の理想も、ヒューマニズムも、パシュトゥン民族主義も、いかなる政治的宣伝も、今の我々には余りに無縁なものであった。そして、日本がいよいよ遠く遥かに感ぜられた。

（一九八八年十一月記）

私も若いのでJAMSと共に頑張っていきます

語り手　石松義弘
尋《き》き手　中村　哲

ここはJAMSのオフィス。ここのところ忙しくて疲れ気味の石松先生に原稿の催促の勢いも鈍りがちな私を見兼ねてか、同情してか、ちょっと一息ついた午後、中村先生自らインタビュアーの役をかってでてくださいました。

（ペシャワール会現地派遣ワーカー／沢田裕子）

医療者としての存在価値を感じはじめた

中村（**以下「中」**）　石松先生が来てから八カ月経ったけど、どうね。ペシャワールに来る前に考えていた海外協力と現実のギャップなんかあるんやないかな。

石松（**以下「石」**）　うーん、でも、来る前からあんまり色々考えてなかったし、状況にあわせてできることをしようと思っていたから。まあ、こんなもんじゃないかなあ。
中　こんなものかな、というのをもっと具体的に言ったら？
石　例えば、難民キャンプに行って、薬を配って、命を救おうというのだけではだめだ、というのは観念として感じていたけれども、実際にキャンプに行くと、いわゆる「三〇秒医療」と呼ばれるような刹那《せつな》的医療ではなく、残るもの、人を育てるとか、緑を育てるとかしかないということを実感したというか……。ついこの間のように、キャンプから連れて来た子供が次の日に死んだ時など、もっと早い内に何とかできなかったのかと、痛感させられたり。
中　うん、月並みだけど、予防医療が第一だといわれるのが、「身にしみて」わかった、というところかな？
石　そうですね。同時に、ここにこうして居るだけでも役に立つ事ができる。基本的な医療知識や態勢がないところだから、施薬だけをとってもやることはたくさんある。最近になってやっと医者らしいことをしていると思えるようになった。医療者としての存在価値を自分に感じ始めました。

JAMSを育てていくのが仕事

中　ん？　最近、ということは、以前はやはり「こんなはずじゃなかった」というところがあったのかな？　色々といいことだけを書いている僕に騙《だま》された、というような……（笑）。
石　いえいえ。最初から騙されようと思って来ましたから（笑）。それに、ＪＡＭＳは未成熟だから、それを育てていくのが仕事だと思っているから、そういう気持ちはありませんよ。
中　絶望してない？
石　してない。
中　じゃあ、一番しゃくにさわることといったら？
石　アフガン人同士、パキスタン人とアフガン人、日本からみて困っている人同士、どうしてあんなにいがみ合うのか。ここのスタッフを見ていても、彼らの掲げる理想と現実が違うじゃないかと思ったりする。同じアフガン人同士でも、兄弟か、敵か、という感覚で、身内で固まるし、それが未だに抵抗がある。彼らの自己防衛本能だとも思うけど。
中　ミッション病院とＪＡＭＳの関係にしても難しいものがあるよね。パキスタン人対アフガン人という。我々のような外国人が間にいることで辛うじて関係が保たれているようなところがある。
石　足の引っ張り合いね。誰かが失敗をすると必ず、自分のミスではないと主張する。

休みの日には行くところがない

中　まあ、イヤな話になってきたけど、来て良かったと思うところは？　時間を守らなくてもいいとか（笑）。

石　患者さんと話をするのは楽しいですね。日本では、忙しいのもあるし、言葉もすぐに通じるからそんなに時間をかけなくてもいいというのもあるけど。こっちは時間があるから、言葉の練習をかねてゆっくり診察ができる。一度仲良くなると温かい人間関係ができるし、知り合いが増えれば増えるほど楽しくなるんじゃないかと思う。何でも自分でしなければいけないのは大変だけど、スタッフと一緒に色々やって覚えてくれるのも楽しいし。

中　「人作り」ね。

石　そう。結構、皆、まじめで熱心だし。

中　言葉の問題はどう？

石　診察の言葉は決まっているのでなんとか。でも、日常会話はまだまだ。忙しいと、つい、英語ですましてしまいますね。今、夜、ペルシャ語の学校に行ってますけど。

中　石松君のＪＡＭＳでの一日を紹介したら？

石　朝八時に朝礼、八時半に打ち合わせ。九時から十時まで回診して午後一時まで外来。午後は、検査室で教えたり、病棟で処置をしたり。火曜日は手術、木曜は難民キャンプ。四時から六時までドクターの勉強会。夜は、ペルシャ語の学校。

中　退屈だと思うことはない？

石　ありますね。一日のうち一時間ポッカリ空いてしまって、することがないなあ、なんて思うことがある。休みの日には行く所がないし……。大体寝てるけど。

中　食べ物はどんなものを？

石　今は国連の佐藤さんと一緒に部屋を借りていてコックさんがいるのでパキスタン料理と西洋料理を混ぜたようなものを食べてます。

中　こちらの食べ物に抵抗はないの？

石　毎日だと困るけど、嫌いじゃないですよ。まあ、もともと僕は味覚文化に対する認識がないから。アフガン料理では、カバブとナンがおいしい。

違いを認めつつ一緒にやる

中　話は変わって、日本側のドナー（寄付者）、ワーカーに対して、海外協力にきれいなだけのイメージを持っている人もあるようだけど、何かコメントがあるかな？

石　まあ、そういうイメージから入っていくのもひとつだけど、何か仕事をするためには長くいなくちゃ出来ないし、長く居るためには体力も要るし、息抜きという妥協も必要。日本人であることは変えられないけれど、違う物を食べているからといって相互理解ができないことはないし、違いは違いとして認めて、一緒にやって行こうとする気持ちがあるかないかが大切だと思う。

中　異質性を認めて共に生きるということかな。おでん屋の「もつ」みたいなもので、どこまで嚙んで飲み込むか、その兼合《かねあ》いを自分で調節していったら良い、というのかな。
石　そう。うわべだけにこだわってもしょうがない。

準備は万全に　心理的には気楽に

中　では、らいの仕事に関わって、日本のらいと比べてどう思う？
石　日本のらいをあまり詳しく知らないけれど、こちらは、見た目にはひどいけど、付き合ってみると、悲惨な感じはしない。
中　それは、偏見が少ないせいですかね。
石　周りも患者さん自身も偏見がなく、寛容だという印象がありますね。
中　日本からのボランティアが来ますが、彼らに対して一言。
石　基本的には、気楽に来たら良い。肩に力を入れて来る必要はないけれど、具体的なところで役に立てるところは沢山あるので、気楽に、かつ、用意周到に、というか。構えずに現実を見るということが一番大事。あんまり気楽でも困るけど、せっかく来るんだからパキスタンの本でも読んで来たらいい。準備を十分して、心理的には気楽に。依頼心がありすぎるのも困るから。
中　ペシャワールには、まだしばらく居る？
石　二、三年ぐらいはいないと、日本で言って来た手前、かっこうがつかない（笑）。まあ、どうなるかわかりませんが、こういう仕事はずっと続けたいと思っているので、そういう点からも、ここは熱帯医学の非常に良い勉強になっていると思います。
中　こういう仕事というのは、発展途上国の医療ということだよね。後は、どんな所に行きたいと思ってるの？
石　第三世界だったらどこでもいいけど、まあ、好きな所と言えば、アフリカかな。
中　将来の希望として、こうなりたい、こうしたいということは？
石　とにかく、もっと、臨床の力をつけたいですね。

お金だけの援助は現地に混乱を招くだけ

中　ここで見たＯＤＡ（政府開発援助）に一言あれば。
石　関わり方にも色々あると思う。ＮＧＯにも色々あるし、日本のＯＤＡに関して言えば、額が問題じゃなくて、どう使われているか、中身を見届けていく必要があると思う。金を出すだけだったら、現地に混乱を招くだけだから、しない方がいい。
　日本の援助の歴史は浅いけど、質を考える時期に来ているんじゃないですか。日本の面子《メンツ》を保つために出す援助じゃなく、本当に役に立っているか見届ける。これは、ＯＤＡ

に限らず他のＮＧＯも考えなくてはいけないことだと思いますよ。

中 例えば、日本の良心的な人々にも、ひとつの誤解があると思うんだよね。豊かなところから貧しい所へ、みたいな。ここにはここの、泣き笑いがあるんであって。そういったことも含めて日本のサポートしてくれる人達にメッセージを。

石 慈善が悪いというわけではないけれど、そこから、もう一歩先に進んで、日本を含めて一緒に生きて行くには、協力していくしかない、という風なところまでいけたらいいんじゃないかな。

中 じゃあ、先生もお疲れのようだから、これくらいにしましょうか。

石 はい、ＪＡＭＳには、これからどうにでもなる可能性、若い感じがあるし、私も若いので（ここで一同爆笑と書いたら、と中村先生が言いました）、一緒に頑張っていきたいと思います。

我が家の小さな論争

ＪＯＣＳワーカーとして最も苦しい瞬間は、「草の根と共に」を常日頃口にしながら、現実には我々もまた欧米の高級クラブの一員に過ぎぬ事を実感する時である。

先日、うちの二人の子供が通っている学校の行事のことで、小さな論争が我が家でありました。上の子は九歳で小学校三年、下の子は六歳で小学校一年ですが、ウルドゥ語教育では帰国後の事が心配で、一昨年から出来たペシャワールでは唯一の英語学校、インターナショナル・スクールに入学させました。問題になったのは「ハロウィーン」という米国の祭りです。子供達にとってはクリスマスに次いで楽しいお祭りですから、そのこと自身をとやかく言っているのではありません。

我々は、週に一回難民キャンプに出掛けていますが、現在パキスタンに流れて来る飢餓難民が月に四万人、更に冬を目前に十数万人となるのは時間の問題で、新しく出来始めたキャンプの実情は語るに忍びません。殆どが栄養障害の上、マラリヤの罹患率が五〇％以上、下痢で死ぬ子供は数知れずです。インターナショナル・スクールに通学している子供の殆どは、これら難民関係の仕事でやって来た外国人の子弟の筈です。それに学校周辺にさえアフガン難民が絶えず行き交っているのです。

問題は、学校側がペシャワールでは贅沢な高級外人クラブ（と見なされる）、アメリカン・クラブと提携して派手に市内を練り歩き、クラブの中でハロウィーンという米国の祭りを傍若無人に騒ぎ立てることです。しかも、反米感情が強く異教徒に厳しい土地柄、余りに目立ちます。要するに、デリカシーを欠くのです。

何歳頃か忘れましたが、敗戦直後の混乱の場面をうっすらと子供心に覚えています。ジープに乗った米兵がチョコレートをばらまき、争ってひろっている子供を眺めて楽しんでいた光景を私は忘れることができません。親の命令でチョコレートを拾って食えなかった胃の恨みのせいか、何故かこの場面は強く印象に残っていて、このての連中に対する怒りと屈辱感を今も覚えます。私はついカッとなって、「アメ公のまねをして地元の人を馬鹿にするな」と強く言いました。

しかし、子供達にしてみれば何の事やら合点のゆくはずもありません。結局私は自分の感情の押し付けの非を悟り、楽しいことは楽しいこと、と割り切ってハロウィーンの集まりに出席させせました。

ところが、このような外国人の態度は、直ちに一つの事件として彼らを震え上がらせました。この直後十一月初めに、ある英国の難民救済団体の管理者が行方不明となりました。恐らく誘拐されて消されたのです。この団体は良心的なキリスト教団体でしたが、「殉教も辞さぬ」一部の英雄気取りのメンバーが聖書を配るなどの「伝道活動」をキャンプで行なって、ひんしゅくを買っていたのでした。

確かに近代化された人々の目から見れば、現地は荒唐無稽なイスラムの風習に支配されているでしょう。その無知と後進性を嘲笑《あざわら》うこともできるでしょう。また、慣れぬ土地に居る外人にしてみれば、たまの息抜きも必要でしょう。だが、そこに自ずと節度と現地への配慮がなければなりません。現地では今、「援助」の名で闊歩《かっぽ》している外国人への反感が高まりつつあります。私は当然だと思います。現地の人々を将棋の駒のように使い、自分の野心や業績、自己の情熱の満足の実現に忙しい彼らが、どうして信頼を受けることが出来るでしょう。決して外国人への復讐を歓迎するものではありませんが、もし自分が地元の人間だったら同様の事をしても不思議はなかろうと思います。

ともあれ、私としてはこのような地元の反感に同情しつつも、危険もさることながら、自分もまた、その一人たらざるを得ないという現実にいたたまれぬ感じが致します。地元にしてみても、外国人の横着さは我慢ならぬが、さりとて援助なくして食ってゆけないという現実があります。それでも——？　という答えのない自問は大きくなるばかりの今日この頃です。

（JOCS「祈りの手紙」八二号より）

23号　1990・4

主役は我々ではなく現地の人々だということを原点に

力を蓄えるべき時

日本はいかがですか。多忙な折、ペシャワール会のお仕事ご苦労さまです。

最近はペシャワールの情勢は比較的落ち着いており、ゲリラ勢力の内輪もめと政治テロ以外に大きな事件は起きていません。ただ、アフガニスタン内部は政府軍とゲリラ組織の「内部暫定政権」とのつばぜりあいで混乱が続き、現在直ちに我々の活動を内部に延長することは考えていません。散発的にスタッフを送って事態を静観しています。比較的安定すると判断される数年後を期して、こちらも大攻勢に出るべく、今は臥薪嘗胆《がしんしょうたん》、力を蓄えるべき時であろうと思っています。

しかし、紛争が今度はカシミールの方に移り、二月十日の「カシミール・デー」はパキスタン全土が緊迫し、北東部国境ではインドとの間で一触即発の事態が続きました。

ソ連南部の各共和国でも、内紛が伝えられています。カラチや南部の各都市では治安が悪くなるばかり、毎日、新聞記事を読むとウンザリしますので、最近は知らぬが仏で仕事を着実に進めることに専念しております。

自転車操業でやっとります

ＪＡＭＳ（Japan-Afghan Medical Services）もペシャワール・ミッション病院も、内実は自転車操業で青息吐息、今が最も苦しいときですが、六月頃までには比較的良い条件で一息つけると判断しています。事務処理や雑務が例年以上にたまっており、ペシャワール会事務局の沢田さんが助っ人に来てなければどうなっただろうと、ぞっとしています。

ＪＡＭＳはユニセフ（国連児童基金）との共同で母子栄養に関する調査を継続、これを通して設備もスタッフの訓練も充実しつつあります。一九九〇年は、この他にマラリア、リーシュマニア、熱性疾患、ハンセン病などについて良い臨床調査を重ね、将来に備えたいと考えています。今の所、日本から見れば極めて貧弱ですが、近い将来熱帯病の良い臨床訓練・研究施設になるでしょう。移動診療部隊も、日本からの補給力が増せばいつでも充実拡張できる態勢にあります。時間の問題ですが、もう一頑張りです。

サンダル・ワークショップも再開

ペシャワール・ミッション病院らいセンターについては、来《きた》る三月までには新しい病棟が完成予定、あとは人の問題です。これも今夏帰国後に精力的にかけずり回り、何としても秋までには派遣人員を確保したいと思っています。公営のセンターは、病院としてはほぼ潰れました。ミッション病院の役割は大きいです。

サンダル・ワークショップは、大いに期待が持てます。一昨年四月に病院の内紛で一時閉鎖していましたが、昨年十二月に再開しました。良い職人を確保するのに四苦八苦、スタッフが精力的に調べて「ひきぬき」に成功するまで、半年くらい掛けました。なにせペシャワールのようなコミュニティのことですから、大変です。優秀な職人は普通店のオーナーが前貸しをして、低賃金でそこから逃げられぬようにするのですが、救いを求めて来た職人を我々が庇《かば》う立場となってオーナーと一悶着《ひともんちゃく》。しかし苦労の甲斐あって、試作品は上出来です！　今年は一千足を目標に豊作の年になりそうです。

「てんかん」もまずまずだと言えますが、後は根気です。大学の神経カンファレンスもまだ続いています。成人の脳波については皆かなりの所まで来ていますが、小児の脳波についてはまだ弱く、ぼくが全部背負っている状態です。しかし、これも続ければ時間の問題です。ミッション病院のてんかん・クリニックもこの一年着実な歩みを示しているようです。

日本人は気が短かすぎます

以上のように大体の見通しはついてきましたが、今夏帰国後いかに補給態勢の立て直しを図るか、考えているところです。ペシャワール会も転機になると思います。事態が正規戦の様相を呈してきて、本格的な実力部隊を組織せざるを得ない段階になっています。小生一人のきりもりでは歯がたたなくなりつつあります。

こちらとしては、現地にとって良いものを中心に考えてゆくべきで、日本側を喜ばせる事に重点を置くべきではないとさえ思うことがあります。それは、しばしば日本側のイメージや判断と現地の事情とが、余りに掛け離れているからです。好意が仇《あだ》になり、熱意が迷惑になり、現地に負担をかけるという事態がないではありません。日本人は気が短かすぎます。我々の仕事が本当に長期戦に耐え得るように構え、そして主役は我々でなく現地の人々だという出発点に繰り返したちかえるべきだと最近つくづく思います。

アフガニスタン難民のための多くの外国NGO（民間団体）が現地の信頼を得ることができないのは、事業が現地のためにあるのではなく、現地が自分の事業のためにあるという倒錯があるからです。

苦楽を共にしながら

この中でペシャワール会の役割は、JAMS本部として、パキスタン北西辺境州とアフガニスタンのらい根絶計画の強力な支え役として、さらに良心的な市民の会を束ねる力として、ペシャワールと日本をつなぐ架け橋として、アジアを身近にする真の国際化の担い手として、ますます重要になってくると思っています。私たちは、過去七年間の蓄積――その中には今考えると笑うべき事も、失敗や苦い思い出もありますが――を踏まえ、これまでと変わらず、こつこつと、苦楽を共にしながらやってゆこうではありませんか。

我々の働きが、人間と人間を隔てる全てのカーテン――それが思想であろうと、主義主張であろうと、宗教的な粉飾であろうと、政治的立場であろうと、それら全てを突き破って輝く時代の灯となるよう祈ります。

ではまた。皆様もお元気で。

24号 1990・7

我々は自分の出発点にくりかえし立ち返らねばならない
——一九八九年度ペシャワール活動報告

I　一九八九年度の概況

ペシャワールの動きは、流動する政治的・社会的背景をぬきに理解しがたい。ここでは一九八九年度に目立った動きを中心に述べてみよう。

混乱の続くアフガニスタン情勢

ソ連軍の撤退は一九八九年二月を以て《もっ》一応完了したものの、「難民帰還」やアフガニスタン復興がそう短兵急《たんぺいきゅう》に出来るものでないことは再々述べてきた。一九八九年度は、東欧の派手な政治的動きで「アフガニスタン」への関心は世界的に色褪《あ》せていた。事実、一部の欧米諸団体や国連組織には撤退又は活動規模縮小の動きが歴然としてきた。

しかし、大勢は難民の数は余り減少しなかったし、アフガニスタン内部は群雄割拠の戦国時代の様相を呈し、国境沿いの活動による「復興援助」の騒々しい自己宣伝以外に大きな進展は見られなかったと言える。札束の舞う「援助」と政治的干渉は復興を反《かえ》って遅延させていたと言えなくはない。

最近になって国境地帯の住民に帰還の動きが出てきたが、彼らは外国の「帰還支援」の活動とはほぼ無関係に独自の判断で行動している。例えば、「地雷撤去」の方法にしても、外国人が大袈裟なプロジェクトを組まずとも、彼ら自身熟知しているし、複雑な伝統社会内部の人間関係を無視しては地域での有効な活動は困難なのである。

一九八九年二月の内部暫定政権の成立は、ペシャワールを拠点とする七派の主要抵抗組織（ムジャヘディン・ゲリラ）によるものであったが、主要都市攻略は進まず、各派が対立して抗争をくりかえしていた。侵略者に対するかつての果敢な抵抗は権力闘争に変質しつつあるという印象は否めない。

ソ連軍撤退の空隙を埋めたのは果てしのない内部抗争と飢餓であり、不必要な「革命」に続くものは当然イスラム伝統社会の過剰な反動であった。神政国家を掲げるファンダメンタリズムはペシャワールでも猖獗《しょうけつ》をきわめた。多くのアフガン人女性たちが外で働いているというだけで非難・誘拐されたり、リベラルな人々が共産主義者というレッテルを貼られて殺害されたりした。もちろん、カブール政権側も十分な報復を以て応えた。

犠牲を大きくしたのは超大国の武器援助である。死傷者と飢餓を再生産させたのは明らかに彼らの責任である。十九世紀的な英国の「分離統治」は、米ソに引き継がれているように見える。彼らによって民族の分裂と無用な抗争が増幅したからだ。彼ら自身は「デタント」〔冷戦時代の東西の緊張緩和〕の恩恵を享受して自国で沸き返っている事ができようが、一〇〇万とも二〇〇万ともいわれる死亡者と、この収拾のつかぬ混乱と国土の荒廃に対して、誰がどう責任を取るというのか。多くの発展途上国にとっては、対決も緊張緩和も等質に見える。

超大国は武器援助の停止や縮小をほのめかしていたが、一九八九年十二月、米国諜報機関筋は「現在の状況は高くつきすぎた」として莫大な戦費を公表、我々を驚かせた。抵抗組織自身も、一方でイスラム主義の精神的支えと、他方で金と武器援助の前に欧米勢力に屈服せざるを得ぬ事実との板挟みにあった。

アフガン社会の苦悩はまだまだ続くであろう。これを彼らの前近代的な部族主義や封建時代的なメンタリティーにのみ帰する事はできない。かつて帝政ロシアで、清末の中国で、対米戦争に突入した日本で、そしてイスラム革命を経過せざるを得なかったイランで繰り返された歴史を、今アフガン社会は多大の犠牲を払って経験しつつある。

パキスタン情勢

パキスタンの苦悩の構造も基本的に同様である。米ソ歩みよりの世界的な動きによって、「前線国家」の位置はその意味を失い、国策の大幅な再編を迫られた。細かな事実関係は別として、一九八八年のジュネーブ和平協定とソ連軍撤退、ジア・ウル・ハク大統領の爆殺、パキスタン人民党の勝利も、この脈絡の中で理解できる。ヨーロッパ陣営の東西歩み寄りの急展開は、煽《あお》りを食らったパキスタン国内外政策の混乱の独力収拾を困難にしている。

確かにアフガニスタンの内乱によって、パキスタン経済が難民援助による莫大な外貨流入の恩恵を受けたことを誰も否定しないであろう。しかし、それ以上に喪失したものの方が大きかった。投資よりも消費の伸びが上回り、貧困層はさらに貧困となった。武器・麻薬取引の爆発的な増大は治安の悪化に大いに貢献したし、貧富の差の拡大による矛盾は次第に貧民層の焦躁感と権利意識を高め、インフレは人々を悩ませ続けている。カブールから発射されるミサイルはしばしばパキスタン領内に撃ち込まれ、首都のイスラマバードさえ脅かした。

加えて、一九八九年秋頃から噴出したカシミール問題、インドにおけるイスラム教徒迫害事件は、インド―パキスタン間の緊張を再び高めている。一九九〇年二月の「カシミール・デー」ではパキスタン全土が緊張、誰もが第四次印パ戦争の勃発を恐れ、一触即発の状態にあった。

ブットー女史の率いる人民党政権は、山のような難問を抱えつつ歩き始めたばかりである。しかし、一九八九年の全般的印象では、人民党に託した人々の望みは過剰な期待のゆえに次第に失望に変わりつつあったと言える。

北西辺境州では、アフガニスタン問題と絡んで政情はさらに複雑を極めた。ムジャヘディン（イスラム戦士）内部の抗争による政治テロは、さらに日常化した。軍部とこれらムジャヘディン組織とのつながりは、連邦政府でさえコントロール出来ないでいる。その背後には米国の軍事援助が政権の命運を左右する形で続いているからであるとする見方が強い。戦争の傷が癒えるまで、パキスタンもまた、長い年月と多くの犠牲を要するのだろう。

Ⅱ　一九八九年度の活動の概況

らい根絶計画の動き

一九八九年はアフガニスタン情勢の変化やパキスタンの混乱で、らい根絶計画も一つの大きな混乱期にあった。カラチ・コントロール本部、マリー・アデレイド・レプロシー・センターは、アフガニスタン内部のクリニック開設を強行していたが、巨費を費やしたあげくに挫折したといってよい。このために管理態勢が混乱して、北西辺境州は事実上顧みられるゆとりはなかった。管理をめぐってカラチの本部と公営病院が争い、公営センターの治療能力はほぼ潰滅に近い。配備されたらい診療員たち自身が、我々ミッション病院のらい病棟に患者のケアを依頼するありさまである。当方としては公営をできるだけ支援したものの、未だに「センター」としての機能を期待するのは時期尚早である。

政府のフィールドワーカーたちも動揺し、実質的なセンターの機能はもはやペシャワール・ミッション病院らい病棟に移った。我々は彼らと協力態勢を築いて、らい病棟の半公共化で対処している。これは北西辺境州の実情では向こう十年くらいはやむを得ないと判断している。州政府自身もそれを望んでいる空気がある。

他方、新登録患者の数と変形患者の割合そのものは、北西辺境州で減少傾向を示し始めたが、女性患者の登録は二十数%に止《とど》まり、変形患者に対するケアも十分ゆきとどいているとは言えない。変形患者の「福祉援助」も金をばらまくに止まっているといえる。

アフガニスタンの北東部については、直接我々ＪＡＭＳ（ジャパン・アフガン・メディカル・サービス）の管轄下に置かれることになっており、力を蓄えながら待機している。

アフガニスタン復興・難民診療

アフガニスタン復興計画については、診療員養成コースを開設し、内部にクリニックを設置して農村再建に医療側から支援する予定であったが、予想を裏切る混乱で人材育成を忍耐強く継続しながら待機している状態である。アフガン問題に対する世界的関心は急速に薄れつつあるが、我々は騒々しい政情やマスコミの動きに惑わされず、日本側の人的物的補給力を増しながら、ミッション病院のらい病棟と協力し、長期的展望で着々と仕事を進めて行くことにしている。

しかし、一九八九年度はベースとなるオフィスと診療所の質は著しく改善された。かつ、「人を送る」日本の民間団体として、日本人ワーカーの受け入れ団体としても意味をもつようになった。ユニセフ（国連児童基金）との共同プロジェクトで母子栄養調査を行うなど、今までの力を生かして将来へ向けての基礎的臨床調査も始まった。

Ⅲ　北西辺境州とアフガニスタンのらい対策活動

一九八九年度の目標に掲げられたのは以下の点である。

①ペシャワール・ミッション病院らい病棟の診療内容をさらに充実すること。

とくに女性患者のケアを濃密にすること。靴ワークショップの再開。

②社会復帰困難な変形患者対策の立案を、長期展望で具体的に着手すること。

③アフガン人患者を現地でケアする態勢づくり。

④早期発見の努力の継続。

①については以下のごとし。

一九八八年八月に着手された新センターは未だ建築中。この影響で、病床数は半減し、不便を忍ばねばならなかった。新体制で再組織化されて機能し始めるのは九月以降になる見通しである。建築により六〇床の予定となり、名実共にセンターたるべく更に準備が進められた。しかし、診療能力は病床数の減少（五〇床から二〇床）にもかかわらず、著しくは落ちなかった。入院数、手術数ともに前年度とほぼ同数。菌検査件数は約三倍の伸びとなった（数字は一九八九年一月から一九八九年十二月まで）。

1	総外来数	四六三八名
2	総入院数	二二五名
3	手術例	一〇三名
4	菌検査数	五五五八件

なお、新建築で一時閉鎖されていた靴ワークショップは、一九八九年十二月になって再開した。年間一千足生産予定である。一九八八年四月以来閉ざされていたが、優秀な専

門の現地職人が加わり、質も著しく向上した。

女性患者については、病院当局からの要望もあり、ペシャワール会＝ＪＡＭＳを通じてボランティアの看護婦が長期ベースを目指して協力し始めた。このため、女性患者のサービスは著しく向上しつつある。一九八九年はペシャワール会を通して三名が現地に赴いた。これは今後とも継続する。ただ現段階では「偵察」に近いのが実情で、実質的な戦力とは言いがたいが、間もなく継続的な現地配属が整えられる見通しである。

②については、北西辺境州政府厚生省のらい・結核委員会で、「非感染性の変形患者を他の身体障害者と同様に取り扱い、行政レベルでも積極的に協力する」事が決定されるところまでこぎつけた。これまでの生活保護的なケアではなく、パキスタン・アフガニスタン患者両者をまじえた、定着村のような自立共同体の建設が検討された。これは、変形患者の老齢化を考えると、遠からず必ず深刻化する問題であり、当面の課題である。

従来の患者の社会的救済は、子弟の教育援助も含めて都市生活向きのものであった。これでは、修得された生計手段を都市に求めざるを得なくなる。山村部に多い患者の依存性と浮浪化を促しかねない。我々は、農業・養鶏・牧畜など、家族ぐるみでの農村共同体の道を目指すものである。長期展望に立つ一種のコミュニティー・ケアで、三年後の実現をめざしてパイロット・スタディを一九九〇年中に行う予定である。

③アフガン人患者対策は、長期的展望で、一九八九年に再組織化されたアフガン人チーム（ジャパン・アフガン・メディカル・サービス＝前アフガン・レプロシー・サービス）に直接委《ゆだ》ねられた。アフガニスタン北部山岳地帯らい多発地帯での保健衛生活動が、将来を見据えて準備されつつある。

④ペシャワール大学・医学校の公衆衛生学とのつながりで、定期的な医学生への講義を継続。さらに、アフガニスタン救援団体の医療訓練コースや州の内科学会などでも「重要な熱帯病」として講義を行うなど、あらゆる機会を利用、主に医師・保健婦を対象にらいの知識の普及に努めた。未治療新患者の約七〇％以上は、彼らの紹介によるようになった。

その他、ペシャワール大学については、精神科に協力して脳波計を寄贈、定期的な臨床カンファレンスを続け、人に顧みられにくい神経疾患、特にてんかん患者の診療の向上に努力した。

Ⅳ　アフガニスタン復興および難民関係の活動

一九八九年度の目標は以下の点であった。

①診療員訓練コース・診療所の開設による「人づくり」。

②将来、農村復興の資料となるべき医学的調査。
③ジャパン・アフガン・メディカル・サービスのペシャワール診療所の質の充実・拡大。
④日本からのボランティアの受け皿作り。

①診療員養成コースは一九八九年一月一日から予定通り二〇名アフガニスタン北東部の地区から選抜、六ヵ月間の訓練を実施した。当初の予定ではアフガニスタン内部にサブセンターを配置してコースの卒業者を派遣することになっていたが、内乱の激化と複雑な政争でサブセンターの設置を延期、卒業者の一部をＪＡＭＳの診療に従事させて訓練を続けながら、流動する情勢の中で待機している。

②アフガニスタン内部のいわゆるクロス・ボーダー・オペレーション（越境活動）が困難となったので、一九八九年九月から現地ユニセフの依頼を受けて難民キャンプでの母子栄養調査・マラリア罹患率などの調査を実施した。今後もこのような調査を積み重ねて、将来のアフガニスタン復興に備える予定である。

③一九八九年は、特に検査部門の充実が進み、調査に伴う難民キャンプでの診療もさらに頻回に行われた。入院設備二〇床に拡大、外来のみならずキャンプでの移動診療も行なっている。また、日本の民間のボランティアの参加で機能も充実した。ＪＡＭＳのスタッフは、アフガン人三二名、日本人ボランティア三名（一九九〇年三月三一日現在）で、長期的展望で更に準備を進めている。

我々は、他の医療機関に余り顧みられない患者、特に女性・子供、らいを主とする身障者、てんかん患者などに重きを置いており、パキスタン人の患者も区別しない。内科とくに感染症、皮膚疾患、小外科、手術を含むらい患者のケアが主となっている。現在のところ現地の人々の信頼を得ており、パキスタン側からもアフガン側からも良く評価されている。これは長期の活動には欠かせぬ要素で、目に見えぬ大切な業績である。

一九八九年の主要実績は以下の如し（数字は一九八九年一月から一九八九年十二月まで）。

◎ＪＡＭＳ・ペシャワール診療所

外来診療数	七七三二名
総入院数	二四一名
総手術数	一二五名
臨床検査件数	七〇六六件

フィールド・ワーク

難民キャンプ診療　総計二一回（四二日）	
キャンプ総診療数	四九六五名

◎ハンセン病関係事業

菌検査（菌指数）件数	七一六件
手術例	七三例

フィールド・ワーク
難民キャンプ在住患者・四一名に定期投薬
ディール、スワト、バジョウル、チトラールの各キャンプに出動九回（二四日）
らい検診（主として家族接触例）計九六〇名

④日本からのボランティア受け入れについても、一九八九年は特に配慮した。日本のNGO（民間団体）の援助の弱点を克服すべく、「人を送る」事に腐心した。日本側ではペシャワール会を窓口とし、JAMSが受け皿となり、人の交流によって、文書や単なる旅行では伝わりにくい現地事情を、協力を通じて学ぶ方針が採られた。現在のJAMSは彼らの力強い協力に負うところが大きい。これは日本側にとっても、今後の「国際協力」を考える上で示唆を与え得るものがあると思われる。
長期・短期を入れて一九八九年度の協力者（ボランティア）は以下のとおり。
安部美智子　看護婦
　元福岡原三信病院勤務　七ヵ月間
鎌田　啓介　医学生
　東北大学医学部　八ヵ月間
右田　徹雄　自由業
　熊本ペシャワール会　三ヵ月間
＊石松　義弘　医師
　天心堂へつぎ病院　一年二ヵ月間（継続中）
山口　誠史　農業関係
　日本ボランティアセンター　二ヵ月間
中田　正一　農業技術者
　「風の学校」主宰　二ヵ月間
蔵所麻里子　作業療法士
　八尾徳洲会病院　三週間
＊沢田　裕子　事務・通訳
　元福岡徳洲会病院勤務　七ヵ月間（継続中）
松本　繁雄　検査技師
　国立療養所邑久《おくこうみょう》光明園　二週間
熊野　公子　皮膚科専門医
　神戸成人病センター　二週間
藤田千代子　看護婦
　福岡徳洲会病院　二週間
＊喜多　悦子　小児科専門医
　ユニセフ現地事務所（現地在住）
（＊喜多医師はプライベートの時間を割いて小児科のコンサルタントとして協力。石松義弘医師、沢田裕子氏は長期の専従ボランティアとして現在参加している）
こうしてペシャワール会＝JAMSは日本からのボランティアの良い窓口となり、一九八九年度には計十二名（医師三、看護婦二、検査技師一、理学療法士一、農業関係者二、事務・通訳専門職一、医学生一、その他一名）と、名実共に貴重な日本―アフガン合同のＮＧＯとなりつつある。

殊《こと》に石松医師は悪条件の中、長期に亘ってＪＡＭＳペシャワール診療所の改善に力をつくし、多忙な診療の合間を縫って検査設備の充実を図り、難民キャンプでの栄養学調査を担当した。安部看護婦は、ペシャワール・ミッション病院のらい病棟に殆ど単身とどまって、短期間によく現地語を修得し、女性患者の心の支えとなった。沢田氏も現地に溶け込んで、目立たぬが重要な事務機能の改善を図り、オフィスは一段と機能的になった。今後、このような長期協力者の多数の参加によって、単に「持てる者から持たざる者への協力」というのではなく、草の根レベルの国際的相互理解が我々ペシャワール会＝ＪＡＭＳの事業を通じて深まってゆくことが期待される。

我々の理想は、自分達の情熱や事業欲の充足ではなく、思想や宗教を超え、徹底してアジアの同胞としての目の高さを失わず、共に希望を分ち合う事である。しかしこれとても、現地への具体的な参与を通して実現されるものであって、このようなボランティアの参加を今後も長期派遣ベースで継続拡大してゆく。

Ｖ　脚下照顧《きゃっかしょうこ》――ペシャワール会七年の歩みをふりかえって

一九八九年度は中国や東欧世界と同様、イスラム世界も大きな動乱の渦中にあった。パキスタンの混乱もアフガン問題も、大規模に進行する世界秩序の一大再編成の開始と切り離して考えることができない。我々の仕事も、このような世界情勢の中で「アジアとの分かち合い」を掲げてその意義を考えるならば、小さいとは言えども重要な意味を感ぜざるを得ない。

一九八四年五月、実際には一九八二年十二月以来、ＪＯＣＳ（日本キリスト教海外医療協力会）のパキスタン・プロジェクトに端を発したペシャワールでの医療活動は、ペシャワール会の協力下、日本の良心的な人々の力を集め得て次第に拡大してきた。

北西辺境州のらい対策で見る限り、ペシャワール会は、国内の活動を辛抱強く支え、現地団体と協力して十分な種蒔きを自らの手で実行してきた。そして、これは今後も長期に継続される。ペシャワールで避けて通れぬ難民問題についても、ペシャワール会の努力によるＪＡＭＳの発足で新しい局面が切り開かれた。

ペシャワール会が七年を経て経験したものは、民間レベル、草の根レベルの真の国際交流・相互理解・相互扶助のあり方について、発展的に日本社会に還元されるべき時だと思われる。同時に我々は、札束やビジネス、自己宣伝、お祭り騒ぎの乱舞する安易な「国際化」の流れに抗し、一時の情や屁理屈や面倒な議論ではなく、十分な実弾を継続的に現地にぶちこむことによって、日本の良心を徹底的に体現するものでなければならない。

支え合いとは、相手の立場を理解し、そのために心を砕く事であって、日本側の合意や都合が現地のニーズに優先するのでは意味がない。ペシャワールの人々は我々の情熱や事業欲のはけ口の為にあるのでもなければ、「援助の対象」なのでもない。まして好事家《こうず》の覗き趣味の対象でもない。彼らは、我々日本人と同様に、独自の文化と生活共同体意識の中で生きる生身の人間なのである。持てるものが持たざるものに施しをするのが決して「海外協力」ではなかろう。我々が与えるものがあれば、逆に与えられるものもある。

我々の海外協力活動の意味とは

ペシャワール会七年の歩みは、やや大袈裟にいうと、極度に組織化された巨大な社会機構の中で圧殺され、ともすれば諦めと無力感で終わりやすい個人々々の良心と善意を、いかに有効に具体化して力とし得るかという実験であった。そしてそれが充分可能である事を我々は遺憾なく実証した。

さらに、一方でこの時期は、高度成長の帰結として、日本が世界屈指の海外援助国にならざるを得ない時に当たった。国際化が声高に叫ばれ始めていた。ＮＧＯという言葉が国内で定着し、海外に思いを馳せる市民団体がたくさん出来た。それが流行にさえなる向きもあった。そして官民を問わず、規模の大小を問わず、多くの人々が手探りで良い海外協力の形態を模索していた。意識するか否かは別として、当然我々の活動もこの時流の中で拡大してきたのである。

であればこそ、我々もまた、ここで立ち止まって足元を見なければならない。事業拡大や募金のためにある程度の宣伝は不可欠であろうが、売り渡してはならぬものがある。我々は自分の出発点にくりかえし立ち返らねばならない。七年を振り返ってみると、我々自身もまた、日本人に独特な――或は欧米諸団体の悪い欠陥を誇張したような傾向、自分たちの合意や都合がややもすれば現地に優先するという、例の自己中心的な体質から完全に自由であったとは言えない。

我々のささやかな活動が世界に何かの意味を持ち得るとすれば、それは何であろう。人間は常に意味と説明を求めるものである。しかし、数百万人の犠牲を前に、大袈裟な論評を軽々しく語るのはためらいがある。人の知恵も言葉も余りに貧しい。また、無数の病人たちをさしおいて「僅か数千人」のらい患者のケアをすることの意味は何か。空理空論を展開するのも余りに空しい。歯の浮くような修辞や美辞で自己正当化するには、現実は余りに圧倒的である。

しかし、一つの事実だけは明らかである。我々の活動を支えてきたもの、ペシャワールの人々と我々とをつないできたものは、人間の忘れてはならぬ何物かへの絶えざる問い掛けである。或は、我々が忘れかけた大切な何物かへの愛惜である。或は、人間が支え合い、分かち合いの中で初めてふさわしい存在感を得るという事実の実証である。こうしてこそ、我々の活動は、あらゆる賛辞も非難も超えて、日本でもペシャワールでも、一つの灯りとしてあり続けることが出来たにちがいない。そして我々が活動を支えているというより、我々の方がそれによって支えられているという事実を発見するにちがいない。

我々はこのペシャワールでの活動を通して、人間の愚かさと栄光、戦争と平和、その苦悩と喜び、醜悪さと高貴さ、弱さと強さ、あらゆる人間事象に極端な形で直面してきた。そして少なくとも、我々はそれを分かち合おうとしてきた。もし、この試みが成功していないとすれば、私の舌足らずか、我々の努力不足である。

この激動の世界のまっただ中で、過去の価値観や秩序がその清算を迫られる状況で、いったい人間全体がどこに向かおうとしているのかも、誰にも本当の所は分からない。

しかし、だからこそ我々は時代を超えて変わらぬ良心の灯を輝かせ、今後も長期に亘《わた》る現実との格闘を通して、人間の静かな告発者であり、同時に人間の弁護者・証人であり続けるだろう。これが過去七年に亘ったペシャワールでの活動の総括である。

一九九〇年度も、狭い政治や宗教の立場を超え、あらゆる日本の良心を糾合《きゅうごう》し、力を合わせ、大きく美しく我々の事業を拡大してゆきたい。これは我々みんなの事業である。

日本は今、海外協力における試行錯誤の時期

●対談 喜多悦子／中村哲
司会 石松義弘

ペシャワールのインタビューシリーズ、今回は、日本政府のアフガン援助の一環としてＪＩＣＡ（日本国際協力事業団〈現・国際協力機構〉）専門家の立場で一九八八年来ペシャワールのユニセフ・アフガンプログラム事務所の保健医療プロジェクト責任者として、難民のみならずアフガン国内の女性子供を対象とした援助の立案と管理を手掛けておられる、喜多悦子先生（国立病院医療センター国際医療協力部）と中村先生に、石松先生の司会で対談をしていただきました。

はじめのうちは寝てくらせ

石松　それでは今日は、ＪＯＣＳの任期の終わりを控えられた中村先生と、ペシャワール在住一年五ヵ月の喜多先生とで援助を実施する側と援助を支援する側のお話をしていただきたいと思いますが、まず、喜多先生、現在、ペシャワールに対してどういう気持ちを持っておられますか。

喜多　一言でいって、ペシャワールのこの異様さ、アフガン人が地元の人よりたくさん居たり、発砲事件が頻繁にあったりとか、そういったものが動物的な感覚でわかるまで時間がかかりましたね。ペシャワール自体は、古い歴史、東西の接点など、いろんな意味で面白い所だけれども、でも、そんな興味だけではすまないヴィヴィッドなところがあって、日本で集めた資料とは、随分違う印象を今は持っていますね。

中村　例えばどんなところが実際に違いましたか。

喜多　そうね。例えばペシャワールが「危険」であるということについて、自分にとっても危険なのであろうと想像していたけど、ある種のバックグラウンドなしの危険性とは違う。巻き添え以外には自分に何かが起きるということはないんじゃないかと今は思いますね。でも、かといって大手を振って歩けるわけではない。そういう感覚がわかるまでに数ヵ月かかりましたね。中村先生が来られた六年前はどうだったの？

中村　事件の数は今よりも少なかったですね。でも殺人事件は多かった。だけど背後には全て理由がありましたよ。政

治的なこととか、復讐とか。そういうのに巻きこまれず、土地の人の癇《かん》に障《さわ》るようなことをしなければ、安全でしたね。
石松　「理由なき殺人」みたいなものはあるんですか。
中村　外国人に理由が分からないだけじゃないかな。地元の人は風紀が乱れてきたと言っているけれども。日本のように本当の「理由なき殺人」などはないと思うけどな。
喜多　私は日本政府派遣で一年の契約で来て、現在延長して今のところ二年目ですが、中村先生はご自分のペシャワール滞在がこんなに長くなると思ってた？
中村　最初から「十年」と言ってましたからね。「十年一仕事」と言うし。ひとつには、ハンセン病自体が気の長い仕事というのもあったし、土地の事情などもあるから時間の積み上げというものが必要だと思ってました。でも子供の教育の問題があって、家族も一緒に十年ここに、ということは難しくなってきました。
喜多　私はＵＮＩＣＥＦ〈国連児童基金〉で、ＮＧＯ〈非政府組織〉のプログラムに援助をする側にいるんだけれども、援助の対象になるＮＧＯをみていると、レポートや対応がきちんとしたところは最低三〜五人のしっかりしたスタッフが数年間はいるわね。通常、国連組織はｄｕｔｙ〈任期〉が三年なんだけどペシャワールのアフガン関係は特殊だということで二年なのね。この位の期間では環境を整え本当に根のついたことをするのは難しいと思うんだけど。
中村　ＪＯＣＳの方針で納得できるものがあるんですが、それは一期三年を二〜三回繰り返すというものなんですね。それで、知らない土地に赴任した時は、「最初の一期目は寝て暮らせ。本当の働きは二期目、三期目だ」というんです。本当だなと思いますよ。
喜多　先日、ＪＩＣＡ専門家のあるプロジェクトの五年が終了した送別会に出席したけど、五年という期間は異なる文化の中では仕事をするミニマムの期間だと感じたのよね。私自身最初一年の契約でここに来たけれど、振り返ってみて、二年目の今の二ヵ月分の仕事しかしていない気がする。時間をかけないと、本当の国際協力のような仕事はできないと思うんだけど。

文化への理解と「あ・うん」の呼吸

中村　喜多先生がこちらに来られてすぐの頃、あるアフガン人政治指導者の演説にかなり感激しておられたけど、今思えば騙《だま》されていたような気がしませんか。
喜多　彼にカリスマ性を感じたのね。明治維新の志士を見るような感じで。それにあのときは一九八八年ジュネーブ協定、一九八九年ソ連軍撤退という大きな動きがあって、アフガン問題解決への期待、特にそれが国連内部にあった。だからこそ、彼が鮮明に映った。何かが変わるんじゃないかと。まだここに来て間も無い頃だったし。今はここに居て、異文化として面白いというような気持ちもなくなり、何とかならないのか、という焦りの方が強いですね。中村先生は気が長いわねえ。もとからそうだったの？

中村 人からは気が長いと言われていましたが、もともとは気が短かったですよ。でも、こちらにきて随分気が長くなりましたね。

石松 僕もそうですね。結局そうでないとダメだと思いますけど。

喜多 私はこちらでは診療はやっていないけど、援助を決めるために時々医療機関を視察しますが、その時に戦闘で傷をうけたムジャヒディン達と話してて、本心はどうか、とは思うけど「傷が治ったら、又、戦闘に行く」と言うのを聞く度に腹立たしく思えてくるのね。

中村 彼らの習性でしょうかね。

喜多 日本人が勤勉であるように、「戦う習性」というものをもっているのかな。

中村 それも確かにあるけど、意外に女性が保守的で、裏でたきつけているということもあると思いますよ。例えば、復讐。男同士は「そこまでは」と思っていても家で女が「それでも男か」とけしかけたりして。

喜多 外から見るよりは女性が実権を握っているという印象は確かにありますね。

中村 女性が可哀想だという印象をよく持たれるけれど、コミュニティという集団の中で女性の立場が成立している訳で。例えば日本でも、法事の時など井戸端会議をしながら女達が残り物を食べているところを外国人が見たらどう思うでしょうね。それが必ずしも可哀想かどうか、西欧の価値観では計れないものが有ると思いますよ。

喜多 そういうところはありますね。でも、ＵＮＩＣＥＦの対象は女子供ですが、女性全体を対象にした援助を考える場合、コミュニティ・男性からの抵抗が非常に強い。壁が固いですね。今までのノウハウが通じないところがある。

中村 やはり、文化そのものを受容しないと。援助する側も軌道修正しながらやって行かないと、自分達は変えないで、援助の成功を望むのは正しいあり方ではないと思いますね。

喜多 こちらに来て間もない頃、英国人女性の公衆衛生のワーカーや、ＵＮ（国連）関係のアメリカ人女性コンサルタントなどと、ここで援助活動をしていて何が一番難しいかという話をしたことがあるんだけど、彼女らが言うには、アフガン人と一緒に仕事をしていくことは何も抵抗はないけれど、西欧人と仕事をするのが一番難しいと言うのね。それは、私も実感としてわかる。西欧人同士の間でさえ、協力関係がうまくいかない。むしろ日本人とアフガン人は、「あ・うん」の呼吸のようなものが解りあえるような気がするのに、西欧人にはそれが通じないのね。だから、日本人も国際的な場において、まだまだだと言われるけれど、それなりの良さというものもあると思う。相手の気持ちを思いやるとか。もっともっと海外に出ていったらいいと思うけど。

外国のNGOスタッフはとにかく「タフ」

石松　ただ、今も医学生が見学に来ていて、彼なんかと話していて思うのは、僕自身もこちらに来るまでに随分迷ったけど、そういう意志のある人を送り出す施設・システムがあれば、もっと層が厚くなるんでしょうけどね。

喜多　我田引水になるけど、私を派遣した国立医療センター国際医療協力部は、志のある人をプールし、海外に出してはいるけどね。ただ日本全体として、出る時も帰る時も受け皿になる所はもっと欲しいわね。だけど中村先生を前にして言いにくいけど、諸外国のNGOスタッフのタフさが日本人にはないでしょう。まあ、さっき言ったように、それが一概にわるいとはいえないけど。出る意志のある人をパッと出せない、出る人もパッと出られない、受け皿がない。

中村　受け皿作りもやれば出来ると思いますけどね。

石松　でもいざ出ていこうとすると、行くところがないんですよね。

喜多　欧米人なんかは、医学部卒業後、ポッとリュックひとつで一人で出てきて仕事をみつけて開拓していくでしょう。そのタフさが日本人にあるだろうか、と思うけどね。

石松　タフさはないですね。どこかに寄り掛かるところはないか、という感じ。

喜多　かといって、国懸かりでやればNGOの良さは少なくなるしね。

中村　機会を作っていくことだと思いますよ。今の時点ではマスコミが美談で終わらせるだけで帰国後迎える体制が無いでしょう。育てる土壌を作れば、出ていく人は増えていくと思います。

喜多　日本の国際援助も色々言われているけれども、欧米人なんかとも話していると結構彼らだってミスはやっているみたいですよ。近頃の日本人のODA（政府開発援助）のとり上げ方のように否定的なばかりでなく、前向きに受け止めて日本の国際援助を良い方向に持っていくという姿勢も大切じゃないかと思うけど。全ての日本人がこういう所に関心を持たなければならないのかという疑問もあるけど、心ある者、気が付いたものがどんどんやって行くべきというか。

中村　ODAがダメだというけれど、じゃあNGOは良いのかということになるでしょう。批判を認め合い、お互いを高め合わなければ進歩がないと思いますね。

喜多　NGOにだって、色んな問題はあるんだもんね。

石松　日本政府は金だけを出すという批判があるけど、ＮＧＯにも募金母体はあっても人は送らないというところは多いですよね。

中村　ペシャワール会は大いに誇っていいと思いますよ。こんなに次々と長期に人を送り出しているのを。

喜多　日本人の能力を言えば、決して劣っていない、ただもう少し自立して、それを生かすチャンスを作ることが下手なような気がしますね。

海外協力で欧米はお手本になるか

中村　具体的に現場に接して試行錯誤を重ねていかなければ、日本国内だけで検討してやって来るととんでもないものができるおそれがあると思います。

喜多　それでも、数年前に比べると、外務省にもＮＧＯ対策部が出来たりして、ＮＧＯに対する国の姿勢も変化して来たと思うけど。

中村　おかしいと思うことがあっても、ある意味では「反応」していると言うことで、日本は今、海外援助における試行錯誤の時期なのでしょうね。大局的にみて、今の段階はこれで仕方ないと言えるでしょう。黒船のときのように。「どう対応しようか」とオロオロしつづけているわけには行きませんよね。

喜多　世界の動きが速いですからね。一つのセンスが必要ですよね。まあ、こちらに居て、若い世代が結構訪ねて来たりして、昔に比べて行動的になったなあ、と希望は持ってますよ。それに私は日本人も個人個人は先生のような人もおられて必ずしもヤワではないと思うのね。諸外国のＮＧＯを見ていると、難民を食べる糧《かて》にしているようなところもあって日本人の謙虚さというか、モデスト〔控えめ〕なところが必要だと思うことがあるのですよ。

中村　それは同感ですね。

喜多　そして私は日本人にそこまでタフになって欲しくないところがある。通りすがりのようにやって来て、自分に都合のいい情報だけをピックアップしてかき回し、外国人の印象を悪くしてさっさと帰られると、長期的にやっている者には大変辛《つら》いのね。

中村　全くその通りですね。米・仏を見習えと言う人がいますが、どう思いますか。

喜多　根本的には個人の問題だと思う。フランス人にも悪い人がいるだろうし、日本人も今は中村先生しか見てないけど、もっとたくさん来れば悪いひとも出てくるかも知れないし。ただ言えるのは諸外国の連中は本当にタフですよ。日本人は本当の善意ばかりで、お人よしにやってたら太刀打ちできない。特に全てが複雑で政治的なここでは、巻き込まれてはならないけど、少々あくどくやらないとつぶされてしまうようなところがある。以前中国でも一年働きましたけど、ペシャワールで良い勉強になったわね。

中村　でも日本が遅れている、欧米を見習え、日本のやり方はおかしい、彼らは良い、というのは間違っていると思いますよ。

喜多　そうね。彼らの援助のやり方にしても一見論理的にみえても現状とは相入れない部分があったりしていますね。

現地で現場を経験した人が良いものをつくったらいい

中村　でも、日本も先程言ったように、現場を見ずに日本という閉鎖された社会で結論を出し、現地に合わないことを結果的に押し付けるというのは官民を問わずに多いですよね。

喜多　そうね、だから、諸外国から学ぶものもたくさんあるわけ。でも、それは最大限五〇％、現地の情況五〇％。そして現地で現場を経験した人が良いものをつくったらいい。「これだ」というスタンダードみたいなものはないと思う。そういうことを理解した上で「やろう」という気持ちと「やさしさ」があればやっていけるのではないかしらね。

中村　対象にぶつかって初めて理解する。スイカと同じで、割ってみて初めて中身がわかる。それと「続ける」ということ。繰り返しになるけど、先生の時もそうみたいでしたが、日本のマスコミは出る時ばかり騒いで出してしまえば後は知らん顔でしょう。美談ばかりを集め、ある程度募金を集め、大衆がそれを喜んで見るという体質。継続性が全くないでしょう。もう少し格調高くなって欲しいですよね。

喜多　まあ、ねえ。その時だけのお祭り騒ぎで。でも例えばＴＶは、それを見る側にもチャンネルを切る権利はあるわけだからマスコミだけを責められないと思う。

中村　日本人そのものが変わらなければいけないんでしょうね。

喜多　わずかながらチャンスがあって、取材される側として私自身が心がけているのは一時的でも気にかけてくれる人には、その人を突破口として情報を提供して行こうということ。日本には余りにも情報が少ないでしょう。だから情報を与えるという意味で何かアクションを起こさなければと思っているわけ。

中村　それがこちらから日本に還元出来ることといえるでしょうね。ただ、人に出来ないことをやる人を一輪咲きの花のように拍手喝采するという美学を崩さなければならないと思うんですよ。夾竹桃《きょうちくとう》のように強く、逞しく、長くやっていける人を育てて行くのでなければ。

日本がカバーできることはまだまだあります

喜多　私が取材されて感じるジレンマは、医者だから診療をやっていると短絡的におもわれるのね。今や日本の医学も社会も進んでいて、患者を「個」としてとらえ、高度な医療を提供する傾向があるでしょう。ここでの私の仕事は患者・対象を「集団」と見ることを求められる訳です。そういう医学もあるということ、そのことを日本に伝えたいけどなかなか解ってもらえない。

中村　こういう所では、日本だと毎日飲まねばならない薬が、判っていても、与えられない、金を含めた現実的な事情をみつめて「集団」として見る見方と、「個」としてこの人の人生を何とかしてやるというそのバランスを取って行くということが必要なんですよね。

喜多　国連機関ではプリミティブな援助、生きていくに足る程度しか出来ないのですよ。出来るだけ沢山の人を救うためには。そこで質の悩みが出てくるんです。私は幸いJICAという、日本から特別資金を用意して頂けるチャンスがあったので、UNICEFのプロジェクトとして、ひとつの案をつくりました。いろんなNGOを検討し、政治色なども考慮せざるを得ないし、結局、JAMSとMSF〈国境なき医師団〉ベルギーを選んでやっていただいていますが、長い目でみると多少質の高い、将来のスタンダードになるような調査をやりたい、それが必要なのね。いつまでも「広く浅く」では。でも何万人、何十万人の子供を、と考えると狭く深くは出来ない。国際協力に遅れていると言われているけど、もし、日本がそういう所をカバーできればと思うんだけど。

中村　やりましょう。政府が出来ないのであれば、私達の手でやることだって不可能ではないと思いますよ。そうすれば日本ももっと世界に貢献できるし、若い人の勉強にもなるし。

石松　アフガンの医療の将来を考えたら、今のやり方のままでは限界を感じますね。どこかで深めていかなければ。

喜多　今の調査でもSYSMEXという昔から私が一緒に仕事をしていたメーカーが協力して下さっているけど、お願いすれば、医療機械など協力して下さるところはもっとあると思うのね。ただ、持ち込みなどに難しい問題があったりして、そういうところのアレンジをJICAなど政府ベースにやって頂くと随分助かるわよね。

中村　それこそ政府の出番ですよね。出来ればここに熱帯医学研究の足がかりを作りたいと思ってるんですよ。研究材料はここにいくらでもあるわけだから。そして、研究を通じて現地の医者を徹底的に養成して。医学調査なんかも出来るだろうし、質も上げられる。

礎石は置かれた、これからが……

石松　では、中村先生はこれから日本にお帰りになる訳ですが、最後に、お二人に何か一言ずつお願いします。

中村　いや、まだ続くのであってやめるのではないですから。まあ、六年でひと区切りついて、一段階が終わったところというか、礎石を置いたからこれから家を建てるのは皆でどんどんやらなくちゃと思っているところです。

喜多 私自身は、アフガン難民問題が無ければここに来なかったし、中村先生にお会いすることも無かったと思うのね。そういう意味で良かった、というのはおかしいけど、自分の大きな糧になったと思う。

中村 それは先生、慈悲深いアッラーの摂理でしょう。

喜多 そうね。今後もアフガンのために何か出来ることがあれば、自分なりのレベルでやって行きたいと思っているけど。先生はこれから、日本と行ったり来たりになる訳でしょう。

中村 そうです。他にすることないし。

喜多 そのうち、「アフガン名誉国民」になるんじゃない。

中村 わあ、そこまで行きますかねえ。逆に殺されたりして（笑）。まあ、死んだらバダクシャン*にでも埋めて下さい。

（記）喜多先生は三〇年前、アメリカ海軍軍医でMEDICOというNGOのはしりを作った人の物語を読んで医師を目指されたそうです。目下官ベースで国際機関への派遣中ですが、先生の立案でJAMSとユニセフの協同プロジェクトとして行われている調査の結果が待たれるところです。

＊アフガニスタン北東部の州で険峻な山岳地帯が広がる地域。

われもと雲の性《さが》なれば

われもと雲の性《さが》なれば
かかる塵《ちり》の世なんであろ
いざ風にのり胸を張り
空のかなたへ去《い》なむかな*

ペシャワールにない日本の美しさの一つは、青空にかかる雲の動きです。雨上がりの五月晴れの空を新緑の木の間から見ていると、飽きることはありません。ちょうど七年前、岡山の邑久光明園《おくこうみょうえん》で「研修」していた時も、学びをよそに、ぼんやりと雲を眺めていました。

光明園には〇〇寮と、各病棟に名前がついています。わけても「〇雲寮」と雲を冠する名が目立ちました。治療法もなく崩れてゆく肉体に耐えながら隔離生活を余儀なくされた、あの一昔前の患者たちにとって、雲の自由自在な動きは、どんなに慰めと憩いを与えたことでしょう。そしてある時には、自由への渇望の投影であり、低く重くたれこめた雲は自分の境遇の暗さの象徴だったでしょう。

今年は私自身五月十三日に帰国後、せまい檻《おり》に入れられているようで、ほんのちょっぴりでしょうが、昔のハンセン病患者の悲哀が解るような気がします。美しい雲の天空に比べて人の世はどうでしょう。まるでレミングの群の死の行進のごとく、迫り来る破局に合わせるように、殺伐なものです。

きらびやかで喧《かまびす》しい割に中身の少ない過剰包装時代、汗水流して働く事を厭《いと》う一億総貴族時代、カネと効率主義で頭のいかれた一億総白痴時代、こざかしい評論ばかりで実のない口先時代、タガが緩んでビジョンを失った無気力時代。心理学者が言わずとも、適応障害の一つも起こりましょう。

とまれ、私もドン・キホーテのつぶやきを以《もっ》て、神共に居ますれば一億人たりとも我ゆかん、雲の彼方のペシャワールに思いを馳せつつ、空を眺める今日この頃であります。

（ＪＯＣＳ「祈りの手紙」五月号より）

＊火野葦平「河童音頭」の末尾の一節。

25号　1990・10

ペシャワールの風土と会の現地活動の軌跡(1)
――ペシャワールにおける会の働きの理解のために

結成から七年を迎えたペシャワール会は、多くの医療・事務関係者をボランティアとして送りだすと共に、ペシャワールの現地プロジェクトそのものを長期的に支えるユニークな民間国際協力団体として成長してきた。この活動を通して我々は日本の良心を束ね、アジア理解を深める場を提供している。

ここで現地事情の一端を紹介すると同時に、今一度ペシャワール会の現地活動の軌跡をふりかえり、これからの着実な歩みの一助としたい。

Ⅰ　ペシャワールを巡る風土・政情

アフガン民族と北西辺境州

ペシャワールおよび北西辺境州の地理的特殊性は、国境山岳地帯であり、パキスタン内部での「辺境」だということである。州の面積はほぼ九州程度、人口一千万といわれ、その殆どがパシュトゥン民族（パターン人）である。彼らは独自の言語（パシュトゥ語）と慣習法をもつ部族集団で、アフガン民族ともいう。この他に、チトラール、コーヒスタン、ヌーリスタンなど、数万から数十万を単位とする少数民族集団が山岳地帯には居住している。

多数派民族のパシュトゥンは約九〇％以上で、文化・言語共にアフガニスタンと一体であり、北西辺境州という行政単位自身が英国支配時代の政治的産物である。両者は、地元住民にとっては殆ど連続したものと見なされている。事実、国境地帯の地方は「部族地域」と称し、パキスタン連邦政府は殆ど完全な自治を与えている。パキスタン内部でさえも、北西辺境州は連邦政府に対してしばしば反骨精神が盛んである。州がパキスタンより分離する現実的な可能性は当分考えられないが、パンジャーブ州優位の状態に対する強い不満が蔓延《まんえん》している。

パシュトゥンの一体感ということで生き生きと思い出される出来事は、「辺境のガンジー」と称せられた反英運動の闘士、アブドゥル・ガッファール・カーンの死（一九八七年没・九九歳）である。彼は最後までガンジーの国民会議派を支持して、パキスタン構想に反対し続け、生涯の大部分を牢獄で過ごし、「パシュトニスタン（パターン人の国）」の分離独立を主張し続けた英雄である。

彼の指揮するパシュトゥンのグループはかつて「赤シャツ隊」と呼ばれ、ガンジーの非暴力不服従を奉じ、英国官憲による弾丸の雨の中をものともせず整然と行進した。文字どおり同志の屍《しかばね》を越えて、無抵抗で敢然と進む様《さま》は弾圧側を震え上がらせたというのは余りに有名な事実である。ペシャワールの英国人統治者には発狂する者も出たという。

彼はペシャワール近郊のチャルサダの出身者であったが、「死んでもパキスタンでは葬るな」との遺言を尊重して遺体はアフガニスタン側のジャララバードという所で埋葬された。私の赴任当時、アフガン政府軍とムジャヘディン・ゲリラは文字通り死闘を展開していたにも拘わらず、戦闘が完全に停止して、北西辺境州の住民ばかりか、相互に争うアフガン人戦闘員も共にこの老闘士に最敬礼を捧げた。このようなパシュトゥンの一体感を我々はよく理解しておく必要がある。

しかし一方において、このような中央への不従順は、パキスタン政府に多くの難問をもたらすことになった。アフガニスタンの内乱に伴う難民流入を容易にしたし、麻薬の生産地としてもパキスタン政府に手をやかせている。

パシュトゥン社会とペシャワール

ペシャワールの平野部とスワトなどの盆地部を除けば、州の大半は険峻な山岳地帯か不毛の岩石沙漠で、生産性は低い。半農半牧が普通であるが、国境地帯に居住する部族は運送業（密輸）による収入が大きい。「密輸」というと聞こえが悪いが、住民の方から言えば「国境が後で勝手に引かれたから」で、密輸＝悪というのが異質な概念なのである。そもそも近代的な国家の観念が彼らの中にはない。もちろん法律も実体がない。総ては伝統的なパシュトゥンに共通する慣習法の下で裁かれる。このような傾向は大なり小なり他のアジアの農村社会に共通しているが、パシュトゥンの場合、徹底した復讐法によって互いの暴力行使を牽制《けんせい》しあっている部族社会という特質を備えている。

この風土は、ペシャワールでの働きを理解する上で大切で、住民の割拠対立の気風は他の南アジア地域よりも、よほど高いものと思われる。このため、インド亜大陸で「パシュトゥン（パターン人）」の名は、好戦的な征服者のイメージを伴って、一種の畏怖・恐怖心を伴って語られることが普通である。

最も普通に話されるのはパシュトゥンの母語パシュトゥ語で、教育のある者はウルドゥ語（パキスタンの国語）もできる。ペルシャ語が国際語としては重要で、ソ連南部・アフガニスタン・北西辺境州の一部と、中央アジアでの共通語となっている。

ペシャワールはこのようなパシュトゥンの部族社会の海に浮かぶ小島のような存在で、古来より中央アジア内陸貿易のインド側の門戸として繁栄してきた。このような貿易都市の性格は今日も殆ど変化しておらず、ペシャワールに優れた国際的色彩を帯びさせている。イラン、アフガニスタンからパキスタン側へ流れて来る密輸品でペシャワールは潤っている。面倒な関税措置がないので、中国やソ連、日本、東欧・西欧諸国と、あらゆる国の製品が主にカブール経由で出回っている。種類もマッチから銃器類に至るまで多種多様である。

ペシャワールの人口は五〇万から一〇〇万といわれ、北西辺境州のみならず、中央アジアではカブールと並ぶ大都会である。人口は大きな政治的変動や戦争のたびに膨張し、大半はかつて難民や亡命、出稼ぎで住みついたものであり、何も今回のアフガン戦争が特別というわけではない。彼らは部族や出身地別に一種のコロニーをなして定着しており、少数ながらヒンズー教徒やシーク教徒、英国支配の遺産であるキリスト教徒もいる。キリスト教徒の大半は、かつて英印軍の軍属として、あるいはヒンズー教徒地主の小作農としてパンジャーブから連れてこられた人々であるが、中には英国支配時代のエリート層として高い地位の職業についている者もある。しかし、殆どがスラム地区に住む低所得者層で、カトリックまたは英国教会系である。

ペシャワール平野は肥沃で、小麦・米などの穀類、柑橘《かんきつ》類・すいか・メロン・ざくろ・ぶどうなどの果物、ピスタチオ・豆類・くるみ・ピーナツなども豊富に産する。

しかし、都市近郊を除けば自給自足がやっとで、農村の現金収入は非常に少ない。都市部では、一般現金生活者の収入は月給で平均一千ルピー（約七千円）前後であり、肉体労働者の日当が三五～五〇ルピー（約二五〇～三五〇円）程度で、ややましな中流階級でも二千～三千ルピーを越えない。

就学率についていえば、北西辺境州の学童期年齢の約二五～三〇％程度といわれ、それも殆どが男子である。パンジャブ州などに比べるとずっと低い。ただ、何を以《もっ》て「教育」と呼ぶかは別で、将来の糧《かて》を得るための技術教育ならば家業の手伝いをしておればよいし、道徳・宗教教育ならば村のモスクを中心にイスラム的な人間教育がなされる。有効識字率は一〇％未満と思われ、読み書きができるだけで農村では尊敬を受ける。

土地所有形態

土地所有形態はその共同体の在り方を理解する鍵である。資料が少ないが、当地で確認できた一般的事実を述べてみよう。

北西辺境州の寒村では自作農が多い。地主の支配による小作制度のところもあるが、一般に小規模で、インド的な厳格な世襲的階級分化はない。ザミンダーリ（地主）と自称する者でもせいぜい数十名の小作を養っている程度で、質素である。このような自作農民と小地主群が血縁関係で結束し、おおざっぱに、家族―氏族―部族の単位を形成する。

そもそも本格的なインド的大土地所有は、英国による「徴税権」の獲得と共にインド亜大陸にもたらされたもので、土地が譲渡の対象となって少数の大地主が次々と小地主を併合し、富の独占が進行する過程であり、古典的封建社会から脱皮する農村の再編成である。この事情は江戸時代末期から明治初期の日本で見られた現象と大差ないが、インド亜大陸では英国人自身が新興地主として支配・進出し、多民族の混在も絡んで、複雑な様相を呈した。

しかし、北西辺境州とアフガニスタンにおいては、このような大土地所有を可能にする肥沃な農地は限られており、大半はそれぞれの土着小地主のミニ封建性か、古典的な領主としてせいぜい一つの盆地を治める程度に留《とど》まっていたといえる。「パシュトゥンに半人前はいない」という独立不《ふ》羈《き》の気風は、それぞれが一国一城の主という小地主制度を基盤とするもので、農村では耕作器具と並んでライフルが不可欠のものである。武士と農民が未分化で、血縁関係の強固な古代末期から初期封建社会に、ほぼ相当すると考えてよかろう。この事情はアフガニスタンでも同じである。

北西辺境州では、このような農村社会の基礎構造に加えて、大きな盆地の封建領主制度、平野部の大土地所有、遊牧民を許容する「入会地《いりあい》」的な制度、大都市近郊に見られる投機的な土地所有が加わり、さらに、工業化に伴うしばしば悲劇的な、農村の分解過程が重なってくる。古代末期から現代までが、容赦なく重層的に折り重なっているのである。

ただアフガニスタンでは、内乱の影響でこの構造が根底から揺さぶられたことである。土地改革は皮肉にも革命政権によっては殆どその実を上げることなく、旧体制は戦乱と難民発生によって突き崩されつつある。

しかしいずれの場合でも、イスラム教がこの共同体を律する強固な紐帯《ちゅうたい》として君臨し、社会的変動は常に宗教的装いを凝《こ》らして一層複雑なものとなる。人々の精神構造もこれを反映して、複雑な近代化の苦悩のただ中に置かれているといえよう。我々が「協力」や「分かち合い」というとき、このような困難な事情が人々の背景にあることを知らねばならない。

アフガニスタンの内乱と難民発生

アフガニスタンの内乱はダウード元大統領のクーデターによる王政廃止（一九七三年）の頃からくすぶり始め、王政復古派、急進的左翼勢力、保守勢力の抗争のうえに、伝統的な部族対立が絡んで複雑な様相を呈した。一九七八年にダウード自身も殺され、ソ連に擁立された急進的左翼勢力が権力を掌握した。

しかし、「革命政権」が強引で急激な社会改革を開始するや、たちまち伝統的イスラム社会と真っ向から衝突、「解放」されるはずの農民層自身が立ち上がって反乱は全国に拡大した。手をやいたカブール政権はソ連の支援を頼み、一九七九年十二月ソ連軍の大部隊十万がアフガニスタンに侵攻した。徹底した掃討作戦によって多数の村が焦土と化し、大量の難民がイランとパキスタンの北西辺境州に流入した。その数はイランで一五〇万人、パキスタンで三五〇万人、うち北西辺境州のみで二七〇万人に上った。死亡者は一〇〇万人とも二〇〇万人ともいわれる。

抵抗勢力側は北西辺境州の国境地帯に難民として逃れ、ペシャワールを根拠地として果敢なゲリラ戦を展開し、政府の支配地区をたちまち点と線に帰した。だが、少なくとも一九八五年頃までは、自然発生的な民衆のレジスタンスという健全さを留《とど》めていた。ゲリラたちの多くは住民そのものであり、旧式のライフルと敵から奪った武器で自力で抗戦していた。政治党派の乱立と権力闘争がもたらされたのは、一九八五年以後、米国の大幅な武器援助が本格化してからである。

一九八八年四月、米ソ主導のジュネーブ和平協定が成立し、頭ごし交渉に抵抗したパキスタンのジアウル・ハク大統領は暗殺された。一九八九年二月までにソ連の全兵力が引き上げて今日に至っているが、ベトナム戦争に匹敵する量の爆弾で国土は焦土と化し、アフガニスタンの農村の半数が壊滅、安定と復興にはまだまだ遠いのが現実である。

Ⅱ　北西辺境州の保健衛生事情とらいコントロール計画

一般的疾病《しっぺい》構造と問題点

以上のような社会的事情から、おおよその医療事情は推して知るべしである。疾病《しっぺい》の構造、その問題点は他の南西アジア諸国と大同小異である。貧困＝不衛生＝病気はここでも一つの強固な環をなしている。さらに事態を決定的に困難にしているのは富の偏在である。医療技術にしても、平均水準はともかく、現在では金を持ってカラチやラホールに行きさえすれば、欧米並に近い高水準の医療は受けられる。問題が決して「技術力の低水準」ではないことである。優秀な人材は北西辺境州にもいくらでもいる。ただこれらの人材は、一般に技術力を発揮できる欧米諸国に逃げてゆく。

死亡原因では感染症が第一位を占め、乳幼児死亡率はネパールやバングラデシュと大差ない。群を抜いて下痢症が死亡原因の第一位で、マラリア、結核、アメーバ症、リーシュマニア症、リウマチ熱による心臓弁膜症などは普通に見られる。頻回の出産、鉤虫《こうちゅう》症、マラリア、遺伝性血液疾患による貧血・栄養障害もごくありふれた状態である（とくに女性・子供では慢性の貧血状態が多いことを我々の調査は明らかにした。血色素量の平均値は欧米・日本におけるよりもずっと低い。ゆとりのない状態では、わずかな障害が速やかに重症化しやすいものと思われる）。

大都市偏在型の医療構造も顕著で、これは日本の三〇年以上前の医療過疎の状態をさらに極端にしたものといえよう。ただ日本の場合、豊富な保健財政と交通網の整備で問題を切り抜けたが、同様の過程を北西辺境州に期待するのは不可能である。このため、州政府はＢＨＵ（basic health unit、一次診療所）を各村単位に配備して対処してきたが、実質的に機能しているところは稀である。たとえ意欲のある若い医者が赴いても、十分に機能する基幹病院のないこと、輸送手段がしばしば困難なこと、僻《へき》地に止《とど》まることがその医師の将来に不利な事情を作り出すことなどで、実質的に機能してはいない。

予防教育・衛生状態の改善も同じく困難な問題を抱えている。これには、基礎的な教育水準の高さと、主婦の協力が不可欠である。しかし、女性を隠す習慣のある北西辺境州のパシュトゥン社会では主婦への働き掛けは至難の業《わざ》である。また、これら主婦がまともな教育（伝統的なイスラム教育でさえ）を受ける機会は殆どない。

らい根絶計画における諸問題

らいは全体からすると決して大きな問題ではないが、この州の抱える保健衛生対策上の悩みをそのまま浮き彫りにしている。我々の活動とも関係が深いので、ここでは少し詳しく述べてみよう。

Marie Adelaide Leprosy Centreは、一九八五年のパキスタン全土の総登録患者数を約一万五千名と発表した。しかし、これは六年前の登録数で、その後の発見活動によって倍増しているとみられる。

病気の分布は特定の地域に集中する傾向が強い。パンジャーブ州では少なく、カラチ周辺と北西辺境州に集中している。北西辺境州では一般に山岳地帯に多発する。因《ちな》みに、女性患者の割合は三〇%以下、北西辺境州では二五%である。らい対策は母子衛生上の問題でもある。

アフガン人患者も北西辺境州では大きな問題で、アフガニスタン内戦の影響で対策は大幅に遅延した。らいはまだまだ燃え盛っている問題である。

パキスタン全体の実質的ならい根絶計画の推進役は、一九五五年にカラチを中心に活動を始めたMarie Adelaide Leprosy Centreで、州政府ベースとは言いながら北西辺境州でも技術財政共に彼らに負うところが大きい。しかし、一九八四年以来、ペシャワール会＝ＪＡＭＳが代表する日本の民間の支えが次第に大きな比重を占めるようになってきている。

らい根絶五ヵ年計画

一九八三年に始まった「五ヵ年計画」では、Marie Adelaide Leprosy Centreが実質的な主役となり、ペシャワール・ミッション病院が加わって始められた。この骨子は、公営病院の一角に開かれたらいセンターとミッション病院を基地病院とし、州の各地域三五ヵ所に投薬・診療所を設置、診療員を配備してジープやバイクを与えて機動力を増し、早期発見と定期服薬を徹底しようとするものであった。この結果、登録数は過去数年の間に爆発的に増加、現在約七千名に迫っている。

Marie Adelaide Leprosy Centreは、紀元二〇〇〇年までにらい根絶をパキスタンで達成すると宣言、ＭＤＲ（多剤併用療法）を切り札として積極的に実施した。このＭＤＲは、月に一回必ずらい診療員の所に赴いて投薬を受けねばならなかったから、診療所から離れた村に住む患者には大きな負担である。

このため「在宅治療」の方針が立てられて、定期服薬の向上が図られた。しかし、山岳地帯の多い辺地では交通の便が極めて悪い。らい診療員は患者訪問に大半の時間を費やし、診療所はもぬけの殻のことが多く、来た患者が薬を受け取れず、ペシャワールまではるばる出てくるという事態も増えている。このＭＤＲ自身が様々な問題をもっているが、殆ど終生の服薬を要求されるらいにおいて、しかも北西辺境州のような医療予算の貧しい所で、やむを得ない試みではあったと言える。

こうして、「紀元二〇〇〇年までの根絶」というのは、まだまだ努力の要ることであるが、ペシャワール・ミッション病院を支援する我々としては、この積極的な面を評価して特に批判がましいことは公言しなかった。それは、この五ヵ年計画が、地元政府の手による、少なくとも初めての保健行政上のプロジェクトだったからである。「外人の慈善事業から保健行政の組織的コントロール計画へ」の新局面を開くものであったことは、いくら評価してもしすぎることはない。

らいの事業は長い。いくつもの試行錯誤は避け得ないであろう。にわか作りのコントロール計画の不備や技術的な低さを笑うことはたやすい。しかし、最も重要なことは、北西辺境州の人々自身が行政を動かして何かを始めたということだ。ミッション病院側としては、事態を静観しつつ、将来ともニーズの不変である治療サービスの改善を黙々と行う方針を採ってきた。スタンドプレーの目立つ外人宣教団体の見世物的な活動を徹底的に排除し、北西辺境州政府のコントロール計画の一歯車たることを目指したのである。

この事情は日本側はもちろん、ミッション病院の当局にさえ伝わりにくかった。病院当局の理解を得るのに時間がかかったが、こうしてこそペシャワール・ミッション病院の存在意義は揺るぎないものになった。

（以下次号）

26号　1990・12

小さいながらも我々の努力は充分報われつつあります

多忙な女性スタッフ

お元気ですか。こちらに来て早一ヵ月以上が過ぎました。当地も夜が冷えこみ、ストーブが要るようになりました。藤田看護婦さんは早くも片言のウルドゥ語で現地スタッフに慣れ、少しずつではありますが、新しい病棟で重きをなしつつあります。吉武先生も去る十月二六日に到着され、目下お二人共、新しい現地事情に慣れるために多忙な日課です。

朝は八時頃から三時過ぎまで病棟の仕事、夕方からは買い物や料理、翌日の手術のための器具の準備、手術用シーツなどの洗濯、消毒、夜はウルドゥ語やらいについての学習、週に一度はジープに乗ってフィールドワークと、息つく暇もありません。お二人の着任されたペシャワール・ミッション病院のらい病棟は、スタッフが僅か五名、入院患者は三〇名以上で例年なら間もなく五〇名から六〇名にも膨れ上がります。「職務」といっても何でもこなさなくてはなりません。おまけに忙しいながらも周りのペースが日本とまるで異なりますから、その分二重に疲れることでしょう。

加えて女性が自由に歩き回りにくい世界、お二人の気苦労も日本で想像する以上だと思います。見学に来るのと実際に中で働くのでは随分違うと漏らしておられました。

名実共に充実のセンターに

今年は病棟の再編成もあって、例年の事ながら慌ただしい動きで疲れますが、ペシャワール・ミッション病院のらい病棟については、ほぼ軌道に乗る見通しです。つい先日、北西辺境州のらい根絶計画の話し合いがあり、州政府のベースは我々の所に移転が決定しました。折よく、実際のコントロール計画推進役であるMarie Adelaide Leprosy Centreのファウ先生が私の家をたずね、今後の方針も話し合う事ができました。

これにて我々のらいセンターも名実共に「センター」としての地位を獲得し、官民合同の協力態勢が整いつつあります。六年前崩壊寸前であったセンターの惨めな状態を思うと、小生としては感無量です。結局、初めの予想どおり、我々ペシャワール会＝JAMSの実質的ならい病棟への支援なしに現在のような治療サービスの充実は不可能だった訳で、小さいながらも我々の努力は充分報われつつあります。

新病棟も約三分の二が完成し、建築で分散されていた手術場・ワークショップ共に再びセンターにおさまりました。ワークショップのうら傷予防用サンダルのできばえも素晴らしく、北西辺境州だけではなくカシミールからも注文が殺到しています。

今後も日本―パキスタン合同チームの編成でらい患者への医療サービスは更に充実するものと信じています。その草分け的な役割で赴任された藤田看護婦さんや吉武先生には、本当に難問が山積ですが、二人共焦らず、よく地元に溶け込む努力をしながら、辛抱強くかつ明るくやっております。本人達は気付いていないかも知れませんが、女性患者に与える安心感は想像以上で、北西辺境州政府のワーカーたちも大変な喜びようです。

頼もしいアフガン人チーム

一方アフガン人チーム(Japan-Afghan Medical Services)もよくやっています。現在の活動は人材育成と疫学調査を主とし、診療行為はそのための訓練ですが、アフガン人医師五名となり、かつて訓練コースで育成した診療員六名、古くからのスタッフ十一名でフルに回転しています。

今夏には北東部の国境沿いの地点に支部を置き、流動する情勢の中で待機しております。アフガニスタン内部に対しては、らいの多発地帯のひとつであるバーミヤンに偵察隊を送り込み、これにて国境地区とアフガニスタンの心臓部で状況調査をしながら数年後に予想される安定を見越して大攻勢を準備しております。

最近、北西辺境州とアフガニスタンでは熱帯熱マラリア(悪性マラリア)の爆発的な流行の兆しがあり、アフガニスタン内部と難民キャンプで調査を進めています。十月の内部調査では、アフガニスタン内の無医地区によっては、治療に来た患者約五〇〇名中四〇%が悪性マラリアという凄まじいもので、対策に頭を痛めているところです。

チームのメンバーは皆よく訓練されており、殆ど私が口をはさむこともなくなりました。らい病棟のフィールド・ワークも彼らの協力に負うところが大きく、頼もしい限りです。JAMSの指導者であるシャワリ先生の献身的な努力の賜物です。内戦がいつまで続くのか、殆どの難民たちは半ば絶望を通り越して諦めの気持ちのように思えますが、将来きっとらいの多発地帯で良い働きをするものと信じております。

各国援助縮小のこれからこそ出番

UNHCR(国連難民高等弁務官事務所)も大幅な規模縮小、ユニセフ(国連児童基金)事務所は閉鎖予定と聞いております。各国NGO(民間団体)も軒並み撤退の動きです。だが、難民の数は少しも減っておらず、我々としては内戦の終結を何年でも待ちながら、これからこそが必要な出番だと考えております。

外国人たちは行きつ来たりつで混乱を起こすばかり、当方としては地元部隊を中心に立てて黙々と活動を続けてゆく事にしております。一九七九年のソ連軍侵攻から現在の難民プロジェクトに至るまで、西側東側を問わず、外国人の夢や理想や価値観の押付けこそが、アフガニスタンの人々の厄災ではなかったかと最近改めて思っております。

小生は十二月の中頃に一旦福岡に帰り、来年二月末にまた戻ることにしています。そちらも年の瀬を控えて何かとご多忙だと存じます。またそちらでお会いしましょう。

ではまた。

一九九〇年十一月九日

ペシャワールの風土と会の現地活動の軌跡(2)

――ペシャワールにおける会の働きの理解のために

Ⅲ　ペシャワール会の現地協力の軌跡

先に述べたように、一九八四年赴任当時、コントロール本部のMarie Adelaide Leprosy Centreは、ミッション病院にセンターの役割を期待する事を諦めて、ペシャワールの公営病院の一角にセンターを建設していた。それでも、病床数は両者合わせて四〇にも満たず、質量ともに低い状態で、当時、間もなく五千名と、爆発的に増加が予想される患者のケアにとても対応できるものではなかった。

そこでMarie Adelaide Leprosy Centreとミッション病院両者と相談の上、以下の方針を打ち出した。

①入院理由の大半を占める、うらきず（足底穿孔症《せんこう》）のケアの能率化

②うらきず防止のためのサンダル・ワークショップの開設

③最低限必要ならいの外科（再建外科）の発足

④身寄りのない患者のケア
⑤アフガン人患者のケアと対策
以上の努力の経過は大略次の通りである。

㈠足底穿孔症など合併症のケア

足底穿孔症（うらきず）とは、ハンセン病における最大の合併症で、足の裏に難治性の潰瘍《かいよう》を生じ、足変形の原因となる厄介なものである。当時、この治療上の対策は急務であった。

入院期間の短縮と再発の防止・または再発期間の延長に力を注ぐ一方、能力に応じて病床数を徐々に拡大した。病床数を一九八七年までに四〇床、一九八八年までに五〇床に拡張、冬季の多忙な時期には臨時的に六〇床まで収容できるようになった。建物の老朽化と手狭さが目立ってきたので、一九八八年には新センターの改築にふみきり、一九九〇年中に六〇床となる。

患者の増加に伴って、処置をルーチン化し、消毒を徹底して小器具を増やし、らい病棟スタッフがせっかく習得した技術を生かせるよう配慮した。欠乏状態の甚だしいギプス、薬品、ガーゼなどもMarie Adelaide Leprosy Centreに依頼して、ふんだんに供給できるようにした。最低限必要な消毒機器などの備品も日本側の補給で支えた。一九八六年から一九八九年まで専門の理学療法士を置いて診療能力の改善に尽くした。足底穿孔症のみならず、少なくとも基本的な処置は、カラチやラワルピンディなど他州の大都市に送らずとも、今やペシャワール・ミッション病院でできる。

㈡サンダル・ワークショップ

これは前記の足底穿孔症の防止を目的として、一九八五年に着手された。

一九八六年までにニーズの把握に努め、スタイルを決めた上で一九八七年から本格的な生産態勢に入った。年間生産は五〇〇から一千足で、一九九〇年からは今までになく良質のものを生産できるようになった。これによって、足底穿孔症の再発の避けえないケースでも、その期間を長くする事ができるようになった。一九九〇年五月までに計二〇二四足が作られ、一七九〇足が患者に配布された。

なお、足底に敷く特殊なスポンジ以外は全てペシャワール現地で調達、年間六〇万円前後の維持費は日本側が病院に寄付する形で継続している。一九九二年までに、州政府側のフィールド・ワーカーと協力して足感覚障害の全例にゆきわたらせる見通しである。サンダルの消耗を考えても、日本からの小口の支援が続けば継続できる。

㈢再建外科

一九八六年初めまでに、気管切開、簡単な皮膚移植、指の切断などの小外科的処置ができるようになり、一九八六年夏に国立療養所邑久光明園《おくこうみょう》、韓国のウィルソン・レプロシー・センターの協力で、同年秋より曲がりなりにも「再建外科」と呼べるものが可能となった。

一九八八年までに邑久光明園、Leprosy Mission International、カラチに本部を置くMarie Adelaide Leprosy Centreの協力下、ほぼ基本的な再建外科はこなせるようになった。これは、らい根絶計画で働く総てのフィールド・ワーカー達にも励ましになった筈である。

一般にパキスタンに於けるらいの仕事は、技術的に他の南アジア諸国に比べて立ち遅れている。再建外科が可能になると、年々かなりの症例をこなさざるを得なくなり、負担は増したがスタッフの経験は豊富となった。最近ではラワルピンディなどの他施設に応援に行く状態である。一九八六年十月から一九九〇年五月までに手術三九六例、膿瘍《のうよう》切開・気管切開・外科的郭清《かくせい》などの小外科処置を含めると一〇四一例となる。ミッション病院のらい根絶計画に於ける役割は、これによっても不動のものとなった。

(四)身寄りのない変形患者の世話

ハンセン病は、結核と同様、今や治癒可能な感染症である。そのため、外来治療が大原則であり、やむを得ない合併症のみ入院させる。努めて長期在院患者を避け、隔離を目的としたかつての「らい病院」のイメージを避けることが大切で、多少の困難があっても家族のもとに帰す方針を採ってきた。

しかし、変形患者の一部は浮浪化し、物乞いをしてカラチに流れて行く傾向があったのは事実で、特に中年以上の単身者に今更「social rehabilitation」(社会復帰)などと称して職業訓練を施してもいかんともしがたいのである。殊《こと》に老齢化してホームレスとなる変形患者は年々増え続けており、やがて大きな問題になるに違いない。北西辺境州では、このような患者のために昔からスワトのピールババという廟にらい患者のコロニーがあるが、居住者は主として乞食を生業として、健全な状態とは思われない。

そこで考えられるのは、ピールババ・コロニーそのものの改善に乗り出すか、新たに家族を含めた居住区あるいは自活共同体を設定する事である。本部の行う生活保護的なやり方は、コントロール計画の初期段階で、悪く言えば金で歓心を買って早期発見に貢献させようとしたものと見ることが出来る。確かに初期はその目的には有効であったろうが、その帳尻は現在になってツケが廻ってきている。うなぎ昇りの生活保護予算は一九八九年には年間一〇〇万ルピーを超え、財政は間もなく破綻する。

「生活自立」のスローガンは聞こえがよいが、職業訓練にしろ、子弟の教育援助にしろ、都市生活向きのものである。

カラチと北西辺境州が決定的に異なるのは、後者が農村を基盤にした社会であることで、カラチのやり方の模倣はかえって浮浪患者を増すであろう。このため、我々としては、州政府に働き掛けて、菌の陰性化した変形患者は他の肢体不自由者と同等に取り扱い、社会的弱者としての優遇措置をとるべく決定させ、農村生活のスタイルにあったコロニー建設が検討されている。これは近い将来の課題である。

㈤アフガン人患者のケアとＪＡＭＳの発足

アフガン人患者の対策について本部の Marie Adelaide Leprosy Centre が求めていたのは、進んでアフガニスタン内部まで積極的に手を打つことであった。これには欧米の宣教団体の野心が明らかに絡んでいたので、慎重な態度で対処してきた。ペシャワール・ミッション病院の活動の延長とするのは内外の事情から不可能であった。ミッション病院を外国宣教団体の干渉から守りつつ、有効な実をあげなければならなかったのである。

唯一の道は外国宣教団体の狂信的で無責任な分子をらいの仕事から閉め出し、私心のないアフガン人自らの手でペシャワール・ミッション病院の外にチームを組織する事であった。このため、一九八六年十月に「Afghan Leprosy Service」が日本側の全面支援で発足し、一九八九年一月から現在のＪＡＭＳ（Japan-Afghan Medical Services）に再編された。このＪＡＭＳアフガン人チームは、三名の日本人ボランティアを除いて全てアフガン人で、長期的展望で無医地区の診療態勢モデルを創りあげる事を大きな目標としている。これは、現場での確かな勘によるもので、欧米ＮＧＯの次々と撤退を余儀なくされる中、着実に歩みを継続拡大しつつある。

この創設と運営にはペシャワール会が積極的にかかわり、名古屋サウス・ライオンズクラブや福岡徳洲会病院など広い層から支持を受けて活発化し、現在に至っている。日本からの長期ボランティアも少しずつ増え、その評価は地元でも日本でも根を下ろした。

ペシャワール会自身もこれを機に、ＪＡＭＳの日本側窓口としての役割が重要となり、日本の民間組織としては独自の形態をとるパイオニア的な存在となった。

㈥早期発見の働きかけ

早期発見の重要性はいうまでもない。これについても我々は積極的に協力した。実際には、過去散発的にラジオ放送による宣伝や医学生への講義が行われたことがあったが、組織的なものではなかった。

そこでペシャワール大学・カイバル医学校公衆衛生学講座と協力、定期実習の一つとして医学生をミッション病院らい病棟に送り込ませ、らいの早期診療を徹底的にたたきこむように手配した。この結果、現在では月に二〇から三〇名が我々の所に送られてくる。講義もスライドなどを準備し、なるべく現地の言葉を使って魅力あるものにしたので、好評であった。一九八五年以後、ペシャワールのほぼ全医学生がこの講義を受けたことになる。

保健婦学校の生徒にも同様の実習の機会を作り、大学の内科臨床カンファレンス、州の内科学会など、あらゆる機会を利用してらいの知識の普及に努めた。内科や皮膚科からの検査依頼が増し、早期例は徐々に増加した。これによってもペシャワール・ミッション病院らい病棟の公的役割はさらに強まった。

以上のように、今やペシャワール会＝ＪＡＭＳの手による日本の民間の役割は、北西辺境州のらい根絶計画で無視できぬ存在となった。更に、アフガニスタンの平和の到来を待ちつつ、その活動範囲はアフガニスタンの北東部に及ぼうとしている。

Ⅳ　ペシャワール会の性格

ペシャワールでの働きは、元来ＪＯＣＳ（日本キリスト教海外医療協力会）が中村をペシャワール・ミッション病院に派遣したことに端を発する。一九八三年四月に（ペシャワール会の）準備会ができ、同年九月に正式に発足した。しかし、初期の「ＪＯＣＳの中村医師を支える会」という枠を超えて、次第に独立した民間団体として活動が拡大、独自に多数のボランティアも送れるほど成長した。

ＪＡＭＳ（Japan-Afghan Medical Services）の発足を機に、その日本側本部として窓口の役割を果たし、良心的な市民団体・病院を束ねて、ペシャワール―日本の良心のかけ橋となっている。会員はペシャワールでの活動を通してアジア理解を深め、民間でしかできぬ貴重な国際協力団体となっている。

もともと、ペシャワール会には厳密な意味での「組織」はない。事務局も専従は居ず、夫々《それぞれ》に職業をもった人々が週に一回集まって相当な事務量をこなしている。熱心な事務局員たちは、何かの思想宗教的背景や「理論」がある訳でもない。夫々が「アジア」に対する個人的な愛着や人のつながりで参加しており、まとまった理念や思想よりも素朴な感性と連帯意識が動機となっている事が多い。これこそが逆に会の繋がりと継続性を強固なものにし、かつ幅広いものにしている。

ＪＡＭＳ＝ペシャワール会を通して長期ボランティアを送り出す場合も、夫々の支援会と有機的な繋がりはあっても、中央集権的な結び付きはない。小さな主婦層・学生のサークル活動や市民団体から大きな病院組織や国連・日本政府機関に至るまで、組織を超えて良心のネットワークを成し、その輪は九州・沖縄一円から全国に及んでいる。一二〇〇名の会員の層も様々で、学生、主婦、農民、労働者、医師、看護婦、教師、公務員、サラリーマン、経営者、政治家など、あらゆる階層にわたる。思想信条も、キリスト教関係者、仏教徒、「無神論者」、左翼的な人、保守的な人、ナショナリストと、極めて多様である。我々としては、このような会のあり方を大切にし、一人々々の良心的な興味と動機を重視し、組織体としての体裁には、国外との交渉や契約などを除いて、こだわらないことにしている。

本会は、まことに「日本の良心の結晶」と呼ぶにふさわしい。単調な作業に追われる会の事務局員は、おおげさに天下国家を論ずることもなく、国際化の騒々しい合唱にも無縁である。しばしば自分の「ささやかで何でもない参加」の意義に気付かないでいるが、このことは重要である。小さな良心的行為の集積こそが我々の活動を根底から支えてきたのである。ペシャワール会＝ＪＡＭＳは日本人の良心という海の中を泳ぐ魚なのである。

Ⅴ　ＪＡＭＳにおける海外医療協力態勢の展望

以上のように、一〇〇団体を超える欧米の現地ＮＧＯの中で、我々ＪＡＭＳ＝ペシャワール会は唯一の日本の団体として、民間の力をよく結集し、活動は次第に活発化してきた。だが、我々は特別「国際協力」などというスローガンを大上段にふりかざしてきたのではない。業績を現地に与えて自分は目立たず、過度の自己宣伝を排除し、あくまで地元の人々を立てて日本側の誇りとせぬ方針を頑《かたく》なに守って来た。縁の下の力持ちである。

一般に「海外協力」を民間側から考える時、二つの問題がある。①日本側の協力態勢の整備、②現地受け入れ団体の選択と協力内容の決定である。

①の問題について、我々の実情を述べてみよう。先ず経済基盤であるが、ペシャワール会＝ＪＡＭＳの予算は設備投資を含むと年間約三千万円（一九八九年度）、うち約八〇パーセントが個人会員及び民間の良心的な病院・市民団体の寄付からなり、残りがユニセフ（国連児童基金）や政府ＮＧＯ補助金（ＯＤＡ）である。しかし、基本的な底力となっているのは民間の個人・団体の継続支援である。

普通、事務局を構えて人材派遣となれば、予算の大半は組織自体の運営と人件費で消えてしまう。しかし我々の場合、日本側で使用する予算は、わずかに年四回の会報発行費と事務所の借料、ボランティアの渡航費くらいのもので、九割以上は現地活動に使用されている。

我々がこれを克服できたのは、専従を置かぬボランティア組織という方針を貫き、熱心な会員がその時間を割いて夫々の専門的なタレントを出し合うという、まとまりを作り上げるのに成功したからである。そして、ＪＡＭＳの支援者が「息の長い活動」であることを理解し、長期の構えで募金を継続しているからである。更に、「我々のニーズではなく、現地のニーズを中心に展開する」という大前提を崩さなかった事も言うまでもなく大きい。

ボランティアの出し方も、我々が「窓口役」に徹して、長期の任期の場合は送り出す医療団体にある程度の負担をしてもらい、原則的にそこが自覚的に各ワーカーを支持してゆく。会の方では必要な情報提供、受け入れ団体との折衝、募金・情宣活動に徹し、あくまで現地ニーズに合わせて人が働きやすいように配置する。このようなパターンが次第に定着している。

こうして今のところは、組織の自動性を避け、善意とボランティア精神がうまく機能するようになっている。ただ長期赴任の場合は人材を得るのにやはり困難がある。送り出す医療団体側にゆとりがなく、相当の負担を掛ける。病院としては良い人材は離したくない。勢い、ボランティアは病院を飛び出して自由な立場で行動せざるを得なくなる。また、何年ものサービスを続けて帰国しても、日本側にその経験を評価して吸収する容量がないのである。美談としてマスコミの餌食になるか、「好き勝手して結構なご身分」と皮肉られることも多い。

逆に、組織がボランティアの面倒を全て見るとなれば、組織体としての強化・肥大を要求され、どうしても組織の都合が独り歩きする傾向は避けられなくなる。人材でも、現地に適した役割が分かるのに年余が掛かることもある。硬直した任務を機械的に処理するようになれば、一市民としての自発的な意欲はそがれ、「民間」の良さがなくなる。

民間の良さとは、小回りがきき、自由な試行錯誤を許容し、現地の実情を下から眺めて真のニーズをとらえ、本当に実のある協力が身近に芽生えることである。そして、それを通して日本の国際性とモラルが市民レベルで自然に育つことである。もし日本の医療組織に、人や財源を送ることによる負担を軽減する便宜と評価が与えられれば、ことさら巨費を投ずる「国際医療協力組織」の創設などは相当整理することができる上、民間の良心的な交流拡大を期待することができよう。

第二に、カウンターパートとなる現地団体と協力内容の問題である。一口に「現地のニーズ」といっても多様な訳で、「これしかない」というものはない。これは、長い時間をかけて現場で読み取るセンスと、それをくみ取る日本側の度量が必要である。このためには、短期ではどうしても中途半端になりがちで、じっくりと腰を据えて実情を見る、いわば「屯田兵《とんでん》」的な存在が必要である。官民を問わず犯しやすい過ちは、しばしばトップレベルの話し合いで肝心の住民の頭越しに論議が進み、現地から見るとおかしなプロジェクトが決定されることである。

単に人材派遣といっても、現地には医者は失業するほど溢れているし、かといって現地に病院を建てて医療従事者を吸収しても、それを維持する力が現地にはない。現地住民の福祉と協力効率のバランス論から出てきた「コミュニティ・ヘルスケア」の流行とても、欧米側のアイデアであって、アジアの伝統社会の厚い壁に阻まれているのが現状である。

更に、先進技術の移行が必ずしも悪い訳ではない。問題は自国式のコピーでは駄目だということである。有効な協力方法は大も小も無尽蔵にある。ただ我々に分からないだけである。

最近「ＮＧＯ育成」が叫ばれ、欧米のＮＧＯとの比較論から出た意見をしばしば耳にするが、ペシャワールで見る限り、ずいぶんいい加減なやり方と惨憺《さんたん》たる結末も多かった。欧米ＮＧＯの規模と活動力だけに目を奪われて肝心の現地を忘れてはならぬ。素直に「現地からニーズを訴える」という視点を身につけ、しかも蛇のごとく聡《さと》く、地についた独自のやり方を模索すべきである。そして、それが切実に求められている時代に我々は突入していると思われる。

我々の活動は、近い将来、パキスタン北西辺境州とアフガニスタンにおけるらい根絶計画の要《かなめ》となり、長い長い年月をかけながら、アジアの同胞としての目の高さを失わず、利害を超えて真実のアジア理解を提供する場を設定する事になろう。さらに、こざかしい日本人論や経済優先の思考を打ち砕き、破局への不安をも包みこむ豊かな人間理解を提供してくれるだろう。我々は小田原評定《ひょうじょう》よりも実弾を重視する。そうしてこそ、身近に触れる何物かを期待するからである。

27号 1991・4

ある葬送　屈折した気持ちを抱いて

ムッラーの訴え

茶褐色の荒涼たるアフガニスタンの山々を背景に、まるで埃っぽい土中から湧きだしたような荒れ果てた村落の残骸の中で、ささやかな葬儀がとり行われていた。

遺体は手作りの柩に収められ、土中深く埋められた。質素な葬式にはカラシニコフ銃で武装した数百名の住民が参列し、慣習に則《のっと》ってムッラー（イスラム僧）がコーランの句を唱えて祈りを捧げた。そう遠くない所で時折砲声のこだまする中、やつれた面持ちのムッラーは、列席の住民たちに訴えた。

「彼は今、神の御元に帰る。この十数年、彼は難民として幸せではなかったろう。彼は死んで初めて永遠の平和を得た。我々もそうである。我々はジハード（聖戦）を継続するだろう。かつてアングレーズ（英国）に対して歴史的闘争を行なったように、我々はあらゆる侵略者と戦うだろう。イスラムを守り抜け。だが、注意せよ。イスラムの同胞をイスラムの名で圧迫するのはイスラム教徒ではない」

列席した住民たちの間に深いうなずきとどよめきが起きた。

なぞなぞのようなイスラム僧の言葉の背景はこうである。――現地ではサウジアラビアの団体が勢力を持ち、さらにソ連軍と前線を構える抵抗組織がミニ軍政を敷いており、住民は砲火と干渉の中で辛うじて自治を守ろうとしていた。彼ら住民自身も武装していたが、十二年にわたる内戦に疲れきっており、大多数は難民としてパキスタン側に移っていた。しかし今、心情論から米国に与《くみ》するサウジアラビアを非難すれば、財政的に日干しにされるだろう。他方、過激なイスラム主義の抵抗組織は、「イスラム」の名において共産主義政権以上の暴虐を振るう――およそこのような状況下での苦しい呼びかけだったのである。

影をひそめた欧米系NGO

二月下旬、私はＪＡＭＳ（日本―アフガン医療サービス）のアフガン人スタッフの葬儀に加わるため、パキスタン・北西辺境州の自治区からさらにアフガニスタンのクナールの奥地に入っていた。もう一つの目的は、年来の目標であったアフガニスタン内部クリニック開設の状況調査であった。

鳴りもの入りの「アフガニスタン復興・難民帰還」の各国プロジェクトは、我々ペシャワール会＝ＪＡＭＳと一部のアラブ系団体を除けば、影をひそめていた。あれほど騒がれ、押し寄せた欧米NGO（民間援助団体）の復興援助ラッシュの狂宴が嘘のようである。ソ連軍撤退後二年経つ今も、内乱さえ終結していない。葬儀の行われている場所から二・五キロメートル先にはアフガン政府軍の陣地があり、いぜんとして激しい戦闘が続いていた。灯火管制の下、我々は夜間月明かりを頼りに山沿いの悪路を迂回せねばならなかった。

「難民帰還」どころではない。田畑は荒れ果てて砂漠のようであり、破壊された村落の残骸は、まるで廃墟と化した遺跡である。ただ遺跡と異なるのは、時折人間の死体がころがっていることであった。莫大な費用をつぎ込んだ難民帰還プロジェクトは、少なくともここでは複雑な対立と民心の荒廃以外に何物ももたらしていなかった。地元住民、抵抗組織、アフガニスタン政府軍の三つ巴の抗争に加え、湾岸戦争の影響はアフガン人内部に複雑な対立を更に増幅させていた。

荒れ果てた故郷

ペシャワールから険路を十二時間もかけて遺体を運び、故人の故郷で葬儀が行われたのは訳がある。先祖伝来営々と営まれてきた田園の生活は、戦で追われて難民となった住民たちの心深く、望郷の念を刻みこんでいたからである。また、余りに多い犠牲にもかかわらず、ここでは人の死の意味が日本などよりも遥かに人々に重くかみしめられていた。

十年ぶりの荒れたわが家を前に、呆然と立ちすくむ者もあった。葬儀の行われた家の井戸の中には、白骨化したソ連兵の死体が放置されていた。深さ五メートルほどの井戸の底を覗くと、白骨死体と対照的に、地下水の清澄な青さが不気味なほど美しかった。

人々は無感動にそれを眺め、生まれ育った村の懐かしい木々、小川の流れ、モスク、井戸、駆け登った山々の一つ一つを、少年時代の思い出と共に、とりとめもなく語った。しかし、たとえそれが如何に心地よい感傷を呼び起こしても、砲声がすぐに彼らを現実に引き戻すのであった。

「米・英の走狗《そうく》」日本

私はといえば、内心別の立場からこれら純朴なイスラム住民の反応を恐れていた。湾岸戦争に日本が九〇億ドルという巨額の支援を決定したことが、大々的に報じられていたからである。希望と尊敬の的であった日本が、実は「宿敵・米英の走狗《そうく》」という裏切られた印象を拭《ぬぐ》い切れなくなっていた。事実、サウジアラビアと直接の利害関係のないイスラム民衆は公然と「フセイン万歳」を叫び、ペシャワールの街角では至るところに肖像画が貼られていた。湾岸戦争勃発以来、激しい反米デモが連日荒れていた。欧米人の姿は忽然《こつぜん》と消え、一部は帰国し、残留した者も一時的なパニック状態に陥っていた。欧米諸団体の「難民援助プロジェクト」はとどめをさされ、UNHCR（国連難民高等弁務官）の事務所さえ爆破される事態になっていた。

しかし、ペシャワールよりもさらに隔絶されたパシュトゥン部族（アフガン人）のイスラム伝統社会のただ中で、元来ならばカーフィル（異教徒）として異物扱いされる場所で、共にムッラーの説教に耳を傾けている自分が奇妙な立場にいると思った。日章旗を描いたJAMSのジープが遺体を輸送し、私は友人として扱われていた。

ジャパン・ジンダバード！

「JAPAN」の名は、日露・太平洋戦争と共にヒロシマ・ナガサキで広く奥地にまで知られている。だが、「日本はイスラムをどう見ているか」というありふれた問いも、今の私には余りに残酷であった。「我々はアッラー（神）の欲する平和を愛する。内戦で諸君は何を得たか。平和こそが日本の国家理念だ」という言葉は常に現地で説得力をもっていたものである。そして、言葉は私を離れて、地獄を体験した者には真実の共感を生んだ。

しかしこの時、「ジャパーン・ジンダバード（日本万歳！）あなたは兄弟だ」というある長老の言葉が、お世辞なのか好意なのか分からぬほど、私は屈折した気持ちを抱いていた。恐らくその両者が正しかったのであろうが、それは我々JAMSのチームが地域のパシュトゥン住民の信頼を勝ち得てきた成果で、この状況下では奇跡的とも言えた。

久しぶりに戻った住民たちは、この離れがたい故郷の廃墟に、なおも希望をつないでいた。しかし、かつてこの土地を守るためにゲリラとして果敢に戦い、勇猛で知られたJAMSの仲間が、ぽつりと言った。「ムジャヘディン（イスラムの聖戦士）なんか、もういやしない。いい奴は皆逝っちまった。金で頭のいかれた奴らとオルース（ロシア人）が戦争ごっこをしてるのさ。だが、いつまで……」

ただの幻のような

昨夜うっすらと降り積もった雪が、どこまでも澄み切った紺碧《こんぺき》の空を背景に、山々の稜線に美しい純白の縁取りを与えていた。それは、カラコルムの氷雪から解け出るクナール河の悠然たる水の流れと共に、静かに何ものかの意志と和やかさを届けているように見えた。そして荒寥たる人里の光景も意に介さぬように、すべてをその中に抱擁するようだった。

我々はまた戻ってくることを誓って、車にエンジンをかけた。舞い上がる砂塵が時折、故郷を再び後にする人々の姿を隠した。風化して消えゆく人の営みの確かな実感の中で、日本が何か蜃気楼の如く、ただの幻のような気がした。

あったにしても、それはこの光景からは余りに遠い世界であった。

◎ペシャワール便り

信頼厚く和気あいあいと

みんな元気です

お元気でしょうか。ここペシャワールは寒さも峠を越え、街路では、うすももいろのアーモンドや杏《あんず》の木が小さな桜のような花を咲かせ始めました。郊外は一面の菜の花の鮮やかな黄色が、麦の緑と共に、茶褐色の山肌を背景に、不思議な美しさを漂わせています。

小生は去る十二月二〇日にペシャワールに戻ってきて、性《しょう》懲《こ》りもなく仕事を続けております。今回は、藤田さん、吉武先生、石松先生に加え、ペシャワール会から事務のピンチヒッターである西岡さんがいて、いつもより随分楽をさせてもらっております。

戻りますと、吉武・藤田両ワーカーの力量は大したもので、大方の手術はもちろん、ウルドゥ語も短期間によく習得し患者たちの信頼も厚く、スタッフたちとも和気あいあいとやっておられました。この困難な事情にしてよくここまで出来たものと、感謝しております。石松先生も、十二月にリヴァプールの熱帯医学校を無事卒業して戻られ、J

ＡＭＳのセンターで活躍しておられます。

心配されたような地震や湾岸戦争の影響は、ペシャワール・ミッション病院のらい病棟に関する限りほとんどなく、かえってお二人の存在は次第に重きをなしているようです。顕微鏡は大使館の方々の協力を得て、無事二台を運びました。残りは空輸される予定で、待っているところです。

待たれる新病棟

らい病棟の新建築は断食月明けの五月か六月頃に完成、今秋から七〇床の堂々たるものになります。さらに九月からは、ペシャワール会を通して、天草出身の松本看護婦が二年の長期ベースで加わることになっており、さらに充実したものになることでしょう。

北西辺境州政府のフィールドワーク・オフィスもペシャワール・ミッション病院のらい病棟に正式に移管され、合同で週一回のフィールドワークを実施すると共に、ペシャワール地区のらい診療員を集め、共に学習会も開かれるようになりました。らい病棟は事実上の半公共施設となり、これでペシャワール会の補給と良い医療サービスの続く限り、何があっても（たとえ病院の管理や政情の激変があっても）揺らぐことはないでしょう。

この背後には、ＪＡＭＳ（日本―アフガン医療サービス）の陰の支えがあります。らい病棟のフィールドワークのお膳立てや、診療に必要な検査をＪＡＭＳが一手に引き受けています。特に菌検査では、以前は一年以上も待たねばならなかったのが、現在では二日以内に結果を得ることができるという、夢のような話です。

ＪＡＭＳは活動を続けます

一方ＪＡＭＳも、シャワリ先生の献身的な活動のお陰で、日本で心配したほどには影響はありませんでした。昨年十二月一日に北西辺境州北部国境にあるテメルガールに支部診療所を開設、現在医師一名と検査技師一名が交替で常駐、北部山間部の八ヵ所の政府らい投薬所を支援すると共に、アフガニスタン内部の状況を知る基地となっています。

今秋十一月までにアフガニスタン内部に診療所を開設予定で、ここを基地として徐々に北部山岳地帯の無医地区に進出してゆきます。

ペシャワールのＪＡＭＳ本部では、アフガン人医師五名となり、石松先生の必死の努力で検査室はさらに充実しました。

三月に入ってＵＮＨＣＲ（国連難民高等弁務官）事務所も爆破され、欧米ＮＧＯはもちろん、国連職員たちも、一部を残して全て引き上げの見通しのようです。愚かなことです。北西辺境州三〇〇万人の難民たちは相変わらずくぎづけで、複雑な対立と札束による民心の荒廃を残したまま、難民帰還プロジェクトは終息に向かっています。

　この中で、ペシャワール会＝ＪＡＭＳの活動は殆ど変更がないどころか、徐々に活発になっているのが奇跡的な気がいたします。いや、今までの働き方を考えると当然の帰結と言えるのかも知れません。私もアフガニスタン内部まで自由に行けるのが不思議です。これもひとえにＪＡＭＳのアフガン人チームの献身的な活動の賜物です。

　国境を越え、あらゆる政治的・宗教的意図を超え、平和の旗をおし掲げて現地の立場に立つ限り、我々ペシャワール会＝ＪＡＭＳの働きは戦乱や迫害に疲れた人々の心に、しみじみとした暖かいものを与え続けることでしょう。先は長いです。今後も力を合わせて、一歩一歩共に進んで行きましょう。

イスラム住民に無理解な日本

初め、それは高校野球の中継のようだった。テレビは米軍の大戦果を流し続け、評論家が他人事のように戦争を語った。テレビゲームのようでもあった。バグダッドを走る無数の閃光《せんこう》は、その下で多くの市民が飛び散るのを感知しないようだった。

　何よりも、一つの破局の開始が日本を席巻した事実に、我々はどれほどの危機感を自覚していただろうか。多国籍軍への九〇億ドル追加援助表明で、日本は米国の同盟国として事実上参戦したのである。数億のイスラム住民に敵対する戦争遂行を、進んで「断固」表明した。

　私たち福岡市に本部を置く「ペシャワール会」＝日本―アフガン医療サービス（ＪＡＭＳ）は、過去八年間、アフガニスタン難民があふれるパキスタンのペシャワールで診療をしてきた。民間の良心に支えられた小さな団体だが、イスラム住民と苦楽を共にする者として、現地の声なき声を届けねばと思う。

　一般に、イスラム教徒の英米に対する感情は非常に悪い。「アングレーズ」（英国）は、敵の代名詞だ。現地庶民の平均的な反応は、「イスラムの同胞に武力を向けたフセインは確かに悪い。だが、事もあろうに米国を現地に引き入れ、イスラム教徒同士を戦わせたサウジアラビアははるかに悪い」だった。

西欧列強の利害で線引きされたに過ぎない国境を越えたイスラムの一体感を、日本人は余りに過小評価している。西欧的な国家観を共有できるということが、そもそもの誤解だ。多国籍軍に一部アラブ諸国が参加しているが、これも民衆の意思の代弁ではない。

もう一つ、奇異なのは日本人の異常な「国連信仰」だ。ペシャワール周辺の北西辺境州だけで二七〇万人ものアフガン難民は、国連機構のずさんな情勢判断や帰還計画、現地の実情に無理解な欧米の非政府組織との摩擦などの中で、混乱のまま放置されている。

ほとんどのイスラム住民にすれば、日本で自明とされる「国際秩序」や「国際正義」も、欧米勢力の押し付けた虚構としか思えていない。それは今回の事態と、放置されたままのパレスチナ問題に関する国連決議との間で明白な、中東問題に対する「二重基準」を挙げるまでもない。

我々は、日本の動きがＪＡＭＳの活動に与える影響を心配している。すでに一部伝えられるように、イスラム住民の対日感情は徐々に悪化するに違いない。湾岸戦争突入で、パキスタンでは激しい反米英デモが荒れ、一週間の外出禁止令が全国にしかれた。

ＪＡＭＳは、イスラム住民の反欧米感情からくるテロを避けるため、中立で親イスラム的と見なされていた日本の国旗をわざわざ掲げてきた。これを取り外さざるを得なくなる事態も懸念している。

湾岸支援策の決定に当たっては、それなりの判断があっただろう。だが、我々は歴史的転換期とか、国際的役割とか言う割に、余りに自分自身を省みる態度に欠けていなかっただろうか。目先の「国際的貢献」の議論よりも、米国の一方的な価値観と情報のみで踊らされる現実にこそ、恐怖するべきではなかったか。明治以来の「脱亜入欧」の一つの結末を、いま見る思いがする。

国際秩序という時、そこには欧米と文明観、価値観を共有しているわけではないアジアの同胞への地についた理解が欠かせない。我々のアジア観の再検討が迫られている。

半世紀前、ほかならぬ我々自身が、伝統社会と西欧近代化のきしみの間で、対米戦争という形で苦悩した。戦争の総括は終わってはいない。ヒロシマ・ナガサキと数百万の「英霊」たちの犠牲の意味は、今こそ問われねばならない。

初出：「朝日新聞」〈論壇〉一九九一年二月二二日

28号
1991・7

氷河の流れのように
——一九九〇年度を振り返って

国連幻想の崩壊

一九九〇年度は、大きな飛躍の年であったといえる。一方では現地活動が着実な拡大をすると共に、他方日本側からの人的・物的補給も増大してきた。これはひとえにJAMS現地スタッフや、日本人ワーカーの献身的な活動と共に、ペシャワール会の国内活動によって心ある人々の良心の輪が着実に拡大してきたからである。

現地ペシャワールでは、うんざりするほど多くの欧米援助団体、うんざりするほど華やかな紙上のプロジェクトが、次々と現れては消えていった。我々のような小さな者から見れば雲の上にあるような大きな組織が、卓抜な論理と豊富な財政で何事かを実現させるような幻覚を与えたが、肝心の難民には殆ど何事も起きなかった。札束が舞い、多くのビジネスと「繁栄」がペシャワールにもたらされた。押し寄せる外国人のために家賃が高騰し、アフガニスタンの内戦は収まらず、基本物価の上昇は現地庶民を苦しめた。

湾岸戦争で「難民帰還プロジェクト」は化けの皮を剝がされて、人々の前にあらわな姿をさらした。追い詰められた時にこそ、その本性が明らかになるというのは事実である。国際組織たるものが誇り高いUN（国連）のマークを慌てて消すなど、笑えぬこともあった。「アジア系の人を残留部隊にして」自分たちが我先に逃げる計画も普通であった。その狼狽《ろうばい》ぶりは皆を落胆させた。「イスラム教徒のメンタリティを疑う」人々が、あっさりと現地を見捨てて去って行く。巧みな論理で組まれたプロジェクトは、巧みな器用さで総括されて閉じられてゆく。愚鈍な我々にそのような器用さはなく、地面に張り付いて下から眺めていた我々にとって、この光景は一つの滑稽なカリカチュアである。格調高いヒューマニズムも、援助哲学も、美しい業績報告と共に、ついにガラスの陳列棚から躍り出ることはなかった。心ある人々は沈黙していた。

我々JAMSは、あたかも何事もなかったかの如く、黙々と活動を続けている。我々はもはや、国連や欧米NGOの薄情さに怒りや批判を向けることはないだろう。事実がそれを語ってくれるし、それどころではないからである。JAMSは一歩一歩、現地に固く足を踏みしめながら目標に向けて着実に進んでいる。

表層の喧騒とは無縁に

我々の歩みは牛のようにのろい。牛どころか、ある訪問者の述べたように、「まるで氷河の流れの如く」である。毎年、年報を出したり報告会を催すたびに、日本側ではどうしても代わり映えのしないものと取られ易い。

目まぐるしい日本の社会からすれば、確かにその通りだろうと私も思っている。ペシャワールにおいても、旅行者の目には、以前には考えられなかった交通混雑、新しい建築物、人々の服装の変化、テレビなどのマスメディアの普及などが、急速な近代化と映るに違いない。

しかし、それはこの社会の、ほんの表層の部分的変化に過ぎない。農村や下町に行けば、そこには殆ど昔と変わらぬ人々の生活がある。そして我々の活動も、これらの人々の涙や笑いと共にある。何世紀も営まれてきた人々の暮らしが、たかだか十年やそこらの紙上のプロジェクトで変わるものではない。しかも、俗にいう「進歩」や「発展」が本当にこの人々の幸せにつながるかどうか、私は疑問に思っている。

我々の歩みが人々と共にある「氷河の流れ」であることを、あえて願うものである。その歩みは静止しているかの如くのろいが、満身に氷雪を蓄え固めて、巨大な山々を確実に削り降ろしてゆく膨大なエネルギーの塊である。我々はあらゆる立場を超えて存在する人間の良心を集めて氷河となし、騒々しく現れては地表に消える小川を尻目に、確実に困難を打ち砕き、かつ何かを築いてゆく者でありたいと、心底願っている。

無数の見えない協力の集積

実際、我々の活動は、現地・日本を問わず、実に多くの人々の良心的協力と信頼で成り立っている。報告書では一行で済まされるが、一人のワーカーを送り出すにも、一つの機材を輸送するにしても、一つの技術が根づくのにも、一つの診療所を開設するのにも、そこには無数の見えない協力の集積がある。そして少なくともその協力は、決して現地の人々を裏切ることはなかった。

現地スタッフの中には不幸にして殉職した者さえある。任務の途中、戦地の砂漠の中で倒れかけていた老人を救出し、自分は精根つきはてて倒れた仲間である。彼はＪＡＭＳの相互扶助の精神を愚直なまでに信じきって逝った。人命の犠牲を決して美化するものではないが、この愚直さを私は笑わない。ＪＡＭＳの事業は、ライフルを捨てて故郷の再建に身を投じた彼にとって、平和のジハド（聖戦）であった。現地側が命さえ投げ出す献身的な誠意を以《もっ》て応ずる以上、我々もまた、それに値する十分な誠意と協力で報いるだろう。

この激動する世界の中で、我々ＪＡＭＳ＝ペシャワール会の働きが、ささやかなりとも人間の奥にひそむ確かな何ものかに根づいているとすれば、今後も変わらずに戦乱や迫害に疲れた人々に慰めを与え続けるだろう。そして、我々自身もそれによって慰めを得、忘れてはならぬ何かに気づくことが出来るに違いない。

一九九一年度も、我々一人一人の事業として、日本の良心を体現し、現地と更に力を合わせて活動を継続してゆきたい。

一九九一年四月一日

□一九九一年度事業計画

一九九一年度も、アフガニスタン無医村診療態勢確立による復興支援

パキスタン北西辺境州・アフガニスタンのらい根絶計画支援

以上の大目標に変更はあり得ない。診療所機能も当然、改善が続けられ、日本との人的交流もさらに拡大する見通しである。ただ大きな年度目標事業としては、以下の計画を立てている。

アフガニスタン国内診療所の設置

一九九一年は、国連や西欧ＮＧＯ諸団体の撤退が本格化し、アフガニスタン国内の安定が現実化し始めるとＪＡＭＳは分析している。国内活動を開始する好機で、ＪＡＭＳとしては以下のプランに従って基地診療所をおく。

①**目的**：山岳部無医地区（＝らい多発地区でもある）における医療体制のあるべき姿を探り、あわせて同地区南部の、戦火で荒廃した農村の住民（＝難民）が帰還しやすい条件を作る。

②**時期**：一九九一年八月までに人員配備と輸送態勢を整え、一九九一年十一月中に準備を完了、同年十二月一日にオープンする。

③**活動地**：アフガニスタン・ニングラハル州北西部のダラエ・ヌール渓谷上流。約二〇ヵ村、一万〜一万五千家族（推定人口十万人以上）の居住する高地山岳部。民族的にはパシュトゥン族とヌーリスタン族（亜種）が混居する。距離はペシャワールからジープと徒歩で三日以内（政情不安定地区の通過で補給が困難な場合、パクティアに置く）。

④**活動内容**：第一段階で小さな診療活動を行いつつ状況を調査（疫学調査など）、保健・母子衛生を含む将来の本格的な活動に備える。重症者はペシャワールの中央

診療所に送る。

⑤**人員：**医師一、検査技師一、看護士・助手二、門衛・伝令二、運転手一、総計七名のアフガン人チームとし、ペシャワールの本部から交替制で配備する。

熱帯医学・小訓練コース

①**目的：**将来の復興に備え、若い医療関係者（主に医師）に土地にあった疾病《しっぺい》の診断・治療、予防、環境衛生などを教育する人材作りである。最近は先進国に追いつこうとする余り、ペシャワールでさえも検査依存の体質、金のかかる医療、一般庶民には縁のない医療教育が行われる傾向がある。先端技術に憧れる若い優秀な頭脳が現地から流出するのを防止し、適切な治療行為を流布する。同時に、日本人医師・看護婦なども募集し、日本側の人材作りに協力する。

②**期間：**一九九一年五月より準備を始め、一九九二年二月より実施する。第一期は三ヵ月間。募集・卒業共に試験を行い、第一期は二〇名を予定。但し、正確な時期は、準備が整った段階で調整する。

③**教育内容と対象者：**若い卒業後のアフガン人医師で、将来アフガニスタンに止《とど》まって医療活動を志す者が主たる対象。欧米諸国に逃れようとする者は問題にならない。日本人医師の場合は、卒業後一年以上の臨床経験者で、英語を解する者とする。

研修内容は、北西辺境州とアフガニスタンに多発する感染症の診断と治療（マラリア、リーシュマニア、アメーバ症、らい・結核症とそのコントロール、下痢症の臨床、中央アジアに多い先天性血液疾患、貧血症、栄養障害、その他の寄生虫を含む感染症すべて）、予防、母子衛生、土地の事情に適した治療法などが主なテーマである。

卒業者には証書を発行する。証書自体は日本人医師に特別メリットがないが、感染症の臨床に興味がある者、発展途上国の医療に興味がある者には十分役立つものと確信する。実際の医療現場で、最低限の装備を以《もっ》て最大限のものをいかに発揮するか、よい訓練になるだろう。

④**予算：**日本からの講師二名、現地講師四名の四ヵ月分給与と教材が主で、後の準備はＪＡＭＳ事務局で可能。ある程度の実習は現在のＪＡＭＳ診療所を利用できる。問題は教育スタッフの人材さがし。日本の医療機関と協力し、英国などからの講師招聘《しょうへい》も考慮している。現在立案中。

ホームレスのらい患者の世話（自立定着村）

前年度の企画書（173頁・24号、199頁・26号）を参照。一九九一年度は辛抱強く調査を重ね、予算の蓄積するのを待つがよかろうと思われる。難民にかかわる政情も大きく変わりつつあるので、しばらくは安定を待ち、一九九一年度には大きな投資をしない。

ジハド　あるゲリラ兵士の変貌

ムーサーの過去

ムーサーはＪＡＭＳ（日本－アフガン医療サービス）の古参スタッフの一人である。クナールのイスラム指導者の由緒ある家系に生まれた。小さいときから一本気で、その上典型的なパシュトゥン気質《かたぎ》ときているから始末が悪い。誇りと勝ち気と真っ正直さは時に手に負えないこともある。

よく一緒に出掛けるが、ムーサーの運転は荒い。パキスタンの警察の検問などおかまいもなく突破する。「馬鹿野郎。目はついとるのか。公用だ！」という気迫と獰猛《どうもう》さに押されてたいていのものは逆わない。事務所としても、厄介であると同時に重宝な存在である。イスラム教徒の習慣と節《せっ》を守り抜く、私の知る限りで最も一途で実直なパシュトゥンであった。

ムーサーは自分の経歴を人に話したがらなかった。言われぬ苦労と体験があったのだろう。多くの殺戮《さつりく》と死を見てきた者に特有な暗さが表情に現れていた。ゲリラ仲間たちにさえ恐れられる歴戦のつわものであったことは知られている。だがそのムーサーが、ある日突然前線を去った理由を知る者は少ない。

若いゲリラ戦闘員

ある時、私は彼の故郷の戦場の近くのバザールを通ったことがある。バザールといっても、戦場の廃墟に復活したばかりの貧弱なもので、戦火が収まって帰郷した難民の一部が細々と生活の営みを始めたところであった。

通りがかりに見ていると、若いゲリラ戦闘員がバザールで何かやり取りをしていた。食事の代金を払わずに立ち去ろうとしている。ただで食わせてもらうのが当然とばかり、自分がまるで住民の守護神でもあるかのような傲慢な態度が看て取れた。

突然ムーサーが足を止め、若者の襟首をつかんだ。

「おめえは本当にムジャヘディン（イスラム戦士）かい。誰のために戦っとるんだ。貧しい者からふんだくって、それでもムサルマン（回教徒）か」

意表をつかれた若者が向き直ると、ムーサーはライフルを構えて「代金を払え」と言った。

いくらこの世界でも、公衆の面前で他人に銃を向けることは滅多にあるものではない。それに、この若者の党派の仲間が大勢周囲にいた。彼は数を頼んでムーサーに食ってかかった。

「俺たちを誰だと思ってるんだ。ただでは済まんぞ」

ムーサーはそれを無視するように「払え」と怒鳴りつけ、若者の足元に向けて数回たて続けに発砲した。銃声と共に土煙りが彼の足元を覆った。そして、今度は水平にライフルを構え直し、「払わなければ、おまえを殺す」と吠えるように言った。ムーサーの形相が変わっていた。本気だった。さすがに若者は仰天し、遠巻きに見ていた群衆もムーサーを支持したので身に危険を感じたらしく、金を払って立ち去った。

一部始終を見聞きした我々は、ムーサーが戦線を離脱してペシャワールに来た理由をやっと理解した。

兵の私物化

一九七九年十二月、ソ連軍九万のアフガニスタン進攻によって内乱がいよいよ本格化した時、彼はイランに留学していた。「革命政権」が農奴解放と称して彼の一族を襲い、父親を処刑したという報を聞くや、直ちに帰郷してゲリラに身を投じて戦った。

彼が義勇兵としてムジャヘディン・ゲリラの一党派に投じて間もなく、このグループは匪賊《ひぞく》化していったらしい。彼の属するコマンダーン（司令官）は、長い血なまぐさい闘争で哀《あわれ》みの情を麻痺させた。部隊を率いて戦った経歴が驕《おご》った態度を身につけさせ、兵を私物化させていった。

殉ずべきジハド（聖戦）の理想と現実は余りに掛け離れていた。ムーサーは、このコマンダーンに敵意を抱くようになっていた。「政府協力者が金を出さぬ時は皆殺せ」との命令を受けた時、正義感から来る怒りは頂点に達した。「彼らは罪のない貧しい地主と農民ではないか。我々の戦いは誰のために、何のためにあるのだ」

ムーサーがこのコマンダーンをどうしたか知る由もないが、ともかく彼は部隊を離れた。「これは汚い戦いだ。政治党派にイスラムの大義などありはせぬ。パシュトゥンの名にも値いせぬ。俺は腐った犬どもと死ぬものか」

ジハドの意味はこれによって彼の心中から消え去った。古き良きアフガニスタンも遥か彼方に崩れ去っていた。平和な故郷の田園は今は廃墟と化し、政府＝ソ連軍と自称ムジャヘディン・ゲリラのみ跋扈《ばっこ》する殺伐とした光景を呈していた。悲憤がたぎるような復讐への思いとなって彼を支配したが、それはもはやソ連兵でもカブール政権に対してでもなかった。故郷を荒らす外来者一切と、彼の信ずる無垢の「イスラム」を傷つける一切が敵であった。

我々のジハド

彼が私と出会ったのは、それから二年後の一九八六年のことであった。パシュトゥン民族主義にある程度共感していた彼は、当時その傘下にあるペシャワールの病院に運転手として勤務していた。しかし、その首脳陣に対しても、彼は目ざとく例のコマンダーンに似た驕りと腐敗を感じていた。

多くの難民救済団体の外国人たちも、彼にとっては同様であった。彼らの多くがアフガニスタンの人々の為に熱意を傾けるよりは、自らの業績作りに忙しい。彼らはアフガニスタンもパキスタンも知らない。しかし自分は彼らに雇われることで生計を立てねばならない。弱い立場にあるものは人の誠意を敏感に嗅ぎ取るものである。「援助する者」の無知と驕りは耐え難い屈辱であった。

ＪＡＭＳが結成された直後、我々の誘いに彼は二つ返事で応じた。

ジャーパーン！　それはおぼろげに想像するだけではあったが、一つの独特な響きを彼に与えた。アフガニスタンを切り刻んだロシア・米英と戦った東方の国。アフガニスタンと同じ手によって「ヒロシマ・ナガサキ」の惨禍を被った国。その漠然たる印象はこの戦乱の中でいよいよ輝いて親近感を覚えるのだった。

初めて間近に見る日本人はハザラ族やトルコマン族に似ていた。義兄弟のシャワリ医師が忠誠を置いているのを見て、不思議な人種だと思った。片言だがパシュトゥ語を解するのが嬉しかった。

「アフガニスタンの再建こそ我々のジハド（聖戦）である。スピン・スパイ（＝白犬、欧米人をアフガン人は陰でそう呼ぶ）に荒らされた恨みを建設にふりむけろ。平和と建設を、戦争以上の努力で実行しよう」という、ＪＡＭＳの方針がムーサーの心を捉えていた。

「日本が何かできるのですか」

「日本が何かをするのではない。するのは君たちであり、我々だ。君が右手を捧げるなら私も右手を捧げよう」

「ドクター、これは汚い戦いです。私もゲリラとして戦いましたが、嫌気がさして逃げて来ました。もう沢山です。党派のいうことは嘘です」

「分かっている。だが、今は耐え抜いて人の良心の力を集めよう。ロシアも米国も必ず去る時が来るだろう」

「ロシアが去っても、この混乱をどう収拾しろというのですか。みなバラバラです」

「そんなことはない。バラバラなのは金と欲で頭のいかれた奴らだけだ。現に異教徒の私でさえ君たちの仲間ではないか。みな争いに疲れている。金で集まる者は金が無くなると散ってゆく。銃で立つものは銃で倒される。我々をつなぐのはそんなものではない」

　ムーサーはその通りだと思った。アフガニスタンはバラバラだ。しかし、ここにすがることができる一つの希望がある。それが何なのかは、彼の頭脳の中で明瞭に描くのは困難だったが、確かな輝きのように思えた。

　美しいヒンドゥクッシュの山並みとクナールの故郷はペシャワールの喧噪と砂塵で隔てられている。だがそれが現実にいかに荒廃していようと、彼の心の中では依然として緑あふれる帰るべきふるさとであった。

29号 1991・11

変貌 らい病棟の女たち（1）

光と影の貌

保守的なイスラムの世界で女たちのことを語るのは容易ではない。外国人が町で接するのは普通上流の西欧化した女たちで、山岳地帯を行く登山家は堅くベールに顔を閉ざして逃げ去る女たちに面喰らう。「女の写真を撮って殺された」などと聞くとなおさらである。西欧の女性解放論者は「男による女性虐待」に金切り声を上げるかと思えば、主人の仇討《あだ》ちに息子を駆り立てる母親に「野蛮だ」と罵声を浴びせる。要するに外国人には理解できないのである。

八年もペシャワールに居て、実は私もよく分からない。男たちは滅多に女の話をしないし、尋ねもしない。外国人の解釈や異文化論はさらに解らない。「イスラムの後進性」をまくし立てる西欧の論客の饒舌にも、反感を通り越してあくびが出る。私が解らない理由は、おそらく自分が男に生まれてきたからで、永遠に分らないだろう。それは「異文化」を理解するよりも困難だ。

だが確実なのは、彼女らはその社会の中でふさわしい、女としての地位と役割を十分演じているということだ。日本人にそれが解らなくなったのは、西欧化した「教養」と共に、共同体への所属感を喪失した個人意識が無用な邪魔をするからである。パシュトゥンの女たちにはそれぞれの個性的な顔がある。近代化された自我にはそれがない。日本人の女たちにはない輝きと、あくの強さと、しぶとさと弱さ、高貴と邪悪が率直にとなり合っている。

「ペシャワール――それは光と影です」というのが、私のお気に入りの、一見真面目なはぐらかし文句である。たいていの者は何か含蓄のある言葉だと勘違いして意味が通じないが、現地に居て人情の機微を解する者は苦笑いしてうなずくことだろう。

八年後の再来

一九八六年のある日、二人の姉妹が老母を伴ってらい病棟を訪れた。三人ともチャダルで忍者のように顔を覆い、初めは誰も寄せ付けなかった。

スタッフが説得してなだめると、恐る恐るぼろぼろの紙片を差し出した。見れば、以前にペシャワール・ミッション病院のらいセンターが使用していた登録カードであった。かすれたインクの字を判読すると、八年前の一九七八年に新患者として登録されたアフガン人たちで、治療を中断していたものである。

別室でチャダルを取らせると思わずスタッフたちも息をのんだ。妹は三〇歳にもならないのに鼻梁《びりょう》が陥没して顔面が変形し、手指も鷲の爪のように屈曲変形していた。らい反応で全身に潰瘍《かいよう》化した膿疱《のうほう》があり、まるでぼろぼろの皮膚をまとっている骨格に見えた。無残な姿だった。登録当時、非常に美人だったというが、その面影もなかった。二歳上の姉は顔の変形は免れていたが、頭髪は完全に脱落していた。母親は右足に大きな火傷があり、壊死《えし》を起こした皮膚は悪臭を放っていた。

らいと戦禍に苛《さいな》まれ

彼女らの出身はクナールという、国境に近いアフガニスタン領内にある。彼女らもまた戦争の犠牲者であった。ソ連軍の進攻で内乱が本格化したのが一九八〇年頃からで、当時クナールは激戦地の一つであり、数十万人が難民としてパキスタン領内の国境地帯に難を逃れた。

兄弟の多くはムジャヘディン・ゲリラとして戦死した。いとこ数名に守られてバジョウルの難民キャンプに身を潜め、ペシャワール行きのバス賃さえなく、辛うじて配給の食物を得て生きていた。もちろん、一年分のらいの薬も飲み尽くしていた。

病勢は少しずつ進行していった。妹のハリマの体全体に吹き出物ができ、高熱と全身の痛みでもはや耐えられなくなった時、同情したキャンプのゲリラ指導者がペシャワールに送りつけて来たのである。

泣き叫び心の膿《うみ》を出し切って

彼女らは何かに脅えていた。苛酷な体験は容易に想像できたが、敢《あ》えて私は詮索しないことにしていた。このような病人に必要なのは、ともかく病を癒し少しでも「人間」としての誇りを取り戻させることである。第一段階は、ともかく餓死の危険がなく、出来る限りの治療が保証されている事実を知らしめることである。人間が極限に近い苦労の痛手から立ち直るのは時間がかかる。べたべたと優しくするよりも、泣き叫びを放置して思い切り心の膿《うみ》を出させる方がよい。事実と結果が最も雄弁である。

こうして彼女らは少しずつ快方に向かっていった。――と述べればいとも簡単だが、狭い病棟にひしめき合う中で、気違いじみた叫びは、スタッフにも私にも他の患者たちにも大変な忍耐を強いたのである（後にある外国人が来て、「病棟の無秩序と悲惨な女性患者の境遇」を嘆いたが、私には即座にその意味が分からなかった。瀕死の野良犬が人間に立ち直るのを大きな希望でみてきたからである。一般にゆとりのある現代社会で育った者は、緻密にカミソリで木の皮を傷つけ得ても、大ナタで幹を切り倒すダイナミックな感覚に乏しい)。

半年後には母親と姉の方は小康を得て退院した。すっかり笑顔が戻っていた。ここで話を終えれば感動的な治療物語になるが、それでは彼女たちの特性が伝わらない。

(続く)

30号
1991・12

変貌　らい病棟の女たち(2)

怒り・悲しみ・絶望

妹のハリマは病棟に取り残されていた。らい反応がくりかえし体を痛めつけていた。喉頭浮腫《こうとうふしゅ》で声がかすれ、しばしば呼吸困難と肺炎に陥った(その当時、らい反応の特効薬*は手に入らなかった)。「殺してくれ」という痛々しい叫びも無視して病状のおさまるのを待つ以外になかった。私が密かに抱いていた暗い自問は、このまま重症肺炎に陥らせて死を待つべきか、何とか生きながらえさせるかということであった。これを冗談で紛らわせて患者に気休めを述べるのは容易ではなかったのである。

数ヵ月の後、たまりかねた私は、ついに気管切開にふみきった(気管切開とは、喉に穴を開けて、呼吸を妨害している喉頭や声帯を経ずに直接気管に空気が通るようにする手術である)。当然、患者は呼吸困難からは解放されたが、声を失った。同時に、それはまともな社会復帰が困難になったことも意味していた。

ハリマという患者、ハリマという一個の人間はこれで幸せだったのだろうかという疑問は、しばらく自分を暗い表情にしていた。また、その当時のアフガニスタンとペシャワールの状況は余りに絶望的であり、「人間」に関する一切の楽天的な確信と断定とを、殆ど信じがたいものにしていたからである。まるで闇の中から激しく突き上げてくるような、怒りとも悲しみともつかぬ得体の知れない感情を私はもて余していた。人間の条件――乏しい私の頭脳で答えを得ることは到底不可能であった。だがおそらく当のハリマという患者自身もこの疑問を共有していたに違いない。イスラム以外に語る言葉をもたぬ者には、その率直な泣き叫びそのものが雄弁であった。

自分もまた、患者たちと共にうろたえ、汚泥にまみれて生きてゆく、ただの卑しい人間の一人に過ぎなかった。ただひとつ確信できたのは、小器用な理屈や技術を身につけてドクター・サーブと尊敬されていても、泣き叫ぶハリマと全く同じ平面にあるという事実だけであった。

暗いクリスマス

この一九八六年の暗いクリスマスを私は一生涯忘れることができない。ソ連軍はペシャワール近郊のカイバル峠に迫っていた。峠のてっぺんでは激戦が展開され、負傷者を乗せた車が連日連夜、市内の各病院と峠を往復していた。市民たちは絶えざる爆破工作におびえていた。冬の雨季に入ったペシャワールの空はどんよりと鉛色に曇り、砲声が間断なく市内まで聞こえていた。ふるさとに帰れぬ者、ふるさとを失った者たちが病棟とベランダにあふれていた。収容しきれぬために一部はテントにベッドを入れて寝かせていた。

当時所属していた或る海外医療協力団体からは、はるかに離れた国外で行われる「重要」会議に出席するよう矢の催促が来ていた。

「発展途上国の現実に立脚して海外ワーカーとしての体験を分かち合い、アジアの草の根の人々と共に生きる者として……。美しい自然と人々に囲まれたアジアの山村で語らいの時を……」

白々しい文句だと思った。美しく飾られた言葉より、天を仰いで叫ぶハリマの自暴自棄の方が真実だった。この非常時に患者たちを二週間以上も置き去りにする訳にはいかなかった。が、このペシャワールの状況を日本側に伝えるのは至難の業でもあった。無駄口と議論はもうたくさんだ。最後通牒《つうちょう》のような「出席命令」を力を込めて引き裂いた。私は、催しものと議論づくめの割に中身のない「海外医療協力」と、この時決別したのである。

つかの間、いのちの暖をとって

クリスマスの日、ペシャワールで一番上等のケーキをヤケになって大量に買い込み、入院患者全員に配った。山の中から出てきた患者には恐らく最初で最後の豪華な食べ物であったろう。あるスタッフが言った。

「ドクター、奴らにはこの味は分かりませんぜ。この小さいケーキ一個二〇ルピーで一週間めしが食えると聞きゃあ、口が腫《は》れますよ。もったいねえ」

「かまわん。ミルクをたっぷり入れた上等のお茶と一緒に五〇名全員に配れ。これくらいの贅沢は、たまにはさせろ。俺の道楽だ」

底冷えのする病棟にはストーブもなかったので、ガス・ストーブを全室に備えさせた。冷たい病室には暖かい火が燃え、患者たちは見たこともない高級の洋菓子と熱い茶をすすりながら談笑した。久しぶりに笑顔が病室にあふれていた。連日の過剰な労働で疲れていたスタッフたちも、それにつりこまれて幸せそうだった。

例のハリマも同室の女性患者と共に笑顔で向かい合っていた。変形した手で器用に気管切開の部位を押さえ、かすれ声をふりしぼって談笑し、ケーキをぱくついているのを見て私はほっとした。

鉛色の空と冷たい雨にこだまする砲声の下、迫害と戦乱に疲れた者にとっては、たとえ一瞬でも暗さを忘れる暖かさが必要だったのである。それが私の感傷から出たものであろうと、口の中でとろけるケーキの一片と共に命あることの楽しさを思い起こせば、それでよかった。彼ら患者たちとハリマの笑顔こそが何よりも代えがたい贈り物であった。

（続く）

＊ここでいう「特効薬」はサリドマイドを指すと思われる。催眠・鎮痛のほか免疫系に作用する。副作用（催奇形）が社会問題となったが、Ⅱ型らい反応（結節性紅斑）に有効で、一九九八年、ＦＤＡ（アメリカ食品医薬品局）がハンセン病治療薬として認可、二〇〇八年には日本でも多発骨髄腫とともに保険適応（サレドカプセル）となった。

31号 1992・5

変貌 らい病棟の女たち(完)

JAMSの活動開始

一九八七年二月、長らく我々の恨みであった「アフガニスタン」への足掛かりが作られた。日本側の全面支援によるアフガン・レプロシー・サービス（現JAMS＝日本－アフガン医療サービス）の難民キャンプへの活動開始である。当時アフガン戦争の真っ只中で、越境する難民は北西辺境州だけで三〇〇万人に迫りつつあり、らいコントロール計画はその影響をまともに被っていた。らいは現在では治る病気であるが、結核以上に長期の服薬を必要とし、治療中断による再発は取り返しのつかぬ結果を生みだすからである。こうして、我々の治療下にある多数のアフガン人患者もこの果てしない内乱の犠牲となっていた。

　例のハリマという女性患者も現にその一人であった。第二、第三のハリマが多数いるに違いない。国境沿いの難民キャンプを狙い撃ちに、治療中断者と新患者を見いださねば「らい根絶計画」の成功はおぼつかなかった。同時に国境を越えて次々と現れるアフガン人の未治療患者の対策も痛感されていた。ハリマの姿がアフガン人患者問題を身近にし、決断に踏み切らせる一つの動機づけになったのは事実である。

ソ連軍以上の厚い壁

一九八六年の夏、私は帰国の間をぬって、この「アフガニスタン計画」の具体化のために飛び回っていた。具体的には、このための財政技術援助である。

　親身に関心を示してくれる者は少なかった。その時の自分の有り様は、わが子を救おうとして他人に必死で懇願する親の姿に似ていたであろう。確かに「他人」にしてみれば、厚かましい話ではあった。だが、日本社会の持つ特有のゆとりのなさは、ソ連軍以上に圧倒的な壁であった。好意を持つ者でさえ身動きがつかなかった。マスコミを含め、多くの人々にとって、ペシャワールでの医療活動は美談以上のものではなかった。

　美談と取られるのはまだ良い方だった。刺すような皮肉にも耐えねばならなかった。

「好きなことをして結構な身分だな。日本じゃ皆結構苦しいんだ」

「日本だって困ってる人はいくらもあるんだ。何もこと変わった所で」

「そりゃあ、立派なことをしているとは思うよ。しかし世間ってものは……」

「俺たちゃ、税金を払っているんだ、外務省にでも相談したら」

折から国を挙げて国際化の呼号される中、少しは義侠心に燃える変わり者もいてよさそうだが、案外世間一般の風当たりは冷たかったと思う。その通り、私は好きなことをしてメシが食える「結構な身分」であり、「こと変わった所」でオロオロしている物好きな人間に過ぎなかった。売名行為と評するゲスの勘ぐりや、訳知り顔に人生訓をたれる空疎な自信に対して憤り心頭に発しても、ただ黙っていた。怒りをぶちまけて手を洗うのは簡単だ。しかし、ペシャワール現地の不利になってはならなかった。

ある大学教授の「忠告」

共感を示すものは一般に国内の活動にも忙殺されており、善意が力となりにくい構造的な壁を感じた。こんなこともあった。必要物資の輸送に手を焼いていた折、たまたまイスラマバードに派遣されていたJICA（国際協力事業団〈現・国際協力機構〉）関係の医師が、「少量の荷物ならば私の荷物に混ぜて送らせます。遠慮なく私の大学の先生に連絡をとってください」と申し出た。渡りに舟で、この医師とJICA職員の厚意に心から感謝した。だが、帰国後直ちに連絡を取ったところ、意表をつく返事が帰って来た。

「先生のご活躍は存じております。なされていることは誠にご立派と存じますが、私共は密輸の手伝いと受け取られるような真似は致しかねます。……ところで先生の書いているものを見ると、時々怒っておられますね。パキスタンにもちゃんとした医師は沢山いますよ。現場の人と共に歩む姿勢を忘れてはいけませんよ」

薄っぺらで無用な忠告である。何のことか良く解らなかったが、自信たっぷりの口調だった。私は、いやしくも一大学の教授たる者の調子はずれな訓示に驚くと共に、この筋の大方のレベルを知った（その後、この教授とは二度と連絡を取らなかった）。国際協力も所詮《しょせん》、日本にあっては井の中の蛙と猿山の大将が跋扈《ばっこ》する、魔訶不思議なサロンでなければお祭り騒ぎに変身する。奇妙な世の中になったものだと思った。

絶望から生まれるもの

しかし、いつの時代でも、我が身を削って人に与えることを喜びとし、殺伐な世相に明るさをふりまく「変わり者」がいるものである。画期的な先鞭をつけたのは、名古屋のサウス・ライオンズクラブと福岡徳洲会病院である。名古屋のグループは一九八五年にアフガニスタン難民救援アクトとして現地訪問、実情に自ら触れて奮い立ち、一九八六年、その三〇周年記念行事の一環でアフガン人チームのためのセンター建設と車両の寄贈を申し出た。九州の徳洲会病院グループには元々離島などの医療過疎に情熱を燃やす者が集まっていたが、医療過疎の極致ともいうべきペシャワールの事情に素朴な同情を寄せ、ミッション病院らい病棟の改築と継続的支援を買って出たのである。さらに、国立療養所邑《お》久光明《くこうみょう》園グループが、らいに熟達した皮膚科・整形外科・眼科専門医・検査技師を伴ってペシャワールに一時滞在、本格的な技術改善に乗り出した。これらの人々は当然の如くこれを自分の喜びとし、何の理屈も、何の国際協力論も述べなかった。

　これを後ろ盾に、アフガン人チームの編成が成り、彼らも総力を挙げて「らいのアフガニスタン難民問題」に取り組むことが可能となった。実に一人のらい患者の悲痛な叫びが、次々と良心の連鎖反応を呼び起こし、アフガニスタンへの抜本的ならい対策発足を実現させる強い推進力となったのである。この事実は、本人を含めて誰も知る由がなかった。

　私は拙《つたな》い表現の中に真実を、正当な論理の中に驕《おご》りを、耳ざわりのよい修辞に偽りを、発見しようとしていた。我々の協力が真の意味で「共に生きる」ということであれば、私は彼女たちに感謝しなければならない。そこで我々が人間を発見し、その何たるかを肌で理解できたからである。

　変貌したのは、ハリマというらい患者のみではなかった。我々もまた彼女によって変えられたからである。絶望から希望が生まれようとしていた。

故 佐藤雄二君（ペシャワール会事務局長）を懐《おも》う

故佐藤雄二先生は、小生が九大医学部に昭和四一年に入学して以来の親友で、彼の兄さんの佐藤誠ご夫妻とも古い親交をさせていただきました。学生時代は九大ＹＭＣＡの熱心な会員であり、彼を通して現ペシャワール会会長の問《とい》田直幹《だなおき》先生（当時九大医学部長）とも知り合いました。卒業時も同じ肥前療養所で、精神科の学びを共にしたことがあります。

一九八三年四月にペシャワール会準備会が結成される際に、奔走してその任に当たられたのは故人及び佐藤誠ご夫妻でした。以来九年、佐藤雄二先生は多忙な病院勤務の合間をぬって事務局長として背後から我々の働きを支え続けてくれました。

私が以前所属していたＪＯＣＳ（日本キリスト教海外医療協力会）と現地活動との間で、苦心惨憺《さんたん》しながら調整役をしていたのも彼でありました。これで国内のことは彼に半ば任せ、心置きなく現地ペシャワールでの医療活動を積み上げることができたのです。

今また現地活動が発展的な節目を迎えるに当たり、佐藤誠夫人の赫子《かくこ》さん、そして予想だにせぬ雄二君の逝去に遭遇し、ぽっかりと穴の空いたような空白感を覚えずにはおれません。人がどのように故人の生涯を総括し、いかに修辞を以《もっ》て死の意味を語ろうとも、一つの虚脱感と悲しみでオロオロするのが正直な所です。

彼が日本で死の床につく直前、私はアフガニスタンの山中に入り、まさに積年の大目標であった国内診療所開設にこぎつけようとしていました。一九八八年に彼がペシャワールを訪問してから三年半目でした。ヒンズークシの輝くような純白の大山脈が我々を迎えてくれました。

地上での惨憺たる人の営み――戦乱による破壊と飢餓、何百万人もの犠牲の意味を考えました。これを無駄死にだと言う気にはどうしてもなれませんでした。だからこそ、だからこそ、我々ペシャワール会の活動があるのだと自分に言い聞かせました。これらの犠牲の意味は、あの白い峰々の放つ清純さとなって我々を誘《いざな》うような気がしました。

これも生き残った者の勝手な感傷に過ぎないのでしょうか？　私には分かりません。だが、弔いを力に変えることはできます。そして、平和と建設に励むことによって、人の死をも我々の豊かな糧《かて》とすることが許されているのだと思いました。

ペシャワールに帰って佐藤君の訃報にふれました。彼の死は、私にとって、これら数百万の犠牲の意味と交叉するものでした。先春亡くなられた佐藤赫子さんも、死ぬ前までペシャワールでの働きを一つの慰めにしておられたことを思い出します。あと何年か分かりませんが、生きている限り、残される者の定めとして、我々の活動は営々と続くでしょう。

そうしてこそ、故人の死も地上で無駄には終わらないのだと思っています。今でも私は彼の柔和な笑顔が心のどこかに焼き付いて、話ができそうなほど近くに感じます。

佐藤君の霊が天上で安からんことを祈ります。

32号

1992・7

国際協力・天動説から地動説へ

――一九九一年度を振り返って

一九九一年度の政治的概況

ペシャワールでの働きの初めから「流動的情勢」という言葉がくりかえされてきたが、この言葉がこの地域で消えることはなかろう。一九八八年のソ連軍撤退開始、続くアフガニスタン復興援助ラッシュの開始とその終息、内乱の慢性化などの大きな流れはこれまで述べてきた通りである。とは言え、ＪＡＭＳ＝ペシャワール会の働きを理解する上で政治情勢を述べない訳にはゆかない。

一九九一年度の顕著な現地情勢は、紆余《うよ》曲折を経て、曲がりなりにも和平の兆しが見え、難民の一部は自然に帰り始めた事である。皮肉にも「難民援助」が混乱を増し加え、「援助引き上げ」が難民帰還を促進したのは動かしがたい事実で、一九九二年一月の米露の武器供与停止はこれに大きな拍車をかけつつある。しかし、これを以《もっ》てアフガニスタンの全面的平和の段階とするのは早計で、戦闘は減っても混乱は更に複雑化している。

「ソ連の分解によって権力の真空状態が生まれ、民族問題が一挙に噴出した」という単純な図式は中央アジアでは当てはまらない。元々西欧的なナショナリズムはこの地域には存在してなかった。カスピ海から中国新疆《しんきょう》省、アフガニスタン、北西辺境州まで、地域性と割拠性を保ちながらも、実は地図上で見えない一つの文化圏が存在している。

大ざっぱに見れば、ソ連の崩壊によってこれが露わとなり、ロシア・イラン・トルコ・中国・パキスタンなど、近隣大国の一種の衝突・緩衝地帯という性格が明らかになったと言える。「アフガニスタン分割構想」はアフガン人の憤激を買ったが、一国家としてまとまり得ないという弱点を露骨に示したものとも言える。一種のレバノン化である。最終的には、割拠性を保ちながら緩やかな連合体をなすのが自然な形であり、ここでは民族国家というのが一つのフィクションだとしても過言ではない。

アフガン戦争の後遺症は根深く、大量の武器流入と難民化、政治党派の乱立は不必要な対立を増し加え、農村人口の激減を促進している。追い打ちをかけたのが「難民援助・アフガニスタン復興援助」で、大量の外貨の流入が現金生活と都市化を促進、自給自足で安定した農村生活に壊滅的に作用したことは言うまでもない。麻薬栽培の激増もこれを背景としている。

ともあれ、カブール政権やゲリラ党派の動向がどうあれ、人々はもはや戦に疲れ切っているのが実情である。ただ、アフガン戦争と難民援助による混乱はイスラム側の反動を強め、イスラム原理主義・排外主義の温床を提供しているのも事実である。

このような混乱の海を泳いで活動せざるを得ない現地の苦労は、なかなか日本には伝わりにくい。そのことを日本側も知っておく必要がある。

自らの発見への努力

ペシャワール会の活動は一九九二年を以て十年目に入る。全く手探りの軌跡であった。やや誇張すれば、会の成長過程はそのまま、日本人の弱さやもろさを引きずりながら、世界と自らを発見しようとする努力であったとも言える。

この間、国際化の声の高まりの中で、ある時は誉めそやされ、ある時は無関心の壁に泣き、ある時は心ない批評に耐え、我々如き取るに足らない一市民団体がよくここまで支えられて来たものだと思う。支える者も、支えられる者も、それぞれの思いを込めて活動に参加してきたに違いない。だが我々は、ただの一度も「哀れな人々に愛の手を」という美辞を並べなかった。それは、現地も日本も大方の者が、支えることによって自らも支えられるという単純な真理に気づいていたからである。

世界の激動の中で

この九年で確かに世界は大きく変化した。くりかえし述べてきたように、ペシャワールは正にその集約を反映していた。冷戦構造における米ソの激突とその犠牲、都市化と工業化による農村の分解、それに伴うアジア伝統社会の変質、人口爆発、環境破壊、内乱、戦争、麻薬、難民、ありとあらゆる発展途上国の苦悩が極端な形で目撃された。更には、イスラム世界の反乱、ソ連邦解体と冷戦構造の崩壊という世界史的な動きの余波を直接こうむった。これは我々にとって、新聞の紙面を飾ることのない多くのアジア世界の現実を鮮明に浮き彫りにするものであった。

国際化も国際援助もそうである。かつては素晴らしく見えた欧米諸団体の大規模な国際協力も、実は多くが張子《はりこ》の虎であり、いとも簡単に人々を見捨てる現実にも遭遇した。現地が彼らにとって自分の興味を満足させたり、業績を上げる対象に過ぎなかったとすれば、「国際的相互扶助」は空文に帰する。ＪＡＭＳの現地活動は人々に信頼を以て受け入れられ、静かに根を張りつつあるのは、我々が上から見下ろすのではなく、いかに小さくとも「人々と共に生きる」努力を貫いてきたからに他ならない。

同様のことは我々ペシャワール会自身にも言える。現地が日本のためにあるのか、会の活動が現地のためにあるのか、という平凡な問いである。どちらも正しい。この現地活動を通して我々は、これを自らの糧《かて》とし、人間が失ってはならぬ何物かを知る手掛かりを求めてきた。それも不可欠である。だが、「華やかなイベントや議論の割に中身のない日本の国際協力・国際化」を嘆く資格があるのかという自問は、絶やすべきではなかろう。

時流に抗して

一九九一年度は、ＪＡＭＳ現地にとって、本格的なアフガニスタン国内活動が現実化した記念すべき年であった。一般のアフガン人さえ嫌がる山中に主力部隊を投入し、人が今まで紙の上でしかできなかった困難な作業に挑戦しようとしている。

欧米諸団体の大部分が「アフガニスタン」から撤退しようとする今、時流に抗して、なぜＪＡＭＳが活動の拡大を重ねてそんなことをするのか。外国人たちが問うのは馬鹿げている。脚光を浴びれば殺到し、浴びなくなれば立ち去る器用さを我々は持ち合わさない。活動しやすく評価を得やすい所ならば、誰もが行く。我々の答えは単純である。暗ければこそ灯りの価値がある。寒ければこそ火を焚《た》く価値がある。そして灯りは暖かくて明るい方がよい。

ＪＡＭＳはそのため以外には存在しない。かつて果敢にゲリラ戦を戦ったスタッフたちは、今武器を医療に代え、弾丸を薬品に代え、荒廃した郷土の再建に乗り出しつつある。彼らは戦争の時以上に真剣で生き生きしている。丸腰で現地に入るのは、時には武器を携行するよりも勇気が要るものである。また、複雑な対立をぬって人々の間に根を下ろすのも、外国人が考えるほど容易ではないのである。だが、現地が我々を必要とする限り、そして「平和と支え合い」が一つの巨大な力であることを実証するまで、断じてＪＡＭＳの撤退はあり得ない。

一つの厳しい事業体

現場は華やかな国際医療協力のイメージとはおよそ程遠い。地味な仕事の、営々たる積み重ねである。「翔んでる」外国人の遊び場所ではない。手軽に手に入るものは何ひとつない。日本側もまた、ＪＡＭＳ現地が一つの厳しい事業体であることを認識し、自分の都合ではなく現地からの視点・現地に立つ立場を身につけ、空砲ではなく実弾を確実に投入することが求められている。そうしてこそ、日本側も確かなものを分かち合うことができる。そして、現地・日本を問わず、志半ばに逝った仲間たちの弔いともすることができよう。一九九二年度は、それが大きく問われる年である。

（一九九二年四月五日）

□一九九一年度活動の概況

1．アフガニスタン復興支援――山村医療計画

一九八九年以来ＪＡＭＳは、十年以内にアフガニスタンの山村無医地区二〇ヵ所に診療所を配備する計画を立て、公衆衛生活動も含めた無医地区のモデル医療態勢確立を企ててきた。これまで殆ど伝統社会と共存できなかった外国人の保健衛生プログラムとは異なって、独自の現地方式で地元に溶け込み、疾病《しっぺい》の予防を含めた地域医療活動を現地の人々の手で、実現しようとする計画である。併せて、らいの多発地帯に活動を展開、一挙にらい発生の息の根をも止めるものでもある。

アフガニスタン国内診療所の開設［ダラエ・ヌール診療所］

一九九一年度は、やっと念願の国内活動の橋頭堡《きょうとうほ》を得た。アフガニスタン難民問題は新段階を迎え、「難民キャンプ診療所」は一九九一年度を以て一応の決着がついたものと見なす。一九九一年十二月、アフガニスタン・クナール南部のダラエ・ヌール渓谷の中央に診療所を設置、一九八八年以来このために訓練に耐えてきたＪＡＭＳの主力は一斉に勢力を集中し始めた。一九九一年八月から同地区での具体的準備に入り、一九九一年十二月に診療所を開設した。通

過地点の戦闘が下火となった一九九二年二月初めから本格的な輸送を開始、一九九二年三月までに十一名のスタッフが交替制で配備され、基本的な基礎を固めた。

同診療所の設置計画は過去二年以上をかけて進められてきており、実情はかなり把握されているが、一九九二年度は外来を中心にする診療活動で地域住民の信頼を得、その後に母子栄養・予防接種などの公衆衛生活動に入る。現在、ＪＡＭＳは「診療カード」の配布で同定番号を定め、二年後をめどにこれを整理して事実上の戸籍登録実施を開始、ワクチン接種や疫学調査の下地を作りつつある。

ダラエ・ヌール渓谷は典型的なアフガニスタン山岳地帯で、約七〜八万人が居住し、現在はほぼ完全な自治体制にある。下手《しもて》はアフガニスタン戦争中に爆撃で荒廃し、二〜三万名が難民としてパキスタン側に難を逃れた。医師はおろか安価な医薬品でさえ入手できない。乳幼児死亡率は想像を絶する。人々の生活も数世紀は取り残されている。大きな戦闘は収まっているが、医療福祉などの不安から帰郷できない者も多い。

このため、ペシャワールでの都市生活に慣れた一部スタッフが反応を起こして現地滞在を拒否したが、ＪＡＭＳは強硬路線を使って、医師十三名中七名、検査技師九名中二名を整理、背水の陣を敷いて備えている。しかし、新たな人員の補充と訓練は確実に続いており、一九九二年三月末現在、ＪＡＭＳ現地スタッフ総数五七名を数えている。

らい多発地帯（クナール州の七〇〜八〇％のらい患者が居住）であるダラエ・ピーチ渓谷は現在複雑な政争で大きな活動ができないが、既に調査準備を完了した。ダラエ・ヌール渓谷から山越えで二日の近距離であるので、次の活動展開は容易となる。ＪＡＭＳペシャワール診療所の教育体制を充実して向こう二〜三年で新たに約一〇〇名を増員予定、さらに奥地の無医地区とらい多発地域に大攻勢を準備している。

ペシャワール基地診療所の拡充

一九九〇年度に引き続き、検査部を充実して人員を増し、ＪＡＭＳペシャワール診療所は医療教育機関としての性格を持つようになった。総診療数は前年度の二倍以上の伸びを見せた。

母子衛生へのニーズも高く、将来のために「母親教室」も継続されている。

診療患者の大半は、マラリア・腸チフス・アメーバ症などの感染症、外傷などに対する小外科処置である。腹部超音波器械の導入と、林Ｘ線技師の長期滞在で診療の質はさらに向上した。

● 1991年度のJAMSの診療実績

全診療所外来診療数；	44,548名	**全診療所総検査件数；**	33,705件
◎ペシャワール診療所			
外来患者総数	29,158名	総検査件数	25,413件
入院患者総数	398名	血液一般	5,507件
手術件数	5名	生化学検査	2,282件
キャンプ診療回数	34回（34日）	尿・便検査	14,369件
キャンプ診療患者数	5,134名	X線撮影	1,582件
鍼灸治療	106名	腹部エコー	197件
◎テメルガール診療所			
外来患者数	7,490名	総検査件数	7,954件
◎ダラエ・ヌール診療所*			
外来患者数	2,660名	総検査件数	338件

*1992年2月―3月の2ヵ月間。1月は正確な記録なし。

2. らい根絶計画への協力

パキスタン北西辺境州のらい根絶計画への協力も、一九九一年度には新展開があった。従来ペシャワール・ミッション病院を介して行われてきた活動は、州政府とJAMS＝ペシャワール会との直接契約・直接協力となった。ミッション病院のらいセンター建築は一九九二年二月二三日に正式に落成したが、これを機にペシャワール会は病棟管理から一時手を引き、小規模な技術協力・人員派遣に留《とど》めることになった。

この背景には、ミッション病院全体の管理が困難となり、必要な活動が自由にできなくなったこと、JAMSの教育機能充実にさく余裕がなくなってきたことがある。

北西辺境州政府の福祉行政の一角へ

北西辺境州・アフガニスタン共に、そのらい根絶計画上の弱点は、①女性患者発見率の低いこと（一九九一年は二〇％以下）、②遠距離地居住患者の合併症治療サービスが行き届かぬこと、である。このため、JAMSは直接州政府の福祉行政の一角に身を置き、州のフィールドワーカーたちと協力、州全体ににらみを利かす戦略に切りかえた。一九九二年三月には州政府厚生省の活動許可を得た。

一方将来を見越してアフガン人スタッフのらい診療能力

向上が痛感され、ＪＡＭＳペシャワール診療所内に新たに二〇床のらい病棟開設に着手、一九九二年三月に着工した。これによって、これまで「アフガニスタン」と「ミッション病院」とに分散していたＪＡＭＳの勢力を事実上一本化、機能的な協力が予想される。

◎ＪＡＭＳ診療部らい関係

定期投薬　　のべ二三三名
接触感染調査　　一四五名
らい菌検査　　七七一件

北西辺境州北部国境のテメルガール支部を従来どおり機能させると共に、アフガニスタン国内のダラエ・ヌール診療所設置によってアフガン人患者の定期投薬は容易になりつつある。こうして、北西辺境州政府と直接全面協力する態勢が整った。

アフガニスタンのらい最多発地帯のひとつ、ダラエ・ピーチに活動の足固めがされつつあり、さらに有効な協力が期待できる。

ミッション病院らいセンター

入院治療サービスは、日本からの三名のワーカー派遣で改善された。理学療法が難点であるが、人員不足で手が回らないのが現実である。

●ミッション病院1991年度の実績

◎入院・外来治療サービス			
総外来数	866 名	総手術例	69 例
総入院数	244 名	菌検査数	410 例
理学療法	のべ約2,400 例（うらきずギプス例145名，その他は正確な記録なし）		
◎サンダル・ワークショップ			
1991年度総生産数	826 足	総配布数	644 足
◎ペシャワール地区・フィールドワーク			
出動回数	29 回		
◎ペシャワール大学・カイバル医学校の医学生への講義			
講義回数	16 回	受講者数	188 名

□一九九二年度事業計画

(1)アフガニスタン無医村診療態勢確立による復興支援
(2)パキスタン北西辺境州・アフガニスタンのらい根絶計

画支援

今後も以上の大目標に変更はあり得ない。大きな一九九二年度目標としては、以下の計画も立てている。

アフガニスタン国内診療所

一九九二年度は、さらに和平の動きが加速されるが、ロシア・中東情勢と絡んで政治的な混乱そのものは続く。しかし、国内活動を展開しやすくなる条件はさらに整うものと分析される。一九九二年は開設されたばかりのダラエ・ヌール渓谷の診療所を充実、来年度へ向けて疾病予防の母親教室、結核・らいなどの慢性感染症に対する登録制・定期投薬体制を完成させる予定である。プランはほぼ予定通り進行しつつある。

ペシャワール診療所の教育機能充実

大規模ではないが熱帯病の臨床訓練施設とし、日本からの若い医療関係者も受け入れる。昨年度の失敗に鑑《かんが》み、特に態勢の整った教育コースを開設しないが、教育陣を充実して診療を通して学べるよう工夫する。医師のみならず、検査技師、医療助手、X線技師などの技術も現地アフガニスタン人が自然に学べるようにする。

このため、日本からのボランティアは専門技術者ならば最低二週間、現地ワーカーの場合は約一年以上をメドに受け入れる。

北西辺境州らい根絶計画協力
らい診療部の設置

諸般の情勢により、らい診療部（二〇床）をペシャワール診療所内に設置（一九九二年三月着工）。アフガン人スタッフのらいに関する診療能力を増すと共に、北西辺境州らい根絶計画の弱点を補うべく州政府の福祉行政の一環として協力する。即ち、協力相手を北西辺境州政府とする。協力内容については既に直接政府と協議が成立しており、女性患者の早期発見と遠隔地患者の治療サービスに力を入れる。ミッション病院らい病棟については、大きく管理に関与しない。但し、従来の合併症治療サービスを妨げるものではない。

ダラエ・ヌールへの道(1) 国境越え

デュランド・ライン

ペシャワールは三ヵ月ぶりの雨であった。ミタイ峠にさしかかるころから冷たい雨はみぞれとなり、さらに雪となった。雪は容赦なく顔に吹きつけ、我々一行はまるで雪だるまの群が歩いているようだった。しかし、埃っぽいペシャワールの空気に閉口していた一行には、心洗われるような純白の眩《まぶ》しさが新鮮であった。

麓から約三時間登ると、この峠の頂きに標識がある。登山路のケルンのような質素なものだ。スタッフのサルフラーズが、「デュランだ!」と叫ぶ。

「デュラン」とは「デュランド・ライン」の現地なまりで、パキスタン―アフガニスタンの国境線を指す(かつて大英帝国の至上命令は「インド防衛」であり、インド亜大陸の西北辺に「北西辺境州」を設けてロシア南下の防波堤とした。現在のパキスタンに属する一州となっているが、これは現地パシュトゥン部族の居住地を真っ二つにするものであった。彼らによれば歴史的災いの種である。「デュラン」は現地住民には特別な響きがあるのである)。我々は既にアフガニスタン側に入っていた。降りしきる雪の中、JAMS(日本―アフガン医療サービス)のスタッフたちの顔が白雪で一層輝いて見えた。

アフガニスタン内部クリニックの開設

一九九一年十一月二六日、私は四人のJAMSのスタッフを伴って、早朝ペシャワールを後にした。我々の任務は開設予定地の最後の状況調査と計画の最終決定にあった。モハマンド自治区から標高二五〇〇メートルのミタイ峠の麓に至り、徒歩でアフガニスタンのクナールに入ろうとしていた。折悪しくゲリラ組織同士の戦闘で道路網が遮断され、車両による輸送が困難になっていたからである。アフガニスタン内部診療所開設計画もこのために大幅に遅延していた。だが、三年間このために切磋琢磨してきたアフガン人チームを鼓舞するためにも、私は断固たる最終決定を迫られていたのである。

アフガニスタン内部のクリニックの開設は一九八八年末より慎重に計画され、一九八九年一月一日に診療員養成コースを開設、開設予定地から直接人材を抜擢して訓練を施し、混乱する情勢の沈静するのを待機していた。一九九〇年十一月に北部国境のテメルガールに支部を開設して交替制の人員配置を組織化して経験を蓄積し、アフガニスタン国内診療所開設に備えをしてきた。
一九九一年になって内乱が下火となり、相対的な政治的安定の兆しを見るや、本格的な準備段階に入った。国内診療所第一号の開設予定地をクナール河の支脈、ダラエ・ヌール渓谷の下流に定め、開設時期は十二月一日としていた。八月と九月に二隊が偵察を兼ねてフィールド診療を行なった。

この目標地域はクナール河沿いの渓谷で、ペシャワールから見ると丁度スレイマン山脈を挟む西側に当たる。我々がこのあたりを標的に選んだ理由の一つは、ペシャワールで登録されるアフガン人らい患者の約半数以上がクナール河沿いの住民であることであった。しかもその約七〇〜八〇パーセントは「ダラエ・ピーチ」という北西部の盆地に集中している。らい根絶計画における一大標的である。だが、ダラエ・ピーチはアラブ系のワッハーブ派が勢力をもっており、大金と軍事組織で事実上半独立状態を保ち、堅固な要塞さえ築いている。当面の接近は不可能であった。

そこで、南部の山脈（クンド山系）を隔てて隣接するダラエ・ヌール渓谷に拠点を定め、年余をかけて同渓谷のモデル診療態勢を築き、情勢の鎮静するのを待とうと言う訳である。その間にダラエ・ピーチの住民は三々五々峠を越えて来ることが当然予想されるから、情報は自ずと集まる。政治勢力が自壊すれば一気にダラエ・ピーチに進出することが出来るし、混乱が続いた場合でもダラエ・ヌール側でケアすることは可能である。

もう一つの理由は、ダラエ・ヌール渓谷一帯はいわゆるパシャウィー族というヌーリスタンの一部族が占め、ほぼ完全な自治体制を戦争中も敷いて政治的利害から自由な地域であり、複雑な政争に巻き込まれる可能性は少ない。また地理的にも、ペシャワールからジープで約十時間、徒歩で二日という、当面の輸送に比較的困難が少ない安定地域だったのである。

政治党派の抗争の中で

だが予想を裏切る政治的混乱で連絡が途絶えていた。第三次の斥候《せっこう》隊が戻って来た十月から政治党派の抗争がさらに激しくなり、カイバル峠に代わる主要交通路、ナワ峠が閉ざされて一ヵ月が過ぎようとしていた。ＪＡＭＳは常に慎重論を優先して無用な冒険は極力避けてきたものの、現地住民に対して裏切りと取られる事は避けねばならない。延期論と開設論と意見が分かれたが、私の持論は「既にサイは投げられている。小規模な活動を予定通り実施し、情報を集めながら無理なく拡大、数十年の積りで現地に根を生やせ」というものだった。

しかし、開設のための下調査では、渓谷の人口や内戦による被害状況の把握が正確でなく、漠然とした印象で語られることが多かった。実際に計画立案となれば、活動規模を決定するためにも、財政支援を頼む日本側を納得させるためにも、より確かな目で現地調査をせねばならない。そこで私自らが開設地域の踏査を行い、最終決定を下すことになったのである。

ＪＡＭＳのリーダーのシャワリ医師は過度に私の身を案じていた。

「今ナカムラ先生に何かあるとＪＡＭＳ自身が潰れます。らいセンターの患者にも、日本の友人たちにも申し訳がたちません」

「バカを言うな。今がタイミングだというのは分かりきっているではないか。俺たちは失対（失業対策）事業で六〇人のスタッフを養っているのでない。立案をいい加減にすると来年度のメドが立たない。第一、たかが党派のこぜりあいでＪＡＭＳが延期を重ねれば、住民は我々を国連の同族と見なし、笑いものになる」

実際、国連や援助団体の撤退につぐ撤退で、地元住民の間に外国不信のムードが拡大していた。さほど危険がなければ先ずは地元住民の信頼を得ることが大切であると判断された。それに三年にわたる地元との接触や調査で、決して無謀なアフガニスタン行きとは思えなかった。

国連・欧米諸外国の「アフガニスタン復興計画」の完全な破綻が明らかになる中、ＪＡＭＳの主要メンバーは国内復興のための医療計画に逆に血をたぎらせていた。

弾薬を薬品に代え

峠は下りとなった。アフガニスタン側から幾隊もの武装ゲリラが登ってくる。舞い降りる小雪の中、自分も山賊のような出で立ちの我々は、ライフル銃や弾薬を背負う一行とすれ違いながら、「スタレイ・マッシュ（お疲れさま）」と挨拶を交わしながら下りに向かう。

ＪＡＭＳの一行もまた、かつては郷土を防衛するゲリラであった。一九八八年にソ連軍が撤退するまで、彼らも武器弾薬を担いでこの道を往復していたものである。しかし、今や立場が変わっていた。郷土を守る目的は変わらずとも、彼らは武器を医療に、弾薬を薬品に代え、戦乱と復興援助騒ぎで荒れた村を再生するムジャヘディン（聖戦士）であった。

（続く）

33号
1992・11

ダラエ・ヌールへの道(2)　戦火の果て

クナール渡河

峠を越えた我々は十一月二六日夕刻、クナール河畔に到着、日没寸前に渡河した。クナール河は、東部ヒンズークッシュ山脈渓谷の氷雪から溶け出る水を集め、カブール河に合流する。幅は広い所で五〇〇メートルもある大きな河である。とうとうと流れるクナール河の諸渓谷は併せて四国以上の面積があり、川沿いに沃野《よくや》を提供する。

両岸の迫る場所がいくつかあり、渡しが往来する。水牛の中身をくりぬいた皮を浮袋にし、これをいくつか並べて板ぎれを乗せた筏《いかだ》で、四メートル四方くらいはある。船頭は川底の岩を要領よく押して急流を斜めに進み、向こう岸にたどり着く。真ん中に女子供を乗せ、我々男どもは端に置かれる。手足をくくられた牛の原型を留《とど》める浮袋が、ひょうきんに波間をせわしく揺れる。下流を見ると、広大な谷間に燃えるような夕日が沈みかけ、川面《かわも》は一面に黄金色にさざめき輝く。日暮れの寒風でチャダルに身をくるむ人々の姿が、影絵のように無言でうごめく。美しい自然の情景に皆しばし疲れを忘れる。

対岸のヌールガルの宿場に着いた時には、日はとっぷりと暮れていた。

宿場といっても、小さなチャイハナ（茶店）とせいぜい二〇名泊まれる粗末な宿があるだけである。ちょうど、川下のジャララバード方面から来たゲリラの一部隊と宿を共にした。長らく政府軍の要衝として堅牢を誇ったジャララバードは、既に陥落したばかりだった。彼らの話から、市内では相当の激戦があり、激高した占領部隊の報復で多数（おそらく数千名）の犠牲が出たことが想像された。

しかし、翌年一月の米露の武器供与停止は確実なものと見られていたから、反政府勢力の同市制圧はペシャワール―ジャララバード間の交通を再開し、カイバル峠は当然開くだろう、我々の活動が今より容易になる時期は遠くない、と一同は明るい気分を取り戻した。歩きずくめだった我々は、食事を取ると泥のように眠りに落ちた。

戦火の果て

十一月二七日、我々一行は目標のダラエ・ヌール渓谷の入り口に到着した。未明に宿を出てから、相乗りのジープで三時間、クナール河沿いの荒れ果てた道路を行く。かつては肥沃な盆地が川沿いに広がっていたことを想像させるが、水路は破壊されて枯渇し、漠々たる荒野と見違う耕地と村落の残骸が至るところに広がっている。瓦礫《がれき》の山と化した部落の跡が痛ましい。一九八八年以来続いた「復興援助」の鳴り物入りの騒ぎは完全に停止していた。

クナール渓谷全体には政治党派が乱立し、めいめいの思惑で動いていた。食料にさえ事欠く住民自身は、嫌でもこの色分けに区分されて生き延びねばならなかったが、本音は面従腹背《めんじゅうふくはい》で、「今はやむを得ない」というのが真情であった。政治抗争に部族対立が絡み、近隣諸国と大国の干渉があり、政情は複雑を極めていた。

渓谷出身のムーサーは、見慣れた光景とはいえ、懐かしさと怒りを隠せなかった。肉親の多くを殺され、彼もまた一ゲリラ隊を率いて郷土を守って果敢に戦った。ソ連軍の撤退した現在、なぜ内戦が続くのか、なぜ我々をそっとして置かないのか。彼らはこの混乱の元凶たる何者かに対して、戦争時以上の闘争心と情熱をたぎらせていた。だが、今それは診療所建設の意欲として具体的な目標を与えられようとしていた。

アバタのような砲弾の痕で荒れた道路を、クナール河沿いに走る。大きな弾痕を避けるためサインカーブを描いてジープが行く。「アフガニスタン復興支援」の国際救護活動は、道路舗装一つ満足に実施し得なかった。実際にはドイツとスウェーデン系の難民救援団体が巨額を費やしたにもかかわらず、その金はいずこかに消え、現地は放置されたに等しかった。所詮《しょせん》、ゆきずりの外国人にとっては紙上の業績が重要だったに過ぎない。

ここから約二時間の道程で、ダラエ・ヌール渓谷の入り口、シェイワに着く。このシェイワからさらに二〇キロメートル下ればかつての政府軍要衝都市、ジャララバードがある。シェイワ南方、ダラエ・ヌール渓谷から見ると河を挟んで真向かいに小高い山があり、依然として砲台がこの道路をにらんでいた。一九九一年二月の予備調査に訪れた際、砲弾を我々に見舞った地点である。

小規模なこぜりあい以上の戦闘はなく、クナール河沿いの盆地は全体的に相対的な安定状態に入っていた。さらに一歩ダラエ・ヌール渓谷に入れば、住民は殆ど独立した自治体制にあり、政治的影響を強くは受けていなかった。とくにダラエ・ヌール渓谷内部は完全な自治態勢下にある。渓谷下流はパシュトゥン族が占め、推定四万人の約半数が難民化してパキスタン側の国境バジョウル難民キャンプに移っている。上流の少数民族であるヌーリスタン族の殆どは戦争中も難民化せず、山奥の自給自足生活に耐えている。

すでに渓谷では戦争中から協力的な者が多数居て、我々の調査に快く協力してくれた。一週間の平和な山歩きは快適で、おおよその実情は調べることができた。JAMSの下工作が行われており、各村に協力的な者が多数居て、我々の調査に快く協力してくれた。

渓谷の地勢と民族

ダラエ・ヌール渓谷は三千～四千メートルの尾根（最高峰クンドゥ、四五二六メートル）に囲まれる地域である。日本の「郡」以上の広さがある。その北部山岳地帯はヌーリスタン族の居住地であり、渓谷上流はその一部の部族が住み、南部方言のパシャイーを母語とする。同渓谷のパシャイー族の推定人口は約三～四万人、険しい山の斜面に集落をなして住み、殆どは半農半牧で、狭い耕地に小麦を作って自給自足している。渓谷上流になるほど耕地も狭く、一見してその生活は厳しい。

主食は下流のパシュトゥンと同様、小麦粉を焼いたナン、パニェール（チーズ）、豆類で、鶏や肉類は客人や祝事の時のみ食べる。絶対的なカロリー不足で、乳幼児にはマラスムス（栄養失調の一型）が極めて多い。

現金収入源は、ヤギや羊・乾燥果物などと共に、未精製の麻薬（ケシ）があったが、多くの村ではケシ栽培廃止をジルガ（長老会議）で決定しており、ケシ栽培は減少している。土地所有は自作が殆どであるが、かつてはクナールのハーン（パシュトゥンの領主）に属するものもあったらしい。

ヌーリスタンはかつてカフィリスタン（異教徒の国）と呼ばれ、ここ一世紀ほどでイスラム化した所である。数世紀は変わらぬ伝統社会を守っており、下流のパシュトゥン部族以上にパシュトゥンらしい習慣を残している。

即ち、男性優位の社会、家族の敵対と復讐法、男女隔離、客人のもてなし、ジルガ（長老会議）による自治制などである。男性は殆どがパシュトゥ語をも解し、服装もパシュトゥンと大差ないが、女性は古来の伝統衣装を身にまとっている。

農耕は女性の労働、牧畜は男性の労働で、一応の分業がある。家族にもよるが、女性の労働は一般に苛酷であり、少女期より農耕のやり方を教えられ、適齢期になると買い取られる。しかし、パシュトゥンと異なって比較的開放的で、顔を覆うことはない。

しばしば発生するのは「ザル・ザン・ザミーン（女・金・土地）」に関する事件で、これが「ドシュマン（敵）」を作る原因となることが多い。ことに女を奪《と》られることを恐れる男たちは監視の目をゆるめず、家を長期に空けることができないこともあるという。

戦争の影響と農村の解体

一九七九年十二月のソ連軍進攻直後から、クナールは「封建性の温床」とされて徹底的な攻撃を受けた。ソ連軍の撤退する一九八九年まで、クナールとその周辺の渓谷はソ連＝カブール政権の支配下におかれていた。その結果、農民たちは戦火を逃れてパキスタン側の国境地帯に難民として逃れた。その数はクナール盆地全体で五〇万人以上といわれる。

ダラエ・ヌール渓谷でも、当然激しい内戦が展開されたが、軍の攻撃は渓谷下流域のパシュトゥン部族民に集中し、少数民族のヌーリスタン部族は概《おおむ》ね戦火を免れた。これは政治的に重要性が薄かったためと、険峻な山岳地帯は占領維持が困難であるためで、事実、地区のゲリラ部隊はこの山岳地帯を根城にして頑強な抵抗を続けていた。ＪＡＭＳの渓谷出身者もその仲間であった。

このため下流域では破壊が甚だしく、ほとんど廃村に近い村もある。難民としてパキスタン側に逃れたものは約二万人以上と推定される。ソ連＝政府軍の去った現在、農民たちは三々五々帰郷し始めてはいたが、今度はイスラム諸党の内部抗争や医療への不安などから、難民キャンプ生活をすぐには捨てきれないのが実情だった。また、ペシャワールなど大都市への出稼ぎの困難なこと、長い難民生活の間に若い世代が現金生活に慣れて農業に復帰できないこともあろう。さらに、戦火の残したもう一つの目に見えぬ爪痕は、肉親の間に敵対関係を多く生み出したことである。「政府軍協力者」という烙印を押された家族が帰郷するのは不可能である。

それでも、ごく一部ではあるが殆ど独力で耕作は始められていた。この渓谷に関する限り、幸い地雷の埋設はない。パシュトゥンもヌーリスタン族も、渓谷の住民は何《いず》れの党派からも自由であり、昔ながらの自治を巧みに守っていた。伝統的なジルガによる統制が弱まってはいたが、地元ゲリラ指導層が地域の防衛と秩序維持にあたっていた。

（つづく）

三無主義

たまに、ペシャワール会の理念などを尋ねられることがあるが、冗談の通じる者に対しては、私は「無思想・無節操・無駄」の三無主義である、と答えて人をケムに巻く。

無思想

第一の「無思想」とは、特別な考えや立場、思想信条、理論に囚われないことであり、どだい人間の思想などタカが知れているという我々の現地体験から生まれた諦観に基づいている。ペシャワール会の発足した初めには、「○○主義」の論客も居ないではなかったが、そのうち自然に離れていった。自分だけ盛り上がる慈悲心や、万事を自分のものさしで裁断する論理は、我々の苦手とするところである。

例えば難民キャンプで、食うや食わずの子供の明るい笑顔を、「哀れな人を助けなければ」と頑張っている外国人ボランティアの暗い表情と比べて見ると、私はひそかに忍び笑いを催すのである。何も失うものがない人々の天真爛漫な楽天性というのは確かにある。

名誉財産はもちろん、いこじな主義主張を人が持ち始めると、それを守るためにどこか不自然な偽りが生まれ、ろくなことはないものである。良心や徳と呼ばれるものでさえ、「その人の輝きではなく、もっと大きな、人間が共通に属する神聖な輝きである」というある神学者*の説は頷けるものがある。これを自分の業績や所有とするところに倒錯があり、気づかぬ傲《おご》りや偽りを生ずるというのが私のささやかな確信の一つである。

無節操

第二の「無節操」とは、誰からでも募金を取ることである。乞食から取ったこともある。これは説明を要する。赴任して程なく、私はことばの練習を兼ねてバザールをうろついていた時期があった。時に乞食にも遭遇する。一般にペシャワールの職業的乞食はわりあい堂々としており、「右や左の旦那さま」というような惨めたらしさはない。「コダーイ・デール・コシャリーギー（神は喜びます）」と述べ、「出せ」とばかりに手をさしだす者もある。

私も暇であったから、「人から施しを受けるにしては少し態度がデカいのではないか、『済みませんが、いただけないでしょうか』くらいの腰の低さがあった方が実入りが多いのではないか」と問い糺《ただ》したところ、ある乞食が案外まじめに説明してくれた。

「あなたは神を信ずるムサルマーン（イスラム教徒）では

ありませんな。ザカート（施し）というのは貧乏人に余り金を投げやるのではありませんぞ。貧者に恵みを与えるのは、神に対して徳を積むことです。その心を忘れてはザカートもありませぬ」

この乞食が高僧のような気がした。

「私も人に見捨てられたジュザーム（らい）の患者のために、はるか東方から来てかくかくしかじかの仕事をしておる。ならば、私もムサルマーンで、これもザカートということになりはしないか」

「そのとおり」

「ならば、あなたも我々の仕事に施しをしなされ。神は喜ばれますぞ」

私がぬっと手を出すと、乞食はちゅうちょなく集めた小銭をくれた。私はまさかとは思ったが、つまらぬ議論に神を引き合いに出し、何か大切なものを冒瀆《ぼうとく》したような気がして畏《おそ》れを覚えた。同時に、純朴な人達だと思った。以後、我々もこれを採用し、「貧しい人に愛の手を」などという惨めたらしい募金はせず、「神は喜ばれます」とこそ言わないが、年金ぐらしの人の千円も、大口寄付の数百万円も、等価のものとして一様に感謝していただくことにしている。現地の人は心までは貧しくないのである。

無駄

第三の「無駄」とは、後で「無駄なことをした」と失敗を率直に言えないところに成功も生まれないということである。いつも成功のニュースを届けて喜ばせるのが目的となっては本末転倒で、嬉しいことも辛いことも、成功も失敗も、共に泣き笑いを分かち合おうというのである。そもそも、このような仕事自身が、経済性から見れば見返りのないムダである。

時に募金のために活動をアピールすることがあっても、我々は自分を売り渡す騒々しい自己宣伝とは無縁であったと思う。この不器用な朴訥《ぼくとつ》さは、事実さえ商品に仕立てるジャーナリストからもしばしば煙たがられた。だが、こうしてこそ、我々は現地活動の初志を見失う事なく活動を継続できたのである。

＊中村医師が傾倒した思想家のひとり、カール・バルト（一八八六～一九六八）を指すと思われる。『天、共に在り』に、「神学者カール・バルトは神と人との厳然たる序列と一体性、万人に通ずる恩寵の普遍性を説き……」とある。ちなみに中村医師は学生時代、バルトに師事した滝沢克己（一九〇九～八四、当時九州大学教授）に学ぶ機会があった。

34号

1992・12

ダラエ・ヌールへの道（完）　国内診療所開設

スタッフの闘志と苦悩

アフガニスタン問題が忘れ去られ、世界の関心が東欧の動乱とソ連解体に集中している頃、JAMS（日本―アフガン医療サービス）のチームは遥かにまばゆいヒンズークッシュの大山塊を仰ぎながら、アフガニスタン再建のための農村医療計画に血をたぎらせていた。

ジュネーブのデスクで、東京やロンドンの新聞社で、ペシャワールのサロンで、多くの者がアフガニスタンとその情勢を語り、天下国家を論評しては立ち消えていった。彼ら多くの者にとっては所詮《しょせん》、この事件もまた、数ある国際的事件の一つとしてニュース商品と論評の対象であったに過ぎない。地元民は巧みに「アフガニスタン」を語るインテリや外国人たちの言葉をもはや信じなかった。目の前でいかに明日の糧《かて》を求めるかの方が重要だったからである。

ラジオや新聞は連日「アフガニスタンの安定」を掲げる政治的動きを伝えながら、この十三年間何一つ起きなかった。押し寄せた国際救援活動も、どれだけ有効に機能したのか。興味本位とまでは言わないが、己れの方針で荒らしまわり、困難に出会えばさっさと引き上げる。戦争も平和も実は等質なのだろうか。外国人や政治党派がイスラムについてとやかく言うのは気にくわぬが、背に腹は代えられない――大部分の人々の声なき声を代弁すればこうなる。

実際我々は、真心のない野次馬的評論に飽き、いらだちを覚えていた。いや正確に言えば、理由もなく暴行を受けた無力な者が、暗い怒りをどこに向けたらよいか分からずに叫びだす気持ちに似ていた。世界は巨大な虚構に包まれているように思えた。しかし、その実体が漠として分からず、ただ「ウソだ」と大声で叫びたかったのである。

このような中でこそ、現地医療活動は彼らにとっても、すがり得る一つのなぐさめと希望であった。かつ溢れ出すエネルギーの源でもあった。

国内診療活動の開始

一九九一年十二月の踏査で「計画に変更なし」の最終決定を行なった我々は、当面の全精力をこれに集中する覚悟を決めた。

一九九一年十二月中旬から、直ちに先発隊の医師一名・看護士二名・現地助手四名が渓谷に配置されて診療活動が開始された。ただ民家の軒先を借りる「移動診療」に近いもので、中央部の診療所設置に至らず、予想を上回る患者の殺到で手持ちの医薬品も二週間で底をついた。検査部の到着も遅れていたどころか、石鹸や食器などの必要な日用品さえ欠乏しており、内部に留《とど》まったスタッフに疲労の色が見え始めていた。これは、輸送道路の通過がゲリラ同士の再三の戦闘で不可能となったためで、派遣チームは孤立してしまった。

二月三日、戦闘が下火となって輸送が可能になると、医薬品と日用品を三台のジープに満載し、約二ヵ月を持ちこたえられる分の多量の医薬品と検査道具、新たに四名のスタッフを投入した。私自ら乗り込んで指揮をとり、ダラエ・ヌール渓谷の中央部、カライシャヒ村に安定した診療所設置を急ピッチで進めた。スタッフ一同は地元民と協力して、シャベルを手に四日間の突貫工事で民家を改造、一応のまともな診療が可能となった。

二月十三日、ペシャワールで六〇名のスタッフの交替配備態勢をすませたシャワリ医師が、うち本隊十二名を率いて約一週間で発電設備、便所、最低限の排水・給水設備をして検査室を開き、ここに本格的な診療態勢が整ったのである。

アフガン人チームの困惑

ヒンズークッシュの山並みは、戦と当てのない難民生活とによる疲労感を洗い流す何物かを持っていた。この白い峰々の下で人々は生まれ、生活し、そして死んでゆく。幾千年も変わらぬこの単調なたたずまいは、変化に疲れた我々の心をすがすがしくする。だが、実際にこの「平和なたたずまい」に入ると、人里は意外にも外観からは察しがたい闘争と陰謀に満ち満ちているのである。

私が二度目の応援に訪れた後の二月中旬、あれほど故国をあこがれたスタッフたちは、数名の現地出身者を除いて、不満にあふれていた。現地ではペルシャ語やパシュトゥ語がしばしば通じず、人々が排他的に見えた。また、都市生活に慣らされた者には、このパシャイー部族という、数世紀は遅れたコーヒスターニー（山の人）の生活が受け入れがたく野蛮に思えたのである。旅人には心地よい光景も、そこに定着する人々の生活の中に立ち入ると、たちまち豹変する。「よそ者」のスタッフたちにとっては、「国内診療所第一号」はまるで牢獄入りのような感覚で受け取られるに至った。

指揮者のシャワリ医師も「思わぬ野蛮さ」に困惑していた。実際、彼が連発するように、この状況下でこれほどエネルギーを投じて診療所を開設するのは「異例」なことであった。殆ど全ての外国ＮＧＯ（非政府団体）はこの渓谷どころか、至るところで規模縮小か、活動を停止していた。気力と指導力に満ちた彼でも弱音を吐かざるを得ない状況ではあった。彼はこの二ヵ月間で憔悴《しょうすい》して見えた。

「ドクター、ここはアフガニスタンのほんの一部に過ぎません。もっと良い場所はたくさんあります。スタッフたちが渓谷住民のパシャイー部族を恐れています」

つまり、膨大なエネルギーを費やして取り付いた一角が、「理想的な場所」ではないという訳である。私は言下にその意見を否定した。

「構わん、続けよう。誰もが押し寄せる所なら我々が行く必要はない。誰も行かないから、我々が行くのだ。* それに、スタッフ自身がアフガニスタンの住民に偏見を持つなら、この荒廃をもたらしたソ連や英米を非難する資格もない」

異例の活動であることは私自身、百も承知していた。しかし、この活動にこそ我々は過去五年間全精力を傾けてきたのではなかったか。ここで士気を喪失させては全局に影響が出る。それに、チーム自身も十分な能力を身につけてきたのである。私は不可能を説いているのではなかった。多少波乱はあっても予定通り事を進め、部族・民族を超えた活動を展開してチームに自信を持たせると同時に、現地住民に我々の不退転の意志を示すことである。

決死の覚悟

しかし、確かに弱音を吐かざるを得ない理由が余りに重なり過ぎてはいた。先ず複雑な政情である。下流域では、イスラム急進党とアラブ系勢力が軍事力を以《もっ》てしのぎを削っていた。更にその急進党自体が分裂して抗争し、その上に家族・氏族対立が重なる。渓谷住民の一部はこれに巻き込まれ、診療所の活動に影響がおよぶ可能性があった。いかにこれを避けるか、苦心惨憺《さんたん》するのが実情である。

次に補給である。ペシャワールから北部のスレイマン山脈の峠を越えて物資を搬入するのは、地図の上で考えられるほど容易ではない。数ヵ月もかけてパキスタン側で許可を得た後、国境を越えれば通過地点毎《ごと》に異なる支配党派の検問所で「通行税」を要求される。時には略奪される。また意に反して、徒歩の山越えで運搬するには予想以上の多量の物資だった。勿論《もちろん》これは、日本側からの財政補給を前提にした上での話である。やみくもな消耗戦にしないことも重要であった。

第三に、地元パシャイー部族への偏見である。三〇以上もの複合民族を抱える部族社会たるアフガニスタンの、最大の難問の一つである。スタッフの多数がカブール出身者で、このパシャイーという山の民へのなじみのなさは、恐怖に近いものがあったらしい。一ヵ月の交替勤務が伝えられると、辞表を出すものが続出した。これに対して当然、ダラエ・ヌール渓谷出身のスタッフは冷たい視線で答えた。これは医療活動の基本精神にふれる問題であるので、私とJAMSは強硬路線をとり、医師十三名中七名、検査技師九名中二名の辞表をあっさりと受理し、私の慰留を期待していた全スタッフに意外の感を与えた。「寛容な日本の団体」

がそこまでやるとは誰も思っていなかったのである。以後この種の不平は沈黙した。

これらの難問をＪＡＭＳ現地は一つ一つ我慢強く解決しなければならなかった。更に加えて、まるごしで渓谷の中央地点に駐留すること自体が決意を必要とした。「まるごしの安全保障」がありうるか、興味ある問題だが、結論から言うと、現地では非武装がもっとも安価で強力な武器だということである。別に日本を当てつけて言っているのではない。金曜日の休みの気慰みにライフルやピストルで射撃大会をする以外は、我々は診療所内での武器携行を一切禁止した。自分自身がまるごしであることを示した上、敵をおそれて武器を携える者を説得、門衛に頂けさせてから中に入る許可を与える。

これは時には発砲する以上の勇気を必要とする。だが事実は、人々の信頼を背景にすれば案外可能なのである。無用な過剰防衛はさらに敵の過剰防衛を生み、果てしなく敵意・対立がエスカレートしてゆく様は、この渓谷でもあらわに観察される。

この最中《さなか》で、アフガン人チームが「決死の覚悟」と述べても決して誇張ではなかった。これらの事情を外国人に伝えるのは難しいが、以上に述べた多くの困難を覚悟の上で、私は「構わず続けろ」と言ったのである。二月の段階で、ある種の悲壮感がＪＡＭＳに漂っていたことは否めない。

地元民の笑顔

ところが三月末になると、この不安定な決意は一挙に楽天的な確信に転ずることになった。「よそ者」の我々は地元民から笑顔を引き出すことに成功した。私心のない医療活動は地元民の警戒心を解き、彼らが我々を防衛してくれるようになった。渓谷の全《あら》ゆる住民が我々を必要として、その方針に協力するようになったのである。ＪＡＭＳのスタッフたちも、偏見と警戒を脱して与えることの喜びを知り、大いに意気が揚がった。

最もてこずると思われた政治党派の干渉は、シャワリ医師と現地スタッフの根気よい等距離外交で巧みにかわすことができた。相対立するイスラム急進党が自ら不干渉と協力を表明してきたからである。こうして、我々は第一の最大の難関を越えたと見た。

アフガニスタンは噂の世界である。「本格的な診療所開設」の報はたちまち拡がり、何とペシャワールやカブールからさえも患者が訪れるという「逆流現象」さえ見られるに至った。予想以上に早い成果であった。

＊元は内村鑑三（一八六一～一九三〇）が『後世への最大遺物』の中で、アメリカの女性教育家の言葉として紹介したもの。中村医師は活動の指針を示す際、好んでこの言葉を用いた。

35号
1993・4

見捨てられるアフガン民衆
――カブール九二年十一月

昨夜来の雪でカブールは純白に覆われていた。すがすがしい大気と雪の白装束が、全ての愚劣な人間の行為と悲惨をくるんでいるように思えた。だが、市内の実情を知る者は、この白さが死装束《しにしょうぞく》に見えたことだろう。厳冬を直前に控えて、飢餓が、最低二〇〇万とも云われる市民・「国内難民」の足元に忍び寄っていたのである。

冬を前に絶望的状況

一九九二年十一月二〇日、私はアフガン人に扮して早朝ペシャワールを発ち、二〇名のJAMS（日本―アフガン医療サービス）スタッフと共にカブールに入った。JAMSは、一九八六年に結成以来、現地スタッフの育成に力を注ぎ、内乱によって荒廃したアフガニスタンの復興に医療側から支援すべく待機してきた。現在八六名の現地スタッフを抱え、九一年十二月から国内診療所を開設、本格的な活動を開始した。

一九七九年十二月のソ連軍介入以後、実に十四年に亙《わた》る内乱で国土が荒廃し、約二〇〇万の死者と六〇〇万人の難民を出したことを記憶する者もあろう。一九八八年、ソ連軍撤退で沸いた世界は華々しい「難民帰還・復興援助」を知らされたが、巨額を浪費したあげく、実は不発のまま事実上幕を閉じかけていたのである。

昨年四月のカブールの政変劇*の後、パキスタン・北西辺境州に逃れていた二七〇万人の難民は殆ど独力で爆発的に帰郷し始め、現在まで約半数の百数十万人がアフガニスタンに戻ったといわれる。これに合わせて、我々JAMSのアフガニスタン国内活動も飛躍的に拡大し、今春の第二波の大量帰還を予測し、初期の目的どおり「農村無医地区のモデル診療態勢作り」は着々と進行している。

だが、夏までに帰郷して何とか冬越しの食糧を蓄え得た農民はまだ良い。現在最も苦しいのは、難民にさえなれなかった都市への避難民、特にカブール住民である。実情を見てこれ程ひどいものだとは思わなかった。ごく一部を除いて、水・電気はおろか、燃料や食糧の絶対的欠乏のために物価が高騰し、冬を前に住民の状況は絶望的に見える。

カブールを始めアフガニスタンの高地では冬が厳しく、通常でも人々は越冬用の食料と暖を取る薪は欠かせない。だが、WFP（世界食糧計画）やUNHCR（国連難民高等弁務官事務所）も様々な事情で補給を停止、手をこまねくのみである。また、ガソリンもないので、バスが動かず、市民の足は奪われている。病院では国際赤十字から支給された薬品が僅かに残るだけで、到底まともな診療が可能とは思われない。

都市機能は完全に麻痺に陥っている。日が落ちると全市は闇に包まれ、各政治党派の「分割占領」と抗争のため市街戦さえ演じられ、市民は脅えている。北部に拠る非パシュトゥン系、とくにウズベク人を主とするドスタム派、中央山岳地帯に拠るハザラ系、パシュトゥン族を背景とするイスラム党の軍民が割拠、主な街角には銃を背にした若い党派の兵士が検問し、市内の通行もままならなかった。日本を含め各国大使館は全て閉鎖されており、外国人ジャーナリストは皆引き揚げたと聞いた。人々が旧ソ連＝アフガン政府の崩壊した後に見たものは、別の政治スローガンを掲げる新しい暴君の抗争、生活の窮迫、無政府状態、そして確実に迫りくる飢餓地獄であった。

JAMSのみが活動

問題は、本当に復興支援の必要ないま、援助プロジェクトが次々と閉鎖または縮小している事である。少なくとも保健医療分野では、東部アフガニスタンにおいて実質上ひとりＪＡＭＳのみが活動していることを誰が信じ得るだろうか。「日本」の名を背負い、その良心である事を願う我々は、この事実を誇る以前に、あの華々しかった「アフガニスタン復興援助」の寒々とした顚末《てんまつ》に呆然とする。このため、ＪＡＭＳの診療数は四月から九月までの上半期だけで五万名を突破して過剰な負担にあえぎ、日本側の小さな協力団体であるペシャワール会を通し、必死の補給で辛うじて回転しているのが実情である。

「復興協力」はオリンピックとは違う。喝采を競う参加の実績が問題ではない。過去の失敗は問わぬ。援助の稚拙さは問わぬ。「国際貢献」を錦の御旗にして「カンボジア」に人々の関心が集中している今こそ（129頁・年表参照）、巨費を投じたアフガニスタン復興援助の結末を謙虚に総括し、「人道的援助」の名に恥じぬ誠意を行為で示すべきではないのか。そうしてこそ、日本は真に国際的尊敬を勝ちうる筈である。

確かに救援すべき所は世界中無数にあろう。しかし、それは総論で器用に論ずべきものではない。一つ一つの現実的かかわりから糸口を見いだすべきものだ。罪のない膨大な人々が餓死・凍死の寸前にあるのに、大方の外国救援団体が活動停止を余儀なくされる中で、せめて我々ＪＡＭＳ＝ペシャワール会だけは、現地と命運を共にし、以《もっ》て日本の良心の証しとなろう。やがて冬が過ぎ、春の希望が共有できる事を心に祈るばかりである。

初出：「朝日新聞」一九九三年三月九日（一部改稿）

＊一九九二年四月、反政府ゲリラ諸派の攻勢によりカブール陥落。

36号
1993・7

時代に迎合せぬ不動の石でありたい

――ペシャワール会十年の歩み

二人三脚

福岡市の一角で、毎週水曜日の夕べともなれば小さな集まりが行われる。集まりと言っても、至って簡素かつ楽しい雰囲気で、二〇名前後の有志会員の手で事務作業が進む。初めて訪れる者は、まさかここが、パキスタン北西辺境州のペシャワールに本拠を置くJAMS（日本―アフガン医療サービス）を支える目立たぬ根拠地だとは、想像できないだろう。

ペシャワール会（問田直幹《といだなおき》会長）は一九八三年九月に結成された。以来十年、会は黙々と現地事業に専念、現在では二五〇〇名の会員がいて、年間六千万円に及ぶ現地活動費の募金、情宣活動、必要物資の調達・輸送、日本からの人材派遣が行われている。我々には大仰《おおぎょう》な「国際協力の哲学」もないが、七面倒な論議ぬきに、実質的な現地協力で心を合わせ、立場を超え、思想信条を超えて、官民を問わず、無数の良心的協力で運営されている。まさに、現地・日本の良心を合わせる二人三脚である。

さりげない外観にもかかわらず、会の構想と活動規模は雄大である。ペシャワール・アフガニスタン現地の事業そのものが、ゼロから始まった十年の努力の着実な成果を雄弁に物語っている。プロジェクトは二つある。一つはパキスタン北西辺境州のらい根絶計画の支援で州唯一のらい治療センターを支え、もう一つは内戦後のアフガニスタン復興支援で、その北東山岳地帯の広大な無医地区に「農村医療計画」を初志一貫して継続している。直接会が支える現地スタッフは九五名、過去日本から赴いたボランティアは三〇名以上、アフガニスタン関係の四つの診療所だけでも年間十万人以上を診療し、さらに拡大しつつある。住民の厚い信頼を得て、両者とも今や現地に不可欠の存在となった。

最後の米ソ激突

奇しくもこの十年は、世界史的な激動期に対応する。「アフガニスタン」はまさにその象徴的な集約点とも言えた。この間冷戦構造下最後の米ソの激突たるアフガン戦争、ソビエト連邦の解体、湾岸戦争などのイスラム世界の台頭の余波を現地は直接被った。伝えられざる現地事情の中で悪戦苦闘しながら、我々自身が思いもかけず認識を新たにしたことが多い。「協力」に意気込んで始めたところが、現地の現実に直《じか》に接して気づかなかったことに気づき、忘れたことを思い出し、我々の方が豊かになったとも言える。

日本ではもう余り記憶されてないが、かつてソ連軍侵攻とモスクワ・オリンピックのボイコット、二〇〇万人の死者と六〇〇万人の難民を出したアフガン戦争を想起する者も居よう。一九八八年のソ連軍撤退・難民帰還協力、一九九二年のカブールの権力闘争と、断片的に情報が伝えられたまま、三度「アフガニスタン」は世界の関心から遠ざかった。

だが、「国連を通しての国際貢献」が明らかな形で打ち出され、ひいては湾岸戦争の協力からカンボジアPKOへと日本を導き、戦後国論を二分した憲法論議に新たな局面をもたらしたのも「アフガニスタン」だったことを知る者は少ない。

国際化時代が叫ばれながらも、アジア世界に関する限り、案外我々の「国際的認識」はあやふやなものであることが分かる。移ろいやすい関心と歩調を合わせて、現地の実情は似ても似つかぬ虚像を日本で残したまま忘れ去られようとしている。あれほど沸いた「アフガニスタン復興支援・難民帰還援助」の大規模な国際支援は実効を見ぬまま放棄され、かつて三〇〇を越えた国際「援助」団体は騒ぎを残して現地を去り、パキスタン三〇〇万人の難民は独力で帰還して、独力で復興に勤しんでいる。「混乱を極める」はずの政情をよそに平和な光景が農村部には広がり、新世界秩序の担い手たる国連は人々から嘲笑されている。BBCの報道で仕立てられた「指導者」たちは力がなく、テロのイメージを伴ってセンセーショナルに喧伝された「イスラム」も、実は人々の間では寛容な多様性を以《もっ》て健在である。欧米勢力の介入によって混乱は混乱を加え、平和は住民自らの手で防衛された。

二〇〇万人の死者の意味

アフガン戦争の、あの二〇〇万人の犠牲の意味はいったい何であったのか。軍事援助と復興援助という名の巨万の浪費は何であったのか。復興援助と復興支援が同時に強行されるという国連の失態は反省されたのか。国際秩序は誰のために存在したのか。それに踊らされた上、現地住民の間で評判を落とした日本の無念は自覚されたのか。いや、これら事実を知らされさえしたのか。そして、このあやふやな認識の上に「国際貢献」が論じられ、いやしくも国民の基本指針たる憲法に影響を与えるとすれば、そら恐ろしい事だと言わねばならない。

これらを語ることは、私には気が重い。日本で「国際〇〇」の議論や催しものを聞くごとに寂しい思いをする。「復興支援」が切実に求められている今、我々は活動に忙殺されて議論に加わる暇もない。しかし、「知られざるアフガニスタンの民の現実」を回顧するとき、二〇〇万人の死者が叫ばずば、私が沈黙を通す気にはなれない。

「JAPAN」

日章旗を描いたJAMSの車両が、医薬品を満載して東部アフガニスタンの山岳地帯を駆け巡り、現地住民は親しみを込めて「JAPAN」を想起する。皮肉なことである。我々は何も日本の宣伝を企図した訳ではないが、撤退する欧米諸団体を尻目に現地でのJAMSと日本の評価は高まり、逆に日本では「アフガニスタン」が忘れ去られる。「ペシャワール会」という取るに足らぬ地方の小さな一グループが、薄れた関心の中で青息吐息で補給を支えているなど、現地では誰も想像しないだろう。

規模の大きさが必ずしも良いとは限らないが、我々の活動は国際的に決して恥ずかしくないものである。現地の実情に通じ良心的協力を実らせる点において、他を圧するものがあると言っても誇張ではない。だが、これを築くためには多くの試行錯誤と殉職者まで出し、幾度かの財政危機もくぐり抜けてきた。ワーカーを通して異文化の壁を超えるまでには、日本・現地双方に痛みも強いた。

§

ペシャワール会十年の軌跡は、自分も予想しなかった地点に我々を立たせ、赤裸々な現実の中で我々自身を問うてきた。「一隅《いちぐう》を照らす」*とは私の好む言葉である。我々は現地との深い関わりを縁として日本の良心を束ね、何十年かかっても事業を完遂し、共に歩んで労苦と豊かさを分かち合い、以て人間と自らを静かに問い続けるよすがともしたい。内外共に戦後最大の転機に直面する現在、うわべの時流に木の葉のごとく漂うのも石のごとく沈むのも自由なら、我々はあえて時代に迎合せぬ不動の石でありたい。

＊日本の天台宗の開祖、伝教大師・最澄の言葉。原典は「照千一隅、此則国宝（一隅を照らす、これ即ち国宝なり）」。以後、中村医師は度々この言葉を引用している。

カブールの権力闘争よそに地方に平和、田園は緑に

――一九九二年度を振り返って

□一九九二年度の概況

一九九二年度の大きな動きは、一九九二年四月に始まるカブールの政変でナジブラ旧政権が倒れ、難民帰還が爆発的に開始されたことである。一九九二年秋までに約百数十万人が帰郷、残る百万人も大半が一九九三年中には帰るものと見られる。

一方、カブールでは果てしない権力闘争が続き、一九九二年八月から各派軍民が大規模な衝突を繰り返した。この結果、一九九三年二月までには市街の相当な部分は灰燼《かいじん》に帰し、二〇〇万人のカブール市民は一斉にアフガニスタンの各地に退避した。市内は一時、一部を除いてもぬけの殻となり、首都カブールは事実上壊滅した。このため知識層のかなりがペシャワールに逃げ、帰郷する難民と明暗を分けた。

国連、国際赤十字、各国NGO（非政府団体）のほとんどが一九九三年三月までに名実共に活動を停止、現在残った小規模な団体の手によって、細々と救援が行われている状態である。なお、保健医療関係では、一九九三年三月現在、小児診療所とJAMSとを除いてペシャワールで実質的な診療をする機関はなく、残った難民とカブールの避難民が殺到、大きな負担となった。

名目上は一〇三団体がアフガニスタン側のジャララバードに居を移し、政治的安定の機をうかがっているが、現在のところ見るべき活動はない。ほとんどの団体は動きがつかず、医療関係では実質的に山村地域で活動しているのは、東部では例外的にJAMSだけと言ってよい。

JAMSではダラエ・ヌール診療所を更に充実すると共に、ダラエ・ピーチ診療所を昨年十二月に開設、断食月明けに伴って現在始まった第二次の帰還ラッシュに備えている。

一九九一年度に引き続き、検査部を充実して人員を増し、ペシャワール診療所は医療教育機関としての性格を持つようになった。総診療数は前年度の二倍以上の伸びを見せた。母子衛生へのニーズも高く、将来のために「母親教室」も継続されている。

□JAMS活動の概況

1．アフガニスタン復興支援（山村医療計画）

一九八八年以来JAMSは、アフガニスタンの山村無医

地区に診療所を配備する計画を立て、公衆衛生活動も含めた無医地区のモデル医療態勢確立を企ててきた。これまでほとんど伝統社会と共存できなかった外国人の保健衛生プログラムとは異なって、独自の現地方式で地元に溶け込み、疾病《しっぺい》の予防を含めた地域医療活動を現地の人々の手で、実現しようとする計画である。あわせて、らいの多発地帯に活動を展開、一挙にらい根絶計画にも寄与しようとするものである。

アフガニスタン国内診療所の開設

◎ダラエ・ヌール診療所

一九九一年度に開始されたダラエ・ヌール診療所は、一九九二年度にタイミングよく難民帰還の時期と一致し、住民に測り知れぬ安心感を与え、地域での難民帰還促進には大きな役割を果たした。患者数は爆発的に増え、年度末までには同渓谷の約九割の住民が帰郷した。現在、ＪＡＭＳは「診療カード」の配布で同定番号を定め、これを整理して事実上の戸籍登録実施を開始、二年後をめどにワクチン接種や疫学調査の下地を作りつつある。

　ダラエ・ヌール渓谷は典型的なアフガニスタン山岳地帯で、人口約七〜八万人、下手《しもて》はアフガン戦争中に爆撃で荒廃していたが、現在、この一年でほとんどの耕作地が復興している。診療所の外来数は一日約一〇〇名、十二名のス

1992年度のＪＡＭＳ全体の診療実績

全診療所外来診療数		全診療所総検査件数	
◎ペシャワール診療所			
外来患者総数	45,029名	総検査件数	43,410件
入院患者総数	667名	血液一般	8,999件
手術件数	124名	生化学検査	3,246件
キャンプ診療回数	12回（12日）	尿・便検査	22,346件
キャンプ診療患者数	4,065名	X線撮影	3,710件
母親教室	6,215名	その他（ECG・EEG・病理）	3,550件
		腹部エコー	1,559件
◎テメルガール診療所			
外来患者数	13,093名	総検査件数	9,283件
◎ダラエ・ヌール診療所			
外来患者数	36,634名	総検査件数	19,379件
◎ダラエ・ピーチ診療所*			
外来患者数	2,282名	総検査件数	2,039件

*1993年2月－3月の2ヵ月間。

診療患者の大半は、マラリア・腸チフス・アメーバ症などの感染症、外傷などに対する小外科処置である。

タッフ（医師一・検査技師二・看護士二・助手三・その他）が常駐する。

◎ダラエ・ピーチ診療所

らい多発地帯（クナール州の七〇～八〇％のらい患者が居住）であるダラエ・ピーチ渓谷では、一九九一年十二月に準備を始め、一九九三年二月から少しずつ診療活動が始まっている。同渓谷は長大でダラエ・ヌールの数十倍と大規模で、現在のところ礎石を置いたに等しい。クナールの州都チャガサライは治安が悪いため、三時間上流のシンゾー村に置かれた。

現在、医師一、検査一、看護士・助手四を含む十一名のスタッフが常駐、一日外来数一〇〇名のペースで診療が行われており、さらに増加することが予想される。地域では次第に重きをなしつつあるが、遠隔地のヌーリスタンから数日かけて来る患者も多く、輸送の困難も大きい。補給に応じた拡大をしないと、足をすくわれる。ただ、らい根絶計画の要衝であるから、多少の軌道修正はあっても、診療所をたたむことはあり得ない。

◎ペシャワール基地診療所の拡充

一九九一年度に引き続き、検査部を充実して人員を増し、ペシャワール診療所は医療教育機関としての性格を持つようになった。総診療数は前年度の二倍以上の伸びを見せた。母子衛生へのニーズも高く、将来のために「母親教室」も継続されている。

2．らい根絶計画への協力

ペシャワール・ミッション病院らいセンター

入院治療サービスは、日本から医師一名・看護婦二名・理学療法士一名が派遣されたが、人員不足による負担はなお解消していない。しかし、カラチのマリー・アデレイド・レプロシー・センターの方針転換で、名実ともに「治療センター」とされ、公営フィールド・ワーカーたちとも、これまでになく緊密な協力態勢作

1992年度の業績（ペシャワール・ミッション病院）

◎入院・外来治療サービス			
総外来数	約1200名	総手術例	62例
総入院数	422名	菌検査数	544例
◎サンダル・ワークショップ			
1992年度総生産数	445足	総配布数	375足
◎ペシャワール地区・フィールドワーク			
出動回数	21回		
◎ペシャワール大学・カイバル医学校の医学生への講義			
講義回数	18回	受講者数	222名

りが実現した。

3. 日本からのワーカー派遣事業

一九九二年度は、藤田看護婦（三年）、栗林看護婦（三ヵ月）、倉松理学療法士（一年予定）、林レントゲン技師（三ヵ月）、小林医師（二ヵ月）、長谷川医師（三ヵ月）が赴いた。しかし、充分な準備と柔軟な適応力が思ったより大きく要求され、ボランティアの対応に追われて機動力が落ちる状態がなかったとはいえない。

だが、長期ワーカーの働きは目ざましく、とくに北西辺境州におけるらい根絶計画で、最も必要性の高い女性患者発見のフィールドワークに協力、これを介して〔パキスタン〕政府厚生省関係者との協調が確実に進んだ。また、事務系のボランティアの働きも極めて有用で、日本との連絡などで大きな役割を果したし、機能的となった。豊崎氏が一九九三年三月よりＪＡＭＳの事務で働いている。

□一九九三年度事業計画

①アフガニスタン無医村診療態勢確立による復興支援
②パキスタン北西辺境州・アフガニスタンのらい根絶計画支援

以上の大目標に変更はない。一九九三年度目標としては、以下の計画を立てている。

アフガニスタン国内診療所

一九九三年度は、ロシア・中東情勢と絡んで政治的な混乱そのものは続く。しかし、帰還難民はさらに増え、国内活動を展開しやすくなる。一九九三年度は開設されたばかりのダラエ・ヌールとダラエ・ピーチ渓谷の診療所を充実、来年度へ向けて疾病予防の母親教室、結核・らいなどの慢性感染症に対する登録制・定期投薬態勢を完成させる予定である。プランはほぼ予定通り進行しつつある。

ペシャワール診療所の教育機能充実

大規模ではないが臨床訓練施設とする。態勢の整った教育コースとしては特に開設しない。医師のみならず、検査技師、医療助手、X線技師などの技術も現地アフガン人が自然に学べるようにする。ただし、〔アフガニスタン〕国内診療所での実地指導に重点をおく。

ミッション病院らい病棟・北西辺境州らい根絶計画協力

従来通り、らいセンター診療能力を増すと共に、らい根絶計画の弱点である女性患者の早期発見と遠隔地患者の治療サービスに力を入れる。既定方針に変更なし。

□JAMSの沿革と現況

組織の沿革

ＪＡＭＳ（Japan-Afghan Medical Services＝日本―アフガン医療サービス）の旧名称は、一九八六年以来、日本側の民間援助で支えられてきたAfghan Leprosy Serviceで、パキスタン政府公認の独立した難民医療団体であり、パキスタン北西辺境州の公的医療機関とも密接な協力関係がある。

日本側本部・ペシャワール会の活動が開始されたのは一九八三年九月、現地活動が始まったのは一九八四年五月である。当初はペシャワール・ミッション病院のらい病棟を中心に協力していたが、当時の現地事情から難民キャンプに活動を拡大する必要に迫られ、現在のＪＡＭＳが発足するきっかけとなった。正式にパキスタン政府より活動が認められたのは一九八六年十月、州政府ベースのらい根絶計画と歩調を合わせて開始され、初めは難民キャンプでのらい患者の早期発見と定期投薬治療が中心であった。

だが、絶対的に医療の欠乏する難民キャンプでは、比較的少数のらい患者だけではなく、一般的な病気も診ざるを得なかった。一九八八年秋より方針を転換して診療対象を一般疾病にも拡大、さらに政情の変化に伴って、アフガン内戦後の国土再建の一翼を医療側から担うべく、長期的展望で再編成され、人材育成に力を注ぐと共に、アフガニスタン北東部に活動を延長した。一九九一年十二月よりアフガニスタン山岳無医地区二ヵ所に診療所を開設、諸外国の援助の停止する中、着実な歩みを続けている。

当然、らいはもちろん、現地で多い一般的疾病だけでなく、母子衛生にも力を入れている。さらに、疾病の早期発見と予防的局面を重視し、保健診療員の教育など現地の「人づくり」は大きな目標である。

財政的基盤は、ほとんどは良心的な日本の市民団体・病院組織など民間団体の手になり、一部が郵政省ボランティア貯金や政府ＮＧＯ補助金（一九九二年度は両者で全体収入の約三二％）でまかなわれている。また、日本のボランティアの受け入れも行なっている。スタッフは、ほとんど全てアフガン人である。近代的装備で訓練された外国人チームとは質量とも比ぶべくもないが、「地元勢による地元の人々のための仕事」ということを我々は最優先課題としており、いかに遅々たる歩みでも、「自力更生援助」を固い方針として、傍らから励ましつつ共に歩むことに徹している。

また、北西辺境州のらい根絶計画については、ミッション病院のらいセンターを支え、フィールドワークの協力を通して北西辺境州政府プログラムに直接協力している。カラチのマリー・アデレイド・レプロシー・センターと並んで、北西辺境州のらい根絶計画の実質的な屋台骨の一つで

関連資料

現地主要協力団体

Mission Hospital, Peshawar (Leprosy Centre)	Mental Health Centre, Peshawar
Lady Reading Hospital (Leprosy Unit)	北西辺境州政府厚生省（結核・らいコントロール委員会）
Marie Adelaide Leprosy Centre（カラチ） カイバル医学校（ペシャワール大学）	パキスタン連邦政府・難民コミッショナー

ＪＡＭＳの現況(1993年4月1日現在)

スタッフ（総数87名・うち日本人1名、現地86名）

医師	19名	看護士・助手	20名
検査技師・助手	18名	運転手	6名
門衛	8名	料理人	3名
事務	3名	掃除夫	3名
レントゲン担当	3名	薬剤師	1名
絨毯ワークショップ	2名		

一応ＪＡＭＳとは別に、ミッション病院らい病棟で以下のワーカーを雇用。

靴ワークショップ	3名	病棟助手	3名

ペシャワール診療所サービス

病床数	44床
１日外来件数	150～200名
外来検査数	100～150件／日

あるが、決して正面に出て業績を誇示せず、関連機関を背後から強力に支える方針を採っている。

一九八九年一月から、本部を日本側（ペシャワール会）に置き、日本―アフガニスタン合同の民間組織であることを鮮明にした。

37号 1993・11

居場所を忘れたニワトリ
――ある難民の心象風景

カーンジャンは一九八五年以来、私の専属の運転手として働いているアフガニスタン難民である。ペルシャ語とパシュトゥ語しか喋らない。英語もウルドゥ語も、まともに覚えようとする気もない。日に五回の礼拝は絶対に欠かさぬ実直なイスラム教徒で、四五歳、三男一女の父親、ごくごくありふれた善良なアフガン人である。ある時、私は熱が出て気分が優れず、寝ているところに彼が訪ねてきた。こんな時は、お互いに仕事が減って手持ち無沙汰、腰をどっかと下ろして、いつもの通り茶を飲みながらよもやま話をする。彼の話は少しも気負わず、肩が凝らない。何か「大事件」がある時は、この運転手と話をすれば、だいたい一般的な、庶民の世界の反応を知ることができる。

この時、私が「お前も、もうそろそろ本格的な里心がついて来ただろう」と尋ねてから、長々と話が始まった。一九九二年、難民の爆発的な帰郷が自発的に始まり、翌一九九三年春も大規模な動きを予想していた。しかし、カブールの政治的混乱と一時的な壊滅で主要道路の通行の治安が悪化、特にヒンズークッシュ山脈の北部で思ったほどには帰郷が進まなかった。彼の故郷はローガル州で、カブールの北側にある山岳地である。

自分の故郷《くに》がカシミール

「そりゃあ、ドクター・サーブ、誰にとっても自分の故郷《くに》がカシミール（桃源郷）。私もできりゃ一刻も早く帰りてえです。ここは何年いても好きになれねえ。子供の教育と言ったって、息子たちの習っているウルドゥ語はヒンドスタンのパンジャブの人が使うだけ、全世界はパシュトゥ語とペルシャ語で通ります。学校なんてカネのかかる時間潰しのようなもんだ。

自分はキング・シャーの時代に兵役に二年間つき、輜重《しちょう》隊《たい》でトラックの運転を覚えました。もう二〇年くらい前になりますか。私の任務は北部のマザーリシャリフからサラング峠を越えて、カブールに物資を運ぶことでした。平和でいい時代でした。強盗や殺人も殆どありませんでした。国道を通ってあちこちに行きました。

アフガニスタンは広いですぞ。パキスタンくらいの広さはたっぷりありますあ。ペシャワールくらいの街はアフガニスタンのあちこちにありますぞ。それも国中、色とりどりだ。私のくに、ローガルは高いところにあるから、冬は雪が積もって家の中の仕事しかできません。しかし、夏は逆に涼しくていいのです。電気はなければないで済みます。扇風機も要らなきゃ、エアコンも要りません。冷蔵庫は上の谷から氷をとってくるか、肉は雪渓の中に入れておけば日もちがします。

もちろん、ペシャワールのように暑いところもあります。ジャララバードやパクティアは夏はドーザク（焦熱地獄）だが、逆に冬は凌ぎやすいので、沢山の人々が夏を北で、冬を南で過ごすのです。カンダハールはカラチのように大きく、ヘラートはラホールにも劣らぬ古い都です。ヘルマンド河流域の砂漠もあれば、アム・ダリアの「海」もある。ヌーリスタンの真っ白な高い山々もある。

政府軍を脱走

難民になった経緯《いきさつ》でありますか。十何年か前、ルース（ソ連軍）が入って来たとき、私は予備役《えき》でしたので、すぐ政府軍に招集されました。しかし、ムジャヘディン（イスラム戦士＝反政府ゲリラ）と戦うのが嫌で脱走しました。逃げたのは自分の故郷《くに》、ローガル州の近くです。地区のムジャヘディンが逃亡を呼びかけてきたので、何人かと相談し、集団で逃げました。戦闘中の脱走ですから、大変でした。何人かは機関銃で撃たれながら闇の中を夢中で走りました。何人かはその途中で死にました。

武器をゲリラに渡したら、その中には村の知り合いの若い衆も何人かいました。皆大喜びでした。私もキング・シャー時代の兵役あがりの上、自動車の運転もできたので、村では多少顔が利いたのです。当時は兵役あがりは一種の学校卒のように思われ、箔が付いたものです。そのままムジャヘディンに入れと勧められましたが、故郷《くに》の家族が心配だったので村に戻りました。それに、政府軍の兵隊だってムサルマン（イスラム教徒）です。自分のような境遇の者も沢山います。私は彼らに引き金を引きたくありませんでした。

やっと自分の村にたどり着いたら、今度は軍の爆撃です。盆地には少なくとも五千家族は生活していましたが、そのうち二千人は死んだでしょう。村の衆はみな首都のカブールに逃げました。だが、私は兵隊にとられて脱走したことがばれると大変だと思って、ペシャワールにそのまま逃げてきました。それに、あの当時のカブールは働き口がなかったのです。

アングレーズ

ペシャワールでは、初め弟と一緒に日雇い人夫をして働きました。一日二五～三〇ルピー程でしたが、毎日は仕事にありつけないのです。そのうち門衛に雇ってもらい、月に五〇〇ルピーを貰って殆どは家に仕送りしていました。

当時はまだ交通事情はよく、商売人がカブールとペシャワールを行き来していたので、かれらに金をことづけました。だが、それもだんだん難しくなって、家族をペシャワールに呼び寄せました。

その直後にドクター・サーブから雇われたのです。あの時は嬉しかった。もう十年以上になりますか。忘れられません。好きな自動車の運転ができる上に、門衛より給与が倍も貰えた。奥さんも良い人だった。日本人はカブールでも時々見かけた事があったが、身近に見たのは初めてでした。来た日本人は皆良かった。誰に対しても別け隔てがねえ。わたしゃ、心から感謝しましたぜ。

アングレーズ（欧米人をさす）に雇われたら、こうは行きません。カブールでもアングレーズは沢山おりましたが、パキスタンのアングレーズはもっとひどいと聞いておりました。パキスタンでは皆奴隷みたいに奉公させられるとも聞かされました。『パシュトニスタン（アフガン人の国。北西辺境州は彼らの間ではそう呼ばれている）を越えて、ヒンドスタンに行こう』と、一度も考えた事はありません。尤《もっと》も、アングレーズばかりも責められません。アフガン人でもパキスタン人でも、大方の金持ちはアングレーズ以上にアングレーズだったもんな。

弟の方は、パキスタンに来てカネに目が眩《くら》み、ラワルピンディに移り住みました。わたしゃ、反対だったんだ。ドクター・サーブ、アフガン人はパキスタンに来てから本当のイスラムから離れていったんでさ。カネは最低その日が凌げりゃ、それでいい。

ハラーム

そりゃ、家族を抱える身になれば、楽はさせてやりてえです。でも人間にはして良い事と、して悪い事があります。外国の旦那方には分からぬが、イスラムと政治屋とは関係ねえ。つまり、こういう事です――世の中にはアッラー（神）に属するものと、ハラーム（禁忌または悪業）に属するものがある。カネ自体はハラームではないが、カネの儲け方によってはハラームになる。アッラーからくるものか、ハラームからくるものかは、直ぐ見分けがつく。アッラーから出るものは、尽きることがなく恵みを与え続けます。が、ハラームから出るものは直ぐに空っぽになるどころか、心が汚くなって必ず悪い報いが来ます。ルース（ソ連）もそれで国が無くなっちまったんだ。アングレーズも時間の問題だ。

ただ、ペシャワールはやたらに物価が高い。町は金が要るようにできているのです。カネさえあれば何でもできるような、ハラームがはびこっている。

ムジャヘディン？ 今時、何をおっしゃるんですかい。ルースも居なくなり、ジハード（聖戦）は無くなった筈ですぜ。今頃なぜ鉄砲が要るんです？　おかしいじゃありませんか。カブールの連中は、言っときますが、イスラムともアッラーとも、何の関係もない。連中のしてる事ときたら、泥棒そのものじゃありませんか。まだルースの方がマシだった。ルースは反抗する村を潰しては引き上げていったが、今のミリシャ（政治党派の軍民）よりは規律があった。黙ってりゃ何もしなかった。だがミリシャは違う。鉄砲ふりかざして平気で人のものを盗る。こりゃハラームなんだ。王座を盗ろうと、匙《さじ》一本盗ろうと、ハラームはハラームなんだ。罰《ばち》が当たりますぜ。

困った時はお互い様

この一年半で二〇〇万人近くの難民が帰った筈なのに、なぜアフガニスタンからペシャワールに人がこんなに出入りするかって？

うちにも今最低十人以上は毎日泊まっています。親戚はもちろん、同じ村というだけで、みな出入りします。賄《まかな》いは大変だ。肉を何キロか買ってきても三日と持たない。でも仕方ないこった。断るのは、そりゃ不可能だ。客は客。ちゃんともてなしておかないと故郷に帰った時に肩身の狭い思いをします。それに今から、故郷のローガルは冬が大変だ。カブールから戻った村の連中も、家は壊れる、畑は荒れるで、今年の夏は食うだけで精一杯だった。普通なら、冬はコタツやストーブで暖を取りながら雪解けを待つのですが、所によっては薪も炭も手に入らず、やむを得ず暖かい所に出てくるのです。この頃は、アフガニスタンの南も物がなくて貧しいので、ペシャワールに出てくる人間が多いのです。困った時はお互い様です。客を断ってまでカネを貯めようとしたことは一度もありません。カネが無くなりゃ、その時の事です。アッラーから出るものは尽きません。すっからかんになっても暗い思いで暮らすよりはマシなのです」

§

現在ペシャワールに留《とど》まっているアフガニスタン難民のうち、これが大体の平均的な庶民の思いを代表していると言える。最後に彼は、今のアフガニスタン人の立場を一所懸命説明しようと、弁護とも自嘲ともつかぬ口調でこう述べた。

「いやいや、我々はさしずめニワトリですな。

昔、『居心地が悪い』と住処《すみか》を飛び出して、自らを追ってカゴに飛び込み、帰れなくなったニワトリが沢山いました。カゴの中に餌はそこそこにあったけれど、そのうち閉じ込められていることに気が付きました。『自由を、自由を』ともがくうち、しばらく経ってカゴの蓋が開きました。ところが、ニワトリは何処でどんなふうに暮らしていたか、忘れてしまっていました。ある者は木の上だと言い、ある者は屋根の上だったと言う。庭の中と言う者もあれば、窓の縁だったと言う者もある。いや中には、『自分たちはニワトリではなかった』と思う者さえ出る始末。そこで、お互いがちりぢりばらばらになりました」

これが彼の受け売りの寓話か、即興の話かは知らない。はっきりしているのは、彼が読み書きも出来ないのに、我々がギクリとするような批判精神と洞察力を持っていることである。「難民のニワトリ」はどこにもいる。他人事とは思われない。ペシャワールだけでなく、日本にも。我々の心の中にも、居場所を忘れたニワトリが闊歩《かっぽ》する。

「いやいや、我々はさしずめニワトリ」とは、川柳のレベルを遥かに超えて、考えさせられる話である。

38号 1993・12

ダラエ・ヌール周辺で悪性マラリア大流行

□緊急アピール　九三年十一月三日

薬品が切れる

現地では今、マラリアの大流行で深刻な状況です。今年八月を境に、悪性のマラリアが爆発的に増し、犠牲者が続出しています。このためJAMS（日本―アフガン医療サービス）では特別な移動診療チームを組織し、去る十月二二日から八日間、ダラエ・ヌール渓谷とその対岸地域、約三〇カ村を対象に、しらみつぶしに村から村へ精力的な努力を続けてきました。

予想通り、聞きしに勝る状況で、十カ村・二千名の患者を想定した計画は、三カ村を残して薬品ぎれとなり、一旦中止、ペシャワールで態勢を立て直して十一月七日より再び開始されます。七カ村の診療・調査結果は、ほぼ既述の報告（ダラエ・ヌール診療所）〔256頁・36号参照〕と一致しており、問題の小さくないことを物語っています。

診療は七ヵ村、計約一二〇〇家族（推定二万人）を対象に行なったものですが、結果は以下のとおりでした。

総診療数　一八六三名
マラリア患者治療数　一六三三名
非マラリア例　二三〇名

判断を迷う例・五六六名に対してマラリアの同定検査（ギムザ染色）を行なったところ、陽性者のうち、八九％が悪性の熱帯熱マラリアで、死亡率の低い三日熱マラリアは十一％でした。大抵の住民は「マラリア」について熟知しており、安価で使いやすいクロロキンを殆どが服用していました。にもかかわらず、患者が後を絶たないのは、かなりの耐性が進んでいることを示しています。

高い死亡率

マラリアは日本ではごく限られた医療関係者にしか知られていないので、「なぜ今深刻なのか」ここで簡単に説明します。

マラリアには、病気を引き起こす「マラリア原虫」によって四種類があり、全て蚊（ハマダラカ）によって媒介されます。現地で流行しているのは、このうち熱帯熱マラリアと三日熱マラリアです。一般には三日熱が圧倒的に多く、一時的な激しい発熱を除いては余り死亡しません。クロロキンという薬がよく効き、薬に対する耐性も殆どありません。しかし、熱帯熱の方は、全身の血管内に巣くって各臓器を侵し、死亡率が高く、クロロキンに対する耐性の発生も高率です。また、典型的なマラリアらしい症状を欠くので、しばしば誤診されます。今現地で問題になっているのは、たちの悪い熱帯熱マラリアの方で、またの名を「悪性マラリア」とも言います。

治療は、上に述べたクロロキンという薬が服《の》み方も簡単で、安い上に副作用が余りありません。この他にファンシダーという薬も用いられますが、確実ではありません。クロロキン耐性の場合は、キニーネが使用されますが、高価なうえに副作用が強く、近年ではクロロキンが主流を占めてきました。最近安全かつ劇的な効果を示すハロファントリンが開発されましたが、高価なので一般には大量に使用できません（ちなみに一回の治療にかかる各薬代は、クロロキン・二五円、キニーネ・二二〇円、ハロファントリン・五二五円です）。

「安定相」と「不安定相」

疫学的に言えば、二通りの状態があります。第一は「安定相」というべき状態で、地域の成員の殆どがくりかえし感染することによって免疫を持っており、この場合、発病による死亡者は子供や衰弱者だけに限られます。つまり、弱いものは乳幼児期に淘汰され、強いものが免疫を獲得して成人になるので、地域共同体にとっての打撃が比較的少ないのです。第二は「不安定相」という状態で、地域の成員の多くが免疫を持たないときに流行を見るもので、前者に比べて、死亡率が極めて高く、流行も爆発的に起こります。成人も小児も侵されて、地域に与える打撃は甚大です。現地は、現在、この「不安定相」にあると言えます。

「撲滅」は不可能

WHOがかつて世界各国で行なって得た教訓があります。「蚊撲滅」のために殺虫剤を散布し、沼地を埋め、マラリアの薬を行き渡らせ、一旦マラリア制圧に成功しても、別の問題が起きてきます。地域全体からマラリアがなくなると、やがて当然免疫も消えます。そこに新たにマラリアの流行がもたらされますと、第二の「不安定相」に転じ、もっと悲惨な状態に陥るのです。

さらに、多少自然の絶妙な営みを知る者は容易に解るように、地球上およそ数千万種といわれる昆虫の介在する自然の生態系は極めて複雑であり、マラリアの媒介昆虫だけを撲滅するのは不可能で、「自然の安定」そのものに破壊的に作用します。

結論は、「撲滅」など、島やよほどの人工的環境を作り上げずには不可能であり、要は適度に犠牲者を抑えながら、地域の人口の免疫を維持する以外にありません。現地で我々の計画するのは、大流行すれば早めにたたいて犠牲者を減らし、再度大流行の兆しがあれば、それをくりかえす。そうして適度の免疫をつけさせてゆくことにあります。

帰郷を躊躇《ちゅうちょ》

現地は、ダラエ・ヌール渓谷を除けば、約半数くらいのアフガニスタン難民がまだ帰っていません。村でいくら水利工事をしようとしても、労働力が足りず、十分な耕作ができないのです。そこに致命的な病気の蔓延《まんえん》がありますと、みな帰郷を躊躇《ちゅうちょ》します。また、一歩幹線道路を外れると、交通手段がないこともあり、あっても遠くの町まで治療に出掛けうる農民は極めてわずかです（そのためにこそ、我々の診療所も敢《あ》えて僻《へき》地に置かれているのです）。交通費・薬品代がわずか千円程度でも、現金収入がないに等しい普通の農民にとっては絶望的な額でしょう。

JAMSでは、とりあえず緊急予算六〇万円を薬品代に組んで、「マラリア診療巡回チーム」で制圧に乗り出しています。しかし、六〇万円では二千人程度の治療しかできません。JAMSの予算が自転車操業の状態で、これがぎりぎりだとすれば、活動停止によって身の毛のよだつ計算をしなければなりません。我々の推定では、ダラエ・ヌール渓谷および関連するクナール河流域だけで、この数ヵ月以内に数千名が死亡すると考えています。そうすれば、さらに難民帰郷が遅れ、悪循環を作ってゆくと予想されます。ひと一人の命が二二〇円かと思えば、やり切れないものです。

我々の活動は、もちろん医療上のものでありますが、周辺区域に測り知れぬ安心感を与えており、これが「難民帰還促進」に与えたものは小さくありません。何とか緊急支援を継続しなければなりません。付け加えれば、今こそ難民帰還・復興支援が必要な時なのに、この地域（クナール）全体でＪＡＭＳ以外に医療活動しているＮＧＯはありません。アフガン戦争以来の「難民援助」のてんまつを思えば、あまりといえばあまり、寒々とした気持ちになります。

最悪の事態回避　――持続的支援を！

九月以来、帰郷後のアフガニスタン難民を直撃した悪性マラリアの大流行、そして予想外の日本側の好意的な反応は、考えさせられることの多い出来事でした。ここに深甚の感謝の意と共に、その後の現地事情をお伝えしておきたいと思います。

おしよせる患者でダラエ・ヌール診療所は一時は恐慌状態となり、各村から武装した治安要員を診療所側が要請するという一幕もありました。危機的事態でした。

このためＪＡＭＳでは特別な移動診療チームを組織し、去る十月二二日から、ダラエ・ヌール渓谷とクナール河対岸を対象に、しらみつぶしに村から村へ精力的な努力を続けてきました。予想通り聞きしに勝る状況で、第一派、十ヵ村・二千名の患者を想定した計画さえ中途で薬品が切れて一旦中止、帰国と同時に日本への呼びかけとなったのです。

その後、寄せられた募金を投じて十一月九日より再開、今なお移動診療チームは活動を続けています。十一月末現在、報告によりますと、主要十四ヵ村で総計三九三九名が治療を受け、ひとまずは恐慌状態を脱しました。現在第三派のチームが、ダラエ・ヌール渓谷の最深部の村々で診療を続けています。さらに、四つのＪＡＭＳ診療所にも豊富に薬品が補給できるようになったので、これを合わせれば優に一万人以上の患者が助かったことになります。

効果はこれに留《とど》まらず、村々に良い人間関係をもたらしました。ダラエ・ヌールで厄介なのは家族同士の敵対関係でしたが、我々の活動に住民がこぞって協力する中で、和やかな雰囲気が作られたのです。良心とは力です。「平和」をシンボルに掲げる我々ＪＡＭＳの面目躍如、何かとせちがらい世の中で、まことに愉快なことだと言わねばなりません。

日本は口を開けば「景気後退」と愚痴をこぼし、米国は勝ち誇って、「日本沈没」（ニューズウィーク誌）などとほくそ笑み、まことにツマらぬ世情ではありませんか。カネや武力ではつばぜりあいをする必要はありません。少なくともアフガニスタンにおいて、かれらは道義において敗退しました。彼らはくだらぬ政治的威信をかけて破壊して去り、我々は良心の威信にかけて平和と建設に留《とど》まっているからです。

もちろん、マラリアだけが問題ではありません。腸チフス・コレラ・赤痢・デング熱など、他に致命的な病気は現地にたくさんあります。しかし、今回のマラリア・キャンペーンを通して、日本の良心の健在が示されたのは大きな励みでした。活動は何十年でも続きます。現地と希望を共にする輪が更に広がって行くことを祈っております。

ヌーリスタンの渓谷 I　インダルの園(1)

隔絶された小世界

世界に「秘境」と呼ばれる地域が残っているとすれば、アフガニスタンのヒンズークッシュ山脈の奥深く、古代から隔絶されて存在する村々がその一つかもしれない。昨年新たに開設されたダラエ・ピーチ診療所の上流は、ヌーリスタン（光の国）という部族の居住地である。徒歩で険しい道を歩かねばならないので、下手《しもて》の住民は殆ど寄り付かない。もちろん外国人はほとんど足を踏み入れず、完全な自給自足で、外界から隔絶された昔ながらの小世界を守っている。「ヌーリスタン」は、アフガン人の間でも独特の響きがあるらしく、下手のパシュトゥン住民は、なぜか彼らを畏怖の目で眺める。さしづめその感覚は、かつての日本の里人が「山窩《さんか》」を見る目に近い。

ものの本によれば、ヌーリスタンは一八九〇年代、アフガン王アミール・アブドゥル・ラフマンによってイスラム化し、かつての名をカフィリスタン（異教徒の国）と呼んだ。その一部はパキスタン北西辺境州の北部、チトラールの一部に連続し、カラーシの谷としてよく知られている。パキスタン側は現在すっかり観光地化して、安易な「民族学的調査」の名所として荒れ果ててしまった。だが、これはヌーリスタン全体のごく一部であって、アフガニスタン側では逆に最も純真なイスラム教徒と化して、よそ者をうけつけない。その全容は知られず、民族の起源・歴史なども未だに謎のごとく語られ、たまに訪れた外国人が断片的な観察記録を伝えているだけである。原アーリアン人だとか、アレキサンダーの末裔だとか、様々な憶説があって、いやがうえにも興味をそそられるものである。

日本人では、一九五四年に岩村忍氏、一九六〇年代に京都隊、最近では内乱前（一九七六年）にカブールに居た松浪（健四郎）氏などが、ごく入り口の事情を断片的に伝えている。その他アフガン戦争中にクナールでゲリラの取材をした惠谷《えや》（治）氏などの報告があるが、記述に誤りや誇張が少なくない。外国文献からの借用を取り混ぜて、現実と異なったイメージを与えているようである

一方我々の方では、切実な医療上の問題で、次第に頻繁な住民との交渉が日常化していて、どうしてもこの地域の中心部に駐留せざるを得ない事情が自然に生じてきた。ダラエ・ピーチ渓谷の診療所が開かれてちょうど一年、この山人たちとの付き合いを通して見れば、これを「秘境」と呼ぶには抵抗がある。一歩踏み込めば、彼らも人の子であ

ることに変わりはない。もちろん、私が慣れてしまって違和感が薄くなっているせいもある。ヌーリスタン側では、このような神秘めいた憶説をよそ者が持っていることをよく承知していて、「我らこそアレキサンダーの子」と笑い転げながら語る。彼らにとってどうでもいいことで、ともかく生きるために必死というのが実情である。

「診療所開設」の陳情

さて、ヌーリスタン全体は大きくは四つの谷の地域に分かれ、それぞれ言葉も異なる。我々が関わりをもったのは、この両側の「ワマ」という地域である。JAMSの診療所から三時間ほど歩くと、山人と里人の住み分けの限界地点で、最初のヌーリスタン人のゴーサラク村が現れる。この渓谷ぞいのヌーリスタン西方地区全体から、我々の診療所に稀ならず重症患者が運ばれてくる。中には数日かけて患者を搬送するものもあり、その途中で絶命する者が後を絶たなかった。

私とJAMSスタッフの多くが彼らの困難な事情に同情しているところ、山人の長たちの方から度々「診療所開設」の陳情と依頼が来るようになった。確かにらい患者も多数いるという話もあって、今年十月にJAMSのスタッフ七名を引き連れ、山の住民たちを先導に医薬品を担がせ、十日をかけて診療所開設の可能性を探りに行った。医療活動から少し外れるが、いくつか現地の事情を紹介してみよう。

まる一日の強行軍

ダラエ・ピーチ診療所からまる一日、渓谷に沿って歩き続けると、「ワマ」という西ヌーリスタンの心臓部に至る。標高三千メートル以上、ちょうど宝満山《ほうまん》*程度の勾配をいくつか連続して越えるものと思えばよい。谷は次第に深く急となり、平地は少なくなってくる。樹木は数を増し、日本の山奥の光景によく似てくる。谷を吹き上げる風は上昇気流を作って、殆ど夕立に似た雷雨が毎日訪れる。そのため下流域の埃っぽい乾燥した空気は、一変して適度な湿気を帯び、すがすがしい気分を与える。ぼんやり歩いていると、日本に戻って来たような錯覚に囚われる。道らしい道はないが、住民は軽々と岩を飛び流れを渡って、すさまじい早さで歩く。彼らの「すぐそこ」は、我々にはおよそ一日行程のことを言うらしく、我々の速度は彼らの半分と考えておれば間違いないようである。到着するころには、屈強な筈のわがスタッフも、二、三〇キロ近くの荷を担いで、まる一日の強行軍に辟易《へきえき》し、全員足の痛みを訴えて、事実上へばってしまった。

「止まれ！　五日間ここに滞在して調査」と私が伝えると、みんなマメだらけの足をさすりながら、顔が輝いた。それもそのはず、予定では毎日同距離を連続五日歩くことになっていたので、この強行軍が延々続くものと思って意気阻喪《そそう》していたらしい。私の方では、部落がまばらに散在するので、むやみに川沿いを歩いてもまともな見聞はできないし、それにワマがその中心部であるから、そこを拠点とする各支流の村々を徒歩で訪れる方が実際的な距離感が摑めると思ったのである。さらに、スタッフたちの心理状態を考慮すれば、「この先まで『診療所』を作られて派遣されては敵《かな》わぬ」という思いにかられて士気も落ちよう、と考えたのである。

（つづく）

＊福岡県太宰府市と筑紫野市にまたがる標高八二九メートルの霊峰。中村医師は中学時代の一時期、若杉山からこの山に至る縦走登山に友人とともに没頭していたという。

39号　1994・4

ゆれるアフガン　ゆるがぬＪＡＭＳ

全国境を閉鎖

今年一月に入ってから、昨年に続いてアフガニスタンの首都カブールは激しい市街戦にまきこまれました。日本でも散発的に報道され、私たちの活動を心配されている方々も多いと思いますので、その後のなりゆきを多少お伝えしておきます。

一月一日、かつて互いに反目状態にあった、南部のヘズビ・イスラム党と北部のドスタム派が連合、現政府を支えるジャミアテ・イスラム党およびマスード派への本格的な攻撃をカブールで開始しました。

すでに昨年一月以来、旧反政府諸党派の対立で、カブールは首都として機能できない状態が続いていました。しかし、今回の衝突はかつてなく激しいもので、戦闘機までくりだされ、多くの犠牲者を出しました。戦火はカブールを事実上壊滅させたばかりではなく、アフガニスタン北部のマザーリ・シャリフにも飛び火、一月中旬までに同地に留《とど》まっていた国際赤十字委員会もタジキスタンに退避しました。

一月上旬、戦闘は東部のソルビでも激しくなり、ペシャワールに近いジャララバードに、カブールからの都市避難民約六〜七万人が押し寄せました。しかし、パキスタン連邦政府は、避難民のペシャワール流入による混乱を警戒、カイバル峠をはじめ全国境を閉鎖、救援に向かおうとするUNHCR（国連難民高等弁務官事務所）やユニセフ、外国NGOの通行許可が停止されました。

パキスタンは現在、北部のカシミールでもインドと緊張状態にあって、同地の内乱で頭を痛めています。それで、政治的な混乱を避けようと、やむをえず北西部国境からのアフガン人流入を閉め出す政策をとったのでしょう。パキスタン自身が、内外ともに大変厳しい事情にあるのです。

間道《かんどう》越しで補給

JAMSは、保健医療分野で、唯一実質的に動ける立場にありましたので、パキスタン側の難民コミッショナーの要請に従い、避難民救援の臨時診療をジャララバード近辺のキャンプで行うことを計画、一月末までに大量の医薬品と機材をそろえて待機しました。

一月下旬、パキスタン政府が各党派の和解工作にのりだしましたが、なかなか実現せず、戦闘は収まりませんでした。ラバニ・現アフガニスタン大統領は、すでに家族を欧米諸国に避難させたと伝えられています。

国境閉鎖の措置は今までになく厳しいもので、一時はアフガニスタン国内診療所のスタッフたちが交代でペシャワールに帰れず、十日間足止めを喰らいました。私たちの方は、ダラエ・ヌール、ダラエ・ピーチの各診療所への補給にやっとで、山越えを覚悟で間道《かんどう》を利用し、大変な苦労の末、診療所については、やっと充分な医薬品を確保できました。

二月十二日になってラマザン（断食月）に入り、紛争当事者どうしの一時停戦協定が実現、国境付近は、しばしの平和にほっとしています。国連機関による救援物資の輸送が本格化し、テント・食料の補給が行われています。許可が下り次第、私たちも直ちに避難民援助活動を開始します。

農村は平和

しかし、戦火はカブールとその近辺、マザーリ・シャリフに限局しており、大半の地方は平和そのものです。確かに、主要幹線道路の治安の悪化でペースは落ちていますが、農村部の復興は確実に進んでいます。日本で不思議に思われる方が多いでしょうが、現在の状態は、戦国諸大名が京の都の争奪にあけくれた時代を思えば、ある程度理解できるでしょう。ほとんどの地元農民たちは過去の内戦でこりごりしており、「自分の村復興」に忙殺されているのが現状と言えるでしょう。人々はカブールの権力闘争をよそに、生き生きと元の生活に戻りつつあります。

この中で、戦火による多少の影響はありますが、JAMSの活動に大きな変更はありません。アフガニスタンの各診療所も、何事もなく営まれています。これまでも似たことは何度もありました。今こそ、「復興支援」が必要なのです。今年予定しているヌーリスタンのワマ診療所の準備も、遅滞なく行われています。どうぞ変わらぬ御支援をいただければ幸いです。

マラリア禍を脱す　二万人近い患者が治癒

昨年夏から秋に大流行して大量の犠牲者を出した「悪性マラリア」は、全般的に鎮まっています。

昨年十月以来、ダラエヌール渓谷（人口七万人）、同渓谷対岸のクズ・クナール（五万人）、カマ地区（二万人）、ダラエ・ピーチ診療所周辺（三万人）の各地で、移動診療をフル回転させ、関わった地区については多大の効果を上げました。

今年一月末までの集計で、診療所で治療を受けたものを加えると、二万人近い患者が助かったことになります。効果を追試させましたが、治癒率は驚くべきで、私たちの訪れた村のほとんどがマラリア禍を脱しました。JAMSは絶大な地元住民の信頼を得ました。

もちろん、乾季の冬に入って、蚊が発生しなくなったのも大きな助けでした。散発的に患者は見られますから、悪性マラリア原虫は「慢性感染」という形で人体の中で越冬し、水田の出現する春と夏に再び流行を始めるものと思われます。そこで今年は、犠牲者を少なくするために早めに活動を開始する予定でいます。

何よりの効果は、皆が安心して農村生活の回復に励める力になったことです。また、日本の心ある人々の厚意がこんな形で直接届けられ、人々と笑顔を分かつことができたのは、本当に心温まる思いでした。命に軽重はありませんが、数千万円、数億円を投ずる臓器移植に血道を上げる医療を眺めて当地に戻ってきた者には、「二二〇円の命」の尊さが、しみじみと思われたことでした。

40号 1994・7

暗きにこそ灯を、騒乱にこそ平和を

――一九九三年度を振り返って

一九九三年度は、ペシャワール会発足十周年にふさわしく、今までにない躍進の年だったと思います。日本側・現地側ともに、文字通り力を尽くしました。JAMS診療数は、九一年度の五万人、九二年度の十万人から、さらに十五万人に達しました。一方、パキスタン北西辺境州のらいセンター（ペシャワール・ミッション病院）は、その評価が定着し、らい根絶計画上の無視できない存在となりました。日本側ペシャワール会の活動も、これに比例して、現地予算七千万円に達しました。専従のない小さな地方民間グループが、これだけの活動をこなしえたのは奇跡に近いと言えます。

量ばかりが問題ではありません。ヌーリスタンへの進出で、不可能といわれた地域での活動も開始されました。これによって、アフガニスタン無医地区診療は佳境に入りました。アフガン人チームは、本当に困難な山岳住民の同胞の実情に触れることになったのです。これは一つの挑戦だと言えましょう。そこで遭遇する様々の問題——近代以前の世界に近代的医学をもたらすことは、もっと鮮明な形で彼らと私たち自身を問うものとなるでしょう。

援助とは何か。人間の福祉とは、「進歩発展」とは、「文明」とは、「平等」とは、「幸せ」とは、そして人が生きて死ぬとは……静かに、しかし深く、私たちの知るところがあるでしょう。現地の圧倒的な「光と影」は、これらを直《じか》に突きつけます。これは、北西辺境州のらいの仕事でも同様です。

この十年は、短くもあり、長くも感ぜられます。多くの苦労や犠牲、多くの喜びや悲しみがありました。多くの仲間たちが協力しました。多くの仲間たちが死にました。しかし、悠然たる氷河のような時の流れ、純白の峰々は、十年前と少しも変わりません。そこでは、人の美しさも醜さも、悲しみも喜びも、悲惨も栄光も、善も悪も、生も死も、暖かく包む何物かがあります。少なくとも私自身は幸せでありました。

ひるがえって日本を見れば、せちがらく騒々しい世の中です。何やらこざかしいばかりでインチキ臭いものが多いです。みなが時流に遅れまいと急ぐ中で、虚構が虚構を再生産してゆく気がします。しかし、私たちは変わらぬものにこそ、希望をおきます。私たちが現地と分かち合う、そのことが自分たちにとっても慰めであったことを改めて思わされます。暗きにこそ灯を、騒乱にこそ平和をかかげるべきです。それがまた、アフガン戦争で逝った二〇〇万人の犠牲者、そして数百円の薬代がなくて死んでゆくそれ以上の人々、かれらへのささやかな弔いでもあります。今はそれ以上に思考が進みません。今後も変わらず、何事もなかったかのように私たちの「日本の良心」の事業が続くことを祈ります。

□現地の一般情勢

一九九三年度も政情不安とインフレを受けて、事業の遂行は決して楽ではなかった。しかし、アフガニスタン内部の農村では平和が広がり、日本側のペシャワール会の精力的な努力で補給が達成されたことにより、全般的にはJAMSの活動が好調な伸びとなった。パキスタン側のらいセンターは、重要性がますます高まり、州政府のフィールドワークを中心に協力が進んだ。十年を経過した現地事業は、やっと本格的な段階に入った。

パキスタン北西辺境州・アフガニスタン情勢

パキスタンでは、一九九三年十月の総選挙で再び人民党のベナジール・ブットーが政権をとり、ソ連崩壊後のパキスタンは左右に激しくゆれている。対外的にも、カシミールの住民蜂起、イスラム教徒迫害事件で対インド強硬論が台頭、緊張関係が続いている。しかし、「急激な工業化―高度成長―輸出拡大政策」は一貫して継続され、これに伴うインフレが庶民の生活を圧迫している。投資は安い労働力を求めて北西辺境州にも殺到し、様々な矛盾を生み出してきている。アフガニスタンと結び付きの強いペシャワール・北西辺境州では、新政権の「中央アジア軽視策」を批判している。

アフガニスタンの首都カブールでは、昨年に続いて政争が日常化し、事実上機能する政府は存在しない。しかし、その分だけ地方には平和と安定が広がっていることは、日本で知られぬ現実として強調したい。一九九四年三月現在、戦闘が行われているのはカブール、マザーリシャリフおよびその近郊だけであり、主要幹線道路を外れると、昔日《せきじつ》の内戦の面影はない。

カブールそのものは、一九九四年一月一日、仇敵《きゅうてき》同士であったイスラム党とドスタム派が連合、権力の中枢にあるマスード派を攻撃、砲撃戦でカブールはほぼ壊滅した。しかし、ほとんどの民衆はこの政争に冷淡であり、地方に至っては自由な自治を楽しんでいるとさえ言いうる。

一九九四年一月の衝突はかつてなく激しいもので、日に多いときで一千発のロケット砲にみまわれ、戦闘機までくりだされた。大半の市民は地方に逃れ、五〇～一〇〇万人の避難民のうち、約六万人がペシャワールに逃れようとしたが、パキスタン側の国境閉鎖措置に阻まれ、ジャララバードに留《とど》まった。これは新政権によるアフガン政策の転換を示すものであった。

二月、これに抗議したアフガン人グループがペシャワールでスクールバス誘拐事件を起こしてパキスタン側に射殺されると、カブールの同情デモがパキスタン大使館を破壊、両国は事実上の国交断絶状態になっている。内戦を通じて続いてきた数少ない「公式外交関係」は、これによって殆ど消滅した。

この中でJAMSの国内診療所そのものは安全でも、国境を越える補給は難航を極め、苦心惨憺《さんたん》であったことは伝えておきたい。

◻北西辺境州らい根絶計画への協力

九三年度はペシャワール・ミッション病院のらい病棟がNWFP（パキスタン北西辺境州＝North-West Frontier Provinceの略。現カイバル・パクトゥンクワ州）の治療センターとして、さらに重要性が高まった。特に、日本人ワーカー（看護婦・理学療法士）の存在によって、女性入院患者は増加し、入院数五五五名、昨年度の約一・八倍の伸びで、病棟は多忙を極めている。フィールドワークへの参加によって、州政府側との協調はさらに進んだ。

フィールドワーク参加の重要性と病棟管理

具体的には、四年目に入った藤田看護婦がNWFP全体のフィールドに参加し、山村部の困難な地域で女性患者の治療サービス、早期発見活動に協力。現地側の絶大な信頼を獲得した。病院の治療サービスも二年目の倉松理学療法士の参加で、サンダル・ワークショップの生産供給も安定してきた。これらの長期ボランティア・ワーカーの存在の意味は大きく、ともすれば対立しがちな各方面のつなぎ役としても重要になっている。

現在、州の登録患者は約七千名いるが、うち女性患者わずか二二%、さらに交通の不便な山岳部に多発するため、ペシャワールまで治療サービスに下りて来うる患者は二割に満たない。早期発見活動の要《かな》めである家族内検診（とくに女性は男性に顔を見せない）も、まともに進んでいないのが実情である。ペシャワール会の協力がいかに重要か、理解できよう。

らい診療の特徴は、関わりが長期にわたるため、患者―医療側との関係が極めて濃密なことである。短期のゆきずりの的な協力はありえない。ペシャワール会の人的協力の大部分がここに集中されていることは、「現地理解」の上でも大切な意味をもっている。今後は、これら長期ワーカーたちの働きが、現地のニーズに応える要めとして展開することになる。

ペシャワール・ミッション病院そのものは、ひとりらい病棟を残して崩壊寸前である。一方、北西辺境州のらい根絶計画を実質的に支えてきたドイツ勢も規模縮小を始め、財政の削減を現実的に実施した。一九九一年に「感染例の消滅」を高らかに謳《うた》ったスワト地方では新患者が続出し、大量に送り込んだ「らい診療員」の管理にも手を焼いている。チトラール、モハマンド、ディール、バジョウルなどの辺境に至っては、殆ど手付かずに近い。

だが、この渦中にあっても、現地で必要不可欠となったらい病棟が潰れる事態は考えられない。むしろ、ある程度の管理義務をペシャワール会が受け渡されれば、管理上の欠陥を大いに改善しうる。ペシャワール会がどう出るかは、病院当局はもちろん、州政府側、マリー・アデレイド・レプロシー・センターも注目している。当方としては、あくまで医療行政の一角を担うという態度を崩さず、将来的に形は変わっても実質的な協力を続けておけば大過ない。

早期発見の努力

一九九三年度は、以上の長期ワーカーの働きに加え、早期発見に役立つ現地語（パシュトゥ語・ペルシャ語）カラー・アトラスの出版の準備にとりかかった。これは、現地の全医療関係者を対象としたもので、資料は全て現地で集め、平易な解説を加えて早期の皮膚症状を理解させ、変形のくる以前に完治させることを期するものである。

この仕事には一九八六年以来らい菌検査技術の向上に協力してきた、松本繁雄技師（邑《お》久光明《くこうみょう》園）が携わっている。資料収集・整理を今年度以内に完成、来年度内に実現の見通しである。一般に、英語の出版物は氾濫しているが、医師などの専門職以外には理解されず、らいの分野でも先端医療技術のみが突出し、底辺部がますます取り残される傾向にある。この出版物の意味と働きは小さくない。

□農村医療計画

ペシャワールのJAMS本部（病院）を中心に、ダラエ・ヌール、ダラエ・ピーチ、テメルガールの各診療所は診療規模を増し、力をつけた。一九九三年十月からアフガニスタンの最も高地山岳部のヌーリスタン（ワマ地方）に診療所の準備が開始され、一九九四年度早々に開設にこぎつけられた。また、マラリアの大流行に対処するフィールドワーク（一九九三年十〜十二月）や、カブール避難民の診療（一九九四年一〜二月）など、動きが更に活発かつ大規模となった。前年度より五四％の伸びをみせ、質量とも向上した。

その他、ダラエ・ヌール診療所の建築は、一九九三年六月に着手、一九九四年四月に完成した。これによって、ダラエ・ヌール渓谷住民のJAMSに対する信頼は不動のものとなった。

一九九三年度は、総数十五万五一三二名の患者が診療を受けた。殆どマラリア・腸チフス・結核・らい・寄生虫疾患などの感染症、栄養障害、皮膚疾患、外傷（小外科）である。内訳は表1のとおり。

□ワーカー派遣事業

一九九三年度は表2にある人々がペシャワール会を通して派遣され、現地事業に貢献した。

九三年度の特徴は、いずれも長期にわたる関わりの者で、例年になく安定した人的協力となった。彼らの大切な役割については、各報告を参照。現地と日本との連絡・繁雑な事務会計処理は、豊崎氏の常駐で極めて機能的になった。

□一九九四年度の事業計画

1　ヌーリスタン・ワマ診療所の開設

ヌーリスタン・ワマ渓谷は、ヒンズークッシュ山脈の最深部に当たる。地区の人口約一五〇〇戸（約一万人）、同地点から一日往復で診療所に来うる領域を含めれば、その二倍以上に恩恵を与えることになる。

一九九四年三月から既に物資の搬送を始め、一九九四年四月十日に診療を開始した。ヌーリスタンはアフガニスタ

1993年度診療実績（表1）

外来診療総数	133,049名	総検査数	98,616件
ペシャワール診療所	48,584		48,071
テメルガール診療所	12,202		10,230
ダラエ・ヌール診療所	47,205		23,772
ダラエ・ピーチ診療所	25,058		16,543
巡回診療総数（移動診療班）	8,601名		約600（記録なし）
ペシャワール・外来以外診療総数	13,482名		
妊婦・母親教室	8,629		
鍼灸治療	2,933		
手術数	348		
歯科治療	837		
入院治療数	735		

検査内容の内訳	*血液一般	便検査	尿検査	らい菌	その他	総計
ペシャワール	7,156	11,621	10,430	322	18,542**	48,071
テメルガール	3,557	2,941	3,553	179	0	10,230
ダラエ・ヌール	10,350	5,271	7,414		737	23,772
ダラエ・ピーチ	6,117	5,577	4,117		732	16,543
移動診療班	（約600***）					
総計	27,180	25,410	25,514	501	20,011	98,616

*血液一般は、マラリア原虫検査をルーチンに含む

**ペシャワール診療所「その他」の内訳

X線単純写・造影	5,190	肝機能など生化学検査	4,315
腹部エコー	2,389	胃・食道内視鏡	1,076
心電図	2,589	病理組織診断	105
脳波	7	その他	2,871

***移動診療班のものは主にマラリア原虫検査だが、正確な記録なし。統計には含まず

1993年度派遣ワーカー（表2）

氏名	職種	所属	協力期間
藤田千代子	看護婦	元福岡徳洲会病院	1990年 9月－現在
倉松　由子	理学療法士	元多摩全生《ぜんしょう》園	1992年10月－現在
豊崎　朝美	事務	ペシャワール会	1993年 4月－現在
林　　達雄	放射線技師・鍼灸師	元新光園	1992年 9月－1994年1月
松本　繁雄	検査技師	邑《お》久光明《くこうみょう》園	1993年 9月－現在（定期滞在）

ンでも比較的らいの多発する地域であり、ワマのＪＡＭＳ診療所は最高地の医療施設となる。自動車による輸送は不可能で、アフガン人チームは世界でも最も困難な地域に踏み込んだ。既に医師一名を含む十二名が着任、診療態勢を充実しつつある。

一九九四年度の予定は、外来一日平均六〇～八〇名程度にとどめ、小外科・骨折などを含む、全体的な臨床技術の向上に努めさせる。これを以《もっ》て、ＪＡＭＳの山岳部無医地区の診療計画は、越えるべき一つのピークを目指していると考えて差し支えない。

2　移動診療班の組織化・マラリア診療

昨年度に大流行で窮地に陥った悪性マラリア・カブール避難民緊急支援の教訓で、フィールド診療の重要性が痛感された。今年度は原則として緊急避難民支援は行わないが、悪性マラリアの定期的流行は予想される。夏季から秋季にかけて、診療所周辺の限定された地区で、チーム編成を行なって備える。

3　北西辺境州フィールドワークの拡大とらいセンターの再組織化

ペシャワール・ミッション病院とドイツ救援団体（Marie-Adelaide Leprosy Centre）の情勢が流動化しているが、らいセンターの存在は安定している。長期的展望でワーカーのビザや公式性にとらわれぬ実質性を考慮すると、法的には、あくまでパキスタン民間医療団体の傘下に留まらねば良い安定した協力ができない。日本側には、ややもすればパキスタン側の活動が伝わりにくい。しかし、これは出発点としても、アフガニスタンの事業の実際性からも重要であり、十分考慮されねばならない。九四年度には思い切った再組織化の可能性が強い。

ヌーリスタンの渓谷 Ⅱ インダルの園(2)

樹木所有

ワマ渓谷の流れから高度更に約三〇〇メートル上方に、緑で埋まる果樹園がそそり立つ。聳《そび》え立つ鋭い岩塊に取り囲まれた小さな盆地で、その長さ四～五キロメートル、端から端まで歩くのに約三時間はたっぷりかかる。はるか遠方から眺めても、この果樹の集落だけがまるでオアシスのように、ぽっかりと際立っている。これを人々は「インダルの園」と呼ぶ。果樹園といっても、肥しや殺虫剤はおろか、一切人の手を入れていない自然の森で、クルミ、ブドウ、ザクロ、マルカナイ（小さなナツメの一種）の巨木で埋められ、数千年もの間守られているという。

果物の品質はよく、ちょうどブドウ・ザクロ・クルミの季節で、いずれも当然新鮮で味がよい。滞在中は毎晩、ウマの餌のように沢山食べさせられた。ザクロは甘くて美しく、種もそのまま食べられる。果樹は一本一本、一々所有者が決まっており、代々受け継がれる。土地所有に類似した「樹木所有」であるが、面の所有ではなく、各人の所有樹は全体に散在して入り組んでいる。しかし、収穫に関しては厳格な規律があり、ワマの村民はこれを誇りにしている。アフガン戦争前には、興味をもった人類学者などが、たまに調査に訪れることもあったらしい。

収穫開始時期は十月頃で、ちょうど我々が訪れた頃であった。果実が熟して、村人たちの主食であるトウモロコシの刈り入れが一息つくころ、合意で「解禁」が決定される。それまでは公の通知がない限り、誰も足を踏み入れることはできない。解禁の知らせは、総ての所有者に届けられる。希《まれ》に所有者がペシャワールやカブール、はたまたロンドンやニューヨークの遠隔地に住んでいても、知らせが行く。余りに遠隔地の場合は係累の者が代わって収穫し、それを出荷して得た利益の分け前はきちんと彼の所に届ける。

夫々《それぞれ》の果樹の所有者は、自分の所有する木だけから収穫する。下に落ちた実は、自分の果樹からのものだけを拾う。もし隣の他人の木の実が自分の木の下にころがっていると、投げて元に戻してやらねばならない。樹木は勿論《もちろん》、そのつける実も、他人のものと自分のものとは、色や形、大きさなどで容易に見分けがつくという。

おそらくこの掟が、豊かな果樹園の維持を数千年間可能にしてきたのだろう。驚嘆すべき自然との共存の知恵である。

「インダル」の名の由来

ところで、この「インダル」という名前に関して、古い言い伝えが残っている。インダルとは大昔、「イスラムの来る前のずーっとずーっと昔」、この土地の或る支配者の名であったという（前インド首相にインデラ・ガンディという女性がいたが、「インデラ」は女性形名詞である。男性形が「インデル」であるらしいことは容易に想像がつく。恐らくインド系の人物で、ヌーリスタン語がインド系のウルドゥ語やパンジャービー語に似た語感があるのも、これを裏付けている。また、アフガニスタンを覆う大山脈、「ヒンズークッシュ」は、ペルシャ語で「インド人殺し」という意味で、古代以後、当地からインド系住民が駆逐されたことを物語っている）。

言い伝えは次のような話である。

――昔々、このワマにはインダルという領主がいました。この頃からワマは谷の中心で、何千人もの人々が住まい、平和に暮らしていました。しかし、渓谷の急流は夏になると雪解けで水かさが増し、村人たちは自由に対岸に行くことができません。

このワマの北側の丘に、まるで水瓶《みずがめ》を逆さにしたような、長い大きな岩が聳えています。インダルは、この岩を引きずり下ろして、川に橋を架けようと思いました。

さて、彼の息子で、立派な若者がいました。この息子は隣の谷に住んでいたのですが、呼びだされてワマにやって来ました。若者は長旅でひどく喉が渇いていたので、父親のインダルに飲み物を乞いました。

インダルは、自分の息子の賢さを試そうとして言いました。

「家の中に温かいミルクの入った壺が置いてある。それを飲みなさい。ただし、カイマー（ミルクの上に張る薄い膜のこと）を破らずに飲みなさい」

若者は家に入って途方に暮れました。おなかが減って喉がからからなのに、ミルクの上澄みにあるカイマーを取らずには飲めません。

これを見ていたダイニックという、インダルに仕える女が可哀想に思って、一計を案じて若者に耳打ちしました。

「小麦のわらしべを取り、それを静かに中に入れて吸ってごらん」

若者は言われた通りにして、小麦の茎のストローで、ミルクの表面を少しも傷めずにすっかり飲むことができました。壺は、底にカイマーが張り付いたまま、すっかり空になりました。

さて、インダルがやってきて、これを見て驚きました。そして、驚きは不安に変わってゆきました。――これは賢い奴だ。しかし、この賢さがやがて自分の地位を脅かし、ついには自分にとって代わってこの地の支配者になるかもしれない。

　そこでインダルは、息子を殺そうとしました。息子は上の方の、今の「インダルの園」の森に逃げ込みました。インダルはダイニックに、捕らえることを命じました。ダイニックは、命ぜられるままこの息子をつかまえてインダルに引き渡し、彼は殺されました。

　ところが、己が子を殺したインダルは、逆に後悔し始めました。最愛の息子を失った悲しみと、自分のしでかした罪にさいなまれたのです。そこでインダルは、ダイニックに迫って言いました。

「あの時、自分は正気ではなかった。どうして私を止めなかったのか。おまえが息子を捕まえなければ、こんなことにならなかったろうに」

　インダルは怒りをダイニックに向け、殺しました。その後、インダルは深い悲しみに打ち沈み、ワマの地を去ってゆきました。それから彼がどこに行ったのか、どうしたのか、誰も知らないということです。

　何千年も前の、昔々のお話です。しかし、石の橋はかけられず、今もそのまま山の頂に残っています。果樹の森も、ずっとその頃から変わらずに毎年実をつけています。

諸説紛々

——このインダルの悩みは、旧約聖書に出てくるイスラエルのサウル王が、賢くて強いダビデを恐れて嫉妬し、殺そうとした話によく似ている。しかし、どうしても解せないのは、ダイニックまでがなぜ殺されたかである。

「そりゃ、ひどい話だ。そのダイニックという女が浮かばれないではないか」と私が尋ねると、あるＪＡＭＳのスタッフがあっさり答えた。

「でも、本当に良いつれあいなら、事情を見極めて、もう少し賢くふるまえた筈です。彼女にも責任はありますよ。案外下心があったんじゃないですか」

　有り得ることである。このことは、女たちが表面家畜のように扱われながらも、実は内助の功を期待され、家の中でかなりの「実権」をふるい得ることを暗示している。その後、スタッフの間では諸説紛々、若いダイニックが本当は年の近い主の息子に懸想《けそう》して拒まれ、その恨みで主の命令を実行したのかも知れぬ。或いは主の最愛の息子を抹殺して、わが子を跡目相続につけようとの策だったのかも知れぬ。いやいや、時間つぶしにはよい話だった。ダイニックについてはまるで謎のような話ではあるが、いずれにしても、女とは大昔から怖いものである。目のまうような荒々しい断崖と、ごうごうたる急流をはるか眼下に眺めながら聞けば、話はもっと凄みを帯びて感ぜられるのだった。

（つづく）

41号 1994・10

ヌーリスタンの渓谷 Ⅲ

ケララ村の惨劇　生きる者驕《おご》るなかれ

一五〇〇名を殺戮《さつりく》

ダラエ・ヌール診療所から、ダラエ・ピーチ―ヌーリスタンのワマに向かうには、クナールの州都チャガサライを通過する。「州都」と言っても、農家を除けば、たかだか一千名前後の人口で、ひなびたバザールが約数十軒連なるだけである。最近内戦の痛手から少しずつ立ち直り、平和になってきた。戦乱の面影は一見うすれ、心地よいバザールの人混みの喧噪が広がっている。その外れに六〇坪ほどの大きな共同墓地が、高さ二メートル程の日干しレンガの、質素な塀に囲まれ、ひっそりとおかれている。しかし、これにまつわる恐ろしい過去の出来事が、見る人の気を重くする。私自身、やっと最近になって、このことについて触れる気持のゆとりが持てるようになった気がする。ここで述べても、死者に失礼にはなるまい。

この墓地はケララ村の一五〇〇名の犠牲者を地下に眠らせている。

内戦の初期、クナールは、共産政権に対して真っ先に反旗をひるがえした地域として、徹底的な攻撃を受けた。一九八〇年四月、州都チャガサライの北側に隣接するケララ村は、「ゲリラをかくまっている」とされてソ連＝政府軍に包囲された。当時この師団を指揮していたのはアフガン政府軍のタナイ将軍で、「匪賊《ひぞく》討伐」と称してジャララバードを基地とする機械化部隊が進出していた。

同年五月、「匪賊討伐」で、ケララ村の虐殺が始まった。殺戮《さつりく》は二回に分けて行われた

第一回が八〇〇名、第二回が七〇〇名、それぞれ広場に集められ、老若男女を問わず、無差別に銃弾が浴びせられた。村民の多くは確かに反政府ゲリラに同情的ではあった。しかし、自分の故郷を廃墟にしてまで戦う意志はなかった。殺戮と略奪は付近の村落にも及び、実に二千名以上の無抵抗の村人が数日で屠《ほふ》られたのである。人口の少ないアフガニスタンの村落で、いかなる惨事であったか想像に難くない。当然、生き残った者はいっせいにパキスタン側の国境地帯に退避した。この村人たちの退避先が、五年後の一九八六年、私たちが初めて訪れたバジョウルの「ケララ・キャンプ」である。当時これら難民たちの、一種異様な敵意と暗さを感じたのは、理由のないことではなかった訳である。

タナイ将軍は、「匪賊討伐の大戦果」をソ連軍に評価され

て昇進したと云われる。だがクナールの住民は彼の名を長く忘れることはないだろう。彼らは政府軍に抵抗する「ゲリラ活動」を以《もっ》てその復讐にかけたが、十年後の一九九〇年四月、味方であるはずの反政府党派に煮え湯を飲まされることになる。すなわち、政府軍のタナイ将軍と或る反政府イスラム党派の結託によるクーデター未遂事件である。権力奪取に手段を選ばぬ行為は、多数の住民を、決定的な政治党派不信に陥《おとしい》れた。アラブ系団体に押される軍事組織は、この無節操をなじり、クナールにおける党派抗争の一因となった（タナイ自身は、この事件後、ペシャワールに逃れ、その後イスラマバードで手厚い保護を受けて生活している。おそらく、彼がまともに外出することはできないだろう。生き残りの村民たちの手によって、いつかは制裁が行われるに違いない）。

血で血を洗う抗争

以上は、アフガニスタン全土で起きた、ごく一例にすぎない。内戦中は、数百・数千の「ケララ村」が存在した。しかし、ここで単に内戦の悲劇、特に被害者の惨状のみを語るのは事態を正確に伝えることにならない。伝える価値があるのは、むしろその後の地元アフガン人たちの反応である。活動地クナールで私が見聞きしたものは、当時の大部分の庶民（旧難民かつゲリラたる農民たち）に共通する出来事であったと思う。おそらく表面には決して知られることがなかろう。

クナールとダラエ・ヌールが地元民の手に帰するまで、血で血を洗う抗争がくりひろげられた。復讐は伝統的な掟である。わが地元ゲリラたちも、旧ソ連＝政府軍に対して、過酷な報復を行なった。政府軍に協力する村落を襲撃し、一挙に数十名を殺戮した例も珍しくなかった。捕らえられた政府軍兵士は、彼らが行なったと同様に、鼻や耳をそがれ、恐怖の極限で処刑された。公衆の面前で、ナイフで生きながら捕虜の首をはねる光景も、普通に見られた。さらに、この「見せしめ処刑」は住民の恐怖心を倍加させ、暗い闘争心に油を注ぐ悪循環を作った。この私的制裁に比べれば、カブールで行われた政治犯の逮捕や投獄・処刑は紳士的にすら思える。農村地帯の出来事は生易しいものではなかった。人間がいかに残虐たり得るかという実験場の観を呈した。そこには確固たる「死の力」が支配していた。彼らは――殺された者も殺した者も――地獄を見たのである。

地獄を知らぬ者の残虐

一方、ペシャワールで観察する限り、銃後に控えてあの光景を知らぬ者たちは、カブールが壊滅した後も、相変わらず「アフガニスタン」と天下国家を語った。超大国の干渉をなじり、「イスラム」を論じた。彼らにとって、カブールがアフガニスタンの全てであり、戦場の農村は舞台背景に過ぎないのであった。逃げてきたカブール避難民たちも、多くは自らの悲惨を語るに忙しく、彼らが支えた国軍による蛮行に思いを馳せる者はほとんど無かった。或る元軍人などは、避難民になってからでさえ、「任務」の終わった明るい解放感で、罪悪感のみじんも見られなかった。彼らの中央意識と共に、この気楽さが、暗い不平と同様、私にとって異様かつ不愉快であった。「亡国の憂い」も、どこか作為的な響きを拭《ぬぐ》いきれなかった。

この対極がダラエ・ヌールなどの農村であった。現地で見る限り、戦後、復讐にいきり立ち、銃をもって闊歩《かっぽ》していたのは、決して地元の旧ゲリラたちではない。党派の傭《よう》兵《へい》か、戦時中難民キャンプで何も知らずに成長した若者たちである。強者と弱者が逆転したとき、弱者もまたそれ以上に残虐になり得る事実を彼らは知らない。おそらく、政治権力をめぐって争う者も、カブールの略奪・暴行の主役も、本当に地獄を見た者たちによるのではなかった。

「死の力」に抗して

死の力に翻弄される人間の現実。それを網膜の奥にやきつけた者は、農村の情勢が安定したとき、敵も味方も沈黙していた。彼らは決してジハード（聖戦）を誇らしげには語らなかったし、アフガニスタンの将来について論ずることもなかった。反《かえ》って、カブール避難民に同情を示すものが多かった。また意外にも、政府軍の下で働いていた村民がおそるおそる戻っても、残虐な仕打ちはなかった。なるほど、これが二年前であれば、彼らは八つ裂きにされたことであろう。この逆説は、しかし、私には当然と思われる。

現地社会を知ると自認する外国人は、これを彼らの「したたかなアジア的血縁関係――、力関係の変化に対応する政治的マキャベリズム」、「恩情的な部族主義」などと説明しようとする。確かに或る程度はそうであろう。だが、これもまた、部外者の評論である。事実はそうではない。ダラエ・ヌールの戦闘が終息した直後、まずは燃えうるような敵意に続いて、一種の虚脱感が現地住民を支配した。それは空白感とも呼びうるもので、敵意のかたまりになった自分の存在感が失われたことによるものであった。希望をいくらかでも持ち得た者は、廃屋を修理し、荒れ地を耕し、羊を追い、或いはＪＡＭＳの協力者となって、故郷再建の作業でこの空白感を克服した。やり場のない闘争心は再建の情熱に昇華された。或いは、割り切れぬ罪《ざい》業《ごう》感を、巡礼の行で精算しようとした者もいた。

日々の糧《かて》を得るのに忙しかったからだけではなかった。それは、健全な生きる意志であり、希望という灯を介して、生命の意味を「死の力」に対置させたのであった。自己に内在する矛盾（彼ら自身の言葉を借りれば「彼らもまたアダムの子」）を、被造物としての低さ・謙虚さにおいて、確かにとらえていた。それこそが復讐という血なまぐさい掟を緩和したのである。宗教や民族を掲げるバカげた集団狂気は、おおむね人々を動かすことがなかった。ここに、信頼に足る人間の希望が潜んでいるように思える。

死者のまなざし

ケララ村の墓標は、さりげないたたずまいである。だが、平和を回復しつつあるバサールの賑わいと対照に、そこには死者の沈黙が冷然と生者の営みを眺め、両者を隔てる壁が厳として存在する。人々は、その重さのゆえに口を閉ざして語らない。しかし、「アフガニスタン」に関わった全ての者――武器を与えて戦争をあおった者はもちろん、自覚なきアフガン人たち、人道的支援で喝采を受けた外国人、アフガニスタンを語ったジャーナリスト・評論家――死者を踏み台にして生きた者は、等しく、この「死者のまなざし」に戦慄すべきである。

私自身は既に部外者ではありえなかった。私もまた、死者のまなざしに脅える者のひとりである。少なくとも目前で展開されたこれらの事実を、軽々と器用に総括することができなかった。しかし今、生者の破局的な営み、死の力の跳梁《ちょうりょう》を全世界に見るとき、犠牲者になり代わって、「自覚なき生者の驕《おご》り」を伝えずにはおれない。同時に、内戦で逝った二〇〇万の魂を鎮める祈りは、人が根底で共有できる希望を分かちあうことで、真実となると信じうるからである。

chapter

III

42号（1994.12）〜55号（1998.4）

1994（48歳）	**10月、中村医師、ペシャワール・ミッション病院を拠点にした活動を終了**
	11月、PLS（ペシャワール・レプロシー・サービス）病院（40床）を設立、ペシャワール市内でハンセン病診療活動を開始
1995	1月、阪神・淡路大震災
	3月、地下鉄サリン事件
	11月、パキスタン北部ラシュト村付近で移動診療。手前のマスツジ村に診療基地を開設
1996	4月、らい予防法廃止
	9月、タリバン、カブールを制圧。ナジブラ元大統領を処刑。その後も軍閥との局地的な戦闘が続く
1997	**1月、ペシャワール会、新病院の用地を購入、建設着工（5月）**
	4月、ペシャワール会現地事業、パキスタン政府より国際団体PRS（Peshawar-kai〈Japan〉Relief Services）として認可を受ける
1998	**4月、PMS（ペシャワール会メディカル・サービス、後にピース・メディカル・サービスに改称）病院、開院式挙行。パキスタン（旧PLS）とアフガニスタン（旧JAMS）両国の医療活動を統合**

42号
1994・12

光に向かって我が身を放り投げる
——自前のらいプロジェクト発足

皆様、お元気でしょうか。当地は夜が冷え込み、夏の暑さが嘘のようです。

さて、今年も終わりが近づき、私たちの活動は間もなく十二年目を迎えようとしています。しかし、情勢の急激な変化に伴って、現地活動は今、重大な転換期にさしかかっていることをお伝えせねばなりません。

ペシャワール会の活動内容については、これまで度々紹介してきた通りですが、

①パキスタン北西辺境州のらいコントロール計画への協力

②アフガニスタン北東山岳地帯の無医地区農村医療計画

以上の二本立てとなっております。後者②についてはJAMS（日本―アフガン医療サービス）がその担い手で、ペシャワール会独自の現地活動母体です。こちらの方はよく知られていますが、元来の出発点であった前者①の実情はあまりよく伝わっているとは言えません。この「重大転換期」を機に、多少認識を新たにしていただきたいと思います。

ペシャワール会独自の組織

パキスタン北西辺境州のらいコントロール計画は、一九八四年以来ペシャワール・ミッション病院のらい病棟を基地としてきました。そして、長年の努力の結果、州政府の計画の中で大切な役割を果たすようになったことは、これまでの日本人ワーカーたちの報告などから多少ご存知かと思います。約一〇〇名のスタッフで果敢な活動を展開しているJAMSに比べ、「らい」の仕事は小規模かつ地味であり、ややもすれば影が薄れがちでありました。しかし、日本人ワーカーの大半のエネルギーは実は「らい」に費やされ、現地理解、生身の人間とのふれあいの上で、大きな意味を持ってきたのです。JAMSの活動自体、出発点はらいコントロール計画であり、わざわざアフガニスタンの北東山岳地帯を選んだのも、そこがらいの最多発地帯だという事実があったからです。

現在「転換期」であるのは、このらいコントロール計画への関わりです。これもまた、他団体に拠らず、ペシャワール会独自の現地公認団体、PESHAWAR-KAI JAPANを設立、PLS（ペシャワール・レプロシー・サービス）を中心に展開する事態となりました。病院中心主義から脱皮して、

JAMS・PLS 両組織の構造

ペシャワール会
（日本）

現地組織	JAMS	PLS
対象・地域	アフガニスタン関係	パキスタン北西辺境州
現地担当	アフガン・コミッショナー	北西辺境州／医療・社会福祉省
行政組織	パキスタン連邦政府	北西辺境州政府
活動内容	難民および アフガニスタン内部診療所	主にらいコントロール計画協力
認可機関	アフガン・コミッショナー	北西辺境州政府／社会福祉省
主要ワーカー	アフガン人・日本人	日本人・パキスタン人
財政支援	日本側のみ	日本側のみ

積極的に外にうって出ようという訳です。というのは、大半の患者が山岳地帯の寒村に住んでおり、ペシャワールのような大都市に下りてくるバス賃さえ持ちません。やっと下りてくるのは、病気が進んで手足のマヒや顔の変形をきたし、とりかえしのつかぬ状態になってからです。また、治療にくるならまだしも、物ごいによる「収入」で生きるためとあっては、私たちの方もやりきれぬ思いに襲われます。

この事情は北西辺境州・アフガニスタン共に同様で、州政府フィールドワーカーへの強力な後押しが求められていると言えます。三七ヵ所の投薬所が七千名のらい患者の世話をしていると言っても、北西辺境州全体が西日本全部をのみこむ広大な山岳地帯である上、わずか一、二名の診療員で各地の十分な活動ができるとは思えず、「七千名」という数字も氷山の一角としか見られません。

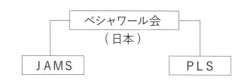

州政府フィールドワーカー側は、さかんに私たちに助力を求めてきました。特に女性たちは村を離れる機会がほとんどなく、男性患者に比べて、その割合が何と二二パーセント、これでは「らい根絶」など、とても覚《おぼ》つきません。そこで、私たちペシャワール会としては、これまでの十年の蓄積を生かし、本格的な助力にのりだし始めました。

二五年を一区切りの計画

このため、去る十月二二日を以《もっ》てペシャワール・ミッション病院らい病棟を現地に完全にハンドオーバーし、独自にフィールドワーカーたちの側面支援を撃ち込むべく、自ら「PESHAWAR-KAI JAPAN」の団体登録の公式手続きを行い、準備にとりかかりました。――と述べればいいとも簡単ですが、これには一つの決意を要しました。五年や十年そこらで済ませられる問題ではないからです（申請には「二五年を区切りとし、らい根絶計画ある限り」となっています）。少し疲れたからと言って、日本側の都合で閉鎖する訳にはいきません。例えが悪いですが、「心中」覚悟でありました（十二月七日州政府が認可）。

しかし、言い方を換えれば、希望を持てばこそ、光に向かって我が身を放り投げたと言えます。実際には、勝算がない戦はしません。構想としては、日本―パキスタン―アフガニスタン合同の精鋭チーム（医師・検査技師・看護士など）を編成、手つかずの渓谷に赴いて月に約一週間、定期臨時診療所を開設して滞在する。ほとんどが無医地区なので、マラリア・腸チフスなど一般診療を行いながら、らい・結核患者を拾いだす。そうして暫《しばら》く同一地区に勢力を集中、ある程度目的を達すれば地区を変え、次々とらい多発地帯の地図を塗りつぶしてゆく――というものです。いわば機動部隊を主力とし、一方でそれを支える自前の基地診療施設をペシャワールに置きます。こうして、最も有効な協力を長期に展開することができるでしょう。

良心とは力

これもまた、ＪＡＭＳによる「アフガニスタン」と同様一つの挑戦です。当然、政府のフィールドワーカーたちは大歓迎し、心ある地元の人々が喜んで集いました。中には、長年の地位を捨てて馳せ参じた者もいました。まことに良心とは力です。既に歯車は回り始めました。

協力形態を一新したこのＰＬＳの事業が、ＪＡＭＳと並んで、国境と民族・宗教を超えた平和・協調の不動の礎となり、事実を以て日本の良心を証することになることを祈ります。諸般の方々の御支援を改めて賜れば幸いです。

43号
1995・4

◎ペシャワールからの手紙

久々にすがすがしい気分です。

お疲れさまです。

昨夜無事に松本さんとイスラマバードに到着し、今朝から働き始めました。

戻る途中、カラコルム上空で日が暮れました。外を見ると煌々《こうこう》と満月が東にかかり、明るく照らし出された大小の雪山の斜面が水晶の柱のように、一面の山岳を覆いつくしていました。それはそれは幻想的な光景で、松本さんも私も我を忘れ、しばらく食い入るように眺めていました。いつかどこかで見た懐かしい光景のようでもあり、初めて遭遇するような不思議な世界でもあるようなのです。まるで夢の中をくぐり抜けるようにイスラマバード空港に降り立ちました。

シャワリ先生がいつものように空港で待っていました。わずか一カ月しか経っていないのに、一年ぶりのように感ぜられました。

新しいPLSは、期待以上です。ハンフリー氏をシャワリ先生がよく助け、病棟では主任格のサイード先生とらい診療員のヒダヤット君が、よく他のスタッフたちを率いてまとまりを作っていました。他の全てのスタッフたち、サンダル・ワークショップの職人たち、生き生きと働いています。月並みですが「人は石垣」だと改めて思いました。

良い現地の人材と協力に恵まれていることを感謝しました。チトラールのマストゥジへのフィールドワークも準備段階に入っています。外来の患者はうなぎ登りで、入院はわずか一床を残すのみで満杯です。明後日にはもう手術です。PLSがこの分野で新風を吹き込んだことが誰の目にも明らかなようです。皆が皆、実のない宣伝や政治的なたちまわりに嫌気がさしている者ばかりなので、真っすぐに共通の建設的な目標でまとまっています。こんなことは珍しいです。雪ダルマ式に良心的な人々の大集団になって行くように思われます。久々にすがすがしい気持ちになりました。

（一九九五年三月十九日）

摩訶不思議な混合チーム

お疲れさまです。

こちらも、かなり多忙になってまいりました。予想はしていましたが、こんなに展開が早まるとは思いませんでした。

ＰＬＳは十床が既に増設されて四〇床となり、それでも不足気味。これにて予定通り、ＰＬＳがペシャワールに集まる患者の事実上のらい治療センターとなるに至りました。私たちは自己宣伝しませんが、病棟は目一杯に稼働しております。

検査技師の松本さんが今回（いつものように静かに）大奮闘で、生き生きと検査室（名付けて「マツモト検査センター」）を完備しておられます。

スタッフ三〇名、日本・アフガン・パキスタンの摩訶不思議な混合チームで、現地社会では奇跡的なまとまりと言えるでしょう。先日送ったスタッフ・リストの中で、小生の国籍を「ＪＡＰ」にしております。ジャップとは聞こえが悪いですが、これはJapan・Afghan・Pakistanの三重国籍の意です。「治《ち》らい薬と同じく三者併用ですな。まるでこの十一年の恨みを晴らすように」とは、あるスタッフの弁。ＰＬＳ内部で対立の芽を徹底的に粉砕し、少なくとも小生の前で国籍や宗教、地位や出身民族をとやかく言う者はいません。

こんなに多忙なのに誰ひとり愚痴をこぼす者なく、この新しい病棟をわが家のように慈《いつく》しんでいるようです。働き中毒は日本人の専売でも、悪でもありません。気持ちよく働くことは、なかなかよいものです。

なお、ＪＡＭＳの方は一〇〇名のスタッフで変わらぬ活動を続け、ＰＬＳの充実に大きな助けとなっています。ヌーリスタン〔ワマ〕診療所では五月までに水力発電所*が設置されます。冷蔵庫を搬入すれば全渓谷でワクチン接種が可能になります。一〇〇メートルの岩の水路はダイナマイト一〇〇本以上を使う難工事で、積雪の到来と共に一時中断していました。再開すべく、三日前に大量の物資を送り込みました。

一九九四年度のペシャワール会の二病院（ＪＡＭＳ一、ＰＬＳ一）、四診療所（ＪＡＭＳ）の診療数は、十七万名を超える見通しです。

（一九九五年三月二六日）

*水力発電の計画については『医は国境を越えて』に詳しい。このとき中村医師は、後年取り組むことになる灌漑事業に先駆け、取水や流量計算など、水力発電の実現に向けて専門書にあたりながら独学していた。

◎アフガニスタン難民帰還後のマラリア流行の実情
'94年のフィールドワークの成果が顕著に現れる

ＪＡＭＳ（日本―アフガン医療サービス）顧問医師　中村　哲
所長（医師）　シャワリ・ワリザリフ

（本稿は元来、国際保健医療学会で述べるのがふさわしいかも知れません。しかし、現地の実情をよく反映していますので、やや専門に立ち入りますが、まずは一般向けにかみ砕いて、会員のみなさんに紹介することにします）

はじめに

マラリアは世界で最も犠牲者の多い疾患のひとつで、年間一〇〇万人以上が死亡していると言われる。太平洋戦争中、南方方面での日本軍人の「戦病死」の多くがこれによるもので、時には戦死者を上回ったことはよく知られている。

私たちは、アフガニスタン農村復興の立場から、ＪＡＭＳ（日本―アフガン医療サービス）を中心に、アフガニスタン北東部山岳地帯三ヵ所に診療所をおき、住民の診療に当たっているが、マラリア、特に熱帯熱マラリアは現地では今なお致命的な疾患の一つである。一九九三年夏から秋にかけて爆発的な流行があり、その治療と地域でのコントロール活動に従事した。臨床的な立場から、この経験は教えられることが多かった。ここに紹介して、同様な仕事に従事する人々に多少役立つことを願います。

調査方法・期間

①一九九二年三月から一九九四年十一月まで、アフガニスタンのニングラハル州、ダラエ・ヌール渓谷（人口約七万）の診療所で、発熱を訴えて自発的に受診したもの、一万三六八八名中、確実に「マラリア症」と診断されたものを対象に、その発生の季節変動、原虫の種類を調べた。

②また、一九九三年十月から十一月、一九九四年十一月に行われたマラリアのフィールドワーク（八ヵ村・推定人口十万）で、発熱患者五四一〇名中、臨床的にマラリアとして治療を受けた者について、発生頻度・年次推移を比較した。

ダラエ・ヌール診療所は同渓谷の中央にあり、遠くの村でも徒歩で一日以内で来られる。ただし、重症者の搬送は山道で困難なこともあり、受診する前に死亡する者がかな

表1）ダラエ・ヌール診療所・マラリア症患者の末梢血塗沫検査

年・月	マラリア検査数	全陽性者	うち三日熱（PV）	熱帯熱（PF）
92年3月	104	4	4	0 (0.0%)
4月	105	9	8	1 (11.1)
5月	152	14	14	0 (0.0)
6月	92	19	19	0 (0.0)
7月	82	10	9	1 (10.0)
8月	367	71	68	3 (4.2)
9月	1033	422	375	47 (11.1)
10月	898	390	295	95 (24.4)
11月	752	327	207	120 (36.7)
12月	314	96	67	29 (30.2)
93年1月	331	11	10	1 (9.1)
2月	157	8	8	0 (0.0)
3月	105	25	24	1 (4.0)
4月	134	45	43	2 (4.4)
5月	247	66	64	2 (3.0)
6月	311	114	114	0 (0.0)
7月	255	83	83	0 (0.0)
8月	559	364	273	91 (25.0)
9月	913	515	359	156 (30.3)
10月	912	500	199	301 (60.2)
11月	425	271	118	153 (56.4)
12月	406	67	32	35 (52.2)
94年1月	333	24	13	11 (45.8)
2月	217	25	24	1 (4.0)
3月	636	114	109	5 (4.4)
4月	716	309	307	2 (0.6)
5月	540	241	237	4 (1.7)
6月	673	209	207	2 (1.0)
7月	698	221	221	0 (0.0)
8月	633	189	173	16 (8.5)
9月*	−	−	−	−
10月	381	126	85	41 (32.5)
11月	207	81	71	10 (12.3)
総計	13,688	4,970	3,840 (77.3)	1,130 (22.7)

＊事故によって診療所を一時閉鎖（8月31日より10月10日まで）

表2）フィールドワーク年度比較（ダラエ・ヌール対岸地区のみ）

期間	全有熱患者	マラリア症疑い	塗沫検査数	三日熱（ＰＶ）	熱帯熱（ＰＦ）
93年10-11月	2,056	1,319	580	34	105
94年11-12月	3,354	805	75	1	1

りあると思われ、対象はほとんどが歩行可能な軽症から中等度の患者と考えてよい。

なお、マラリア原虫陽性者でも、臨床症状を欠く者は入れられていない。塗沫《とまつ》検査は、一患者につき一回のGiemsa染色（厚・薄混合標本）である。

結果

⑴一九九二年三月から一九九四年十一月までに発熱でダラエ・ヌール診療所で受診して、マラリアを疑われた者一万三六八八名の中、末梢血塗沫検査で確実に診断された者が四九七〇名である。このうち、三日熱マラリア（以下PV）が三八四〇名と圧倒的に多く、次いで熱帯熱マラリア（以下PF）が一一三〇名であった。卵型マラリア、四日熱マラリアは見られなかった（表1）。

統計から以下が明らかである。

①発熱で受診した患者のうち、三六％以上がマラリアであった。ただし、季節毎《ごと》に見れば、夏季・秋季で四〇～五〇％と高率になる。

②PVは毎年四～五月から増加し始め、八～九月を頂点に減少、冬季には極めて少ない。

③PFは、これに対して八月下旬から増加し始め、十～十一月を頂点に急速に減少する。

④PVでは毎年・季節毎の変動が強いが、PFでは九・十・十一月に集中する傾向が一定している。

⑵一九九三年にPFの大流行が見られた地区において、翌年ほぼ同時期のフィールドワークで、マラリア患者の著しい減少が確認された（表2）。

考察

アフガニスタン北東部の山岳地帯は、一般に乾燥地帯であるが、川沿いの盆地で稲作（水田）が行われ、緯度は西日本に相当し、四季が明瞭である。マラリアの媒介昆虫であるanopheles属（ハマダラカ）の蚊の繁殖は、水田の開始される四月から激増する。マラリア総患者の増加時期は、完全にこれに一致する。

ダラエ・ヌール渓谷では、難民の爆発的帰還が一九九二年五月から始まり、翌年四月までには、難民化していた三万人のほとんどが戻っている。同地はそれまで十三年にわたる内戦で荒廃しており、水路の破壊でほとんど半沙漠状態であった。帰還した住民は、その年のうちから水田を復活させ、稲作を開始、荒廃地の七割以上が復旧している。皮肉にも、マラリアの大流行はこのことと関係があるものと思われる。

注目したいのは、PFである。その理由は、

(a)死亡率が他のマラリアに対してはるかに高い。

⒝臨床症状が典型的でなく、塗沫検査で原虫が見つかりにくいので、しばしば誤診されやすい。

⒞安価かつ効果的であったクロロキンに対する耐性が見られることなどで、いったん大流行を起こせば共同体に大打撃を与える。アフガニスタンにおける帰還難民の居住環境は今なお甚だ劣悪で、ほとんど独力で復興しているところに、このような大流行があると致命的な損失となる。我々が昨年からその動向に注意し、しばしば治療チームをフィールドに派遣しているのはこのためである。

興味深いのは、ＰＦがまるでＰＶと入れ替わるように遅れて出現、むしろ水田の終わる秋から初冬にかけて大流行を見ることである。ダラエ・ヌール診療所で診《み》る患者は地域全体の一部に過ぎないが、統計がこの事実をよく反映している（表1）。また、ＰＦの場合、三〜四回以上血液塗沫検査をくりかえさねば発見できないことが多いので、実際の発生率はもっと高いに違いない。

この遅れは奇妙である。普通、各マラリアの中で潜伏期間が最も短いものがＰＦで、一ヵ月を越えないと記載されていることが多い。原因は不明だが、ＰＦだけを媒介する蚊が後で発生するとは考えにくい。ＰＦ・ＰＶとも同時に感染し、何らかの理由でＰＦによる症状だけが遅れて出てくると考える方が自然である。以下の理由が推測される。

①クロロキン中等度耐性。クロロキンの不適切な服用。耐性がないＰＶだけ治癒し、耐性があるＰＦはある程度速さを落とすだけで、徐々に増殖を続ける。感染から発症までの潜伏期間が長くなる。

②ＰＶでは潜伏期間が六ヵ月以上のことが珍しくなく、前年秋に感染したＰＶが翌春出現する。

③蚊の増加と患者数との相乗が流行の程度を規定するなら、比較的数の少ないＰＦは、ＰＶよりやや遅れて出現する。

しかし、いずれも推測であって、事実はもっと複雑なのかも知れない。ただ、クロロキン耐性のＰＦが主流であることは確かで、ダラエ・ヌール診療所では一九九二年からクロロキン治療による「再発例」が珍しくなかった。一九九三年秋から、耐性の殆どないと言われるキニーネを使用し始めて、明らかに再発が減った。

フィールドワークでもクロロキンを使用せず、昨年から全てキニーネに変えているが、訪問地区では著しい効果を上げた。個々の再発を減らすのみならず、翌年の流行時期に塗沫検査でＰＦ陽性率が著減している（表2）。クロロキンと他の抗マラリア剤との併用も試みられている。しかし、翌年の流行の程度などを見ると、複雑で服用しにくい処方の調査をくりかえすよりも、キニーネを使う方が効果的だったようである。

§

いったい農業を営む限り、マラリアの予防は不可能である。「安定相《そう》」という概念が示すように、自然免疫が最も信頼するに足る。マラリア撲滅の過去の教訓は、人間と自然との共存であった。媒介昆虫の「撲滅」は、よほど人工的な環境を作らねば達成できない。また、完全な「コントロール」が達成された地域は、自然免疫の消失によって、後の再流行時におびただしい犠牲者を出す「不安定相」に転じた。

「病原体との共存」と述べるのは、いささか語弊がある。しかし、公衆衛生学においても、我々は「科学的な論理」という名の下に、オール・オア・ナッシングの強迫的な完全性に捕らわれてきたと言えないだろうか。我々の結論はもっと単純である。犠牲者を減らすのは、強迫的な「根絶モデル」よりも、発病時に治療できる診療施設があること、継続的かつタイミングのよい治療フィールドワークである。人間は自然の一部であるという事実から逃れることができない。感染は適当に起きて、自然免疫を維持していた方がよい。現地では九月、流行の始まると想定される頃、とくに人口の移動（難民帰還など）の直後、クロロキン耐性を想定した薬剤で行うほうが効果が大きいと思われた。

なお現地で、殆どの農村住民が、町に下るバス賃はおろか、二二〇円前後のキニーネを買うほどの現金収入さえないことを、最後に付言しておきたい。

まとめ

アフガニスタン北東山岳地帯ダラエ・ヌール渓谷およびその近辺の盆地で、一九九二年三月より一九九四年十一月まで、JAMS（日本―アフガン医療サービス）の診療所にきて治療を受けた一万三六八八名の熱性患者、およびフィールドワークで治療した五四一〇名の発熱患者のうち、マラリア症と診断された例を集め、現地のマラリアの実情をのべ、帰還後まもないアフガニスタン難民の生活状態の一端に触れた。特に、熱帯熱マラリアの動向について調べ、現地に即した有効な対処を検討した。

44号
1995・7

繰り返し出発点に戻る
――PLSが発足し現地基地として強固に

□一九九四年度を振り返って

一九九五年度を以《もっ》て、ペシャワール会の活動は十二年目に入ります。毎年のせりふながら、事の多い一年でした。「コウベ」と「オウム」を経た日本もまたしかりです。しかし、現地ではPLS（ペシャワール・レプロシー・サービス）の発足を以てペシャワール会の現地基地が置かれた画期的な年でした。「基地の完成に十一年もかけるのか」と問うむきもありますが、現地事情を知れば知るほど、問題の深さと広さが目につきます。

流動的という言葉はペシャワールには向きません。考えてみれば一時の小春日和をのぞいて、流動的情勢が日常だったからです。ソ連のアフガニスタン侵攻からその解体まで、「イスラム革命」の勃興と変質まで、人々はある時は熱狂し、ある時は冷め、なにものかに翻弄されてきました。夢が現実化するまでは、それは美しい希望です。だが、ひとたび作為の思考が忍び込む瞬間から、変質の種子が宿ります。私たちの事業とて同様です。いかに遠回りに思えても、私たちは繰り返し自分の出発点に戻らねばなりません。

私たちの事業は「小さくとも美しく」、「空砲ではなく実弾」をモットーに進められてきました。実際には規模は決して小さくはないけれども、巨大なODA（政府開発援助）や国連の事業には比ぶべくもありません。しかし、現れては潰《つい》えていった多くの「国際救援事業」を見ると、自分たちの立場が多少分かるような気がします。変転するものの中に変わらぬものを見いだし、生きた人間の事実に謙虚に対する限り、私たちは蛇のように忍び込む狂気や虚構、自己宣伝、不安の運動から自由であるでしょう。「一隅を照らす」という心もここにあります。

こうして「私たちのペシャワール」は、単なる援助を超え、苦楽の分かち合いを通して己を知る縁《よすが》となってきたことを今更のように思います。さらに、戦後五〇年の節目に当たり、私たちもまた、戦争の歴史的負い目から逃れられぬことを強調したいと思います。不戦の誓いや謝罪は議論すべきものではなく、実行すべきものです。

一九九五年度も心を合わせ、力を尽くして現地事業を進めていきたいと思います。

□現地の一般情勢

一九九四年度も政情不安とインフレに悩まされた。ペシャワール会の現地活動は十一年を経過して大局的に一つの方向が明らかになった。特に北西辺境州のらいコントロール計画では、ペシャワール会自ら現地にＰＬＳ（ペシャワール・レプロシー・サービス）を開設して治療センターを成し、画期的な展開となった。アフガニスタン国内ではＪＡＭＳ（日本―アフガン医療サービス）がヌーリスタンに診療所を置くことにより、目標の「僻《へき》地医療」が本格化している。

パキスタン北西辺境州・アフガニスタン情勢

パキスタンでは、人民党政権の下でインフレがさらに進み、人々は政治に対する期待を失った。伝統志向の強い北西辺境州では、ブットー政権の「親米・欧化政策」に対して人々は真っ向から反旗をひるがえしている。辺境自治区のバジョウルでは武力衝突が繰り返された。一方でカシミールをめぐる緊張が続くと共に、アフガニスタンのカブールは依然権力の動向が不透明である。

旧難民の約四分の一、六〇～八〇万人が残っていると云われるが、かなりは地元〔パキスタン側〕に定着しており、残るキャンプは自立してコロニー化している。現在「難民」と呼び得るのは主にカブールからの都市避難民である。パキスタン政府はこの受け入れに消極的で、大部分はアフガニスタン側のジャララバード周辺でテント生活を強いられている。カイバル峠を越えてペシャワールまで来られる者は、少数の中産階級が多い。

アフガニスタンの首都カブールは、四年に及ぶ政争で瓦《が》礫《れき》と化し、ここでも人々は全《あら》ゆる政治党派に幻滅した。九四年十月に活動を開始したタリバン（神学生）のグループも、数ヵ月間の天下に終わって、例外ではなかった。それでも、九五年四月からカブールは一時的な平和を得ている。庶民たちの帰還の動きも始まった。しかし、現在の静けさがいつまで続くかは誰も知らない。ただ言えるのは、もはや武器を以ては民衆の支持が得られないことである。

パキスタン政府の国策は、難民をパキスタン領内から締め出し、混乱を回避することにあると思われる。パキスタン自身が国内の治安悪化に悩み、カラチなどの大都市は準戒厳令状態である。また、辺境自治区の反乱の背後にアフガン人がいるとされ、アフガン難民に対する風当たりが厳しい。加えてアラブ系ＮＧＯ（非政府組織）によるテロ事件は、「外国ＮＧＯ締め出し」の方針を強化させた。一九九五年二月、「アフガン難民のステータスは一九九五年八月を以て終了、全難民を早期に帰還させる」と発表された。当然、難民救援団体もいずれはその法的根拠を失う時がくる。

ペシャワール在住のアフガン人、とくにカブール出身者は浮足立っている。

大方の難民救援団体（約一六〇）は既にジャララバードに移っているが、政治的混乱で動きがつかず、実際の活動は周辺のカブール避難民キャンプに限られている。ＪＡＭＳの医療活動は例外的である。しかし、カブールが平和になれば一斉移動が始まるだろう。

□北西辺境州らい根絶計画への協力

九四年度は、一九八四年以来最大の転機となった。それまでらいコントロール計画が依存してきたドイツの財政支援は五〇％削減、拠点診療施設は公営病院・ミッション病院らい病棟共に機能を停止、計画は誇大な「コントロール達成宣言」で暗礁に乗り上げていた。

ペシャワール会は一九九四年十月、ドイツ側の要望もいれ、ミッション病院らい病棟を本格的に再組織しようと図ったが、病院当局の非協力でならなかった。そこで州政府関係者・ドイツ側（Marie Adelaide Leprosy Centre）と協議を重ねたうえ、ペシャワール会独自にらいセンターを開設して北西辺境州の登録患者七千名の合併症治療、らい関係の全ての検査を一手に引き受けることが求められた。

一九九四年十一月、ペシャワール会はミッション病院から引き上げ、独自の診療施設をペシャワールに開いた。同年十二月八日、ＰＲＥＰ（Peshawar-kai JAPAN, Rehabilitation Extension Programme）を州政府の社会福祉法人として登録、ここにペシャワール会は独自の現地拠点を築くに至った。らいセンターはＰＬＳ（Peshawar Leprosy Service）の名で、ＰＲＥＰ傘下の民間医療団体となった。

これは各方面の望むところで、今後現地らいコントロール計画の枢要を占める。

ＰＬＳの現況と役割

一九九四年十二月までに全ての準備を完了。一九九五年四月現在、スタッフ二九名（うちアフガン人十一名、パキスタン人十四名、日本四名）、医師三、らい診療員二、理学療法士一、看護婦（士）三、医療助手四、ワークショップ三、厨房二、一般助手三、門衛二、事務二、検査二、運転手二名よりなる。

らい根絶計画全体の中の役割は以下のとおり、文字通りの中枢となっている。

①らい合併症治療サービス

現在入院設備四〇床、理学療法、再建外科、ワークショップなど、基礎的ならい合併症治療の機能をすべて備えている。州全体の投薬所（三七ヵ所）の活動の大きな支えになっている。同時にＰＬＳ出現によって行政の枠を超え、アフガニスタン東部の患者にも恩恵が拡大、唯一の治療センターとしての役割が増大する。

②ワークショップ

予防用サンダルの配布を行なっている。患者の変形防止策で重きをなす。月間一〇〇足を生産。その他の補助装具も作っている。

③訓練・教育のための支援

意欲あるスタッフや患者が再訓練や研修を希望する時は、積極的に支援する。また、PLS自身が小さな教育機関として機能している。いずれ小規模な学校組織を成し、次世代の育成を図る。

④フィールドワーク

北西辺境州の中で最も無視されている地域に、集中的な定期フィールドワークを実施する。この際、殆どが無医地区であるので、らい以外の一般診療（結核・マラリア・腸チフスなど、感染症が主）と組み合わせて行う。

以下の地域が対象である（一九九五年四月からチトラール北部の調査が始められた）。

(1)チトラール

マスツジからワハン回廊に至る諸渓谷（ヤルクン河流域）

ティリチ・ミール北部山麓周辺（トレコー地域）バダクシャン、ヌーリスタン（アフガニスタン）隣接地域

(2)コーヒスタン

(3)ディール

(4)バジョウル

(5)ワジリスタン

⑤らい菌検査

PLS単独で北西辺境州全体の検査を引受けている。

一九九四年度（九五年三月のみ一ヵ月間記録あり）の実績は左のとおり。

外来診療数	564名
外傷治療	200名
入院治療数	31名
手術	31例
理学療法	
拘縮防止訓練	127例
ギプス治療	117例
サンダル・ワークショップ	
生産	102足
配布	10足

ペシャワール会が関わり始めて十二年を経過、今やPLSの支援なしに北西辺境州のらい根絶計画は成立しない。今後もこの困難な地域に入ってくる団体はないと思われ、その重要性は増す。アフガニスタン内

戦の終結によるアフガン人患者の増加、北部山岳地帯でのフィールドワークが拡大すれば、更にニーズが増すだろう。数字に現れぬ大切な意義は、協力によって我々の存在そのものがよい協力関係を生み出していることである。少なくともこの分野で、ペシャワール会の動きは規模の割によく成功していると思われる。

□アフガニスタン農村医療計画

ペシャワールのＪＡＭＳ本部（病院）を中心にカブール避難民の診療が積極的に行われ、既設のアフガニスタン国内診療所、ダラエ・ヌール、ダラエ・ピーチに加えて、ヌーリスタン・ワマ地区に新たに診療所が開かれた。悪性マラリアに対するフィールドワークも継続され、担当地区ではマラリア流行の激減を確認した。

ヌーリスタン診療所はＪＡＭＳの無医地区診療所の試金石と呼べるもので、ワクチン接種などを含め予防医学的な活動を始めつつある。

一九九四年度は、総数十七万一一九五名の患者が診療を受けた。全体として前年度の三％の伸びになっている。これは一つに、ペシャワール病院が多くのカブール避難民を診療したこと、二つめはヌーリスタン診療所の開設による。殆どはマラリアなどの感染症、皮膚疾患、外傷（小外科）である。

□一九九五年度の事業計画

原則として新規の計画はない。質の充実が先である。目標を掲げると、

1．ＰＬＳの充実

これまでの経験から、北西辺境州における「らいコントロール計画」の弱点は⑴女性患者の診療、⑵ペシャワールに来られない遠隔地患者への治療・発見活動である。昨年度の事業計画に掲げた「らいセンターの再組織化」は、予期せぬ急展開で九四年度以内に実現した。ニーズに応じた自然な変化であるから、後は補給に応じて充実してゆけばよい。

今後の目標は、

①よい人材を育成・確保するため教育態勢を充実すること。

②二〜三年以内にレントゲン・検査を備えた完全な病院単位とすること。

③そのために日本から人材（Ｘ線技師、検査技師、看護婦〔看護士〕、医師、事務）を派遣し、質の向上に努力すること。

④重点目標の地域に集中攻勢をかけ、しらみつぶしに北西辺境州・アフガニスタン国境地帯のらい患者等の早

●1994年度診療実績

	外来診療数	外傷治療数	総検査数
JAMS総計	141,186名	6,100名	120,503件
ペシャワール病院	53,804	3,460	52,284
テメルガール診療所	18,564	208	10,799
ダラエ・ヌール診療所	34,211	556	25,053
ダラエ・ピーチ診療所	21,734	702	23,460
ヌーリスタン・ワマ診療所	13,503	1,174	8,907
巡回診療総数（移動診療班）	2,634名	0	（記録なし）

ペシャワール・一般外来と外傷を除く診療総数		21,983名	
妊婦・母親教室	14,255	鍼灸治療	3,816
手術数	755	歯科治療	2,229
入院治療数	928		

検査内容の内訳	血液一般*	便検査	尿検査	らい菌	その他	総計
ペシャワール	9,195	10,574	8,380	281	23,854**	52,284
テメルガール	3,474	2,850	4,370	105	0	10,799
ダラエ・ヌール	8,415	9,367	6,966	0	305	25,053
ダラエ・ピーチ	8,291	7,891	5,732	0	1,546	23,460
ヌーリスタン	1,878	3,422	2,431	2	1,174	8,907
総計	31,253	34,104	27,879	388	26,879	120,503

*血液一般は、マラリア原虫検査をルーチンに含む。

**ペシャワール病院「その他」の内訳			
X線単純写・造影	8,466	肝機能など生化学検査	3,652
腹部エコー	3,680	胃・食道内視鏡	2,219
心電図	1,947	病理組織診断	313
脳波	8	その他	3,569

●1994年度ワーカー・ボランティア派遣

1994年度は以下の人々がペシャワール会を通じて派遣され、現地事業に貢献した。

氏名	職種	所属	協力期間
藤田千代子	看護婦	元福岡徳洲会病院	1990年9月－現在
倉松　由子	理学療法士	元多摩全生《ぜんしょう》園	1992年10月－現在
豊崎　朝美	事務	ペシャワール会	1993年4月－1995年3月
松本　繁雄	検査技師	邑《お》久《く》光明《こうみょう》園	1993年9月－現在（定期滞在）

95年度には、看護婦の小幡氏が数年の予定で参加。全体に現地事情になじんだ長期ワーカーが主体となり、安定した協力となっている。今後も継続的な人的協力が望まれる。

期発見を実現する。このため、一九九五年度はチトラールのマスツジ地区を当面のフィールドワークの目標に定め、偵察診療を開始する。
⑤らいの現地語（ペルシャ語・パシュトゥ語）の一般むけアトラス出版準備を完了する。

2. ヌーリスタン・ワマ診療所

水力発電所を完成し、渓谷住民のワクチン接種を一九九六年度から可能にする。発電所は、既に工事が終りつつある。病人を出さぬ村づくりが目標である。本診療所の意義は「山岳無医地区の診療モデル」と呼ぶべきもので、ＪＡＭＳの力量を問うものである。

3. マラリア診療

爆発的流行は峠を越えたものと見られるが、鎮静するまで同一地区の診療を継続する。

◎ペシャワールからの手紙

着実に根を下ろすＰＬＳ

実戦部隊を養成

お元気でしょうか。ペシャワールに戻ると日差しが強烈です。暗い部屋から屋外に出るとめまいがします。例年なら夏は「休戦状態」で病棟が閑散としているのですが、今年はまだエアコンも入れてないのに、予想した程には減る様子がありません。ＰＬＳの仕事が着実に根を下ろしているのを感じます。現地スタッフと日本人ワーカーが一体になって、よく仕事が組織されています。

現在の病棟の大きな目標の一つは、若いスタッフたち（たいてい高校生程度の年齢）の訓練です。藤田看護婦や中堅の現地らい診療員・医師が意欲的に取り組んでいます。これは、現地でも実戦的ならい診療をする医療ワーカーが大変少なく、多少学歴を身に付けてしまうと手を汚す仕事を嫌がる傾向が強いからです。信じられないでしょうが、何と「らい診療員」の資格者さえ、しばしばそうなのです。結局、「自分の手で実戦部隊を養成するほかなし」というのが十年後の結論で、遠回りのようでもこれが最善です。わが生徒たちは実に生き生きしていて、先を思えば頼もしいものです。彼らの瞳の輝きがある限り、この事業は安泰です。現在四名を訓練中で、フィールドワークを予定しているチトラール現地から更に若干名を加え、少しずつ軌道に乗りつつあります。

ＪＡＭＳ一〇〇名に比べて、ＰＬＳ三〇名という小さなグループですが、同様に一種の矜持《きょうじ》と明るさがみなぎっています。この十数年、パキスタンやアフガニスタンでも内乱・テロ・インフレなどの暗いニュースがあふれる中、すがすがしい健全な活気があります。

マストゥジ地域（ヤルクン河流域、全長一一五キロ）への医療活動の方も、着々と準備されています。同地は、ヒンズークッシュ山脈の最高峰ティリチミール（七七〇八メートル）の北部山岳地帯で、北辺チトラールの中でも僻《へき》地中の僻地と言われる所です。当然、医療関係者は誰も行きたがらず、らいの調査は皆無です。四月に既に調査が始まり、六月中に中継基地がおかれます。

嬉しいことを付け加えますと、アフガニスタン国内に置かれたＪＡＭＳ診療所付近から、口コミでらいの早期患者が続々とＰＬＳに来ていることです。初めは長大な渓谷を前に、正直戸惑いを覚えましたが、三年にしてようやく効果が現れてきました。中にはバザールでうちの警備員から知らされて自発的にきた者もいます。人々はよく見ています。実際の良いサービスと「地元の協力」がいかに重要か、改めて思います。

悪性マラリア流行の兆《きざし》

ＪＡＭＳヌーリスタン・ワマ診療所の方は、間もなく発電設備を備え、冷蔵庫が使えるようになります。つまりワクチン保存ができ、全渓谷で接種プログラムが可能になります。このために急流に水路を開く難工事に力を入れてきましたが、実現に向けて確実に一歩が踏み出されたことになります。

改めて思いますと、ＪＡＭＳ／ＰＬＳの活動は実に多岐にわたります。教育、装具ワークショップ、土木工事、防衛隊、住民との折衝、発電設備の建設、フィールドワーク用車両の修理場と、基礎的な機能の整備があり、不動の安定感を与えていると言えます。

新しく送られた車両二台は一週間前、無事手元につきました。強奪された車両のうち一台は奪回されて修理中です。ポンコツ・ジープの奪回にエネルギーを費やす事を不思議がる方もいると思いますが、山岳地帯の孤島ともいうべき診療所にとって「輸送」が一つの生命線だという実感が日本の方々にお分かりでしょうか。八台のジープはフル回転です。治安悪化の中をくぐる独力輸送は並大抵ではなく、住民の支持を背景に武装集団の脅しに対しても断固たる態度で臨み、何とか確保できております。それがまた、地元住民との絆を深めていると言えます。

なお、今年は雨が多かったせいか、ダラエ・ヌールを中心にマラリア発生が急増しています。今年の傾向は悪性マラリアが初めから多数見られる事です。二年前おそらく一万名を下らぬ犠牲を出した大流行を考えると、不気味な兆候です。他方、ヌーリスタンではデング出血熱と思われる病気が流行、少なくとも五〇名が死亡しました。こちらの方は犠牲者はすくないのですが、原因が明らかでなく「黒い斑点が出て死ぬ」という噂が広がり、すぐにも直接現地で調査・対策にのりだす予定でおります。

忙しい夏になりそうですが、皆様もどうぞお元気で。

六月四日　　中村　哲

45号

1995・11

◎ペシャワールからの手紙

戦雲の中、プロジェクトは一段と充実

緊張高まるカブール

留守の間に様々なことが外部で起きていました。九月六日にアフガニスタン新興勢力の「タリバン（神学生）」が要衝ヘラートを占領、アフガニスタンの三分の二を従え、首都カブールを目前にしました。数日前から精鋭五千の兵力と二〇〇台の戦車が首都を包囲、近郊で現政府軍との戦闘が始まりました。このいきさつの中で、現政府が「タリバンはパキスタン政府に支援されている」と非難、ガリ国連総長に内政干渉を停止させるように要求しました。同時に暴徒がカブールのパキスタン外交駐在員を襲撃、二名の死傷者が出ると、パキスタン側はイスラマバード駐在のアフガン大使館を閉鎖して報復、謝罪を要求して事実上の国交断絶状態に入っています。現在カイバル峠は国軍が直接監視しており、国境は物々しくなっています。公的に「アフガン」という言葉を出すのも何やら小声にならざるを得な

い状態です。

この中で、カブール市内の修羅場を数日後に予想し、ペシャワールに逃れてくる避難民の群れは陸続《りくぞく》と後を絶ちません。わがアフガン人スタッフたちも、心なしか神妙です。いつもの威勢のよいパキスタンに対する陰口が聞こえません。逃げ場を求める「流れネズミ」の心境にも似たものがあります。パキスタン、アフガニスタンの協調を説いてきた我がＰＬＳ（ペシャワール・レプロシー・サービス）でも、この微妙な世情と行政側の対応を気遣い、薄氷を踏む思いでいます。

実のところは、激しい表層の政治現象にもかかわらず、庶民たちの動きはインダス河の流れの如く悠々たるものです。理不尽な弾雨でハエの群れのように追われても、幾万の屍《しかばね》を重ねても、たくましい生活がすぐに始まります。私たちの歩みはこの流れと共にあるので、くよくよしても致し方なく、ただ見守るばかりです。カブールを巡る攻防にも、人々に一時のように固唾《かたず》を呑む緊迫した様子はありません。「いまさらジタバタしたとて」というのが真情なのです。「人権」とは何でしょう。人の命もハエに等しく扱われるところでは、それは別世界のおとぎ話のように白々しく、語るに言葉ありません。

州政府の建物を譲り受ける

さて、ＰＬＳは予定通り着々と歩を進めています。夏季のうちにチトラール北部のヤルクン河をめざしてマスツジに基地を置き、州政府と協力して同流域の村々の保健医療活動を準備しました。ヤルクン河はマスツジ村からアフガニスタンのワハン回廊との国境まで全長一一五キロ、うち、六五キロは徒歩で四、五日かかります。マスツジの基地は北西辺境州政府の建てた施設を譲り受け、画期的な展開となりました。

同地を選んだのは、バダクシャン（アフガニスタン）からの人口の移動が多く、らい患者も相当いると思われること、医療活動が現在のところ皆無であること、将来らい多発地帯と思われるバダクシャン地方に足掛かりを得ること、などの理由によります。

ペシャワールのＰＬＳ基地病院も、短期間のうちに充実し、現在医師三名、日本人ワーカー三名を入れて総勢三二名が診療に当たっています。――と言っても平坦な道程ではありませんが、この一年の変転と労苦を思えば感激もひとしおです。思えば昨年十月にらいセンター再編に着手し、日本から事務局の村上事務局長、沢田さんが親しく実情を見聞して行動が開始されました。新センターが移されたのは十一月中旬でしたが、ペシャワールの人々の協力下、驚嘆すべき速さで事が運びました。合法的位置の整備、医療行政との協力、人材集め、診療態勢の充実……様々な骨折りがありましたが、幸いペシャワール会の強力な支えを背景に現在に至っています。

あの頃何があったか正確に覚えていないほど急激な変化でした。土壇場になれば普段は見えぬ人の性《さが》がむきだしとなり、珍談・奇談、悲喜劇が入り乱れ、面白い話もありますが、割愛しましょう。何を申しても、結果が最も雄弁です。確かなことは、今では名実共に北西辺境州と東部アフガニスタンのらいコントロール計画に欠かせぬ治療センターと相成りました。

分裂と対立を中和

単に医療活動だけではありません。日本の方々には分かりにくいけれども重要なことがあります。このＰＬＳが現地の分裂と対立を中和して、多方面が希有《けう》のまとまりを成していることです。現地は大小無数の対立する関係であふれています。パキスタン対アフガニスタン、パシュトゥン民族対非パシュトゥン民族、回教徒対キリスト教徒、シーア派対スンニ派、これに部族・地縁関係が絡まって、底部で複雑怪奇な敵対と抗争がどろどろと渦巻く社会だと言えるでしょう。現地を知る者が「まさか」と驚き、小生が敢《あ》えて「希有のまとまり」と強調するのは、まさにこの点です。

人間の対立にもかかわらず、自然は至って公平です。病気は国境を越え、民族や貴賤を問わず、平等に人間を侵します。病人を相手にする私たちが、これに合わせて「希有のまとまり」を成すのもまた自然なのです。こんな当り前が「希有」になるのが理不尽というものでしょうか。理不尽と対決するまっとうさを以《もっ》て正義と申すのです。よし人命が虫けらのように扱われても、虫にも言い分と五分の魂があります。虫の矜持をあなどらず、むしろこれを共にして、「百万人といえども我ゆかん」です。

――という訳で、患者の増加する冬季に備え、ＰＬＳ、ＪＡＭＳは共に意気軒昂です。ＪＡＭＳも、この微妙な世情を巧みにぬって、アフガニスタン側の山地ヌーリスタン地方に確実な橋頭堡《きょうとうほ》を得ました。特に今年度は、らい・結核・マラリアなど伝染病に対する山村部フィールドワークを重視し、活発な活動となっています。しかし、一〇〇名のＪＡＭＳスタッフの多くが戦雲の迫るカブールに家族を抱え、その不安はいかばかりでしょう。一部は次々とペシャワール側に退避させておりますが、無事を祈らざるを得ません。

うちつづく混乱の中、現地はこのように次々と充実されています。しかし、これも日本側の支えあってのことです。どうぞ、現地の事情をご理解下さり、わがスタッフたちとその家族の安全を祈り、この良き事業を息長くお支え下さるように願って止みません。
一九九五年十月五日

46号　1995・12

生と死　パミールの山奥で

らいの震源地

それは別の宇宙に来たような光景であった。戦乱のカブールが嘘のようだ。氷河から崩れ落ちそうな氷塊、目を射る純白の峰々、濃紺の天空、万古から変わらぬ壮大かつ苛酷な自然のパノラマである。標高三八八八メートル、馬も息切れするボローゴル峠の山肌に、まるで地中から湧き出たような泥の小屋が数十軒かたまっている。峠を下ればワハン回廊で、もうパミール高原の一角である。牧童たちが数週間の道程を遠しとせず、ヤク・ウマ・ヒツジ・ヤギの大群を連れて通過する。

　一九九五年十一月初め、数度の踏査を重ねた私たちは、パキスタンの最北端、ヤルクン川を遡行《そこう》してワハン回廊を目指し、やっとらい（ハンセン病）多発地帯の心臓部に迫りつつあった。ペシャワールからジープで二日、さらに四日を徒歩とウマで歩く。ＰＬＳ（ペシャワール・レプロシー・サービス）が活動を開始してちょうど一年、私たちはペシャワールの治療センターで六千名の登録患者のケアを引き受けると同時に、積年の標的、らいの震源地というべきヒンズークシ山脈へ歩を進め始めたのである。十数年の歳月はそのために費やされたと言っても、誇張ではない。

事実との格闘

十年を経て我々の活動が堰を切ったように活発化したのは、訳がある。それまで協力していた外国団体が早々とパキスタンで「らい絶滅宣言」を行い、ハンセン病は医療行政の関心から遠のいた。だがそれは、「既に登録された感染例が激減した」という方が正しい。未治療の新患者はこの山岳国境地帯から続々と発見されているからである（私たちの小さな病院だけで年間四、五〇名の未治療患者が発見される）。また、「らいの絶滅」とは、残った患者のケアが必要なくなったということではない。神経マヒの後遺症は後々まで専門的な治療が欠かせないのだ。

ＷＨＯが発表するように、全世界一千万人の患者が数年後に五分の一に減ったとは思えない。そこには政治的な功名心、国家としての見栄、係官のやむを得ぬ事情がないではなかったろう。事実はパキスタンの北西辺境州でもアフガニスタンでも同様であった。しかし、事実を知る私たちは、非難がましい言動を一切慎み、華やかな大戦果発表を尻目に、黙々と事実と格闘を続けている。会議や紙上の報告は現場から余りに程遠い。暴露的な発表で虚偽を暴き、相手を倒すことは困難ではなかろう。しかし、政治的な確執で共倒れをすれば、患者たちは治療の場を失うことになる。そこで昨年、ハンセン病を特別視せず、「伝染病一般」を取り扱う機関として、ペシャワール会自ら、現地に社会福祉法人を開き、最後のらい患者が消滅するまで活動継続することを誓った。私たちのフィールドワークはこうして始まった。

しかし、実情は考えられるほど生易しいものではない。私たちの調査では「らい感染の焦点」というべき地域がアフガニスタン―パキスタン国境の広大な山岳地帯にあり、アフガン戦争が一段落するまで十年の忍耐と犠牲を要した。すでに知られているＪＡＭＳ（日本―アフガン医療サービス）の「アフガニスタン山村無医地区の医療」も、実はこの脈絡の中で展開されてきた。ＰＬＳのパキスタン側からのアプローチは、この態勢を完成するものだったのである。

異なる死生観

さて、「山村部」と云っても、日本の山の中を想像してはならない。そこは自然条件で隔絶された、数世紀をさかのぼる別の世界がある。もちろん、医者も病院も見たことのない人が多い。生活の中で「医療」や「衛生」という観念がまるで私たちと異なる。

アフガニスタン側では既にJAMSがヌーリスタン地方に進出したが、その折、一人の老人が泣きながら、「この歳まで生きていてよかった。夢のようです。なぜか涙が出て仕方ないのです」と語ったのを思い出す。これは、医療事情が貧しいことがもちろんある。期限切れの安い鎮痛剤が法外な値段で取引される世界である。しかし、辺境住民にアヘン中毒が多いのも、それが唯一効果のある「自然薬品」だからだろう。彼らの感激は単に貧しさだけでもなさそうだ。それよりも面食らうのは彼らの死生観がまるで私たちと異なることである。

このワハン回廊の国境・ボローゴル峠に滞在中、ある家で十ヵ月の乳児が死亡した。乞われるまま私が診《み》たときは既に虫の息で、肺炎か粟粒《ぞくりゅう》結核の末期と思われた。一緒にいた助手が、「なぜ早く下手《しもて》の診療所に連れて来なかった」と言いかけて口をつぐんだ。初冬の険路を四日がかりで連れて行くうちに凍死してしまう。また、彼らに薬品を買う現金収入がないことを忘れていたのである。

私は簡明に述べた。

「正直に言おう。力は尽くす。だが、奇跡をあまり期待しないがよい。今夜か明日の朝までが峠だ」

薄暗い煤《すす》けた部屋の中に、暖炉の火だけがやけに明るく燃えていた。父親と思しき男が言った。

「すべてはアッラー（神）の御心です。神の御業《みわざ》に私たちは逆らえません」

それはまるで、死刑を宣告された者のような、ひとつの諦めととれた。

私はせめて楽に息ができるように抱き方を教え、甘いシロップを一サジ与えた。すると、息もたえだえの赤子が一瞬にっこりとほほ笑んだのである。それだけで、みな明るくなった。しかし、それだけだった。その夜、十ヵ月の幼い命は天に召された。

翌朝、私たちがその家を通り過ぎたとき、家の者が出てきて感謝を述べた。私たちは馬を降りて祈りを捧げ、葬儀の準備に忙しい家族に別れを告げた。後で聞いたところによると、「あのドクターはすばらしい。言った通りになった」というのだ。私が気づいたのは、自分が町で考えられるような医者ではなく、神の定めた寿命を伝える者として尊敬されていることであった。

しかし、厳しい自然の掟に唯々《いい》として従う者の、この「迷信」を、笑おうとは思わなかった。死にかけた赤子の一瞬の笑みに感謝をする世界がある。シロップ一サジのささやかな「治療」が恵みである世界がある。死ぬことが神意ならば、生きていること自体が、与えられた恵みなのだ。私たちは複雑な感慨を抱いて今年最後の踏査を終えた。帰路、半日は皆黙りこくっていた。ラジオがうるさく、カブール市内の戦闘の模様をがなりたてていた。一切の人為を寄せ付けぬ荘厳な自然と、ひとりの赤子の死が、人の世の愚かさと余りに不釣り合いだったからである。

医療協力とは何だろうか。「らい根絶達成」の虚構に挑戦する我々自身が、今度は何かを問われているような気がしてならなかった。逆に私たちが心の垢を落とされたように、生かされていることへの感謝を思い出した。そして、日本がますます遠い世界のように思われた。

47号
1996・4

新病院＝治療センターの建設を!!
──二年以内の診療開始がリミット

ペシャワールは断食月明けの祝日が終わりました。短い春を惜しむように、次々と美しい花々が咲き競っています。あと一ヵ月もすれば酷暑の到来です。もぬけの殻だったPLS（Peshawar Leprosy Service）の病棟も患者たちが再び増え始め、たちまち満床になりました〔346頁・54号参照〕。病棟は多忙となり、しばし休戦状態にあったアフガニスタンの首都カブールでは武力衝突の再開です。

「陰謀とテロの巣窟」と見做《みな》されるペシャワールでは、外国NGOの本格的捜査が行われ、とかく噂のある団体の閉鎖が行われています。今回取り締まりの標的になっているのはアラブ系とアフガン系の怪しげな団体で、もちろん私たちは大丈夫です。もっとも、大方はオフィスだけを置いて事実上ほぼ活動を停止しています。

この中で、アフガニスタン－パキスタン北西辺境州の国境山岳地帯を活動地域とするペシャワール会の活動は、両者の協力が欠かせません。アフガニスタン－パキスタンは現在、事実上の国交断絶状態で、薄氷を踏む思いで両国籍混合チームのまとまりを作るのに苦労をします。日本から来た人々は気づかないかも知れませんが、ペルシャ語・ウルドゥ語・パシュトゥ語が同等に行き交《か》い、両国の人々が目的を一つに働いている様《さま》は、奇跡的ともいえるのです。でも、地域住民と行政の間では絶大な信頼を獲得し、各国の撤退を尻目に着実に歩を進めているのは不思議といえば不思議、私たちの仕事が平和の絆の一助となっているかと思えば愉快であります。

ハンセン病対策の立て直しに集中

この一年、ハンセン病対策の立て直しに集中してきました。その背景については先に報告した通りですが、計画にかかわってきた外国団体の大幅な規模縮小、誤った「達成宣言」によって関心が薄らいだこと、政治抗争で要《かなめ》の医療機関が機能しないことなどです。要するに、「患者は増え続けているのに活動は下火」という中、ペシャワール会が強力な後ろ盾となるべく断固たる方針を打ち出した訳です。PLS設立はその結実でした。

とはいえ、この一年半の急激な変転は、実に多大の労力の投入を要求しました。しかし、JAMSはもちろん、多くの地元の支持あって現在のPLSが成ったのは、奇跡というよりも必然だったのでしょう。この間、かつての根拠地であったミッション病院の事実上の壊滅、公営らいセンターの機能停止、ドイツ勢の撤退と、劇的な変化です。PLSの出現は極めてタイミングがよく、治療の場を失いかけていた七千名の患者たちのことを思えば、天の配剤と言わざるを得ません。

谷から谷へのフィールドワーク

アフガニスタン側からはJAMS（日本―アフガン医療サービス）が、これに呼応して別に一チームを編成、他方で診療所が年間二〇万名に迫る患者治療を行うかたわら、谷から谷へ困難なフィールドワークを継続しています。

この十ヵ月で百数十ヵ村を訪れて診療しており、ここ数年でクナール州とヌーリスタン地方の大部分の未治療患者たちを拾い出し、投薬態勢をもよりの診療所で確立します。

一方パキスタン北辺では、PLSがマスツジに診療所を開き、ワハン回廊からパミールを望む領域に迫りつつあります。このため、地元チトラールの人材育成を重視、現在六名の若者を選んで実習訓練を継続しています。今年は小規模な試みですが、いずれ本格的な訓練機関をなす予定でいます。

来月下旬から若干名をほとんど情報のないワハン回廊に入れ、馬を率いる診療部隊と六月に国境地帯で合流、ヤルクン川流域の診療調査が始められます。西部国境地帯でもフィールドワークを準備、各渓谷で次々と診療活動を実施、慣れていないPLSスタッフたちの訓練を兼ねて実力偵察を試みたいと思います。

急がれるハンセン病治療センター建設

現在JAMSには一一二名、PLSには四〇名のスタッフがおり、夏を前に力を蓄えて準備を怠りなく、小生はいくぶん緊迫した気分でいますが、九六年度は①機動的なフィールドワーク、②基地病院の質向上、③ワーカー派遣の整備を主要目標にかかげて全般にわたる再編成を断行、今後数十年の不動の礎を築きたいと考えております。日本人ワーカーも三名が新たに長期ベースで加わり、十分な現地語学習と研修の後、一定期間を二年とし、その後「更新」を続ける方式をとっています。その皮切りに検査技師の松井君が既に現地に到着、研修に入っています。不自由な体を押しての心意気、感謝と共に健闘を祈ります。

現在呼びかけているPLS病院建設計画も、その不可欠な要です。現在のPLSが民家を改造した借家住まいの上、高級住宅地の区域内にあるので、「立ち退き要求」が出ています。均質化された現代風の生活を徒《いたずら》に尊ぶ層にとっては、土着のもの、見かけの悪いもの、見慣れないものに対する不安が起こり、異物のように映るのでしょう。アフガン側と密接にかかわっているとなれば、二重の弱みになります。家主組合から「立ち退き勧告」が三月に出されました。だが、かれらとは敢《あ》えて争わず、一定の賠償額を二年間納め、その後立ち退くことで決着をつけました。他の医療機関も一般にハンセン病患者の取り扱いが決して好意的と言えず、忍耐が要ります。時に心ない仕打ちに対し、銃身に憤懣をぶちまけてさっぱりと解決したいような衝動に駆られることもないではないのです。しかし、罪のない患者たちを思えばやむを得ず、ひたすら悲憤を押さえて臥薪嘗胆《がしんしょうたん》です。

とまれ、哀しきは人の性《さが》、それゆえにこそ私たちの活動が貴重なのです。殺伐な事情を胸にPLSの病棟を見れば、春を謳《うた》う庭の花々が一層美しく、他では見られぬ患者たちの笑顔、国籍を超えて和気あいあいたる雰囲気に心が和みます。このわずかな平和の空間に投ぜられた内外の人々の、無数の良心的協力を思えば感慨もひとしおです。この「オアシス」こそ守らねばならないものだと、改めて励まされるこの頃です。

みなさまの御協力を重ねてお願い申し上げます。

48号
1996・6

世の虚構に対し黙して事業継続
――最大課題はハンセン病院建設

□一九九五年度を振り返って

ペシャワール会の活動は十三年を過ぎました。この間、アフガン戦争、ソ連の解体、湾岸戦争の影響、アフガン難民帰還の援助と称する国際的な「空騒ぎ」と、様々なできごとがありました。それでも何事もなかったかのように私たちの活動が続いているのが不思議なようです。

新しく発足したPLS（ペシャワール・レプロシー・サービス）も、順調に動いています。特にこの数年間は、本格化したJAMS（日本―アフガン医療サービス）の山村無医地区の診療活動と同様、本来の出発点であったハンセン病診療の立て直しが当面の最大課題となりました。これとても、かつての「アフガン難民帰還」の知られざる偽りと同様、様々な理解されにくい事情に遭遇しながら、黙々と努力を重ねざるを得ませんでした。

らい根絶計画は一朝にして出来るものではありません。長い長い年月がかかります。しかし、地を這う活動を通して、私たちが現地で目撃する海外援助の実態、日本の国際化の光景、情報化社会という名の密室、消費社会の拡大による人間生活の変質――実に様々な真実を目にすることが出来ます。

これを通して私たちが得た精神的な糧《かて》は小さくはありませんでした。巷《ちまた》には案外私たちの気づかない偽りが常識として幅を利かせています。真実の声はなかなか人に届きません。しかし、大声を上げて偽りを暴露することでは問題は解決しません。時には、その声すら敵意に呑まれて真実から遠ざかることもあります。らい根絶計画でも同様でした。一介の臨床家としてなすべきことは、七千名の患者の治療の場を何をさておき確保することでありました。力を込めて弓を引き、相手を倒すことはそんなに困難ではありません。でも、そのような敵意の発散で迷惑を被るのは外ならぬ患者たちでした。

私たちが出来ることは、ただひたすら世の力と虚構に対して沈黙を守り、黙々と事業を継続することでありました。アフガニスタンの農村医療計画でも同様でした。ただ信じ得るのは、偽りは一見無敵のように見えてもいつかは崩れ去るということです。ソ連のあっけない崩壊や、現地軍事政権の消滅を目の当たりにしてきた私たちは、実感としてそれを信ずることができます。

千の偽りも一つの真実に敗れ去ると言います。私たちの活動は小さいといえども、この「一つの真実」になり切って、大切なメッセージを伝えるものでありましょう。そして、敵意や不安ではなく、平和と希望を共有することで一つの道が与えられるのではないかと思っています。そこに、遠く離れた日本と現地を結ぶ絆があるのでしょう。

内外共に混乱の世ですが、今後も変わらず真心を尽くし、共に事業を進めて行きたいと思います。目立たぬ所から支えてくれる多くの方々に感謝申し上げます。

□現地の一般情勢

一九九五年度は本来の出発点であったハンセン病の仕事に重点が置かれた。そのため、一九九四年に開かれた治療センターＰＬＳ（ペシャワール・レプロシー・サービス）の基礎的な整備が行われ、アフガニスタン側ではＪＡＭＳ（日本―アフガン医療サービス）が多発地帯と思われる地域で精力的なフィールドワーク（巡回診療）を開始した。パキスタン側でも北辺チトラールからワハン回廊に迫る基地診療所を確立した。

パキスタン北西辺境州・アフガニスタン情勢

パキスタンは相変わらずインフレが進んだが、過去最悪の消費者物価指数上昇となった。しかも殆どが食品・日用品などの基本物価であり、庶民の生活は著しく窮迫した。大都市のテロ事件は依然として衰えを見せず、犠牲者はカラチのみで死亡者最低二千名に達し、ラホールにも飛び火した。華々しい外交政策にもかかわらず、社会不安は増大している。

かつて存在していた三〇〇万人の旧アフガン難民は、カブール出身者を除けば、ほぼ帰郷している。現在残る者（四〇～五〇万人）はペシャワールに生活基盤を得たものが多い。現在本当に困っているのはカブールからの都市避難民であるが、大部分はアフガニスタン側のジャララバード周辺でテント生活を強いられている。

アフガニスタンの首都カブールの政情はいよいよ奇々怪々である。しかし、戦闘はカブールに限局しており、他の農村地域では平和を回復、復興が徐々に進んでいる。大方の救援団体は大都市や避難民キャンプに集中し、アフガン社会の基盤である農村復興は住民の手で独力で進められている。だがフランス、米国、ロシア、イラン、パキスタン、アラブ諸国の思惑が絡み、事実上の無政府状態である。平和はまだ遠いと言わねばならない。

アラブ系によるテロ事件はやや下火となったが、一九九五年十二月にエジプト大使館が爆破され、パキスタンの首都イスラマバードを震撼《しんかん》させた。この結果、「外国ＮＧＯ」の監視が強められた。

ＪＡＭＳとＰＬＳの活動は、このあおりで多くの難問に遭遇したが、良心的な地元の協力で切り抜けてきた。底辺層を対象とする我々の活動は、彼らが我々を必要とする限りもはや不動であるといえよう。

□北西辺境州らい根絶計画への協力

九五年度は、昨年度から顕著になっていた傾向がさらに明らかになった。らい根絶計画は一大転機を迎えた。それまで州のらいコントロール計画が全面的に依存してきたドイツ側の財政支援が困難になった。その理由は、誇大な「コントロール達成宣言」である。これは既に登録されていた患者に多剤併用療法を実施し、感染例が激減したのが根拠であった。

しかし、登録数自体が氷山の一角であり、患者の実数は最低二万名と見積もられている。事実、はかばかしい発見活動もないまま、登録患者数は年間二〇〇名以上の勢いで増え続け、そのうち女性患者は二〇パーセント以下に止《とど》まっている。しかも、一旦起きた後遺症は殆ど一生に近い期限のケアを要するのである。道は遠いと言わねばならない。

にもかかわらず、評価を急ぐ担当者の「達成宣言」は大きな影響を与えた。医療行政は一挙にハンセン病に対する関心を失い、名目的にも存在していた公営らいセンターは更に実質を失った。かつて我々の根拠地としていたペシャワール・ミッション病院らい病棟は、ペシャワール会の引き上げによってほぼ壊滅した。病院そのものが消滅する可能性もある。

ペシャワール会は一九九四年十月、ドイツ側および関係者との摩擦を巧みに避け、何としても患者治療の場を確保すべく、猛烈なエネルギーをつぎ込んでＰＬＳという新センターを開いた。一九九五年度はその継続であった。一年半を経過した現在、窮した患者たちは徐々にＰＬＳに集まり、州全体のハンセン病患者の合併症や検査、理学療法、ワークショップなど、ほぼ全ての機能を一手に引き受ける立場となった。今やＰＬＳの存在なしにらい根絶計画はありえない。

また、あくまで民間の脇役に徹することで、ニーズに応じた自在なサービスが可能となった。東部アフガニスタンの患者も制限なく受け入れることができ、ＪＡＭＳの動きと呼応して国境を挟む活動が容易となった。一九九五年度は、ＪＡＭＳがアフガニスタンで皮膚診療チームと称して谷から谷へ困難なフィールドワークを行なって新患者の発見活動を行い、ＰＬＳが北辺チトラールからワハン回廊を望む地点に基地を置いた。

ハンセン病をめぐる無用な政争をよそに、ペシャワール会・ＰＬＳは患者の依り所を守り、静かだが実質的な歩みを続けている。かつ向こう三〇年を射程に、活動地域から抜擢した現地人材の教育も始められた。しかし、民家を改造した四〇床の貴重な治療の場も、心ない人々の偏見によって移転を迫られた。一九九六年三月、家主から立ち退きを正式に要求され、自前の病院建設を条件に滞在を許されているのが実情である。日本側の苦しい台所事情もあるが、全力を傾けるつもりである。

PLS（ペシャワール・レプロシー・サービス）の現況

一九九六年四月現在、スタッフ三五名（うちアフガン人十一、パキスタン人十九、日本人五名）、医師三、らい診療員二、理学療法士一、看護婦（士）三、医療助手八、ワークショップ三、厨房二、一般助手三、門衛二、事務三、検査三、運転手二名よりなる。

①らい合併症治療サービス

入院設備四〇床、理学療法、再建外科、ワークショップなど、基礎的ならい合併症治療の機能をすべて備える。州全体の投薬所（三七ヵ所）の活動の大きな支えになっている。また民間の良さを生かして行政の枠を超え、アフガニスタン東部の患者にも恩恵が及んでいる。

一九九五年度の実績は以下のとおり。総診療患者：九〇七一名（ハンセン病関係のみ）

●外来診療数	8,463名	●サンダル・ワークショップ	
●入院治療数	608名	生産	1,167足
●手術	48例	配布	982足
●理学療法	2,049例	他の装具	103個
●外傷治療	4,227例	●総検査数	3,590例
●ギプス治療	116例	●医学生受講者	200名

②ワークショップ

らい予防用サンダルの配布を行なっている。患者の変形防止策で重きをなす。月間一〇〇足を生産。その他の補助装具も作っている。

③訓練・教育

実際に手足を動かす働き手がいない事情で、現在小規模な試みで六名の患者を対象に診療員育成を行なっている。従来の懸案であった「女性患者発見」も、地元の女性ワーカー育成で最終的な解決を図る方針に切り替えた。いずれ小規模な学校組織を成し、次世代の育成を図る。

④フィールドワーク

北西辺境州の中で最も無視されている地域に、集中的な定期フィールドワークを実施する。この際、殆どが無医地区であるので、らい以外の一般診療（結核・マラリア・腸チフスなど、感染症が主）と組み合わせて行う。一九九五年四月からチトラール北部の調査がヤルクン川流域を目指して始められ、マスツジ村に基地が置かれた。

⑤らい菌検査

ＰＬＳ単独で北西辺境州全体の検査を引受ける。

□ＪＡＭＳ・アフガニスタン農村医療計画

ペシャワールのＪＡＭＳ本部（病院）を中心にカブール避難民の診療が行われ、アフガニスタン国内診療所、ダラエ・ヌール、ダラエ・ピーチ、ヌーリスタン・ワマ地区の無医地区診療が活発に行われた。マラリアのフィールドワークでは大きな流行を見なかった。しかし、危険は残っており、今後も監視を続ける。

一九九五年度はリーシュマニア症、腸チフスが大流行し、その治療に忙殺された。また、ＰＬＳ（ペシャワール・レプロシー・サービス）の所で述べたように、ハンセン病に関してもクナール、ヌーリスタンの各渓谷を訪れ、二六〇カ村で診療を行なった。この結果、ペシャワールに治療にやってくるハンセン病患者が徐々に増加している。

一九九五年度は総数一九万四九三六名の患者が診療を受けた（前年度一七万一一九五名、約十四％増）。ペシャワール病院で多くのカブール避難民を診療したことが主な原因である。

□一九九六年度の事業計画

1．ペシャワール・レプロシー・サービス（ＰＬＳ）の病院建設着手

諸般の事情で今後三〇年をにらむ不動の基地を建設せざるを得ない。現在の病院が借家住まいで手狭であり、二年後に立ち退きを求められているので、何としても一九九六年度秋に着工しなければならない。

他方で肝心の中身を充実して行く。これまで通りらい根絶計画の弱点、⑴女性患者への診療、⑵ペシャワールに来られない遠隔地患者への治療・発見活動を充実するため、特に現地女性ワーカー育成に力を注ぐ。

①訓練コースの生徒を六名から八名に増員、教育態勢を充実する。

②二年以内にレントゲン・検査を備えた完全な病院単位とする。

③チトラールのマスツジ診療所をフィールドワークの基地とし、ヤルクン川流域に夏季定期診療を実施する。

2．ヌーリスタン・ワマ診療所

水力発電所は予期せぬ難工事でいまだ未完成だが、一九九六年度内には完成したい。本診療所の計画は「山岳無医

ＰＬＳとＪＡＭＳの現況

ペシャワール会の現地協力態勢は以下のとおり。

ペシャワール会
JAPAN

- **北西辺境州らい根絶計画**
  Peshawar Leprosy Service（**ＰＬＳ**）
- Japan-Afghan Medical Services（**ＪＡＭＳ**）
  アフガニスタン農村医療計画
  （アフガニスタン東部らい根絶計画）

ＰＬＳ（ペシャワール・レプロシー・サービス）

●入院ベッド数　40床（男性25・女性15、45床まで可能）
●スタッフ　36名（医師3、らい診療員2、看護婦3、理学療法士1、医療助手8、運転手2、 門衛2、ワークショップ3、料理人2、一般助手4、事務管理3、検査3）
●年間入院治療　約600名　●年間外来数　約10,000名（らい関係のみ）
●フィールドワーク　チトラール区月間約1週間。
●ＰＬＳ定期診療施設（チトラール・マスツジ診療所、 5月〜11月のみ）

ＪＡＭＳ（日本—アフガン医療サービス）

●入院ベッド数　45床
●全スタッフ　107名（医師16、検査14、看護士・助手18、看護婦2、門衛10、運転手6、 料理人5、事務4、薬局2、レントゲン3、その他一般助手）
●年間入院治療　約700名（ペシャワール診療所のみ）
●フィールドワーク　アフガニスタン国内の流行地　年間約2〜3週間

ＪＡＭＳ診療所

	所　在　地	カバーする地域人口	1日診療能力
ペシャワール病院	パキスタン・ペシャワール	不定（難民対象）	200名
テメルガール	パキスタン・ディール地方	不定（難民対象）	80名
ダラエ・ヌール	クズ・クナール地方	20万人以上	150名
ダラエ・ピーチ	クナール州・北西山岳部	10万人以上	100名
ワマ	西部ヌーリスタン	5万人以上	70名

（各診療所には、医師・検査技師・看護士・助手・門衛など10〜15名が交替で常駐）

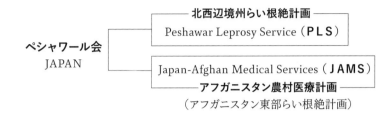

ＰＬＳらいセンターとＪＡＭＳ・州機関との関係

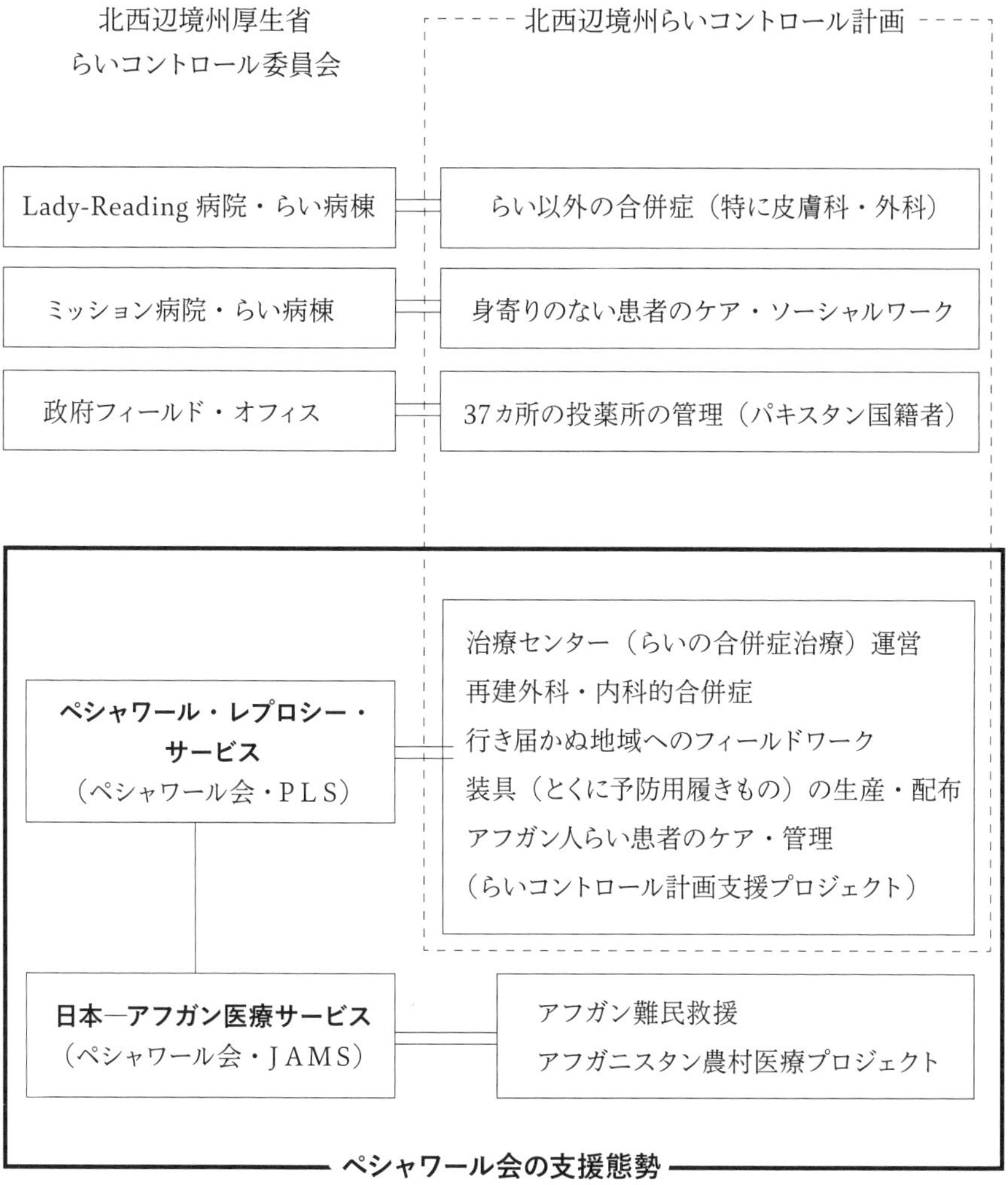

今後もこの困難な地域に入ってくる団体はないと思われる。アフガニスタン内戦の終結によるアフガン人患者の増加、北部山岳地帯でのフィールドワークが拡大すれば、更にニーズが増す。

●1995年度診療実績

	外来診療数	外傷治療数	総検査数
ＪＡＭＳ総計	188,444名	9,451名	121,947件
ペシャワール病院	82,078（+53%）	2,969	51,385
テメルガール診療所	14,165（-24%）	940	8,604
ダラエ・ヌール診療所	39,642（+16%）	2,080	24,486
ダラエ・ピーチ診療所	31,971（+47%）	2,147	25,755
ヌーリスタン・ワマ診療所	20,588（+52%）	1,315	11,717
巡回診療総数（移動診療班）	7,155名		

ペシャワール・一般外来と外傷を除く診療総数　24,659名

妊婦・母親教室	17,860	鍼灸治療	3,491
手術数	608	歯科治療	1,610
入院治療数	1,090		

検査内容の内訳	血液一般*	便検査	尿検査	らい菌	その他	総計
ペシャワール	8,360	9,173	8,119	125	25,608**	51,385
テメルガール	4,281	2,486	1,683	154	0	8,604
ダラエ・ヌール	7,035	9,172	7,962	0	317	24,486
ダラエ・ピーチ	5,753	9,576	8,218	0	2,208	25,755
ヌーリスタン	2,363	5,216	2,996	1	1,141	11,717
総計	27,792	35,623	28,978	280	29,274	121,947

＊血液一般は、マラリア原虫検査をルーチンに含む。

＊＊ペシャワール病院「その他」の内訳

X線単純写・造影	7,749	肝機能など生化学検査	2,838
腹部エコー	3,091	胃・食道内視鏡	1,996
心電図	1,775	病理組織診断	392
その他	7,767		

●1995年度ワーカー・ボランティア派遣

1995年度は以下の人々がペシャワール会を通じて派遣され、現地事業に貢献した。

氏名	職種	所属	期間
藤田千代子	看護婦	元福岡徳洲会病院	1990年9月－現在
倉松　由子	理学療法士	元多摩全生《ぜんしょう》園	1992年10月－現在
小幡　順子	看護婦	元久留米大学病院	1995年4月－1996年5月
松井　裕光	検査技師		1996年2月－現在

1996年5月から、黒田菊枝看護婦、蔵所麻理子作業療法士が参加し、すでに現地研修に入っている。なお、1996年度よりワーカー派遣の見直しをはかり、新規約で運営される。これは、現地研修期間（現地語学習とハンセン病など感染症について）を6ヵ月とし、十分なじんだ後に1期を2年とし、現地・本人双方が望めば、2期・3期と継続できる方式を採用した。これは現地事業の安定した運営を主眼としている。

地区の診療モデル」の最たるものと呼ぶべきもので、接種ワクチンの保存を可能にし、一九九七年度中までに態勢を整えたい。

3. マラリア診療

監視をゆるめず、同一地区の診療を継続する。

49号

1996・10

ハンセン病の真実と偽り

——今、なぜ「らい」なのか

最近、ペシャワール会の会員にも若い層が増え、「らい（ハンセン病）ってどんな病気?・」という質問に驚くことがある。しかし、かくも完璧に隠蔽《いんぺい》された歴史的背景を考えると無理からぬことである。「隠蔽」というのは、誰かが意図的にしたのではない。それは医療行政ひとりを被告席に立たせて片付けられる問題では、決してなかった。これは私たちの現地活動の出発点でもあるから、もう一度この意味について確認しておきたい。

差別・偏見の体系

「らい（ハンセン病）」は若い世代の間では死語になりつつある。しかし古来から人間にとって「病むこと」とは何なのか、これほど示唆を与えてくれた病気はなかった。なるほど、その時代によって人々の主要な関心となる病気がある。現在ではさしずめエイズである。単に死亡率や予防など、保健衛生上の問題に止《とど》まらず、誤解と恐怖がその文化的環境に応じ、一つの差別・偏見の体系を作るのは今も昔も変わらない。

ほんの十年前まで、らいは恐怖の対象として人々の間でささやかれていた。当時、日本にいた患者は約九千名、全世界では一一五〇万人以上（ＷＨＯ）とされ、さらに増えると言われていた。これは結核菌に似た「らい菌」によって起こされる感染症である。感染力は弱いが、皮膚・眼・末梢神経をじわじわ蝕《むしば》む。進行すると異様な顔貌となり、失明や手足の変形・脱落が起きてくる。しかも、命を落とすことは比較的まれで、崩れて行く肉体に耐えて生きざるを得ないところに悲劇があった。その恐怖の分だけ、らいの歴史は凄まじい歴史であった。

戦後、結核と同様、治療薬が導入されて治る病気となったにもかかわらず、この偏見はついに止むことがなかった。患者たちは相変わらず隔離された別世界に住んでいたし、そこで何が起きているかを知る者はほとんどなかった。一九九五年、やっと政府が重い腰を上げて「謝罪」したとき、患者は既に激減、その殆どが高齢化していて抗する元気もなかった。今でこそさまざまな形で告発ムードが流行《はや》ったが、実際にこの世界にとびこんで患者たちと苦楽を共にする者が当時ごく僅かであった事実だけを述べておきたい。それくらい偏見の体系が強固であり、真綿で首を絞めるような世間の圧力が実態として力を振るったのである。

世界を支配する虚構

一方、全世界的にも一つの虚構が支配している。一九八〇年代に一一五〇万人と発表された数は、一九九〇年代に二〇〇万人以下とされた。十年のうちに患者が五分の一以下に激減し得るだろうか。

ここに一例をあげよう。我々ペシャワール会のかかわるパキスタン北西辺境州とアフガニスタン東部の地域で（人口約三千万）、現在七千名が登録されている。だが、らいの多発地帯は殆どが険しい山岳地帯の辺境で、足を踏み入れる者がいない。非常に控えめに見ても、推定二万人以上が未治療のまま放置されている。らいは長期の定期服薬（二年以上）を要する。治療判定は時間をかけて慎重に行わねばならない。確かに登録された患者については、服薬で菌陰性となったものが多い。しかし、たとい感染しなくなっても後遺症の治療が欠かせない。さらにペシャワール周辺だけで毎年新たに二〇〇名の未治療患者が登録され、しかも女性患者は地区によっては十数パーセントの低率である。このような状態にもかかわらず、陰性患者の増加だけで「コントロール達成」が宣言され、登録された「感染例」の数だけがＷＨＯに報告された。おそらく、このての患者数の集計が「らいの激減」という誤った印象を与えたものと思われる。

虚構への挑戦

この影響は大きく、治療センターを事実上失う事態にまで発展した。現在ですら七千名に及ぶ患者の合併症治療をどうするのか。窮した我々は一昨年社会福祉法人とＰＬＳ（ペシャワール・レプロシー・サービス）を現地に設立、民家を改造して急ごしらえの治療の場を何としても確保せざるを得なかったのである。それさえも、偏見からくる家主たちの立ち退き要求によって二年後までに移転を余儀なくされている。

「達成宣言」をする側はＷＨＯと医療行政の評価を急ぐ。そうせねば財政援助に響く。現地政府もまた「らい」が無くなることは国家的ステータスだから歓迎する。ここに現実と掛け離れた情報が世界的に形成され、組織の延命策が事実を制する。これは他のアジア地域でも、他の疾病《しっぺい》対策でも、大なり小なり同じであろう。前線の我々は心外である。

実態を暴露・告発して鬱憤を晴らし、当事者に打撃を与えることは困難ではない。しかし我々は、患者たちに害が及ぶのを避け、ひたすら沈黙を守り、先の長い計画を営々と進めている。

確かにハンセン病以外にも数多くの疾病がある。我々がこだわるのは、世界のほんの一隅《いちぐう》でよいから、実事業を以《もっ》て、巨大な虚構に挑戦する良心の健在を示すことである。万の偽りも一つの真実に敗れ去る。それが次世代への本当の遺産となることを信じている。

初出：共同通信配信、一九九六年九月（一部改稿）

50号 1996・12

貧しさの中の豊かさ

――華やかな日本の師走に思う

師走の日本の街は華やかである。色とりどりのクリスマスの飾り付けが目を奪い、商品の山が人々を楽しませ、多幸感と消費欲をかき立てる。悪いことではない。汗水たらして働いてきた人々の、つかの間の幸せである。私もクリスマスと新年くらいは日頃の恨みを去り、子供たちの笑顔を求めて家路につく。

しかし一方で、どうしてもこの光景になじめぬわだかまりが、心の底に沈澱している。

敵意と不安の中で

一九八四年、私は家族と共にペシャワールのらい（ハンセン病）病棟に赴任した。当時、アフガニスタンの内戦が最も激烈な時期で、現地は暗い敵意と不安に包まれていた。

それでもペシャワールは天国と言えた。モデル・キャンプを訪れる外国人には実感できなかったが、三〇〇万人に迫る難民たちが外国人の行けぬ国境地帯にあふれ、アフガニスタン国内でも鬼気迫る光景が展開していたのである。当時は、これらの情景を日本に伝えることが困難であった。大方のＮＧＯは大都市に本拠を置き、ジャーナリストは戦争の動向にばかり集中していた。点と線以上の実情は、現地滞在者でさえ肌身で理解していたかどうか疑わしい。

屍《しかばね》の山

一九八七年になって「ペシャワール会」を中心とする日本の支持者たちの助けでＪＡＭＳ（日本―アフガン医療サービス）が発足する前後の難民の実情は、描くのに躊躇《ちゅうちょ》する。遠隔地の国境地帯は特に厳しかった。爆撃で追われた人々の群れが長い逃避行の後、大量に死亡することは普通に見られた。わずかの医薬品をさげて「救急援助」にかけつけた時、数百家族が既に凍死していたことも一再ではない。荒涼たる岩石沙漠の中に無造作に折り重なる屍《しかばね》の山。嘔吐を催しながら、まだ生命のある者を選び出して処置したが、救命できた例はなかった。医療とよべる代物ではなかった。無数の墓標は忘れることができない。

難民キャンプでもまた、死が隣り合っていた。二七〇カ所に分散された三〇〇万人の難民たちに、十分な食糧配給のないことも少なくなかった。命からがらキャンプに到着したあげく、飢えと病と越境爆撃で落命するものが続出した。内戦による死亡者は二〇〇万人以上と見積もられる。

そして、この大半が報告書に載らぬ一般の女子供や老人たちであったのは確かである。

民主化・近代化の果て

自活を余儀なくされた人々は、或いはペシャワールで出稼ぎをし、或いは反政府党派の傭兵《ようへい》となり、その日の糧《かて》をかろうじて得て生き延びた。国境のキャンプは反政府ゲリラ組織の補給基地となり、武装した人々が国境を行き交い、政府軍捕虜の処刑が普通に行われた。捕虜たちは羊のように屠殺《とさつ》され、首は路上にさらされた。

ペシャワールの難民団体の美しい議論とは程遠かった。これがソ連と言わず、欧米の救援団体と言わず、「ひとさまを救ってやる」民主化・近代化の結末であった。この事情の中で日本側ペシャワール会の支援が本格化し、現地と共に「おしゃべりより実弾（実のある支援）を」を合言葉に、猛烈な活動が始まったのである。

「パンかごの奇跡」

しかし、必ずしも暗いことばかりだったのではない。「アフガン医療計画」発足の直前、私たちはよくキャンプの難民たちの世話になった。彼らと共に寝起きした日々の記憶は今でも鮮やかである。

身近な飢えも死も、その状況が日常化した者にとっては、普段は何でもない、ささやかな喜びと慰めによって相対化される。冷えたナンの切れはしも、みなで分かって談笑すれば、何にも勝る晩餐となる。誰かが大きな木の株を拾ってきて、数日ぶりに暖炉があたたかくなった時は、皆で歓声をあげた。どんなに欠乏しても、彼らは当然のように食を分かち合い、ユーモアを忘れなかった。子供たちは栄養失調で倒れるまで明るかった。

「生きる厳しさ」は世界中同じでも、追い詰められた場面では、人の生きざまが鮮やかに映る。人間が飢えと死に直面したとき、その品性までが堕落するとは限らない。いや、素朴な生活であればあるだけ、そこに人間の温もりがあった。この楽天性と明るさは一つの特権なのかも知れない。

我々もまた、この温もりに支えられて活動を拡大できたのだと、今にして思われる。わずかな食糧で群衆を満たした「パンかごの奇跡*」の寓話を、私は初めて理解した。

一隅《いちぐう》を照らす

一九九六年九月、首都カブールがタリバン（神学生）の手によって陥落し、再び外国NGOは四散したが、我々は一歩も後退しない。アフガン国内とあわせて、現在二病院と五つの診療所で年間二〇万人の診療を続け、いよいよ意気盛んである。私たちは全世界を救えない。ただ一隅《いちぐう》を照らすのみである。

オーバーの要らぬビルの暖房が何やらうす寒く、きらびやかな師走の街路が暗く思われてならなかった。

初出：「毎日新聞」一九九六年十二月十三日

＊新約聖書（「マタイによる福音書」他）に記されているイエスの奇跡。

51号

1997・4

戦乱に希望を、敵意を宥和《ゆうわ》に

新病院建設、着々と進行中

皆さん、お元気でしょうか。

ペシャワールでは既に春一番が荒れ、三月になって雨の日が増えてきました。時に小雨が埃っぽい空気を洗い、雨上がりはカイバル峠がくっきりと見え、はるか遠くにはコーヒスタンの白い峰が美しく姿を現します。

一月下旬に着工した新治療センターは、ハンフリー氏の猛烈な努力で面倒な手続きを完了、建築は着々と進んでおり、今年十月までに最低必要部分を完成、ＰＬＳは新病院のハンセン病科として移動します。来年四月には開院式を行いたいと考えております。これに伴って、ペシャワール会は現地で〔パキスタン〕連邦政府認可の国際団体となります。ＰＲＳ（Peshawar-Kai（Japan）Relief Services）として、現在のパキスタン側（ＰＬＳ）とアフガニスタン側（ＪＡＭＳ）を名実共に統合、長期にわたって今後の活動の砦となります。現ＪＡＭＳの「難民救援団体」としての法的位置がまもなく消滅する見通しなので、タイミングでもありました。シャワリ先生たちの良い協力を得て、少しずつ形を成してゆくと思います。

さて、断食明けの祝日（イード）はPLS／JAMS共に閑散としていましたが、二月下旬から患者が急増、たちまち満床となりました。フィールドワークも日程に乗せられ、春季攻勢は北西辺境州北東部山岳地、インダス・コーヒスタンに集中しようとしています（北辺チトラールのワハン回廊方面は雪で動きがつかず、夏季に向けて準備中です）。

嬉しいことには、当院で治療を受けた遠隔地患者たちが大いに協力し、自ら導いて無医地区（大抵、とてつもない山岳地）での活動を容易にしてくれることです。といっても、平坦な道程ではありませんでした。

ハンセン病の長老

昨年春、一人の患者がコーヒスタンからやってきました。六〇歳過ぎの村の長老で、ハンセン病のため足底潰瘍《かいよう》を長年患い、これがガン化して大きな腫瘍《しゅよう》を作っていました。しかも、二次感染で壊死《えし》組織に腐敗菌がはびこり、悪臭で鼻がもげそうでした。らい菌は陰性化していましたが、この後遺症治療をどの医療施設も嫌がり、私たちのところにたどり着いた訳です。

右足の前方三分の一から先端は壊死と腐敗が著明、壊疽《えそ》を作って腫れが著しい上、全身状態が良くない状態でした。敗血症で死亡する恐れも強いので、普通ならば救命も兼ねて下腿《かたい》の切断をします。また、義足で歩けるようにすれば、そちらの方が楽なのです。

しかし、ここは日本ではありません。予期せぬ事情と妥協して治療せねばならぬことがしょっちゅうあります。私は医師の常識として当然、切断のうえ義足着用を薦めましたが、この治療は拒絶されました。そして、何と村のジルガ（長老会）で治療方針が決定されたのです。要約すれば、「尊敬する長老の足を切断するのは、もっての外だ。足の甲から前半部までならよい」というもので、切断部位まで指定してきました。

私は何日か熟考の末、少し冒険的な賭けに出ることにしました。

患者の出身地「インダス・コーヒスタン」は、ギルギット地方とスワト地方とを隔てる一大山岳地帯で、多数のハンセン病患者がいます。しかも、過去誰も手をつけていないので、私たちの主要標的のひとつです。ほとんどがコーヒスターニーという独自の言語を喋り、事実上伝統的な自治体制で閉鎖された世界です。長老会の意志表示は尊重せねばなりません。うわさの世界ですから、この長老の治療の成否は、将来のフィールドワーク計画に決定的な影響を及ぼすでしょう。

ジルガ（長老会）の決定を無視して「長老の足を無造作に切った」となれば大変だし、かといって治さねば、これも似た結果となります。

「賭け」と述べたのは、実は技術的に大変難しい問題があったからです。少し専門的になりますが、下肢《かし》の切断は、可能なら下腿の中ほどで行なって義足を装着するのが最も安全で、良い結果が得られます。足の甲から前半部だけを切断する術式は問題が多く、たいていの専門書で「義足の改善が進んだ現在、本手術はめんどうな合併症（術後生ずる内反変形《ないはんへんけい》）の故に成功率が低く、ほとんど行なわれない」と記されています。

「誤った因習」

さて、皆さんが医師だとすれば、どういう判断を下されるでしょうか。因《ちなみ》に、その後日本で或る整形外科医に話すと、「説明を尽くした上で本人が受け入れないなら、仕方ないじゃないか。患者個人の責任だ」と言われました。おそらく、これが日本での一般常識でしょう。でも、当地では、「責任を取る本人」という個人は存在しません。伝統的共同体の一部を担う人格が重きをなしても、私たちが想像する個人というものがないのです。私たちの将来計画を抜きにしても、この事実は診療に大きな影を落としてきます。

もっと積極的な意見は、「そのような『誤った因習』が正しい進歩を妨げているのだから、家族や村人を説き伏せるべきだ」と言います。しかし、それは文化を含めて、地域社会のあり方をまるごと否定することと同じです。外ならぬソ連＝共産政権の強引な近代化路線こそが、まさにアフガン戦争の発端であったのは記憶に新しいことです。また、仮に「誤った因習」が改善されたとして、あの険しい山岳地帯で、「改善の進んだ義足」なるものが、いつ行き渡るでしょう。

この点で、私は孤独でありました。臨床医というものは軍隊で言えば前線の兵士のようなものです。敵が目前にいて弾丸が一発でも有る限り、こちらに少しでも打つ手の有る限り、何らかの対応を迫られます。ややこしい学問的な議論はもちろん、正統な方法論をも時には無視して、「要するに治ればよい。治らなければ、良い社会生活ができるように配慮すればよい。良い社会生活ができなければ、僅かでも慰めを得ればよい」。これが臨床医の方針です。

そこで、先輩にいただいた三〇年前出版の医学書を取り出し、埃《ほこり》を払って熟読、ジルガの要求どおり、足前半部だけの切断を行ないました。皮膚ガンの浸潤《しんじゅん》が足の甲まで見られたので、できるだけ広く足背《そくはい》の皮膚を除去、壊死と感染巣を廓清《かくせい》しました。正統な方法ではありませんが、高齢者のガンは悪性度が低いことにかけ、「再発するころは寿命がきているだろう」との判断だったのです。

祈るように数ヵ月が過ぎました。一時手術創《そう》が開いたり、ハラハラしましたが、とみに力をつけてきた病院看護スタッフのかいがいしい努力もあって治癒、わがPLSワークショップ製の特別仕立ての靴を履いて退院に至りました。初め警戒心で不信をむきだしにしていた暗い表情は、長老らしい気品と温顔を取り戻し、ガンによる貧血と悪液質でやせほそった体は血色よく元気になっていました。

——その後ほどなく、この長老の村から一人のハンセン病患者が送られてきました。未治療の排菌患者です。家族接触調査でさらに三名が同病と判明しました。さらにこの村に偵察隊をいれ、医療活動からまるで隔離された山岳地域であることを確認、多数の未治療ハンセン病患者がいるらしいと推測しました。三年前訪れた政府関係の医師が一日で帰っただけ、その後にも先にも医療関係者の姿を見ないそうです。

そこで、予定どおり本隊による大掛かりなフィールドワークを同地域（人口約五千以上）で行うことを決定、三月中旬に実施することになった訳です。昨年、最も困難なワハン回廊での活動で鍛えられたスタッフたちは、診療地域まで二日行程と聞いて、「近い、近い」と元気いっぱい。ついで最近まで熱型表もまともにつける事ができなかったヒヨッコと見違うほどです。これが二年前であれば、みな尻込みして不可能だったでしょう。

良心の砦

これはほんの一例ですが、本格的なフィールドワーク実施に実に二年以上の歳月を要した訳です。日本の人々の協力は言わずもがな、先に十周年を祝ったJAMSアフガン人チームの経験と協力、ペシャワール地元勢の目に見えぬ行政との折衝、イスラム教徒とキリスト教徒の協力、アフガニスタン国籍者とパキスタン国籍者との協力、病棟での訓練と秩序の確立、良い治療サービス、命懸けの地域調査活動、一つ一つは小さなことや偶然のように思えても、本当に多くの努力の蓄積なのです。

今日、このような地域は無数にあります。そして、一つの立案をするにも、そこに込められた多くの人々の、無数の小さな努力と協力の結実を改めて実感します。何よりも、殺伐な世相の中で、住民との和を基調に進められる私たちの仕事は、何だかほんのりと明るい希望を感じさせます。これが恵みでなくて何でしょう。

こちら風に言えば、「御心にかなえば神は祝福し、かなわねば滅ぼしたまう」です。現在建築中の新たな基地病院が象徴的です。これに寄せられた三千万円の募金のうち、全てが個人・団体の自発的な良心的な寄付で、政治的に立ち回って得た金は一銭もありません。これが私たちの良心の不動の砦となり、機能し続けることを祈って止みません。

ところで、アフガニスタン情勢については、現在余りに困難な政治的事情があって、しかも事態が流動的、機会を改めて紹介したいと思います。ただ、ＪＡＭＳ（日本―アフガン医療サービス）のアフガニスタン国内診療所は変わらずに運営されている事をお伝えします。

私たちはおおげさに天下国家を論ぜず、たとい一国家が消滅しても、政治とは無縁の所で、患者がいる限り活動を営々と続ける方針に変わりありません。皆様のご協力に心から感謝致します。

52号
1997・7

慰めと希望を共に分かつ事業を
――新病院は来春開院式

回一九九六年度を振り返って

一九九七年度を以《もっ》てペシャワール会の活動は十五年目に入る。十五年という年月は長いようで短い。今や最大の課題は次の三〇年間の活動の準備となった。時期を合わせたようにアフガニスタン安定の兆しが現れ、かつ、らいコントロール計画の大混乱によって、事態は過去のどの時期よりも流動的となった。現地では不安と希望が交叉している。

私たちの活動形態も、新情勢の中で大きな変化を余儀なくされている。しかし、その内容において、初心はいささかも変化なく貫かれている。ソ連崩壊以後、世界情勢激変の余波を直接こうむりながら、私たちは幾多の権威が音を立てて崩壊する光景を目の当たりにしてきた。一見、複雑怪奇な情勢にもかかわらず、過去の経験の語るところは明快である。虚構は一時は人を欺き得ても必ず滅び去り、真実は不動だという単純な歴史的鉄則である。

現実を見れば、本質的な事態は十五年前と殆ど何も変化していない。社会的な弱者は圧迫され、貧困層は更に貧困である。ハンセン病（らい）も減少する気配がない。不毛な民族主義と宗教主義が狂気と対立をあおり、傲岸《ごうがん》な「民主化」と近代化が武器と金によって幅をきかせるという構図は変わらない。アフガニスタンの内戦はタリバン政権の出現で一つの結論を出した。二〇年に及ぶ内乱、六〇〇万の難民、二〇〇万人の犠牲の意味はいったい何であったのか、廃墟から問わざるを得ない。私たちの対峙する問題は余りに圧倒的である。

この中で、私たちの活動になにがしかの意味があったとすれば、戦乱と病で疲れた人々に慰めを与え、目まぐるしく出入りする外国団体をよそに、ひとつの希望を灯し続けて来たことである。それによって私たち自身も目を開かれ、心豊かになったと言える。

人々を慰めるのは、決して事業規模の大きさや巧みな議論ではない。これほど多くの海外救援団体が莫大な浪費の末、現地で失態を繰り返すのは、そこに大切な精神が欠落しているからである。十五年を経て問題の核心に触れた現地活動は、今後も変わらず日本の良心をいかんなく発揮するだろう。そして偏狭な人間の思いや、民族や国家や宗教の壁を超え、人間と人間とを繋ぐ絆であり続けるだろう。

誰でもいつか世界から去る日がくる。その時、現地事業の軌跡が人々を励まし、少しでも慰めと希望を分かつことに与《あずか》ったとすれば、それに優るものはないと信じている。

一九九七年度も力を尽くして共に問題に取り組んで行きたい。

□現地の一般情勢

私たちの事業も、これを取り巻く現地情勢も、例年以上に激しい変化の一年となった。政治的にはタリバン勢力によるアフガニスタン統一が進められて、カブール中産階級のペシャワール避難が大量に発生した。パキスタンではベナジール・ブットーの人民党に代わってナワーズ政権が登場、大幅な政治経済改革が行われた。

らいコントロール計画も、各関連団体の活動停滞で大混乱に陥った。アフガニスタン国内の援助団体は、タリバンのカブール占領によって一時的に全て姿を消した。一方、日本側の補給は円安で苦しい状態が続いているが、活動そのものは組織再編を経て新たな展開となり、「ペシャワール会」の存在はいよいよ重要性を増している。

パキスタン北西辺境州・アフガニスタン情勢

「タリバン（神学生）勢力」の支配

一九七八年以来長く内戦の続くアフガニスタンでは、「統一」の兆しが見え始めている。イスラム復古主義の新勢力、タリバン（神学生）が、わずか二年で全土の三分の二を支配下に収め、九月には首都カブールを占領して旧勢力を一掃した。旧政権さえ躊躇《ちゅうちょ》していたナジブラ元大統領（旧共産主義政権）の処刑を断行、三日間市中に吊るして厳しいイスラム法による統治方針を徹底、全世界を震撼させた。イランでさえ、「行き過ぎ」を非難したが、治安の回復は、戦乱に疲れた一般大衆に安堵をもたらし、タリバンは概《おおむ》ね各地で歓迎された。

国連を含む各国NGOは一斉にカブールを退避、私たちJAMS（日本―アフガン医療サービス）を除いて、一時全アフガニスタンから救援団体が消えた。食糧難と冬の到来でカブールは一時危機的な状態に陥った。この間、JAMSは事実上唯一活動する医療救援団体として、カブールからの避難民十万の大きな拠り所となった。

カブールを追われたラバニ＝マスード派や、北部のドスタム派は抵抗を続けていた。タリバンの主力が多数派のパシュトゥン民族で、抵抗するのは何《いず》れもペルシャ語を話す比較的少数派の民族である。その対立の根は深く、事態が「第二のユーゴスラビア」に発展することを憂慮する向きもあった。それでも、一九九七年五月中旬、北部への要衝を抑えたタリバンは、内紛に乗じ、五月二四日一挙にドスタム将軍派の拠点マザーリシャリフを陥落させた。しかし六月三日にはドスタム派のマリク将軍の反撃を受け敗走。マスード派がこれに呼応してカブール北部で激しい戦闘が散発している。タリバン政権による統一が進むものと観測されたが、予断を許さない。

カブール市民の置かれた生活はなお劣悪で、殊《こと》に知識層はペシャワールなど、国外で待機せざるを得ない状態が続いている。アフガニスタン復興はまだ先の話である。

パキスタンの混乱と現地組織再編

パキスタンではブットーの率いるPPP（パキスタン人民党）が汚職と腐敗で支持を失い、ブットーの弟は暗殺された。また、莫大な負債を抱える国家財政が破綻、IMFも借款を拒否、政権は危機に瀕し、一九九六年十月に解散、一九九七年一月の総選挙でPML（パキスタン・イスラム連盟）のナワーズ新政権が誕生した。新政権は宿敵インドと宥和《ゆうわ》政策を進め、経済立て直しを図り、国家全体としてはこれまでにない安定が一時的に見られている。アフガニスタンの安定は、パキスタン国家存立にとっても必須条件であり、「タリバン」政権との友好的関係が維持されている。

しかし、パンジャブ州優位に対する北西辺境州の警戒心は依然として根強い。九七年三月に発生した食糧暴動は北西辺境州全土を覆い、一時は深刻な事態となった。新政権はペシャワールでも大幅な人事更迭《こうてつ》を断行、新病院建築を初め、私たちのＰＬＳ（ペシャワール・レプロシー・サービス）にも少なからぬ影響が出た。さらに、「難民送還」を国策として打ち出す兆しがあるため、連邦政府登録の難民救援団体であるＪＡＭＳの合法活動が危ぶまれた。そこで、ペシャワール会自らを「日本の国際団体」として登録、「Peshawar-kai (JAPAN) Relief Services」（ＰＲＳ）が苦心の末誕生、ＪＡＭＳ－アフガニスタン側、ＰＬＳ－パキスタン側を活動体として直接傘下に収め、長期活動の安泰を図った。

昨年以来の円の急落はペシャワール会からの補給に深刻な影響を与えたが、現地活動は少しも鈍っていない。

□パキスタン北西辺境州・らい根絶計画への協力

一九九四年十一月に発足したＰＬＳ（ペシャワール・レプロシー・サービス）は、予定通り恒久的な基地病院建設を始めた。しかし、それまで主力であったドイツの団体、マリー・アデレイド・レプロシー・センター（カラチ）の「コントロール達成宣言」は深刻な影響を与えた。功を焦ったあげくの、事実上の撤退である。ハンセン病は医療行政の関心から遠ざかった。ペシャワール・ミッション病院らい病棟も、九七年三月に院長が死亡した後、病院の存続そのものが危ぶまれている。相前後して公営病院が民営化され、不採算部門である「ハンセン病科」は真っ先に切り捨てられた。

「ペシャワール会誘致」を巡って随所で各団体の暗躍・妨害があり、計画は難航した。しかし、残された六千名の患者ケアの場を確保し、増え続ける新患者や再発者に対処しなければならない。それが出来るのはペシャワール会以外になくなったということである。

新病院建設

一九九七年一月下旬、州政府から与えられた予定地に建築が始まった。しかし、各勢力の妨害工作、協力的な政府関係者の更迭、付近施設の反対運動などで初期工事を停止して一時静観した。まともにハンセン病患者のケアができるのは今や我々以外にない。今後も不毛な政争に巻き込まれず、数十年の安定したサービスを継続するには、慎重に事を運ばねばならなかった。新病院はその砦だからである。

各機関が争っている背景は、煎じ詰めれば金と力、名誉や競争心である。そのために組織存続のための組織となっている。政治権力とて例外ではない。政権が変わるたびに戦々兢々《きょうきょう》としていたのでは、仕事がまともに進められない。我々にとって問題なのは患者たちの治療なのである。そこで、思い切った方針転換を行い、ペシャワール隣接農村に移転を決定、住民たちのジルガ（長老会）の決定で「永久私有」を確認させ、農民たちも大歓迎した。これ以上に確実な保証は現地で考えられない。これには、ＰＬＳ責任者のハンフリー氏と同地域出身スタッフたちの猛烈な働きによるところが甚だ大きかった。工事が本格化したのは一九九七年五月に入ってからであった。開院式は予定通り一九九八年四月十日となる。

新方針の第二は、「ハンセン病診療」をことさら前面に打ち出すことなく、感染症と心身障害一般を取り扱う病院として機能させ、ハンセン病をその一部として診ることである。こうして各関連機関との摩擦を避け、背後から実際の患者ケアを確立し、ハンセン病に対する偏見を避け、らいコントロール計画に睨みをきかせることが出来よう。

フィールドワーク（早期発見の努力）

一九九六年度は、北部でチトラールのマスツジ診療基地を完備、ワハン回廊をめざしてヤルクン川流域の診療態勢を固めた。東北部ではコーヒスタンに着手して調査を完了、第一回の本格的な偵察診療が一九九七年三月に実施された。殊にコーヒスタンは医療事情が悪く、受診してハンセン病と判明したものは七〇〇名中十二名にもなった。その他、マラリア・赤痢・結核など他の重症感染症を含めると、その数はさらに膨大である。

すでに住民たちの信頼を充分得ているが、ハンセン病に対する偏見、とびきりの無医地区であること、「ハンセン病センター」をめぐって無用な政争が各機関の間にあることから、今後はアフガニスタンと同様、一般診療を掲げてフィールドワークを継続する。コーヒスタンのドベール渓谷を皮切りに、広大な山岳地域に定期診療が行われる予定であるが、当面ペシャワールの基幹病院整備に集中し、建築だけでなく質量共に充実させ、協力態勢を明確に打ち出して各機関との調整を図らなければならない。フィールドワークが活発化するのは一九九七年度後半から一九九八年初めからと見てよい。

□ＪＡＭＳの診療活動

十周年を経たＪＡＭＳもまた、大きな変化を被った。一九九六年九月のタリバン（神学生）政権の出現は各国ＮＧＯにパニック状態を招いたが、ＪＡＭＳの診療活動は、タリバンによる治安の回復と共にかえって容易となり、何事もなく継続された。九六年五月にダラエ・ピーチ診療所を襲撃したグループは処刑され、九四年八月に二台の車両を強奪した者は逃走中である。ダラエ・ヌール、ヌーリスタン（ワマ）診療所近辺は、少数山岳民族の住む地域で、タリバンに反旗をひるがえし、こぜりあいで双方に犠牲者が出た。しかし、診療所の存在は双方から歓迎され、診療活動に影響は出なかった。

しかし、カブール避難民の流入でＪＡＭＳのペシャワール病院が多忙となった。円安による補給の低下で診療数の伸びは、開設以来初めて頭打ちとなった。一九九七年二月に構造改革を迫られてペシャワール病院の規模を縮小、スタッフを一〇七名から八七名に削減、うち五名をパキスタン側のプロジェクト（ＰＬＳ）に転出させた。診療活動が最も必要とされる時期、これは大きな痛みを伴ったが、チーム指導者のシャワリ医師がペシャワール会と命運を共にすることを誓って、果敢に断行された。

カブール避難民は確かに大きな問題であった。しかし、ＪＡＭＳの本領は山村無医地区にあり、本来の計画にしわよせがくることを避けたのである。財政的にゆとりがあれば、本来ならあの緊急時こそ、カブールに支援の手をさしのべるべきであった。その気になれば動ける組織もあったはずである。カブールやジャララバードなどに事務所を構えるＮＧＯ・国連機関は殆ど活動らしい活動もなく、微動だにしなかった。それどころか、パニック状態に陥ったあげく、「原理主義政権（タリバン）」を批判することのみに終始した。我々の苛立《いらだ》ちを付け加えておきたい。

□一九九七年度の事業計画

アフガン情勢急変の場合に若干の修正はあっても、基本的に変更はない。次期三〇年間への準備である。活動地域は現在でも宏大である。アフガニスタン北東部、北西辺境州（パキスタン）北部に限定する活動を継続する。

1．新病院の建築と診療態勢の充実

円安・政権交代など、やむを得ない事情で工期の遅れ、候補地の変更があったが、工事は現在、着々と進んでいる。今後三〇年間、ペシャワール会現地活動の不動の砦となるものである。一九九八年一月までに基本部分を完成して移転、一九九八年四月十日に予定通り開院式を行う。

単に建築だけではない。これを以てペシャワール会の活動は新たな段階に入る。新病院は六千名のハンセン病患者の拠り所を提供し、多発地帯へのフィールドワーク（定期出張診療）の基地となる。建築と並行して、法的整備も、現地主要スタッフの猛烈な努力と、関係機関の好意で固められてきている。一九九七年度は、この充実が最優先課題である。

2．移動診療班（フィールドワーク）の強化

パキスタン側とアフガニスタン側が協力、国境を挟む山岳地帯の診療圏の拡大を行う。診療所の開設は膨大な財政負担を強いられるので、基地診療病院の充実を図りながら、今後は移動診療班を充実、拠点基地を設けて定期診療方式にきりかえる。

一九九七年から二〇〇〇年までの間に以下の地域を目指

1996年度ＰＬＳ・ＪＡＭＳ診療実績

1996年度は総数164,423名の患者が診療を受けた。ＰＬＳはハンセン病を中心として、手のかかる麻痺性疾患の診療だけを専門的に行い、ＪＡＭＳでは一般診療が行われた。殆どはマラリア・腸チフス・結核・らい・寄生虫疾患などの感染症、栄養障害、皮膚疾患、外傷（小外科）である。

なお、マラリアについては、1993年秋の爆発的流行から激減、さらに減少し始めている。診療所受診者で確診（原虫の存在確認）された例は合計わずか375、著しい減少である。1993年度：8,491名、94年度：2,624名、95年度：720名で、問題の安定の一端を語っている（数字は診療所の確診例だけで、実際の患者数はこの10〜20倍と見てよい）。

数万の犠牲者を出したマラリアは、これを以て慢性流行の安定相に入ったと判断された。代わって大流行を続けたのはリーシュマニア症であったが、都市部を中心に、特にカブールからの避難民の間に多発した。

1996年度診療実績の内訳

（名）

	外来数	外傷治療	入院数	巡回診療	その他	合計
ペシャワールＰＬＳ	4,823	3,927	551	1,804		11,105
ペシャワールＪＡＭＳ	45,641	2,021	965	1,372	※8,472	58,471
テメルガール診療所	9,970	679				10,649
ダラエ・ヌール診療所	28,408	2,151				30,559
ダラエ・ピーチ診療所	29,492	1,776				31,268
ヌーリスタン・ワマ診療所	21,200	1,171				22,371
合　計	139,534	11,725	1,516	3,176	8,472	164,423

※「その他」内訳	8,472名
妊婦・母親教室	5,450
鍼灸治療	2,260
歯科	762

なお、ＰＬＳの診療数が比較的少ないのは、ハンセン病など、慢性で手のかかる患者を集中的に引き受けているためである。

入院治療サービス

	入院数	手術数	理学療法	その他
ペシャワールＰＬＳ	551	65例	2,055例	医学生受講　260名 サンダル生産　1,273足
ペシャワールＪＡＭＳ	965	1,020例		

検査関係の内訳

（名）

	血液一般	便検査	尿検査	らい菌	リーシュマニア	その他	総計
ペシャワールＰＬＳ	623	459	685	465	57	846	3,135
ペシャワールＪＡＭＳ	6,702	6,359	6,278	32	3,474	*21,980	44,825
テメルガール	1,424	1,816	2,198	88	715	639	6,880
ダラエ・ヌール	4,212	5,215	5,150		71	713	15,361
ダラエ・ピーチ	3,890	4,579	3,748	16	64	1,622	13,919
ヌーリスタン・ワマ	2,979	4,370	3,063		54	1,190	11,656
総検査件数	19,830	22,798	21,122	601	4,435	26,990	95,776

＊前頁ペシャワールＪＡＭＳ「その他」（21,980名）の検査内訳 （名）

Ｘ線単純写・造影	5,466	肝機能などの生化学検査	2,432
腹部エコー	1,848	胃・食道内視鏡	1,534
心電図	1,833	病理組織診断	218
細菌検査	1,442	免疫学的検査	1,871
マラリア	3,474	その他	1,862

ワーカー・ボランティア派遣事業

1996年度は以下の人々がペシャワール会を通して協力を行なった。

氏名	職種	所属	期間
藤田千代子	看護婦	元福岡徳洲会病院	1990年９月－現在
倉松　由子	理学療法士	元多摩全生《ぜんしょう》園	1992年10月－1996年７月
小幡　順子	看護婦	元久留米大学病院	1995年４月－1996年５月
松井　裕光	検査技師		1996年２月－1996年７月
蔵所麻理子	作業療法士	八尾徳洲会病院	1996年９月－1997年２月
小林　　晃	医師	徳之島徳洲会病院	1997年２月－現在（５年予定）

96年度は研修者が多数赴いたが、会の財政・現地指導に十分なゆとりがなかった。今後は長期のかかわりを前提として、事務関係のボランティアも考慮し、ゆとりを以て質良く準備していきたい。それでも、言葉の学習やビザの面では一昔のように著しい困難がなくなり、あとは現地のペースに合わせる根気の問題が主になってきたと言ってよい。

ペシャワール会・ＪＡＭＳ・ＰＬＳ

1997年５月現在、ペシャワール会の現地態勢は以下のとおり。

日本本部　**ペシャワール会**（本部事務局：福岡）

現地組織　ＰＲＳ：ペシャワール会（ジャパン）リリーフ・サービス

支部名称	**アフガニスタン・プロジェクト** **ＪＡＭＳ** （日本―アフガン医療サービス）	**パキスタン・プロジェクト** **ＰＬＳ** （ペシャワール・レプロシー・サービス）
活動地域	アフガニスタン北東部	パキスタン北西辺境州北部
病院機能	一般疾患、特に感染症	ハンセン病及びマヒ疾患

「Peshawar-Kai (Japan) Relief Services (PRS)」は、パキスタン連邦政府に登録された国際NGOとして合法活動が保障されている。パキスタン・アフガニスタンの各支部はいずれも、山村無医地区のモデル診療態勢確立、およびハンセン病など感染症の診療・予防活動を主軸とするが、特にハンセン病多発地帯での活動を重視する。PLS病院では、ハンセン病だけでなく、他の感染症やマヒ性疾患も取り扱っている。

PLS（ペシャワール・レプロシー・サービス）

- ●入院ベッド数　40床（男性25・女性15）
- ●スタッフ　39名（現地医師4名、らい診療員4、看護婦・看護士3、看護助手10、検査2、一般助手6、門衛2、ワークショップ3、料理人2、事務3）
- ●年間入院治療　約600名
- ●年間外来治療　約1万名（らい関係のみ）

JAMS（日本―アフガン医療サービス）

- ●入院ベッド数　25床
- ●スタッフ　77名（現地医師16名、検査14、看護士・助手20、門衛8、運転手6、料理人3、事務3、薬局2、レントゲン3、その他2）
- ●年間入院治療　約900名（ペシャワール病院のみ）
- ●年間外来治療　約15万名

地方診療所及び診療基地

診療所名	所在地	カバーする地域人口	1日診療能力
■アフガニスタン国内			
JAMSダラエ・ヌール	ニングラハル州北部	20万人以上	150名
JAMSダラエ・ピーチ	クナール州―北西山岳部	10万人以上	100名
JAMSワマ	西部ヌーリスタン	5万人以上	70名

（各診療所には、医師・検査技師・看護士・助手・門衛など10～12名が交替で常駐）

■北西辺境州（パキスタン）			
PLSマスツジ	チトラール北部	約20万人	200名
PLSドベイル	インダス・コーヒスタン	約40万人	200名

（月間約1週間滞在して定期診療）

その他

移動診療班：8名の編成で、マラリア流行時や偵察診療、緊急支援に出動している。

(1)チトラール北部：ヤルクン川流域及びトルコー渓谷

(2)コーヒスタン：主にインダス・コーヒスタンでモデル診療を確立

(3)クナール北部（ヌーリスタン東部）：カムデシュ

(4)バダクシャン（とくにワハン回廊）：ヤルクン川経由でパミール南方部へ

(5)バーミヤン：カブール北西部

3. カブール避難民診療

カブール安定まで、パキスタン側・アフガニスタン側一致協力して、出来る限りケアを行う。将来予測される「復興援助ラッシュ」には大きく関与しない。

●北西辺境州らいコントロール計画とのかかわりについて

ペシャワール会の基本姿勢は以前から不変、

①ペシャワール会が北西辺境州政府フィールドワーカー又はペシャワール・ミッション病院らい病棟の意のままに動く団体となって、後始末に協力することはしない。

②ペシャワール会は、建前として、あくまで一般感染症・心身障害診療の一部としてハンセン病診療を行い、主導権争いなどの不毛な政争に巻き込まれない。実質性を重視する。

従ってパキスタン側の施設名称を「ペシャワール会（ジャパン）メディカル・サービス」とし、ハンセン病をその重要な一分科とするが、活動内容は変更なし。これには、ハンセン病に対する偏見を一掃する意味も込められている。

③パキスタン・アフガニスタンの協調を崩さず、安易な民族主義には与《くみ》しない。アフガン人が主要メンバーであることは今後も変わらない。

53号 1997・11

混乱の中に芽生える希望

——新病院建設に思う

不動の基地

お元気でしょうか。ペシャワールでは長く暑い夏がやっと去り、止《とど》めをさすように一ヵ月ぶりの雨が降りました。夕方うたた寝をしていると、夜の冷気で目が覚めます。

アフガニスタンでは相変わらず硝煙さめず、ダラエ・ヌールでは、山岳民族とタリバンが争い、一時、診療所は両者の戦闘の前線となりました。タリバンの部隊が診療所を占拠する事件がありましたが、ジャララバードの地区委員会にJAMSが強硬に抗議して再び奪回、現在は正常運営に復帰しております。

毎回の通信で、「難問の山」だの「流動的情勢」だのと述べるのが日常的になってしまい、いったいこの世に「安定」というものがあるのか、「難問」がなくなることがあるのか、ふと思います。でも考えてみれば、だからこそ私達の存在の意義があるわけで、これも定めかと観念し、出来ることをこつこつと積み重ねて行く以外にありません。

今年の最大の目標は、基地病院の建設であることはいうまでもありません。一昨年三月、近辺の家主から立ち退きを求められて以来、いや、小生が十四年前に赴任して以来、不動の基地は絶えざる希望であり、今後数十年の活動を保証する礎というべきものでした。不安定な「やどかり基地」では疲れます。それが実現しようとしていると思えば辛さも忘れます。地元スタッフ達にも、住民達にも、ペシャワール会活動の継続性の象徴として強く訴えるものです。しかも、主要なハンセン病関係施設がほぼ壊滅に近い今、不退転の意志を示し、患者達に安心感を与えるものです。

新病院建築は既に半地下部分の工事を完了、頑丈な枠組みと土台を置き現在主要部分である一階の建設が始まりました。井戸は七月から掘削を進めて約八五メートル、三層の地下水を突き抜け、一日排水可能量二〇〇万ガロン、充分な備えです。

週に一度、建築関係者のチーム・ミーティングを開かせ、仕事の全体の進捗、建築の修正を検討し、材質の厳重な品質管理などを行わせております。

一八九〇坪の土地は、「ペシャワール会所有地」で、基本施設を備える六〇床の病院が土地つきで総工費五千万円とは、誰も想像できないかも知れません。しかも、小規模ながらスタッフの寮や日本からのゲストのための宿泊施設も含まれます。小林先生が現場を見て大いに驚き、「これが全部で五千万円とは……」と絶句、「日本ではマンション一つ買えないこともあるのに……」とおっしゃっていました。来年四月二六日の落成式は動きませんので、おいでになる方はとくとご覧下さい。

でも、もっと重要なのは診療の中味です。過去の診療態勢は事実上、野戦病院に等しいものでした。七月から着手されたスタッフの再編は、現在、藤田看護婦と頼もしい戦力として加わった小林先生の力を得て、着々と進行中です。具体的には、当直態勢の確立、医局・看護部の充実、外来・薬局の整備など、どれも通常病院では日常のことですが、日本では当然でも現地では立ち上げに大変な努力が要ります。ひとつひとつは小さなことでも、毎日が悪戦苦闘の連続です。算数もまともにできない「高卒者」を相手に、熱型表の付け方、処方内容の指導、薬品管理、会計事務の整備など、細かい指導の地道な積み重ねなのです。この地味な努力の主役である藤田さん・小林先生に敬意を表します。

もう一つ強調したいのは、チームの「国際性」です。英語・日本語・ウルドゥ語・パシュトゥ語・ペルシャ語が飛び交い、何やかやと言いながらもチームを成していくありさまは、壮観と言えば壮観、ペシャワールでは摩訶不思議な光景です。ややもすれば対立しがちな人々を束ね、病院の存在そのものが融和の場を提供する平和の象徴です。

こうして新病院は、単に建物だけでなく、今後数十年にわたる基地病院のあり方を一新し、フィールドワークの不動の根拠地として重きをなしていくでしょう。実際、これに投ぜられた努力と地元の協力は膨大なものです。過去十四年のいきさつを知る者には、文字どおりの血と汗の結晶であると述べて誇張ではないと思っております。

確実に芽生えてくる希望

先日、同じく現地で十五年間、ガンダーラ遺跡の発掘調査を続けておられる元京都大学グループの先生が、病気にかかった学生を連れておいでになりました。この先生は、私の赴任直後、やはり腸チフスを患って治療したいきさつがあって、交流が続いていたのです。この先生が面白いことを言っておられました。

――自分も何の因果か、営々と十五年間もひとつの遺跡に人生をすりつぶそうとは思ってなかった。でも現地にいると、「郷に入っては郷に従え」という現地主義には案外落とし穴があり、小さな技術一つでも、現地任せでは粗雑な結果に終わる。現地の欠点も美点も呑み込んだ上で、外からの新しい眼、新しい方法が何かの実を結ばせるのではないか。そうでなければ、日本側はただ現地に金を貢げばよいということになる――という意味のことでした。

仕事は異なっても全く同感で、そもそも先生の研究対象のガンダーラ文化そのものが、ギリシャという西方からのインパクトの結果花開いた一大文化です。例えがおおげさですが、私達の仕事が、小なりといえども新たな創造を生み出す「外来の血」となりうるか、一つの挑戦だといえましょう。

世界中がゴタゴタしておりますが、現地事業を通して、混乱の中から確実に芽生えてくる希望を感じております。流すべき血は流し、後は祈るばかりです。病院建築現場の見回りをしながら、響く槌音《つちおと》が頼もしく思われるこの頃です。

54号

1997・12

新病院建設と新たな態勢

——人間の悪と良心の彼方にむけて

ラマザン

お元気ですか。

ペシャワールは一月に始まるラマザン（断食月）を前に、あわただしい動きとなっているようです（ちなみにペシャワールやアフガニスタンの人々は、まる四週間、日の出から日没まで、口に入れるもの——食事・水はもちろん、タバコなども絶ちます）。ラマザン明けは、イード（祝日）と呼び、イーデ・クルバーン（犠牲祭）と並んで、丁度日本の盆正月のような年の区切り目となります。人々はこの時期に普段の懸案を片付けることが多いようです。ラマザン中は患者たちは家で過ごしたがりますので、病棟も閑散として暇になります。大都市や上流階級の間では、この習慣が少しづつ崩れてきているようですが、ペシャワールはパキスタンの中でも保守的で、多くの庶民が厳格にこれを守ります。

次期三〇年に向けて

さて現在、ペシャワール会もこのラマザンに合わせるように、大きな動きが始まろうとしています。単に建築の問題だけではありません。会の現地事業が新年度を機に機構を一新しようとしているからです。

続けて報告してきましたように、私たちの今後の砦ともなるべき建築（新病院）は、立ち退きを求められた二年前、不安の中で募金活動が開始されましたが、幸い会員の方々はもちろん、たくさんの日本の人々の厚意を得て、現在着々と進行中です。地下と一階の工事は終わりつつあり、来年四月二六日に開院式が行われます。見切り発車でしたが、あとひと息です。

これを以《もっ》てペシャワール会の現地活動は十五年の節目を迎え、次期三〇年に向けて足固めが行われます。十五年という歳月は長くもあり、短くも感ぜられます。本当に様々なことがありました。この間、アフガン戦争を経過して一時は三〇〇万人の難民があふれ、身近に湾岸戦争やソ連の崩壊の余波を直接に受けました。

控えめに述べても、アフガニスタンやペシャワールは、世界でも屈指の困難な場所であろうかと思います。多くの国際救援団体が来ては去りました。日本でも国際化ブームが現れ、バブル崩壊とともに実を失いました。現地の気風――闘争や陰謀の渦の中で、紆余《うよ》曲折と失敗や成功を重ねながら、ペシャワール会もまた成長してきました。

新態勢

私たちの出発点であった「らい（ハンセン病）コントロール計画」への協力は、やっと形を成して、落ち着くところへ落ち着きつつあると言えるでしょう。しかし実は、取り組みはこれからなのです。建物は建っても中身が問題なのです。建物はいわばサザエの殻のようなもので、それが無いと生きられませんが、実際に生きて活動するのは中身です。その中身が私たちのいう「新態勢」で、まだまだ努力が求められるようです。

最大の懸案は、アフガン人とパキスタン人の共同作業です。と述べれば分かりにくいかも知れませんが、歴史的ないきさつから分断されたアフガニスタンとの国境は思いのほか固く、容易な仕事ではありません。これまでパキスタン側のＰＬＳ（ペシャワール・レプロシー・サービス）とＪＡＭＳ（日本－アフガン医療サービス）は別団体として活動していましたが、新建築を機に実質的な統合病院をなし、病院名もペシャワール会直轄の「ペシャワール会医療サービス（ＰＭＳ）病院」とし、両者を傘下に置く共通病院にするという構想です。

醜さと良心と

「いったいそれが可能なのか」とさえ危ぶむ意見もありますが、患者は両国から同じように、同じ症状で参ります。医療人としては、はがゆいかぎりで、敢《あ》えてその成就に挑戦する積もりでおります。アフガン戦争で平和を願い、そして今、国境で分断された人々の協調を掲げながら、ユーゴスラビアの悪夢を彷彿《ほうふつ》させる出来事の中で、いったい近代国家とは何だったのかとの思いを深めざるを得ません。敵意が集団的な規模で燃え上がるとき、いかに組織的な残虐が民族や国家や宗教の名で正当化されるか、私たちは嫌というほど見せつけられてきました。

病院はまた、「ハンセン病を含む麻痺性の疾患と感染症を主に取り扱う」というのがミソです。これにはハンセン病への偏見を一掃し、患者たちが来られやすくすると共に、自分たちだけが不幸だという思いを改め、かつ一般貧困層への医療サービスをも実施するという方針が盛り込まれています。

差別、敵意、憎悪、弱い者への驕《おご》り、ずるさ、金やモノへの執着、十五年を振り返る現在、私たちは本源的な人間の性悪さを極端な形で現地で見てきました。しかし、実はそれらの醜さは自分を含む誰の中にも潜んでおり、それ故にこそ、自分との戦いであることも知るようになりました。

そして、平和を掲げてそれらと対決しようとする良心、正直と勇気もまた、誰の中にもあることをも見てきました。私たちの活動が修辞や美辞麗句ではなく実事業を以《もっ》て、本当に国境を越え、人々に人間の真実への感覚を呼び醒ますことを心から祈るものです。

私たちは「国際医療」などと大言壮語はせず、黙々と事業を続けてゆくでしょう。

困難を覚悟で現地に留《とど》まり、現地にあって力となっている長期ワーカーたちの忍耐と勇気に敬意を表します。

みなさまの変わらぬ御協力に感謝します。

55号 1998・4

対立と平和　次期三〇年をめざして

再組織化に向けて

皆さんお元気でしょうか。

四月二六日の開院式を前に、いつになく緊張した気分でおります。建築も大変でしたが、それ以上に懸案の「再組織化」が難航に難航を重ねながら同時進行しており、今後のプロジェクトの動向がこの成否にかかっているからです。人員配備、役職と責任体制の明文化、給与基準の作成、予算編成、綱紀の粛正――一日が二四時間では足りません。新病院は「サザエの殻」のようなもので、それがないと確かに中身の貝は生きられませんが、現在殻も中身も新造中、そして中身が更に重要だからです。この「再組織化」の経緯を再度確認し、この開院式に重要な意義があることをお解り願いたいと存じます。

元来ペシャワール会の現地活動はパキスタン北西辺境州のハンセン病（らい）コントロール計画に端を発し、アフガン戦争による大量難民のケア、更に進んでアフガニスタン国内の山村医療計画へと活動を拡大してきました。この経過の中で一九八六年十月にＪＡＭＳ（日本―アフガン医療サービス）〔当初の名称はＡＬＳ〕が発足しました。ハンセン病はパキスタン北西辺境州・アフガニスタン北東部にまたがるヒンズークシ山脈の山岳地帯に多発し、国境をはさむ両側からの活動が痛感されてのことです。

しかし、このヒンズークシ北東山岳地帯はカラコルム山系に連なる広大な山岳地域で、その険しさはヒマラヤ以上です。しかも殆どが無医地区、ハンセン病の多いところはマラリアや腸チフスをはじめ、他の感染症・外傷も多く、ハンセン病だけを診《み》る活動は成り立ちません。そこで、ハンセン病コントロール計画は同時に「山村無医地区の診療モデル計画」となりましたが、依然として私たちのテーマは変わりません。

過去十五年の総決算

この十五年間、アフガン戦争のあおりで計画は紆余《うよ》曲折しながらも継続されてきました。時には戦火をくぐり、殉職者も出しました。現在、現地スタッフ一三〇名、二病院・三診療所・一診療基地に依って年間十五万名前後の患者診療を行なっていますが、これは実に、勇敢なアフガン人スタッフと日本の協力者たちの良心の結実と言えます。しかし、アフガニスタン安定の兆《きざ》しがない上に、関わってきた外国諸団体の規模縮小、地元関連団体の弱体化で、結局、ペシャワール会自らがアフガニスタン・北西辺境州のハンセン病患者（推定二万名）の合併症を本格的に診療できる事実上唯一の存在となりました。そこで、次期三〇年間を見越して態勢を立て直そうという訳です。これまでの野戦病院的な状態から半恒久的な基地病院とし、長期戦に備えるのです。――と申せば当然のようですが、それが一筋縄ではゆきません。これまで、アフガン医療サービス（日本―アフガン医療サービス）、パキスタン側＝ＪＡＭＳ（ペシャワール・レプロシー・サービス）の二本立てを統合するには、いくつもの難関がありました。元凶は民族的な対立・反目です。唯《ただ》でさえユーゴスラビアの縮小版を思わせる中で、両国籍者の統合チームは現地で「不可能に近い」と見られるのが常です。正直に言いますと、実はこちらの方が病院建築より困難でした。

新病院発足を機に、それを敢《あ》えてやろうとしております。「次期三〇年」とは決意表明の修辞ではなく、私たちが実際に行おうとしていることです。そのためには、基本的な医療モラルというよりは、基本的な人間の共通項――人としての在り方を基盤とせねばなりません。問題は、言葉では頷いても誰も実行しないことです。人間は性悪というべきか、悲しいかな、他への敵意を共有する安っぽい仲間意識に流れやすいものです。そして、それが仲間内では楽なのです。民族対立、戦争と内乱の悪夢も、世の派閥抗争も、何一つ明るいものをもたらしませんでした。多くの部下と仲間を失い、殺伐さと敵意だけが残りました。「平和」。この一語にどれだけ私たちは憧れてきたことでしょう。しかし、実際こうして民族間の壁を突き破り、自分たちの組織統合を図ろうとすれば、自分たちもまた、心の奥深くに抗争の種子が宿っていることを実感せざるを得ません。俗にいう進歩や豊かさは、人間の品性の退化と隣り合っているのではないかとさえ思います。敵は実は我々の中にあります。

特別に意図したことはありませんが、この事業を通して少しでも人間の本質に迫ることができたのではないかと思っています。新病院と新態勢は、形においても、精神的な意味においても、過去十五年間の総決算であり、新たな挑戦です。私たちは天下国家を論ぜず、体当たりで目前の矛盾と不条理に対峙したいと考えております。ペシャワール会（日本）の存在が、敵対する人々を束ねる良き中和剤としての活力の源となることを祈るものです。

建築の現場監督に

話を新病院の建築に戻しますと、結局、設計から施工までペシャワール会で行ないました。現地の設計士から示されたのは、地元の風土と機能に合わせた原案からほど遠く、空調設備を前提とする「近代設計」。光熱費だけで維持費がパンクしそうな建物。これを強硬に修正させ、原案に近いものとしました。次に、こちらが機材の品質・値段を監視したところ、利益薄とみた業者が途中で逃げるという事件もありました。そこで、ペシャワール会側で雇っていた建築技師に管理させましたが、これも予算と理想との戦い。天井知らずのインフレによる機材の値上がり、円安。予期せぬ付帯工事——井戸のボーリング、電線の引き込み、新たに制定された税法などによる予算オーバー。例年より三週間早い雨季で工事の遅延。建築の常として不明瞭な会計。結局、重要部分は私が現場で直接指揮を執りました。

この数ヵ月というもの、医者というよりは工事現場監督と言う方がふさわしく、たしかにガラスに映る我が身を見れば、まるで白鯨を追うエイハブ船長の如くあか抜けせず、しばしば現場で「日本の建築アドバイザーですか」と尋ねられるのも理由なしとしません。

二月二二日、外壁と内壁ができあがり、内装の段階になりました。地下一階と地上二階の広壮なものです。これこそ役得でしょう、雨上がりに屋上に立てば、周囲は緑の田園に囲まれ、カイバル峠をはじめ、スレイマン山脈が一望に見渡せます。排気ガスと埃の覆う文化の巷《ちまた》を低く見て、空はあくまで青く、幾多の闘争がウソのように思われます。

まだ少し不足ですが、日本からの建築募金は三年前見立てた目標額五千万円を達成。最初の頃、見切り発車で不安でしたが、天はまだ見放さないようです。この不景気の大合唱の中、人々の温かい心づくしに幸せな気分でおります。これは、多くの人々がレンガを一つずつ持ち寄ってできたような、思いが込められた病院です。

オアシス！　その存在そのものが、語らずとも人間らしい精神の健在を証明し、この荒んだ世相で不安や怒りを鎮め、患者たちも憩い、私たちも憩える「ささやかな平和の空間」を守り抜きたいと思っております。紙面を借りて、病院建築募金に協力してくれた多くの方々に衷心から感謝申し上げます。

chapter

IV

56号 (1998.7) ～64号 (2000.7)

1998 （52歳） 5月、インド、パキスタンが核実験

8月、米国、ケニアとタンザニアでの米国大使館爆破事件に対する報復として、関与したテロ組織の拠点とされるアフガニスタンのジャララバード近郊とスーダンの施設を巡航ミサイルで攻撃。タリバン政権に対し容疑者の身柄引き渡しを要求

9月、PMS、パキスタン最北端のラシュトに診療所を開設

タリバンが北部アフガニスタンを制圧。反タリバン勢力マスード派がカブールを攻撃

11月、PMS基地病院へ移転開始

1999 10月、パキスタン軍ムシャラフ参謀総長、無血クーデターにより政権掌握

11月、PMS、コーヒスタン（パキスタン）に診療所を開設

同月、国連がタリバン政権に対し外国資産の凍結など経済制裁を発動

2000 **5月、JAMSの名称を廃止し、アフガニスタン側事業はPMSが直轄、「PMSアフガン・プロジェクト」と改称**

6月、国連機関、アフガンを含む中央アジア全域で深刻な干ばつが拡がっている事実を報告

56号――1998・7

対立越える不動の基地を
――現地活動は新たな時代に

□一九九七年度を振り返って

多忙な一年であった。月日の流れるのは早いものである。ペシャワール会の現地活動は、十五年を経過して第一期を終え、次期三〇年に備えようとしている。これに合わせるように、一九九七年度は内外で劇的な動きが重なった。もはや、「流動的情勢」が常態となり、追われるように時間が過ぎ去ったような気がする。

どんな生活も、どんな場所も、それなりに世界の縮図である。しかし、ペシャワールでは、人間の本質と世界について考えさせられる劇的な光景が次々と展開する。九七年度は、まさに過去十五年の総決算といえる状況であった。は しなくも露呈した悲観的な実情を述べれば、枚挙に暇《いとま》がない。やや誇張すれば、およそ人間の弱さを示す、ありとあらゆる困難と悲劇に遭遇した。盗賊や戦争など、眼前の命の危険ならまだ分かりやすかった。だが今や我々の敵は、裏切り、嫉妬、疑い、敵意、無理解、残虐、物欲、金銭への妄執、名誉欲、誹謗中傷、傲慢、臆病、怠惰――およそ人間内部の全ての弱さとの対決であったと、抽象的な言い方を許していただきたい。

それでも、何のために、ここまで苦労を重ねなければならないのか、少しは洞察を得たような気がする。私たちは、この世界的な混乱の中で、人間そのものと静かに向かい合っているのである。外国人が現地の欠点をあげつらい、批判したりあざ笑ったりすることはたやすい。実際、技術面だけでも、ごく基礎的な改善に膨大な精力を投じなければならない。子供だまし的な扇動で人々は容易に動揺する。対立するグループをまとめるのは尋常ではない忍耐を要する。しかし、目を凝《こ》らしてみれば、小は院内の対立から大は核実験に到るまで、彼らの弱さは実は私たちの内部にもある弱さではなかったろうか。罪のない者のみが石を投じなければならない。* 殆どの外国人プロジェクトは惨憺《さんたん》たる結末に終わったが、だからこそ我々の存在意義があることを強調したい。もし全てが優等生的に進むなら協力は無用である。

確かに状況は暗い。人間の本性に対する過剰な信頼、科学技術への楽天的な信仰は、世界的な規模で打ち壊された。ペシャワールでは、それらが漫画的に拡大されて見える。身近な核戦争の恐怖は、世紀末的な不安を蔓延《まんえん》させた。この中で、私たちの活動が、対立を融和に、敵意を平和に転化し、金や権力で揺るがぬ不易《ふえき》のものを求め、確実な事業を通してそれを実証するための希望となっている。新たな出発は、時代に対する一つの挑戦である。

一九九八年度も力を合わせて難局を切り抜けてゆきたい。

□一九九七年度の概況

九七年度は、最大の試練の年であった。この十五年の間に堆積した弊風を一掃し、日本国内の経済停滞と現地の政治的混乱・インフレが進行する中で、次期三〇年へ向けて本格的な再編成が着手された。最も多忙な年になったといえよう。困難を極めたのは、アフガン・プロジェクト（JAMS　日本－アフガン医療サービス）とパキスタン・プロジェクト（PLS　ペシャワール・レプロシー・サービス）の統合である。

この統合の要《かなめ》になる筈の「PMS（ペシャワール会メディカル・サービス）新病院」の建設も難航し、本格的に着工できたのは一九九七年五月を過ぎてからであった。当初危ぶまれた病院建設基金は、日本側の多大の努力によって目標額を達成、開院式を四月二六日に行なった。六十余名のペシャワール会関係者の現地訪問は画期的で、現地にも大きなインパクトを与えたが、円の下落とインフレによって完成が遅れており、九七年度内移転は実現せず、一九九八年九月に延期された。


とは言え、これを機に十五年の間に蓄積された経験をもとに、新病院に拠って教育・診療態勢を一新、長期活動のための財政的配慮が緊急課題となった。日本からの長期ワーカーを増員、ハンセン病診療と共に、より組織的な臨床教育、より効率的なフィールドワークと僻《へき》地診療が準備されつつある。

一九九八年五月にインド・パキスタンの核実験が行われ、両国の関係が緊張、パキスタンの政情は騒然とした。一方アフガニスタン北部は二度の大地震に見舞われて数千名が死亡、目的地のひとつ、バダクシャンは壊滅的な打撃を受けた。しかし、ペシャワールは概《おおむ》ね平穏で、今のところ我々の計画に大きな影響はない。

パキスタン北西辺境州とアフガニスタン情勢

一九九五年以来、タリバン（神学生＝原理主義グループ）勢力は依然としてパシュトゥン部族を中心に、アフガニスタンの三分の二を支配している。厳しいイスラム法の統治下で治安は安定しているが、都市知識層・中間層は殆どがカブールを脱出、ペシャワールに逃れている。このため再建は遅れ、都市部を中心にする貧困層は劣悪な環境におかれている。

カブールやジャララバードには一〇〇団体を越えるNGOがいるが、見るべき活動はない。アフガニスタン北部では、パンジシェールのマスードやハザラ族のイスラム統一党が割拠してタリバンと対峙、こぜり合いが続いている。アフガニスタンの復興はまだ遠いようである。

一方、パキスタンではカシミール問題をめぐって対インド関係が悪化していたが、九八年五月、インドが地下核実験を行うに及んで緊張は頂点に達した。この報復にパキスタンが同様の核実験を強行、ここに戦後世界を律してきた秩序に終止符がうたれた。それでも、ペシャワールや北西辺境州・アフガニスタンでは、概ね人々は無関心であり、その日の生活に精一杯であるのが実情である。通貨ルピーも下落を続けており、国庫の大部分をＯＤＡ（政府開発援助）に仰ぐパキスタンは、ＩＭＦ（国際通貨基金）や日本からの借款が停止すれば、小麦の輸入さえ危うい状態である。何《いず》れ国内の混乱は避けられない。

今後どのような展開があるのか予測し難いが、経済制裁などで庶民の生活はさらに窮迫するだろう。日本からの補給は更に困難が予想される。

ＰＭＳ病院の建設

既に報告したように、一九九五年四月に近辺の家主に移転を要求されて以来、病院建設は、現地プロジェクトにとって最大の懸案であった。不動の基地がなければ、長期活動はおぼつかない。そこで、一九九六年十二月に連邦政府登録の国際団体「Peshawar-kai Medical Services」を、同時に北西辺境州政府には「Peshawar-kai Rehabilitation Extension Programme」という名称の、社会福祉法人を発足させた。これは、①土地と建築物の所有はパキスタン国籍の団体に限られること、②アフガニスタンとパキスタンの活動を同一傘下に収めなければ、基地病院の機能化が危ぶまれることによる。

この法的基盤の上に、一九九七年一月、建築が開始された。かくして「病院建設」は、単に基地病院の確保のみならず、旧態勢を一新してパキスタン・アフガニスタン両チームを統合、かつ長期継続のための経費節減（ちなみに病院の家賃は年間予算の十五％を占める）、臨床教育の整備、日本人長期ワーカー確保、日本と現地との交流促進など、名実ともに新態勢発足の要となる重大な意義を帯びたのである。しかし、付近住民の反対運動などで二転三転、最終的にペシャワール郊外の農村に土地を買収して実際の建築が開始されたのは、九七年六月になってからであった。

建設は予期せぬ長期の雨季、機材の高騰、日本からの補給困難、内部の足並みの乱れなどで遅れに遅れた。一度は中途で放棄され、土地購入はもちろん、最終的に設計から施工までほぼ日本側ペシャワール会単独で行わざるを得なかった。九八年四月二六日にやっと基本部分を完成、日本から六十余名を迎えて「開院式」が執り行われた。実際には工事は日本からの補給を頼みとしていまだ進行中で、移転は九八年九月中旬となる。

新病院の概要は以下の通り。

病床数　七〇床
予定外来数　一〇〇～二〇〇名／日
病院敷地面積　七二八八㎡
病院建築面積　三六〇〇㎡
総工費　約六八〇〇万円

うち約九〇％を充足。最低必要部分を八月までに完成後、移転予定。

なお、院内にはスタッフの訓練、教育施設、日本人（ペシャワール会員や医療関係の訪問者）のための宿泊施設も含まれている。

これによって、旧ＪＡＭＳ（日本―アフガン医療サービス、在ペシャワール）病院をＰＭＳ病院に統合、一部は「ＰＭＳ分院」としてカブール避難民のための外来機能だけを残し、主にアフガニスタン内部の三診療所の統括を行う。

□パキスタン・プロジェクト

旧ＰＬＳ（Peshawar Leprosy Service）は、四月二六日を以《もっ》てＰＭＳに統合された。以後「ＰＭＳのパキスタン・プロジェクト」と呼称する。関係機関と協力は続けているが、ハンセン病の合併症をまともに治療できるのは、全北西辺境州とアフガニスタンで、ＰＭＳ病院以外になくなった。

九八年四月二六日の開院式に出席した日本側訪問団の影響は画期的で、北西辺境州大統領（知事）・日本大使・ＪＩＣＡ（国際協力事業団（現・国際協力機構））パキスタン事務所も列席した。これによって、行政側は一挙に好意的となり、めんどうな政治的折衝などの困難が減った。

一九九七年度は、建築に忙殺されて、ややフィールドワークが鈍ったが、それでもコーヒスタン地域に着手した。チトラールでは、一九九五年以来のヤルクン川流域の踏査と定期診療調査をほぼ完了し、マスツジ診療基地が確保された。

診療スタッフの訓練は、かなりの被訓練者を処分したが、綱紀粛正の上でやむを得ない措置であった。それでも九八年四月から、より組織的に実施、現在九名が学んでいる。

一九九七年度の診療実績は別表（360頁）の通り。

□アフガニスタン・プロジェクト

旧ＪＡＭＳ（Japan Afghan Medical Services）も、四月二六日を以てＰＭＳに統合された。以後、同様に「ＰＭＳのアフガニスタン・プロジェクト」と呼称する。「ＪＡＭＳ」の名称はＰＭＳ支部として残し、アフガニスタン国内の山村無医地区と、越境もできない貧民を対象にする診療態勢の足固めを行う。

ＰＭＳへの統合の背景

ＰＭＳへの統合に対して、相当の抵抗がペルシャ語系のアフガン人側からあったが、ペシャワール会活動の本旨を貫くべく、予定を強行した。一九九八年度は新病院を足掛かりに統合体制をさらに完成し、活動を強化する予定である。

現在アフガニスタンは、三分の二を支配下に置く「タリバン（神学生）」勢力、北部の「反タリバン」諸勢力が割拠し、小ぜり合いを続けている。だが、農村部は比較的安定しており、都市部の方が困っている。特にカブールの貧困層は最悪であり、ペシャワールに来られる中間層はまだ恵まれているといえよう。

元来ＰＭＳは、アフガニスタン国内最大のハンセン病多発地帯・バーミヤンを目指すと共に、最貧層の診療を対象としている。しかし、旧ＪＡＭＳ病院（ペシャワール）では、難民大量帰還後の一九九三年以来、次第にカブールからの都市中間・富裕層が主な患者となりつつあった。加えて、旧ＪＡＭＳスタッフの大半がカブール市民、それもパンジシェール出身者が多く、当然アフガン・プロジェクトの予算の相当部分がこれらカブールからの患者達に割かれるようになっていた。更に、しばしば「アフガン・ナショナリズム」で排他的な集団を形成してパキスタン側と対立した。また、日本側管理の緩んでいたこの数年で診療技術の質が低下していたことも否めない。

「ＰＭＳ統合病院」の背景は、このような事情も絡んでいる。ペシャワール会は今後も、あくまで国境を越えた活動、ハンセン病と最貧層を対象とする方針を堅持する。

一九九七年度は、無医地区診療所に勢力を投入させ、旧ＪＡＭＳ病院の規模縮小を行なった。しかし、本旨はプロジェクトの縮小ではなく、むしろ強化である。旧ＪＡＭＳペシャワール病院は、一九九八年度中に更に縮小、最貧層へのサービスの方策を模索させている。九八年六月に小林医師が実情の調査に乗り出した。

□一九九八年度事業計画

1　ＰＭＳ病院

予期せぬ諸事情が重なり、あと少しの所で完成が遅れている。九八年九月初旬までに基本部分の内装を完了して移転予定。既述のように次期数十年の活動は、この病院完成を前提としている。現在、全力を挙げて取り組んでいる。

病院においては、教育・診療態勢の充実だけではない。中産階級以上の一般診療は料金制を実施、病院の半独立採算性の可能性を探り、日本側の財政負担を大幅に軽減する予定である。これによって、日本からの補給を、ハンセン病などの機能障害を抱える患者、極貧層、無医地区の住民の診療に集中することが可能になる。

2 チトラール・ラシュト診療所

既に九五年から調査を開始、夏期定期診療による偵察をほぼ完了させた。九八年六月より常駐基地を設営開始。早ければ九九年一月から常時七名の常駐態勢をとる予定である。

3 コーヒスタン定期診療

インダス・コーヒスタン地域は深い山岳地帯で、狭い谷あいに人口が密集している。遠隔地であると共に、治安の面から医療活動が殆ど及んでいない。一九九七年二月の偵察診療以来、次第に実情が明らかとなってきた。ハンセン病の一大多発地帯であると同時に、腸チフス・マラリアなど感染症の巣窟である。パキスタン北西辺境州政府の協力で、放置されているＢＨＵ（Basic Health Unit〔一次診療所〕）の施設を譲り受け、駐留基地とする。但し、一九九八年度は余力がないので場所を確保して定期的な偵察診療を重ね、さらに事情を調査する。

4 診療助手の養成・教育態勢の強化

ペシャワール着任以来、自前の現地スタッフ訓練は、絶えざる課題であり、試行錯誤の連続でもあった。まだまだ不十分ではあるが、ペシャワール会ＰＭＳ病院の建設によって、教育スタッフを充実し、組織的なカリキュラムを実施できるようになった。特に看護スタッフの増員と質の向上は急務であり、九八年度の大きな目標の一つに掲げている。年度末までに訓練生二五～三〇名を予定。成功すれば、将来のアフガニスタン復興にも必ず貢献することになる。

5 日本からの研修生の受け入れ

年度末までに教材、教育要員、宿泊設備を新病院内に整え、医学生などの短期研修受け入れを一九九九年度から実施予定。現地と日本のつながりを強めるだけでなく、日本で最近増加しているマラリアなど「輸入感染症」について充分に学ぶ機会を与えることも出来る。

6 日本からの長期ワーカー増員と待遇改善

一九九八年六月から、藤井卓郎氏（三五歳、イスラマバード語学院・ウルドゥ語科を卒業）が長期ベースで着任の予定。ＰＭＳ病院でペシャワール会現地連絡員の任に当たる。今後とも、長期ワーカーの存在無しに現地事業は困難であるので、彼らが安心して長期の仕事にうちこめるよう、十分な配慮が必要になってきている。これも今後の大きな課題である。

＊新約聖書「ヨハネによる福音書」八章七節のイエスの言葉「あなたがたの中で罪のない者が、まずこの〔姦淫した〕女に石を投げつけるがよい」を踏まえる。

1997年度 診療実績

1997年度の診断実績は以下のとおりで、総計156,029名が診療を受けた。

総診療数　156,029名					
診療所／病院	外来数	外傷治療	入院	鍼灸治療	巡回診療
旧ＰＬＳ病院（ペシャワール）	10,174	3,626	580	214	753
旧ＪＡＭＳ病院（ペシャワール）	41,657	2,245	619	3,245	1,510
ダラエ・ヌール診療所	30,363	1,861	－	－	－
ダラエ・ピーチ診療所	32,131	1,358	－	－	－
ヌーリスタン・ワマ診療所	24,452	1,241	－	－	－
総計	138,777	10,331	1,199	3,459	2,263

検査数内訳　検査総件数　65,549名						
	血液一般	尿一般	便一般	らい菌	リーシュマニア	その他
旧ＰＬＳ病院（ペシャワール）	1,266	1,315	976	444	226	775
旧ＪＡＭＳ病院（ペシャワール）	5,603	5,744	5,497	27	3,455	12,505*
ダラエ・ヌール診療所	2,664	2,437	3,149	不明	94	502
ダラエ・ピーチ診療所	2,906	2,239	3,568	2	75	1,064
ヌーリスタン・ワマ診療所	2,773	2,638	3,166	不明	15	424
総計	15,212	14,373	16,356	473	3,865	15,270

入院サービス内訳

	入院数	手術数	理学療法例	その他
旧ＰＬＳ病院（ペシャワール）	580	66	2,304	医学生受講134名
旧ＪＡＭＳ病院（ペシャワール）	619	1,172	0	*

＊入院サービス「旧ＪＡＭＳ・その他」の内訳

X線単純写	3,090	肝機能など生化学検査	1,176
腹部エコー	2,766	胃内視鏡	640
心電図	929	病理組織検査	175
細菌学的検査	1,371	免疫学的検査	1,134
結核菌検査	326	その他	898

ＰＭＳの現況

	合計	ＰＭＳ本院・パキスタン計画	分院／アフガニスタン計画
スタッフ総数	143名	67名（被訓練生 9名）	76名（うち 5名が 9月転出）
（うち医師）	（20名）	（ 8名）	（12名）
（日本人）	（ 3名）	（ 3名）	（なし）

	１日外来診療能力	所在地	カバーする人口
ＰＭＳ本院	100～150名※1	ペシャワール	（不定）
ＰＭＳ分院（ＪＡＭＳ）	約100名	ペシャワール	（不定）
ダラエ・ヌール診療所	約100名	ニングラハル州	約20万名
ダラエ・ピーチ診療所	約 80名	クナール州	約10万名
ヌーリスタン・ワマ診療所	約 60名	ヌーリスタン州	約 5万名
移動診療班	50～100名	（不定）	（不定）
ラシュト診療所※2	約 50名	チトラール北部	約 2万名
マスツジ診療基地	（ラシュトへの中継基地で特に診療は行わない）		

※1 実際は現在50名で、教育に時間を割いている。年度末に同能力に達する。

※2 ラシュト診療所は11月から予定。

ワーカー派遣事業

1997年度は、以下の人々が現地で協力を行なった。全体に、現地体験と臨床経験の豊富な長期ワーカーが増して、診療の質向上と共に、ＰＭＳ新体制発足に大きな貢献をした。現地はもちろん、これら長期ワーカー達の協力なしに、この難局を乗り越えることは出来なかっただろう。心から感謝したい。

今後、さらに日本側との交流を深め、新施設では日本人医療関係者の熱帯病や輸入感染症などを学べる場を提供する予定。

名前	派遣期間	職種	所属
藤田　千代子	1990年 9月～現在	看護婦	元福岡徳洲会病院
小林　晃	1997年 2月～現在	医師	徳之島徳洲会病院
林　達男	1997年11月～98年 4月	鍼灸師	元新光園勤務
松本　繁雄	1998年 3月～98年 5月	検査技師	元邑《お》久《く》光明《こうみょう》園

PMS（Peshawar-kai Japan Medical Services）の現状

現地プロジェクトとＰＭＳ新病院下の管理体制

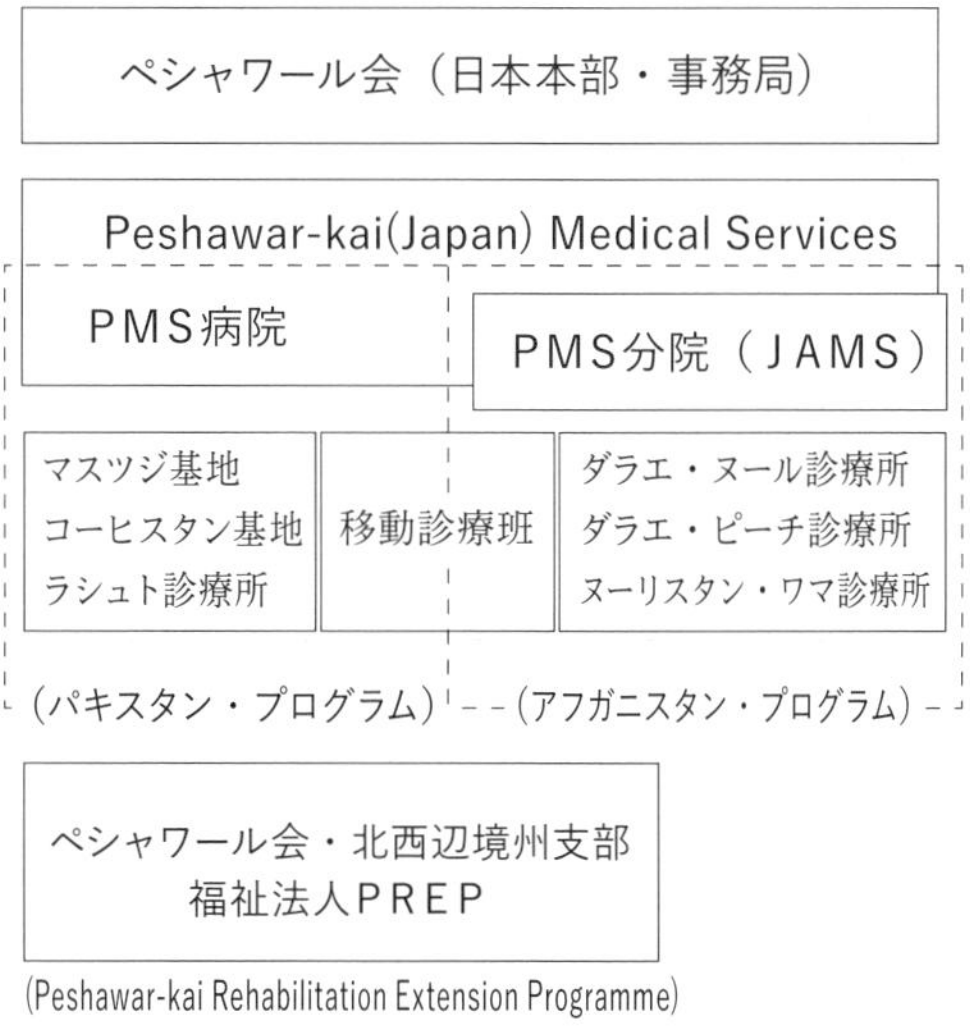

57号 1998・10

◎新病院への移転を目前に控えて
不安のはびこる世なればこそ確固たる実事業を

病院いよいよ移転

みなさまお元気でしょうか。

今年はパキスタンもアフガニスタンも大荒れの中で年を越そうとしています。

ご記憶のように、八月の米国によるアフガニスタン巡航ミサイル爆撃、九月にタリバン（神学生）勢力が北部アフガニスタンを制圧、反タリバン勢力マスード派がカブール攻撃、続いてイラン・アフガニスタン国境が緊張し、アフガン和平が遠いことを印象づけました。他方パキスタン国内では五月の核実験に続く政治的混乱と天井しらずのインフレ、もはや混乱が常態であるかのようです。

しかし、ペシャワールの町はいたって平静に見えます。ただ身近に感ずるのは膨大な失業者があふれていることです。生活の糧《かて》を求めて流入するカブール避難民はひきもきらず、パキスタンもアフガニスタンも、人々は生きるのに精一杯です。戦争と政治に裏切られてきた彼らは「政治改革」に多くを期待しているようには見えません。自国の国際的事件さえ、まるで他人事のようにさめて眺めているようです。

§

さて、新病院建設は大詰めに差しかかっています。九月下旬に基本診療部分を完了、十月初旬、いよいよ移転の準備が始まりました。けれど、一口に「移転」と言っても、これがまた一筋縄でゆかないのです。井戸の掘削は一年前に終わっていたものの、支払がこじれていたポンプ屋との交渉の末に水が出始めたのが十月十日、下水路の排水が出来たのが十月十一日、ガスは現在配管中というありさまです。

各部署手分けで、宛てがわれた部屋のカーテンの準備、作り戸棚の設置、ガス栓・芝生・植え込みや通路の位置の決定、絶対必要な備品の購入、みな汗だくで準備です。その上に通常業務をある程度こなさねばならないので、過剰な負担がかかりがちです。万事、日本のペースでは参りません。加えて、パキスタン北辺のラシュト診療所の設営隊は、七月以来、機材輸送に悪戦苦闘、二週間交替ですでに順次七隊を送り出して、越冬準備を進めています。間もなく第八次隊が出発して基本部分を完成します。

さらに、これと並行して新体制の確立があります。パキスタン・アフガニスタン側のスタッフ給与の一律実施、そのための給与基準の策定、薬局・検査部・医局・事務部の責任分担の調整など、新組織の運営態勢の整備も進められています。

「消耗戦」も最終局面に

この移転を以《もっ》て「新体制」となる訳ですが、期待と不安が入り交じっているというのが実情でしょう。これまでの「一時的な野戦病院体質」から脱皮して、長期不変の基地病院とするには、まだまだ相当なエネルギーをつぎ込まねばならないでしょう。

まさに、この十五年中で一大転機となる様変わりですが、それでも大局的に見て、建設をめぐる消耗戦は最後の段階に来ていると判断しております。思い返せば、病院建設を計画した四年前の一九九四年十月、誰がそれを本気で信じていたでしょうか。ラシュト診療所開設にしても、最初のヤルクン河踏査を開始した三年前、スタッフたちは「不可能」を連発、本気にしていなかった節《ふし》があります。

基地となる統合病院を設けて、北辺チトラールからワハン回廊―パミール・バダクシャンへの道を開く。言うは易く行うは難し、です。この四年間の現地・日本双方の努力は、誇張なく汗まみれ、血まみれというべきで、膨大なエネルギーが投ぜられました（日本側は円安による不況のただ中、自転車操業どころか、当てのないやりくりと募金活動を行い、診療所を入れますと、実に集めた約六五〇〇万円が建築に費やされました。現地の物価感覚から言えば、日本の十億円規模に当たります）。

現地もまた、乏しい補給をさらに減らしながら、円安による財政危機を乗り越え、強盗や内乱と戦いながら、年間十五万人以上の診療を続けました。組織再編の着手に当たっては、パキスタン・アフガニスタン側双方が争う中、法的整備を強行して「パキスタン国籍のペシャワール会」を組織、病院所有の合法性を獲得、統合への道を切り開きました（330頁・51号参照）。

新たな始まり

失敗談や苦労話を語れば、おそらくキリがないでしょう。ただ理解していただきたいのは、この不安定な世相にあって、ペシャワール会・四千名の会員、事務局の人々、一四〇名の現地スタッフとワーカーたち、周辺の協力者たち、それぞれが思いと希望を託し、無数の良心的協力が結晶したということです。

ここに予定通り、眼前に私たちの基地病院がそびえております。病床約七〇床の中規模のものですが、四月の仮開院式に出られた方は、十五年を思って感慨をもたれたことでしょう。しかし、これは新たな始まりに過ぎません。私たちの関心は建物ではなく、この地域の貧困層と世に見捨てられた人々の診療にあります。

前後して新たに小林医師一家が長期予定で赴任し、現地ウルドゥ語の研鑽を本格的につんだ藤井さんが「連絡員」として加わり、心強い限りです。赴任九年を経た古参の藤田さんも婦長として健在です。

現地の諸外国団体が完全撤退に近い中、吹けば飛ぶような日本の小さな民間団体が、実質活動を発展させつつあるのは、大いに愉快とすべきです。過去のいきさつを知る私たちは、どんな巧みな議論も、どんな美しい理念も、それが紙の上に止《とど》まる限り、困難に遭遇してあえなく潰《つい》える事実を見せつけられてきました。時には詐欺まがいの「国際プロジェクト」が評価されたり、現地でひんしゅくを買う団体が自国で英雄視されたり、さまざまな明暗を見てきました。「国際化」「ボランティア」「国際協力」……これらの流行語はどうも、私たちとは無縁のような気がします。

この不安と狂気の時代にあって、たとい世界が破滅しようと、人が人として立つべき地点をめざすこと、それ以外に何があるでしょう。理屈ではなく、新病院に象徴される実事業を通し、人が失ってはならぬ確かな何物かを、心ある人々と共に証してゆきたいと思っております。

移ろう世の中であればこそ、今後も変わらず、ご協力をお願いするものであります。

58号
1998・12

◎新病院への移転を終えて
世の様々な不安をよそに、現地事業は潑剌《はつらつ》と継続

「強制移転」開始！


お元気でしょうか。

今回の現地からのお知らせは、何と言っても新病院への移転のことです。

十一月三日、待ちに待った移転の決定が行われました。去る四月二六日、五十余名の日本からの訪問団の列席の中、ペシャワール会病院の仮開院式が盛大に行われたことはご記憶のことと存じます。

しかし、物価高騰や政情不安に悩まされ、送金さえ一時困難となり、加えてのノロノロ工事、私だけではなく、スタッフたちの忍耐も限界に達しました。移転は、日本側は簡単に思えるかもしれませんが、ただの「移転」とは訳が違います。新体制の実現がこの一点にかかる局面です。延期を重ねれば、患者は治療の場を失い、スタッフの士気も

低下し、プロジェクト全体に致命的な影響が出ます。しかし、九月下旬の予定が十月下旬となり、工事側はさらに延期を要求してきました。そこで、このままではプロジェクト自身が崩壊すると見て、過去二年間の神経戦に終止符を打つべく、ついに十一月一日、移転を通告、外来を停止して全スタッフを総動員、半ば「強制移転」に踏み切りました。

ただ実行あるのみ

十一月三日、全スタッフ八十余名は建築現場に殺到、自らの手で清掃を始め、必要備品をそろえるためにバザールを駆けめぐり、ガス・水道・電気なども点検・修理を行い、積年の恨みを晴らすように、朝から晩まで真っ黒になって働きました。

圧倒的な気迫に押された工事関係者は、残余工事を急ぎ始めましたが、建築を巡る騒動で疲れはてたハンフリー氏（元事務長）は既に退職、大げさに言えば、小生が戒厳令指揮官となり、「議論は無用。ただ指令の実行あるのみ」と述べ、まる一ヵ月間、文字通り寝食の時間も惜しんで新体制づくりに没頭しました。実に十五年目の一大転機、立つか倒れるかの瀬戸際だと思われたのです。

掃除人から医師に至るまで清掃に追われるころ、周辺の住民からの苦情の解決、配水設備の整備、ジェネレーターの点検、都市ガスの導入、警備体制の強化、輸送の手配、法的手続き、電話の設置、雇用と解雇……目が覚めてから眠る直前まで、この状態が小生のうちにもう二度と来ないことを祈ります。

診療開始とともに患者が殺到

新病院は「市街区外」にあるので、昼間の田園風景は心和みますが、これは知らぬが仏、実は事実上法秩序の及ばぬ所で、警察も手出しできません。移転直後、病院の門前で二名仇討《あだ》ちをめぐる事件が起りました。川向こう一〇〇メートルとない交番は見て見ぬふりでした。おびえるスタッフが続出したので、鉄条網を敷地周辺にめぐらし、門衛を増員して自動小銃で武装、警備を固めました。また、PMS（ペシャワール会医療サービス）病院の分院であるJAMS（日本―アフガン医療サービス）と話し合い、スタッフの輸送も手配しました。

小林先生が新しい外来システムの実施や、薬の管理、新しく参加した研修医たちの指導に力を尽くしました。藤田婦長は、六〇室以上もある部屋の鍵の管理、厨房・ガス・電気など建物管理に目を光らせ、余りの忙しさに一度はあわてて転倒、脳震盪《しんとう》を起こしました。会計担当の藤井さんは、矢継ぎ早に出される物品購入の仕訳でてんてこまい、深夜まで仕事に追われていました。

現地スタッフの非能率とチームワークのなさは、初めから分かっていたことですが、やはり危急の時はイライラするものです。日本では考えられないハプニングの続出、やっと外来を開けたのは、移転開始後三週間を経た十一月二四日のことでした。それでも、この地では異例の組織されたチーム、周辺農村の住民の信頼は厚く、外来患者は三日目には一〇〇名を突破し、さらに増え続けています。

最も心配していたアフガン人・パキスタン人の間の紛争は皆無でした。新規雇用者の中にだけ、アフガン人の多いことをとやかく言う者がありましたが、即時解雇し、このことは特に念入りに全スタッフに徹底させております。

「無視された地域」へ

この引越騒ぎで余り目立ちませんでしたが、もう一つ特筆すべきは、三年をかけて踏査したパキスタンの最北端、ヤルクン川上流に活動範囲を拡大したことで、去る六月ワハン回廊をにらむ国境地帯に歩を進め、ラシュトという村に診療所建設を始めました。これも十月中旬までに基本部分を完成、常駐態勢を敷き、今年が初の越冬です。標高三四五〇メートル、まともに行けばペシャワールからジープで二日、さらに徒歩で二―三日の所ですから、夏に外国の登山者をまれに見るだけで、誰も来ません。

あえてこの場所を選んだのは、パミール高原の南部に当たるワハン回廊が、桁外れの山岳の無医地区、ハンセン病が多いとにらんでいる上に、ほとんど無視された地域だからです。彼らの唯一の薬品が鎮痛剤の代わりに用いられるアヘンですから、いかに貧しい医療事情か、想像できましょう。主としてワヒ族とタジク族が住み、ヤルクン川沿いにチトラール方面に人々が入ってきます。これは出稼ぎ、放牧の人々で、一週間、二週間歩いてやってきます。彼らはたいていラシュトあたりを通過しますから、将来に向けて充分な情報と住民との親交を深めることができます。

七月から診療部長のジア〔ウル・ラフマン〕医師の指揮で悪戦苦闘、機材を搬送して、三ヵ月かかりました。この診療所建設に当たっては、三年間の準備期間を要し、面白い話もありますが割愛します。

十五年目の結論

かくて、世界中が不況・経済不安におびえるのを尻目に、多々苦労はありますが、溌剌《はつらつ》と現地事業が進んでいるのは、不思議でもあり、幸せでもあります。

PMS病院の朝礼は毎朝八時、次のような建業精神の復唱で始まります。

一、我々は、貧しい患者への助けを通して神に仕える。
二、我々は、国籍・宗教と、あらゆる別《わ》け隔てを超えて協力する。

三、我々は、公私混同を厳しく避ける。
四、我々は、病院の職務規定に服従する。

簡潔すぎるかもしれませんが、これが十五年目の結論と方針です。「何をいまさら当然のことを」と思えますが、当然のことが当然でない、この世界。宗教と民族紛争が新聞の紙面を連日埋める中、これがバラバラになりがちな現地の、多様な人々を結び付ける共通の絆であり、掟でもあります。

現地では、こまごました話は通用しません。良いことも悪いことも、おおらかに分かりやすいのです。言葉で人を丸め込むことはできません。「事実を以《もっ》て真実を語れ」。これが私たちのスローガンです。今年は、インド・パキスタンの原爆実験があり、アフガニスタンの騒乱あり、イラン・アフガニスタンの緊張あり、内外ともに大混乱のうちに経過しましたが、ひとつの大きな礎石がおかれた記念すべき年となりました。

すさんだ世の一服の清涼剤として、営々と事業を進めていきたいと存じます。

日本にあって我々の事業を支えてくれる良心的な人々に心から感謝しながら、今後もこの「私たちの良心の砦」を死守し、平和を祈り、邁進《まいしん》していきたいと思います。

59号 1999・4

やっとゆとりが出てきました

◎コーヒスタン進出も順調

つかの間の春に思う

お元気でしょうか。

現在、ペシャワールは通信事情が非常に悪く、なかなか様子が伝わりません。困ること、嬉しいこと、哀しいこと、たくさんあるのですが、日本から八千キロの距離はどうしようもなく、たまに来る便りで想像するだけです。

ペシャワールは今、つかの間の短い春を愛しむように、花々が咲き乱れています。ここ新病院でも、花壇が作られ、芝生が植えられ、やっと少しは目に潤いを与えるようなゆとりが出てきたように感ぜられます。

昨年十一月に移転した病院は、やっと引越が終わったという段階で、中身はこれからというところでしょうか。波瀾万丈の状態は少しずつ収まりかけています。小林先生も加わり、病院らしくなりつつあります。十年目の最古参の藤田さんはもちろん、昨年六月から加わった藤井さんも慣れ、ずいぶん体裁が整いました。

改善すべきことは果てしなくあり、日々泣き笑いの連続、かつ忍の一字、精神修養にはなります。それでも数ヵ月前の移転時の状態を思い返しますと「この土地では上出来ではないか」と密かに慰めております。現在、現地スタッフ総数一五二名のうち、八三名が「PMS病院」で働き、アフガニスタン・プロジェクトのJAMSと検査・入院機能を共有しています。医師十二名、看護十八名、検査関係九名、外来もほぼ一定して一五〇名を越え、少しずつ新病院周辺の地元住民の信頼を得ているようです。

コーヒスタン——流行病の巣窟

チトラール北辺ラシュト診療所の冬季滞在は、厳しい自然とアフガン情勢でスタッフを送れず断念、峠の雪が解ける五月か六月に再開することにし、今冬は予定のコーヒスタン・ドベイル渓谷にフィールドワークを集中しました。移転直後の多忙な中だったので少し心配しておりましたが、これも思ったより順調に滑り出し、安心しているところです。

この地域は、いつか二年ほど前の会報で紹介したことがありますが、インダス川の一支流に当たる深い山岳地帯です。ハンセン病をさぐってたどり着いた地域ですが、これが流行病の巣窟、ハンセン病どころか結核、腸チフス、赤痢、マラリアなどの数あまた、おまけにパキスタン政府が十年前建てたBHU（Basic Health Unit、一次診療所）はもぬけの殻。赴任する医師がいないのです。

そこで、私たちPMSが本格的なアプローチに乗り出していたわけですが、これがまた里人の恐がる「コーヒスターニー（山の民）」の地、内務省のお達しで立ち入り許可が出されませんでした。しかしその後、幸いにも昨年の開院式で私たちペシャワール会の活動が信頼を得て、治安当局も協力的となって正式の許可が出ました。

「習うより慣れよ」

そして、二年前に途切れていたフィールドワークが二月から開始されました。初めのうち、私の心配は、医療チームがアフガン人とパキスタン人からなる混合チームで、しかも殆どが「町っ子」であることでした。どんな恐いことが待っているのか、みな躊躇《ちゅうちょ》しているようでした。さらに、かつてJAMSのフィールドワークに慣れたアフガン人職員が「パキスタン人には無理だ」などと陰口をたたき、果たして新しく参加した若いパキスタン人医師が任務を果たせるか、実はハラハラしていたのでした。

結果は「習うより慣れよ」で、現場ではパキスタン人もアフガン人も仲良く、生き生きと仕事をしていました。しかも、「こんな所でこそ我々の仕事が必要なんだ」と目を輝かせていました。こちらの指導力不足もあって、病院としては欠点だらけですが、これは目には見えぬが一つの美しい成果である、と気を良くしております。

現在、ペシャワールは雨季の終わり頃。犠牲祭の休みも間近です。雨上がりの空気はすがすがしく、新病院の屋上からはカイバル峠とスレイマン山脈のパノラマが開けます。暑い夏の予感を覚えながら、訳もなく彼方の空に見入るこの頃です。

60号　1999・6

人間の弱さと強さの中から

——十五年の軌跡を振り返りつつ

□一九九八年度を振り返って

多忙、多忙と言いながら、ついに十五周年を迎えました。檜《ひのき》によく似た「あすなろ」という木のことを昔聞いたことがあります。「明日こそ檜に是非なろう」と思いながら、永遠に願いがかなわぬこの木は、他人事でもないようです。その間抜けさと愚鈍さがわがことのようで、同情を禁じ得ないからです。

様々なことも、ここまで重なりますと、神以外に恐れるものが無くなってきたような気さえしてきます。もはや、行き着くところまで行くべきであろうかと思われます。だが愚かさもまた祝福です。昨今の世界の動きに一喜一憂することがなくなりました。世の患《わずら》いから守られて、少なくとも人の失うべからざる何ものかを、一途に追い求めてきたのだと確信できるからです。

ずいぶんと人間の弱さも強さも見せつけられてきました。

しかし、結論は「自然が変わらぬように人間も変わらない」ということです。どんな世界でも、どんな時代でも、人間は不幸や争いの種を見つけることができ、逆に心和む良心をも見つけることができるからです。人が平和に生きてゆく上で、そんなに多くのものは要りません。

確かにきれいごとはあまりありませんでしたが、間抜け者には間抜け者の生き方があります。「バカが一番偉いのである」とは言いませんが、幸せであることは確かでしょう。今後も変わらずに、私たちは愚かさを誇ろうと思います。現地は、こんな呑気なことが言えない程てんてこまいですが、たまには静かに立ち止まり、己れの行き先を眺めるのもまた一興。十五年の軌跡を振り返り、かなたに見えるは確かに目指して欺かれないもののようです。一服終えたら、また元気を出して行こうか。百万人と雖《いえど》も我ゆかん――とりとめもなく思いがめぐる今日この頃であります。

ペシャワールから、みなさんに感謝のメッセージを送ります。

◎一九九八年度の概況

九八年度はＰＭＳ（ペシャワール会医療サービス）病院の開院式で始まった。一九九八年四月二六日、日本から六〇名の訪問団を迎え入れ、ペシャワール会としては異例の催し物となった。パキスタン側事業とアフガニスタン側事業との統合、共通病院の運営は、九五年以来の懸案であった。これはまた、次期三〇年へ向けて本格的な再編成の基盤となるものであった。しかし、内部の足並みの乱れ、インフレ、資材の高騰などで、建設は遅々として進まなかったのが現状であった。

九八年四月予定の移転は九月に延期され、最終的には同年十一月となった。これと同時に、人員の異動を断行してＰＭＳ病院にアフガン人とパキスタン人の混成チームを編成、八五名を院内に擁した。これによって、旧ＰＬＳ（ペシャワール・レプロシー・サービス）は自動的にＰＭＳに吸収合併、「ＪＡＭＳ」の名は、ペシャワール会のアフガニスタン側のプロジェクト名称として残され、全職員一五五名中約七〇名をアフガニスタン内部の活動に充てている。

初期のような野戦病院的な時期を過ぎ、本格的な安定した診療施設への脱皮が試みられている。これを機に十五年間の教訓をもとに、新病院に拠って教育・診療態勢を一新、より組織的な臨床教育、より効率的なフィールドワークと僻《へき》地診療が準備されつつある。

北辺チトラールでは、九八年九月、ヤルクン川上流のラシュトに診療所が建設され、常駐態勢を敷いた。これは、九五年以来の懸案であった。インダス川上流の一部、コーヒスタンでは、九六年以来散発的な調査、診療を行なってきたが、無人の政府診療施設を借り受け、九九年十一月の常駐を目標に月に十日間、医療チームを派遣している。

アフガニスタンでは、タリバン支配の構造に大きな変化なく、現状維持の診療が続けられている。なお、旧JAMSのペシャワール病院は、「PMS分院」となり、主として外来機能を残して入院や大きな検査は本院に集中させている。

一九九八年五月にインド・パキスタンの核実験が行われ、両国の関係が緊張、パキスタンの政情は騒然とした。

パキスタン北西辺境州とアフガニスタン情勢

一九九八年五月、パキスタンとインドは核実験競争を行なって話題をまき、その後パンジャブ州では印パ両軍が国境で対峙、散発的な戦闘が起きた。しかし、北西辺境州とアフガニスタンに大きな影響はなかった。

一九九八年八月に米国の巡航ミサイルが、ペシャワールから西方約一〇〇キロメートル、アフガニスタンのジャララバードの近くに撃ち込まれた。テロ活動牽制《けんせい》の一環と説明されたが、無警告で一方的なミサイル攻撃は宣戦布告に等しい傍若無人なものであり、住民の間で反米感情が高まった。米国が宿敵とみなすイランでも、アフガニスタン国境で不穏な動きがあった。ペシャワールでは、各種勢力が暗躍しているが表面には出ていない。

一九九六年九月のカブール陥落以後アフガニスタンの大半を支配してきたタリバン（神学生）勢力は、一時的に反対勢力の牙城、ハザラジャードを陥《お》としたが、九九年一月に再び奪回され、パンジシェールのマスードの勢力の掃討に手を焼いている。しかし、大局的に決定的な動きにはならず、ほぼ現状維持の状態が続いている。カブールなど、都市住民の生活は貧困で、出稼ぎでペシャワールに出てくる者が依然として多い。

ジャララバードには一〇〇団体を越えるNGOがいるが、見るべき活動はない。ペシャワール会としては、組織再編の折からゆとりがないこともあるが、「ハンセン病を中心に、山村無医地区の診療態勢確立」という大方針を変えない。活動は何事もなかったかのように続けられている。

PMS病院のその後

これまで報告してきたように、過去三年間、統合病院建設は現地プロジェクトにとって最大の懸案であった。一九九六年十二月に連邦政府登録の国際団体「Peshawar-kai Japan Medical Services」を、同時に北西辺境州政府には「Peshawar-kai Rehabilitation Extension Programme」という名称の、地方福祉法人を発足させた。これは、①土地と建築物の所有はパキスタン国籍の団体に限られること、②アフガニスタンとパキスタンの活動を同一傘下に収めて基地病院の機能化を図ることにあった。

病院建設は、単に基地建設のみならず、旧態勢を一新してパキスタン・アフガニスタン両チームを統合、かつ継続のための経費節減、臨床教育の整備、日本人長期ワーカー確保、日本と現地との交流促進など、次期に備える重大な意義を帯びた。しかし、建設そのものだけでさえ、現地なりの困難がつきまとった。九八年四月二六日にやっと基本部分を完成、日本から六十余名を迎えて「開院式」が執り行われたものの、移転は延期に延期を重ね、新態勢発足はじりじりと先送りされた。文字どおり神経戦と言えた。だが「建築屋の心ない利害に振り回されては、現地活動が分解する」と見た我々は、これが限界と認識、一九九八年十一月三日、病院として最低限必要な部分の完成を急がせた後に抜き打ち的に移転、建設業者を完全に追放した。十一月二三日から外来診療、十一月三〇日から入院診療を開始した。移転直前の九八年十一月までに投ぜられた金額は六八〇〇万円、九九年三月まで約七一〇〇万円、以後の残余工事は募金に応じて、完全に自分たちで管理、継続している。

移転後、追放された業者などから心ない妨害工作があったものの、何とか退けた。周辺農民の支持と理解が徐々に拡大し、「外患」は去りつつある。外来は常時二〇〇名、そのうち病院周辺農村の患者とアフガニスタンからの患者がそれぞれ半数を占めている。なお、この経緯で元事務長のハンフリー氏は、心理的疲労が極に達して九八年十月に辞任、管理態勢が一時危機に陥った。それでも、新たに着任していた藤井氏、副院長のジアウル・ラフマン医師らの並々ならぬ奮闘で徐々に立て直されている（ハンフリー氏は現在、ＰＭＳ病院の法的所有者である社会福祉法人ＰＲＥＰ（Peshawar-kai Rehabilitation Extension Programme）の事務局長としてボランティアとして助力を続けている）。

診療面では、世代交代を奨励して若い現地医師を増員、小林医師を迎えて、めざましい技術向上が図られた。診療助手（看護）の教育では、試行錯誤を重ねながらも、より組織的な訓練が可能となってきている。少なくとも、その青写真は成った。これには、現地に十年滞在してきた藤田看護婦に負うところが大きい。

このように、移転後の新病院に、院内の新秩序確立が最大の焦点であった。過渡期の混乱としてやむを得ないとは言え、内部でも相当が容赦なく処分されたり、辞任した。詳細は割愛するが、「野戦病院から普通の病院への脱皮」と言っても、決して簡単なものではなかったことだけは述べておきたい。小さなことであっても未決懸案があまりに膨大であり、分裂や対立を克服して、尋常でない忍耐と精力がこれに傾注された。そして、この努力は今も続けられている。報告を兼ねて、これら現地と日本の協力者たちの血のにじむような労苦に対し、感謝と敬意を表したい。

スタッフの訓練・教育施設はでき、現在ゲスト・ハウスが建築中。日本人（ペシャワール会員や医療関係の訪問者）のための宿泊施設となる。九九年秋までに利用可能とする予定。医療用装具などワークショップの小屋は九九年九月より着工し、十二月に完成予定。

新病院の概要は以下の通り。

・病床数：六八床
・外来数：十五万二〇〇〇名
・病院敷地面積：七二八八㎡
　病院建築面積：三六〇〇㎡
・PMS病院職員：九九年四月一日現在、総計一五五名
（うち医師十七名、日本人職員三名）
　PMS本院勤務　八六名
　分院（JAMS）勤務　六九名

□パキスタン・プロジェクト

旧PLS（ペシャワール・レプロシー・サービス）は、九八年四月二六日をもってPMSに統合された。以後「PMSのパキスタン・プロジェクト」と呼称する。ハンセン病の合併症をまとめに治療できるのは、全北西辺境州とアフガニスタンで、PMS病院以外に無くなったことは昨年の報告ですでに述べた。

九八年四月二六日のPMS病院の開院式から実際の移転まで六ヵ月以上を要し、この間管理は大混乱に陥った。このために投ぜられた労力は小さくはなかった。しかし、六月に藤井氏が事務職に赴任して事態収集に奔走した。建築、移転の経過については既述の通り。

チトラールの北辺では、ヤルクン川上流のラシュトに六月から診療所建設が始まり、九月に基本部分を完成、常駐体制を敷き、越冬物資と薬品を蓄積していたものの、冬季に氷結するロワリ峠を越える手段が無く、アフガニスタン経由の人員輸送の道も閉ざされていた。これによって、九九年一月に送ったチームがヤルクン川下流域で二週間連絡が途絶えて孤立、越冬を時期尚早と判断し、困難の末にアフガニスタン経由で職員をペシャワールに帰した。常駐は五月から十一月までとし、冬季診療を断念した。

らいの多発地帯、インダス・コーヒスタンでは、九九年一月から月例の定期診療が定着したが、無法地帯のため内務省の許可がなかなか下りなかった。当局との折衝が粘り強く続けられ、課題は九九年度に持ち越された。九九年六月に落着。九九年十一月をもって、常駐を条件に無人のBHU（一次診療所）を借り受けるように決定された。

診療スタッフの訓練は、JAMSから奨励した者を加え十名、より組織的に実施する試みが行われた。九九年度秋から、さらに再編成して規模を拡大する予定。

一九九八年度の診療実績は別表の通り。

一部負担制実施について

なお、新病院において「料金制実施」に踏み切ったが、誤解もあったため、多少の説明を加えておきたい。

一九九二年春、爆発的な〈アフガン〉難民帰還後、カブール情勢の激変にもかかわらず、農村地帯は相対的に安定した。しかし今度は、内戦の舞台の移った都市で荒廃が著しかった。旧JAMSペシャワール病院では、都市部からの中流層が大半を占め、財政上の大きな負担になっていた。また、患者数を来院順に制限していたため、貧困層や重症患者が恩恵にあずからぬ事態があった。会の大原則からして、最貧層とハンセン病の診療に集中すべきである。

そこで、ペシャワールに限り、「施設利用費」として一人十五ルピー（約三〇円）を外来受診者から集めるようにした。また、医師の中には、しばしば不必要に処方を濫発《らんぱつ》する者があったので、有効かつ経済的な薬品のみを精選した。但し、貧困層、ハンセン病、身体障害者、ペシャワールにも来れぬ遠隔地診療所の患者らは完全に無料である。

本来の目的のために募金を使用するためである。これによる「病院収入」は、全プロジェクト費用のわずか五％、独立採算にもならぬが、「診られるべき病人が診られる」ようになったと言える。逆に信頼性を高める効果を生んだ。これらの収入は、病院施設の維持運営に限定して使用される。

◻アフガニスタン・プロジェクト

旧JAMS（日本―アフガン医療サービス）も、四月二六日をもってPMSに統合、旧PLSと同様、「PMSのアフガニスタン・プロジェクト」と呼称する。「JAMS」の名称は人々の間で知られてきたので、これをプロジェクト名称として残す。

九八年度はペシャワール会現地組織の再編のあおりを受けて、現状維持に止《とど》まったが、アフガニスタンの国内三診療所、ダラエ・ヌール、ダラエ・ピーチ、ヌーリスタン（ワマ）の各診療所は正常に稼働している。

とくにヌーリスタンでは、ワマ診療所を拠点に、周辺渓谷にフィールドワークが活発化した。九八年九月に不明の熱病がヌーリスタン地方を襲い、多数の犠牲者が出たので、ほとんど孤立したカンティワ渓谷など、奥地へチームが送り出された。

カブールの医療事情は依然として想像を超える劣悪さである。ペシャワール会にカブール市内で活動する能力がない訳ではないが、一度動けば、際限ない泥沼の補給に足をすくわれて分解する。消耗戦を避けて、あくまで本来の方針を堅持している。

目標地のバーミヤンではタリバン軍事勢力と反タリバン勢力との衝突が繰り返され、しばらくは静観せざるを得な

1998年度 診療実績

1998年度の診療実績は以下の通りで、総計106,650名が診療を受けた。診療数は移転までに激減していたが、98年11月移転後、99年2月から、ほぼ元の水準に復帰しつつある。

総診療数　106,650名					
診療所／病院	外来数	外傷治療	入院	巡回診療	計
旧ＰＬＳ病院（ペシャワール）	13,159	6,404	492	3,110	23,165
旧ＪＡＭＳ病院（ペシャワール）	25,259	1,675	337	958	28,229
ダラエ・ヌール診療所	21,768	1,973		-	23,741
ダラエ・ピーチ診療所	15,052	1,713		-	16,765
ヌーリスタン・ワマ診療所	13,748	1,002		-	14,750
総計	88,986	12,767	829	4,068	106,650

検査数内訳　検査総件数　55,709名							
	血液一般	尿一般	便一般	らい菌	リーシュマニア	その他	Ｘ線
旧ＰＬＳ病院（ペシャワール）	1,247	1,165	955	129	42	3,527	1,119
旧ＪＡＭＳ病院（ペシャワール）	4,822	4,526	4,519	11	2,487	6,197	1,809
ダラエ・ヌール診療所	2,937	2,114	2,821	0	189	1,669	
ダラエ・ピーチ診療所	2,900	1,808	2,840	0	133	546	
ヌーリスタン・ワマ診療所	1,187	1,208	2,192	不明	55	555	
総計	13,093	10,821	13,327	140	2,906	12,494	2,928

入院サービス内訳

	入院数	手術数	理学療法例	その他
旧ＰＬＳ病院（ペシャワール） （うちハンセン病）	492 （197）	64	3,129	医学生受講　68名 装具配布　248名
旧ＪＡＭＳ病院（ペシャワール）	337	1,172	0	

ＰＭＳの現況

	合計	PMS本部・パキスタン計画	分院／アフガニスタン計画
スタッフ総数	155	86名（被訓練生7名）	69名
（うち医師）	（17名）	11名	8名
（日本人）	3	3名	

	１日外来診療能力	所在地	カバーする人口
ＰＭＳ本院	150～200名	ペシャワール	（不定）
ＰＭＳ分院（ＪＡＭＳ）	約100名	ペシャワール	（不定）
ダラエ・ヌール診療所	約100名	ニングラハル州	約20万名
ダラエ・ピーチ診療所	約80名	クナール州	約10万名
ワマ診療所	約60名	ヌーリスタン州	約５万名
移動診療班	50～100名	（不定）	（不定）
ラシュト診療所	約50名	チトラール北部	約２万名
マスツジ診療基地	（ラシュトへの中継基地で特に診療は行わない）		
コーヒスタン診療所	約100名	コーヒスタン	約３万名

＊ラシュト診療所は、5月から11月までの季節に、当面限定する。
　コーヒスタン診療所は、99年11月から正式に開設して常駐。

PMS（Peshawar-kai Japan Medical Services）の現状

現地プロジェクトとPMS新病院下の管理体制

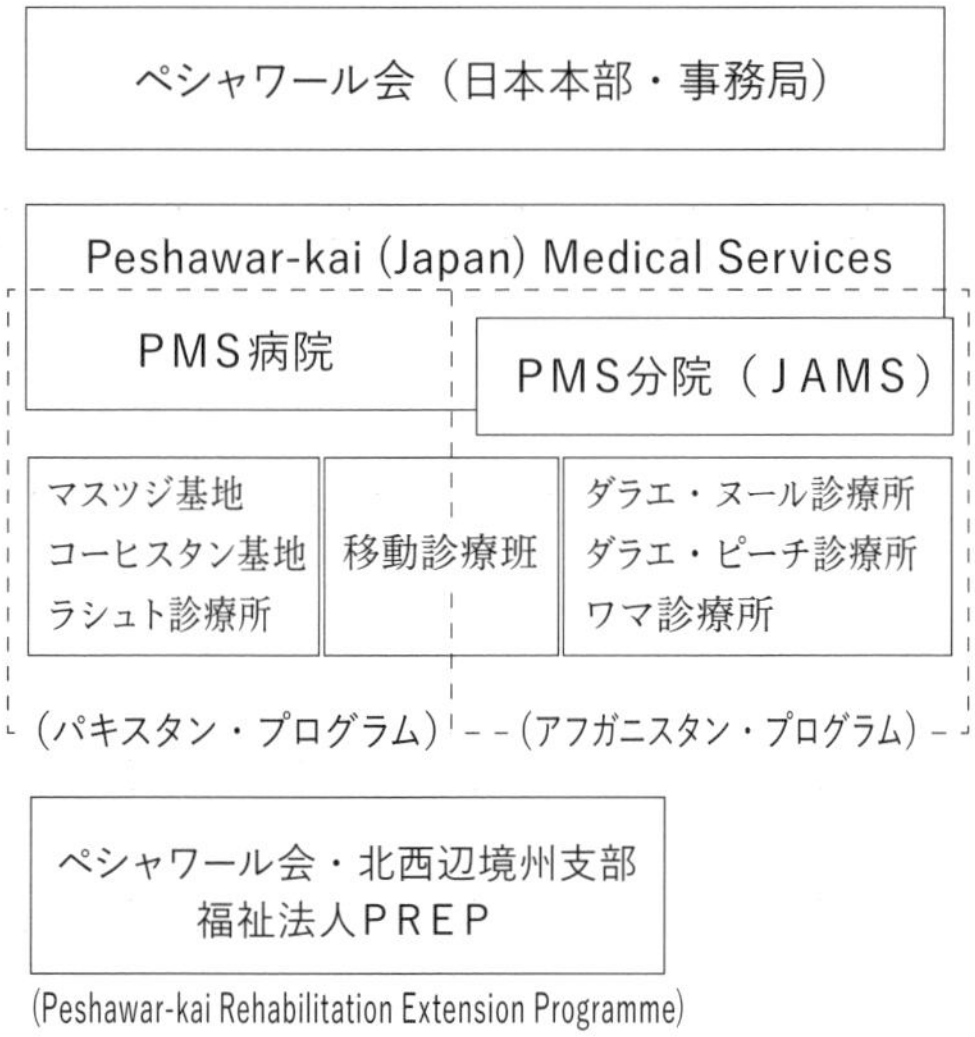

ワーカー派遣事業

「援助→現地による独立運営」というのは、不可能な理想論に過ぎない。善し悪しはともかく、「日本人ワーカーの存在無しに円滑な運営は成り立たない」というのが15年の結論である。人の切れ目が縁の切れ目と述べて過言ではない。1998年度は、以下が現地で協力を行なった。いずれも現地理解と臨床経験の豊富な長期ワーカーである。97年の小林医師に続き、藤井氏の協力は大きな支えとなった。藤田氏は滞在10年に及ぶ。新態勢の実質的な担い手は、彼らである。98年度は、一旦破綻しかけた事務連絡体制は藤井氏の活躍で支えられた。

名前	派遣期間	職種	所属
藤田　千代子	1990年9月～現在	看護婦	元・福岡徳洲会病院
小林　晃	1997年2月～現在	医師	徳之島徳洲会病院
藤井　卓郎	1998年6月～現在	技師／ウルドゥ語通訳	イスラマバード国立語学院出身

い。

□一九九九年度事業計画

1　PMS病院建設

既述の通り。基本部分は既に完成、稼働している。ワークショップ、受付、ゲスト宿泊施設が残っているが、募金額に応じて徐々に行う。

2　チトラール・ラシュト診療所

既述の通り。越冬はアフガン情勢の安定まで待つ。五月から十一月までの季節診療所とする。

3　コーヒスタン診療所

インダス・コーヒスタン地域は深い山岳地帯で、狭い谷あいに人口が密集している。一九九七年以来、次第に実情が明らかとなってきた。ハンセン病の一大多発地帯であると同時に、腸チフス・マラリアなど感染症の巣窟である。パキスタン北西辺境州政府の協力で、放置されているＢＨＵ（Basic Health Unit、一次診療所）の施設を譲り受ける予定である。一九九九年十一月から常駐する。

4　診療助手の養成・医師など教育態勢の強化

これは絶えざる課題であり、試行錯誤の連続でもあった。不十分ながら、ＰＭＳ病院の建設によって、より組織的に実施するよう計画を立てている。特に看護スタッフの増員と質の向上は急務であり、一九九八年度の大きな目標の一つに掲げていたが、移転の延期で九八年度中には計画したほどには実現できなかった。九九年度秋期に新規被訓練者の再募集を行い、二〇〇〇年度へ向けて準備する。

5　日本からの研修生の受入れ

本件も建築によって遅れているが、急がない。但し長期的には、現地と日本のつながりを強めるだけでなく、日本で最近増加しているマラリアなど「輸入感染症」について十分に学ぶ機会を与えることもできるので確実に準備していきたい。

61号

1999・10

◎外国団体経営の医療施設の相次ぐ閉鎖のなかで

貧困層患者の増加に備え、規律を徹底

鉄の規律

皆様、お元気でしょうか。

ペシャワールは十月に入ってやっと夏が過ぎ、扇風機が要らなくなりました。患者たちも増え始め、連日二〇〇名前後の外来を受け付けています。病院の建物も、その後少しずつ充実し、研修宿泊施設の完成も間近です。ワークショップの建築も始まりました。広がる緑の芝生が目を和ませてくれます。大混乱の末に移転を強行した一年前、まるで沙漠の中の遺跡のような建物であったことを思えば、今昔の感があります。

しかし、病院の建物は出来ても、本当の建設はまだまだ途上にあります。現在、事務管理部の強化と、今秋にスタートする「教育計画」が将来のカギを握ると読み、これらに力を注いでおります。

九月に帰った早々、職員たちに伝えたのは、「我々はゼロから始めた。いったん君たちを全て解雇し、再びゼロから始めるにやぶさかではない。文句があるならば当院を去るように」という厳しい言葉でした。

一六〇名の現地スタッフの管理は、日本で想像されるほどヤワなものではありません。小生が留守にすれば、「また振出しから」ということが少なくありません。このところ院内で肝を冷やすような不祥事が続き、綱紀粛正を掲げて大掃除を行なっております。軍隊以上の規律で締め上げ、違反者を容赦なく処断するのです。処罰も、「改善なき場合は解雇または一年間山奥の診療所勤務」というもので、早い話が島流しです。今までの「まあまあ」でやってきた者は、きっと耐え難いことでしょう。

一つの例外を許せば、無秩序で病院が破綻する。正直言って、こんな仕事が小生には最も不向きなのですが、誰もやらなければ自分でやる以外にないのです。しばらくは敵を作ることも辞さず、鉄の掟で規律ある診療態勢を回復すべきかと思っております。このところ病院では、久しく笑顔を見せることもありません。損な役回りです。

「泣いて馬謖《ばしょく》を斬る」

いまどき「軍隊的規律」や「島流し」など、聞いただけでアレルギーを持つ方もおられるでしょうから、多少説明が要ります。『三国志』に「諸葛孔明、泣いて馬謖《ばしょく》を斬る」

というのがあります。名軍師が、掟に従い、違反を犯したかわいい部下を自分で斬って、全軍の風紀紊乱《びんらん》を収めたというものです。無政府的な下剋上や身びいきが横行する現地社会にいますと、このことがよく分かるのです。決して自分が諸葛孔明ほど偉いとは思いませんが、人を束ねて何かまとまった事を起こすには、それほどの覚悟と非情さが要ることもあるということです。二一世紀が始まろうとしているのに、現地の人々の心情と慣習は中世を出ていない。この時代的な格差は恐らく、今の日本人には分かりにくいかと思います。

こうして、現地の論理と日本の論理との板挟みにあるのが実情ですが、ふと思うのは自分の年齢です。私も子供のときは父親に対して恐怖にも似た畏敬を抱いていました。否《いや》が応でも、父親には絶対服従でした。それが後になって、わが子の教育の為だったと気づくのに時間がかかったものです。現地には「成熟した個人」というものがありません。また、あったにしても、個人の自由とは何でありましょう。野放図な自由の幻覚が何を日本にもたらしてきたかを考えると、どうしても懐疑的にならざるを得ないのです。

技術は進歩、されど……

ところで、こうまでして診療態勢を引き締めるのは、実は深刻な訳があります。ペシャワールの公営病院が財政難で次々と民営化に踏み切り、貧民の診療が次第に困難になってきたからです。外国団体経営の病院は次々と閉鎖し、矛盾を抱えながらも慈善病院として機能してきたミッション病院も、完全独立採算制を打ち出しています。医療技術の進歩が高額医療をもたらし、健康保険財政のないパキスタンやアフガニスタンでは、貧しい人々がまともな恩恵を受けることがさらに難しくなってきました。こざっぱりした身なりをした人々が出入りし、もう少しで先進国に手が届く医療も夢でなくなりつつあります。また、現地の指導層たち自身がそこにあこがれ、外国が協力します。だが、その進歩と豊かさの分だけ、ぼろぎれのように遺棄される病人たちが急増していきます。これは、上から下を見ていては分かりませんが、確実に進行している非情な現実です。わがＰＭＳ病院の規律の「中世的非情さ」とは比較にならぬものでありましょう。

最後の牙城

かつて華やかだった「ハンセン病診療」に至っては、ほぼ絶滅に近いと言えます。ハンセン病が絶滅されたのではなく、その診療施設が絶滅されたのです。端的に言えば、ハンセン病診療がカネにならなくなったからです。笑い話では済まされません。十月中に、わがＰＭＳ病院で「特別診療科」が始まり、ハンセン病患者の診療も強化されます。なお、ラシュト診療所は冬季を除いて定着し、長い懸案のコーヒスタン診療所は十一月から常駐態勢となります。「新教育計画」は徐々に効果を現してくるでしょう。

こうして見ると、PMS病院の存在は、少なくとも現地の医療面で、人の心が守るべき最後の牙城だと述べても誇張ではありません。毎朝、「覚めてにらむは敵の空」（「露営の歌」）の心境ですが、こういうときこそ冷静を保ち、平衡感覚を失わぬことだと改めて気をつけております。現地・日本共に、各人各様の事情はありましょうが、ここは断固として私情を殺し、どうしても厳しい表情にならざるを得ない今日この頃であります。

62号

1999・12

◎虚構が真実を制する時代に
異文化の壁越える強固な基盤を

嵐のような数カ月

いかがお過ごしでしょうか。

ペシャワールは冬に入り、夜はストーブなしに過ごせなくなりました。それでも、日中は強烈な日差しのお陰で、小春日和の毎日というところでしょうか。日本で騒がれたらしい「軍事クーデター」*で、却って治安が良くなり、このところ余り血なまぐさい噂も聞きません。

病院の方は、小春日和と裏腹に、相変わらず台風の渦中にあります。確かに新建築がなり、設備も着々と整っています。しかし、問題は中味であって、現在新たな診療態勢確立に追いまくられているのが現状です。日本では考えられぬ出来事を一つ一つ解決してゆくのは、かなりの忍耐を必要とします。相違と相似がこんがらがって、なかなか理解してもらえないのです。お互いに遠い国だと思うこと頻《しき》りです。

新病院に移転してから早や一年、よくもまあ事の多い年だったと思われます。派手な動きこそありませんでしたが、「新しい診療態勢」を作るために要したエネルギーは、相当なものでした。先の会報でお知らせいたしましたが、変わり目には何事かあることを覚悟していたものの、こうまでとは思いませんでした。

春と夏は大混乱で過ぎ、八月の不祥事〔387頁・64号参照〕で藤井さんが孤軍奮闘のところ、ついに堪忍袋の緒が切れた小生が「戒厳令」を発し、収拾に乗り出したのが九月。魯《ろ》鈍《どん》な人間の堪忍が限界に達すれば、想像できる方もおられましょう。まずは頭を冷やして感情を抑え、煮えたぎる思いを胃袋に転嫁（胃腸薬の効能を改めて認識しました）、藤井さんとともに計画的に病弊を一掃する手を次々と打ち出し、引き締めに次ぐ引き締め。十月に藤田さんと小林先生が戻って更に改革を進め、同時進行で、コーヒスタン診療所の開設、「新教育計画」の発足と続き、嵐のように数ヵ月が過ぎ去りました。

懸案も着実に進行

小林先生が新任医師の教育に全力を挙げ、ペシャワールの若い医師たちの間で一目も二目も置かれる存在となりました。藤井さんと藤田さんが目立たないところで、実に根気よく細やかな問題を解決してゆき、財政管理はもちろん、台所のことから買い出し、掃除に至るまで目を光らせました。そこに事務長として退役軍人のイクラムラー元少佐を迎え、やっと全体管理の見通しがついてきたという訳です。お陰で、大きな内外の妨害をはねかえし、まだまだとは言え、一応診療秩序は回復、病院の診療数は月間四千名に戻りました。最大の懸案であったアフガン・プロジェクト（旧ＪＡＭＳ）とパキスタン・プロジェクトとの統合も、少しずつではありますが進んでいます。よくこれまで乗り切れたものだと、現在、つかの間の虚脱感に陥っております。

我々をつなぐもの……

何故こうまでしてと思わないこともないのです。長年パキスタンになじんできた藤井さんがいみじくも述べたように、「この際限ない障害物は、悪いことに必然的である。私たちが今目指しているのは、何《いず》れも現地にないものなのだ。こんな時こそ、現地の文化を大切にする気持を持ちたい」というのは当を得ているでしょう。

各ワーカーの苦闘はそれぞれの報告に委《ゆだ》ねて割愛しますが、「日本にも現地にも無いものを現実化する摩擦熱だ」と要約できるかと思います。私たちが決して完全な日本方式を導入している訳でもないからです。「ではそれは何だ」と問われると、返事に窮します。強いて言えば、禅問答のようですが、日本にも現地にもなくて、日本にも現地にもあるもの。つまり、異なる文化集団の激突から、むきだしの人間を発見し、共通の基盤に立つ新しい融合と共存を目指すひとつの挑戦なのかもしれません。もはや、歯の浮くような美しい人道主義には飽きました。きれいに整理された「国際援助」の議論、またそれに反対する議論、何だか最近、全てがますます眉唾に思えて仕方ありません。私たちの活動を貫く強固な糸は、きっと別のところにあるのでしょう。

「山猫軒」

むかし子供にせがまれて何度も読まされた話の一つに、「注文の多い料理店」(宮沢賢治)がありました。現地・日本ともに、ふと昨今の出来事を見ると、全くその通りだと思い当たります。

西洋かぶれした東京の二人の紳士が、山道に迷い込み、「山猫軒」という立派な料理店を発見する。「こうすれば食事にありつける」と注文に乗っているうちに、我が身が食われる立場にあることに気づいて絶望する。だがそれは、自分で築き上げた実体のない迷路であって、猟犬の吠え声で幻であることを知る――というものでした。

私たちは、この不確実の時代にあって、時には虚構が真実を制する世の倒錯=「山猫軒」に唸り声を発する猟犬の如く、しかし時には汚されぬ一輪の野の花の如く、静かに一隅《いちぐう》の「人間の希望」であり続けようと思います。次期三〇年の礎は成りつつあります。変わらぬ御支援と、希望を共にして下さるよう、切にお願い申し上げます。

＊一九九九年十月、パキスタン陸軍参謀総長のムシャラフ氏がクーデターを敢行、シャリフ首相は解任され翌年国外追放。

63号　2000・4

挑戦　嫉妬・怨恨・陰謀・邪推の渦巻く中で

久方ぶりの春

みなさま、お元気でしょうか。十数年ぶりに日本の三月を楽しんでいます（いつもこの季節は現地なのです）。実は三月十日に「日本ハンセン病学会」で講演を頼まれ、すぐまたペシャワールに戻ることになっていますが、今度いつまた日本の早春にお目にかかれるかと思うと名残惜しく、役得と割り切ってつかの間の滞在を数日延期しました。

ハンセン病学会に出るのは、恐らく最初で最後になるでしょうが、かつて赴任直後に私が指導を受けた諸先生たちとお会いでき、楽しいものでした。しかし、その背後で告発や訴訟問題があると聞き、複雑な思いを拭《ぬぐ》えませんでした。とは言え、ペシャワール会の活動が、日本の患者を含めて多くのハンセン病関係者たちの共感と興味をひき、私をわざわざ遠くから呼び寄せて頂いたのは何よりも嬉しいことでした。

ＪＡＭＳを解体、吸収

さて、間もなく日本の早春に別れを告げますが、現地は今、会が発足して以来の大きな変化が進行しています。一九九八年四月のＰＭＳ（ペシャワール会医療サービス）病院の開院式の後、苦心惨憺《さんたん》の末、やっと新態勢が軌道に乗り掛かろうとしているからです。

今後の組織構成は以下の通りで、ＪＡＭＳの名称は以後一切使用せず、「ＰＭＳアフガン・プロジェクト」と呼びます。

文字通り国境を越えた統合病院で、それまで事実上組織として動いていた旧ＪＡＭＳをいったん完全に解体してＰＭＳの一部とし、パキスタン側事業と統合、実質的に直接の指揮下に入るのです。これは既に一九九七年十二月の段階で決定されたことではありましたが、新病院建築の遅れや病院機能の整備に追いまくられて、先送りされていたのでした。

「不可能だ」

拙著『医は国境を越えて』で少し触れましたが、この統合過程は並大抵のものではなく「不可能だ」との声さえあったのです。しかし、今後三〇年を視野に入れますと、アフガン難民が溢れていた時期の野戦病院的な設定では先行きおぼつかず、法的に不安定な上、二重投資を避けて予算削減を図る上でも、「安定した基地統合病院」が不可欠となり、先にキャンペーンを繰り広げた病院建設となった訳です。

これは、ひとつの挑戦を意味しました。実際、ナショナリズムのぶつかり合い、嫉妬、怨恨、陰謀、邪推の渦巻く中で、過去最大の精力をつぎ込んだといっても誇張ではありません。詳しいことは省略しますが、パキスタン側を代表したハンフリー事務長が疲れて退き、アフガン側のシャワリ医師には小生から辞職か新組織で継続かを突きつけました。やや強圧的な姿勢だと不快に思われる向きもありましょうから、誤解なきよう説明しますと、現地職員一五〇名の中で、日本人職員三名は多勢に無勢。しかも常に我流にプロジェクトを解釈、特にアフガン側は目を離せば首都カーブル重視で半独立状態、所期の目的であるハンセン病や山村無医地区診療の大原則を逸脱、ペシャワール会の方針と真っ向から対立していました。

新生PMS病院は、ことごとく直接・間接の妨害に遭遇、診療モラルの低下さえ見られました。強力な指導なくしては事業そのものが分解すると見た私たちは、意を決して昨年九月以来の大規模な綱紀引き締めと実質行動を準備したのです。まず藤井さんを筆頭に事務管理態勢が強化され、小林先生・藤田看護婦の指導の下で医療教育態勢が再組織化されました。怠業や分派活動、血族・郷党意識による秩序の弛緩を徹底的に押さえ込み、規律を回復。辞職十数名、二〇名に迫る処分者を出しました。

人事・財政とも本格的な態勢へ

前後して管理陣にイクラムラー元少佐（事務長）、アユーブ元州知事秘書官（事務次長）を迎え、本格的な布陣がなりました。藤井さんの奮闘で事務財政管理を一本化、さらに小林先生が先頭に立ち、人事異動を初めてPMS病院の決済で行なうようにし、診療面でも若い医師たちを主力にして技術刷新が図られました。雇用も公募・面接という方式を採用、「新トレーニング・コース」を発足、十八名の若者を厳選して厳しい訓練で育てるようにしました。

こうしてPMS病院の診療モラルを回復し、人事・財政をペシャワール会直接管理とした上で、最後通牒を突きつけて旧JAMSを解体・再編し、ここに会が始まって以来の強力な新指導態勢の布石が打たれました。昨年九月以来、緊張の連続で、藤井さんを初め、徹夜に近い作業さえ珍しくありませんでした。診療数は年間二〇万名のレベルに復しつつあります。

今でこそ言えますが、規律違反者の容赦ない処分を開始したとき、「毒食わば皿まで」の心境で、身の危険を感じないこともなかったのです。特に「飲酒事件」に関連する職員の芋づる式摘発と処分は、古参のシャワリ医師の係累に及び、彼自身もブラックリストに上げられた程です。

それでも、この間、コーヒスタン診療所の常駐態勢が正式にしかれ、診療レベルは向上、やっと病院らしくなってきています。あとは今後日本人長期ワーカーをいかに確保するかが焦点になってきています。現在の陣容は、ウルドゥ語学院で本格的に現地語を修め、パキスタンになじんだ連絡員の藤井さん、これもかつてなかった最強の陣容ですが、やはり過労が目に付くことがあります。

病院に目を向ければ、そこは緑の芝生のじゅうたんと、大きくなり始めた木々が目を和ませてくれます。人の世の騒がしさから、しばし解放されます。花も草も決して何か意図あって人を楽しませているのではありません。かれらが生きている、そのことが美しく映るのです。私たちの活動もこうありたい、と思うことしきりです。会員や事務局の皆様も暇を見つけてぜひ、見に来て下さい。日本と現地と力を合わせ、血を流して築いた、自慢の緑のオアシスです。

64号
2000・7

虚構でなく事実を、不安でなく希望を

□一九九九年度を振り返って

毎年、激動だの、流動的だのというせりふで報告を終えるうちに、十七年が経ってしまった。昨年度もまた、混乱で始まり混乱で終わったように見えるが、長年のパキスタン・アフガニスタンの内部対立に劇的な終止符を打った。画期的な希望の新年度を迎えたと言える。ここに次期三〇年へ向けて礎が成ったことを報告する。

とはいえ、建てては壊し、壊しては建てる営みに無常を覚えないこともない。しかも、それは年々大規模化してゆく。「民族や宗教を超えて」と一口に言うが、対立社会に融和をもたらすには膨大なエネルギーの投入が求められる。簡単に言えば、「事はそう甘くない」ということである。希望は待って得られるものではない。人の安らぎとは、無為の虚脱ではない。希望や平和もまた、血や汗を流し、身を削って得られるものであることを学ぶことができる。

一方、日本もまた、この十七年でずいぶん変化した。現地とは違うが、もっと根深い混乱に陥っているように見えて仕方がない。「人間に本当に希望はあるか」という基本的な問いを我々は共有している。漠たる不安や虚無感がはびこる中で、お手軽な解決策を説く大小の方法や権威に、我々はこと欠かない。人々がやすやすと、これらの餌食になる事情はどこでも、いつでも、同じである。それが政治スローガンであろうと、健康を約束する怪しげな知恵であろうと、幸福と自由を保証する何かの教えであろうと、名利や所有への没入であろうと、享楽による忘我の技術であろうと、科学技術への楽天的な信仰であろうと、同じことである。まして、巧妙な宣伝技術で消費欲をあおり、物質的欲望に耽《たん》溺《でき》させなければ回転できない経済構造など、見かけ倒しのフィクションである。

だまされてはいけない。希望は、決して捏造《ねつぞう》された思いこみや、野放図な自由の幻覚の中にはない。それは世の常とする虚構を超えて、不安の運動に左右されず、人間と自然の事実を見据えようとする努力の中にある。怪しげな偽りが跳梁《ちょうりょう》する時代の奔流の中で私たちのささやかな活動に何かの意味があるとすれば、困難の上に小さいが確かな憩いの場を築き、見捨てられた人々に慰めを与えてきた、そのことであろう。それによって、自分たちも希望と慰めを得てきたのである。

今後も時流におもねらず、かわらず活動を続けたいと願っている。

□一九九九年度の概況

1　概況

一九九九年度は、PMS（ペシャワール会医療サービス）病院の充実に力を注いだ。九八年四月の仮開院式の後、実際の移転は九八年十一月となった。無秩序と混乱を克服して、病院建設を決定した九六年の計画が、やっと本格的に実施され始めたのが一九九九年度であった。その意味では、我々のいう「第Ⅱ期三〇年」の基礎を固めた、ペシャワール会始まって以来、最大の転機の年であったと言える。

パキスタンでは九九年十一月、クーデターで旧ナワーズ政権が倒れ、軍部が政権を握った。クーデター前のパキスタンの政治・経済的混乱を知る者は、殆どがこれを歓迎した。二〇〇〇年五月に米国大統領が印パを訪問したが、カシミールでは内乱が続いている。

アフガニスタンでは、タリバン（神学生）政権がほぼ全土を掌握し、不動の地位を固めた。現在、パンジシェールとバーミヤンの山岳地帯で散発的な戦闘が報ぜられるのみである。だがパキスタン・アフガニスタンの何《いず》れの動きも、会の活動に大きな影響はない。むしろ、治安の回復によって、我々の活動はより安全になってきている。

なお、アフガン「難民」は北西辺境州でほぼ消滅したと見なされ、パキスタン政府は難民局を廃止（二〇〇〇年四月）、暫時縮小消滅の方針のようである。旧難民は既に殆どが帰還し、現在ペシャワール周辺に留《とど》まっているアフガン人は、大半が出稼ぎまたはタリバン政権から逃れてきた「カーブルからの避難民」と言えるからである。元難民キャンプは、コロニー化した居住区と考えた方がよい。

ここで、現地活動の目的とPMS病院建設の意義を再確認すると、

①北西辺境州（パキスタン）とアフガニスタンのハンセン病患者のケアを継続する。

②同病の多発地帯、ヒンズークッシュ山脈の山村無医地区でモデル診療態勢を築く。

③そのために、恒久的な基地病院を設け、アフガン・パキスタンの両チームを統合。活動の継続とともに、財政負担を大幅に軽減すること。

一九九九年度に実施されたものは、全て以上の延長線上にあった。二〇〇〇年三月三一日をもって旧JAMSを解体、PMSに合併吸収、「PMSアフガン・プロジェクト」と呼称、中枢機能は全てPMS新病院に移管された。かくて、シャワリ医師の率いるアフガン勢と、ハンフリー氏の率いるパキスタン勢は、両リーダーの共倒れによって完全統合され、ここに積年の対立の弊風が一掃された。同時に、綱紀引き締めを徹底して新管理陣を迎え、「福祉法人・ペシャワール会」の法的立場が強化された。これによって混乱を収拾し、かつてなく病院組織が整備されてきている。活動規模はむしろ拡大しているが、財政面での日本側負担を著しく減じた。

山村無医地区の診療では、九八年のラシュト（チトラール）に続いて、一九九九年十一月一日、ドベイル（インダス・コーヒスタン）診療所を正式に開き、常駐態勢を敷いた。また、同十一月三日に「新・訓練コース」を発足、公募で二〇名の若者を選抜して訓練を実施し、次の飛躍に備えている。

2　PMS（ペシャワール会医療サービス）病院

既に会報で触れたが、九九年八月に秩序の混乱で医師一名が飲酒して死亡する事件が起きた。禁酒国での不祥事は、新生PMS病院に危機的であった。これを契機に、大規模な診療秩序の回復が図られた。「新体制確立」の最終段階は、この時に始まったのである。この事件のあおりで、一九九九年度は解雇二八名、懲戒十二名という大量処分を出した。処分は極めて公平に行われたが、問題の職員の多くが旧JAMSから移動せしめた者であったから、追及は旧JAMS幹部に及び、その解体を促進した。

管理態勢の確立は、「八月事件」以来ひとり奮闘した藤井

氏と、まもなく就任した新事務長のイクラムラー元少佐の精力的な努力に負うところが大きい。その後に事務・管理部では元州大統領秘書官を迎え、かつてなく強力な陣容が整った。診療面では、公募制で若い医師を集め、小林医師と藤田看護婦の指導下、診療秩序だけでなく、技術面でも著しい統合案に沿って、旧ＪＡＭＳの統合を進めることができたのである。

かつて難民診療を行なっていた旧ＪＡＭＳ・ペシャワール病院は、カーブル中流市民層の診療が中心になっていて、ハンセン病も、山村無医地区診療に重点が置かれない恨みがあった。しかし、アフガニスタン国内の三診療所の管理は彼等以外に出来なかった。そこで、これを暫時縮小して統合病院をなし、財政負担を軽減、同時に本来の目的へと振り戻す方針であった。

この結果、二〇〇〇年四月一日、旧ＪＡＭＳ病院を、外来機能のみを残して新しい場所に移転せしめた。同時に、これをＰＭＳ分院と称し、全職員（ＪＡＭＳ六〇名、ＰＭＳ職員八六名）の待遇を一本化した。だが、アフガン人患者たちは大挙してＰＭＳ病院に集中。機能的でないと見た我々は「新ペシャワール診療所」をも閉鎖（五月十五日）、残る職員を全員ＰＭＳ病院に異動させた。ここに完全統合が成り、五年来の懸案に終止符が打たれた。ＪＡＭＳ（日本—アフガン医療サービス）の名称を廃止し、アフガニスタン国内の三診療所の維持はＰＭＳ病院（ペシャワール会）が直轄、「ＰＭＳアフガン・プロジェクト」の名で存続する。この経過で、抵抗したシャワリ医師以下十八名が自発的に退職した。

なお病院建築は、ゲストルームはいつでも使用できる状態となり、装具のワークショップは既に完成して稼働し始めた。今後は若干の外来拡張を行なって、今秋までに建設工事に一応の終止符を打つ。新体制は次のように簡素化された。

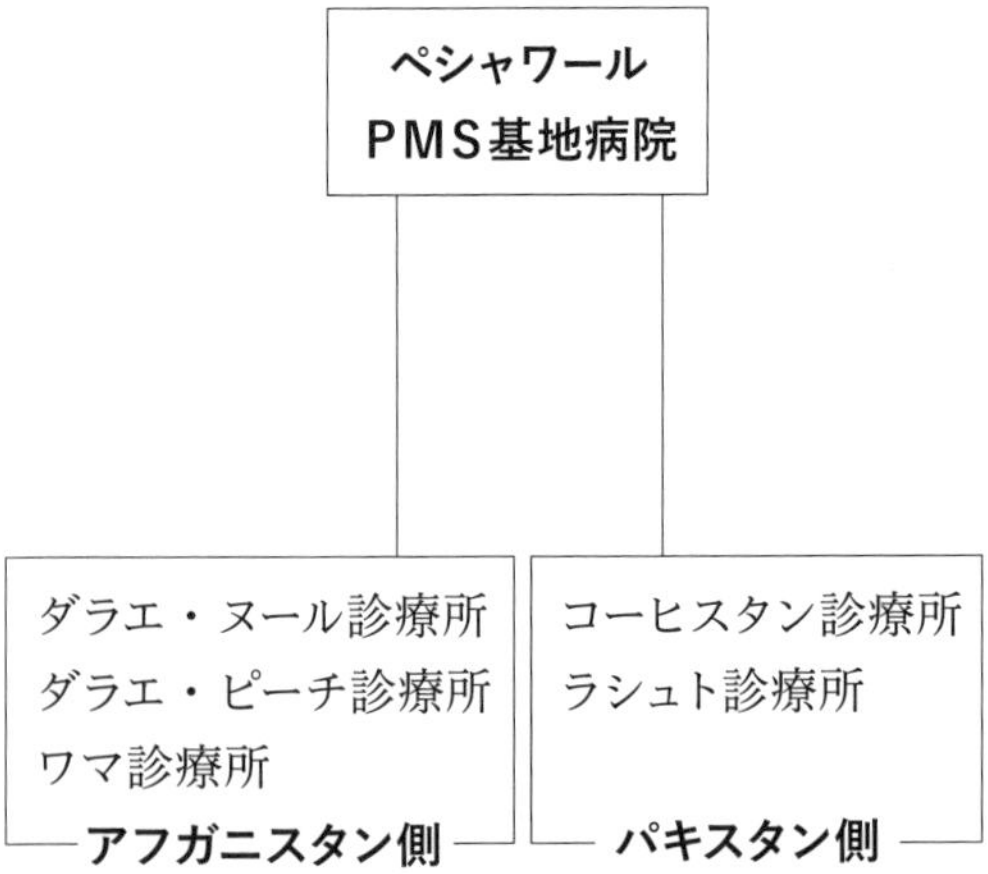

3　ハンセン病事業

一九九九年度は、この分野でも予想通りの動きとなった。二〇〇〇年一月、ペシャワール・ミッション病院のらい病棟が「結核センター」と改名。事実上、ハンセン病患者のケアを停止した。州立病院（レディ・リーディング病院）のハンセン病科は存続しているが、PMS病院の後ろ盾なしには機能できなくなった。一方、新患者の発生があとを絶たず、再発例は急増している（数は定かでない。もはや統計すら出されなくなっている）。

PMS病院では、「特別診療科」を設け、ハンセン病及び類似マヒ性疾患のケアに力を入れ始めた。入院患者の約半数がハンセン病合併症治療、類似神経疾患の例を入れると約三分の二がこれらの患者で占められる。この特別診療科がPMS病院の要《かなめ》であるから、さらに強化を図っている。

4　山村無医地区診療

PMS病院の項でふれたが、現在パキスタン側に二診療所、アフガニスタン側に三診療所が置かれている。それぞれPMS基地病院から七～八名のチームが、一ヵ月交替で派遣されている。

一九九九年度の大きな動きは、コーヒスタン（北西辺境州）の中央部のドベイル渓谷に診療所が置かれ、予定どおり、一九九九年十一月から常駐できるようになったことである。同地は「感染症の巣窟」と呼べる所で、誰も入りたがらない。九七年以来、月間十日の定期診療が行われていたが、空き家の政府診療施設を五年契約で借り受けた。

チトラール最北辺のラシュト診療所は、冬期四ヵ月間が閉鎖される。雪のロワリ峠が越えられぬためで、現在アフガニスタンからのルートを探っている。

アフガニスタンのダラエ・ヌール、ダラエ・ピーチ、ヌーリスタン・ワマの各診療所は、旧JAMS解体の影響で派遣人員が減少し、一時的に動揺したが、診療そのものは平常どおりに運営されている。現在、欠員を補充して訓練中。今秋までに回復する。

なお付言すれば、ラシュト診療所の存在は、小さくとも画期的で、ワハン回廊住民の夏期診療を可能にし、同時にアヘン耽溺《たんでき》者を同地域で一掃した（鎮痛剤も入手できぬため、住民の半数以上がアヘン嗜癖《しへき》であった）。ここを足掛かりにワハン回廊、バダクシャン山岳部を睨むことが可能になった。

□二〇〇〇年度事業計画

1．病院建設：外来拡張工事を除いてほぼ終了した。拡張工事は七月に開始、十一月に終了する。

2．教育関係：診療助手養成コースは昨年十一月に二〇名

を選抜して始まり、現在十八名が学んでいる。二〇〇〇年秋までに十名前後に絞り、更に一年継続する。研修医は九九年度中に五名が学び、うち三名が継続している。技術水準は小林医師の努力で著しく向上した。

二〇〇〇年度は、さらに若干名の医師を公募、訓練を施す。

　また、長期勤務で優秀な医師二〜三名を、リヴァプール熱帯医学校に送って、現地に有用な医療技術水準を高める予定。現在、PMSから英国側へ申請中。

3. 日本からの研修生受け入れ：「輸入感染症」の現地学習を、日本人医療関係者を対象に開く。概要は以下のごとし。

〈期間〉二〇〇一年二月下旬から三月中旬まで

〈受講期間〉約一週間

〈受講対象者〉医学生、研修医、看護大学生　受入数十名まで

〈学習科目〉マラリア、腸チフス、アメーバ症などの輸入感染症の臨床：講義、実習、フィールドワークを含む

ペシャワール会報・秋号（九月）で具体的な予定を広報する

4. 医療設備の充実：二〇〇〇年十月から新たに胃内視鏡、脳波計が稼働する。現在、準備中。

5. フィールドワーク：ヌーリスタン東部、バダクシャン、ワハン回廊の調査を始める。バーミヤンはしばらく静観、安定するまで動かない。

1999年度 診療実績

1999年度の診療実績は以下の通り。治療総数154,969名、混乱期を克服、ほぼ正常化した。

総診療数	診療総数154,969名			
診療所／病院	外来数	外傷治療	入院	うちハンセン病
ＰＭＳ病院（ペシャワール）	35,891	6,746	834	326
旧ＪＡＭＳ病院（ペシャワール）	30,171	1,458	259	0
ダラエ・ヌール診療所	22,884	2,473	-	0
ダラエ・ピーチ診療所	21,969	1,853	-	0
ヌーリスタン・ワマ診療所	17,519	1,922	-	1
ラシュト診療所	1,825	不明	-	10？
コーヒスタン・ドベイル診療所	9,165	不明	-	30？
総計	139,424	14,452	1,093	

検査数内訳	検査総件数 127,972件（記録漏れを除外）。主なものを挙げる								
	血液一般	尿一般	便一般	抗酸菌	原虫	生化学	Ｘ線	腹部エコー	心電図
ＰＭＳ病院（ペシャワール）	3,362	3,756	2,582	688	1,878	1,378	3,509	3,017	3,509
旧ＪＡＭＳ病院（ペシャワール）	4,733	4,780	4,629	1,170	2,530	1,112	2,162	1,858	972
ダラエ・ヌール診療所	2,984	2,464	3,159	1	1,234				
ダラエ・ピーチ診療所	3,052	2,378	3,309	11	1,193				
ヌーリスタン・ワマ診療所	2,373	1,679	2,636	48	307				
ラシュト診療所	記録なし								
コーヒスタン診療所	記録なし								

他の入院サービス

手術（ハンセン病ら変形疾患の再建外科、形成外科手術）	69件
理学療法	のべ5,072件
受講医学生（ハンセン病について）	186名
下肢装具配布（主にハンセン病）	191件

PMSの現況

職員総数：152名

現地職員148名（医師18、看護・助手21、検査12、装具ワークショップ 3名、他）

日本人職員4名 （中村を除く）

研修医 3名、診療助手被訓練生16名

	所在地	1日外来診療能力	病床数
PMS病院	ペシャワール	250名	70床
ダラエ・ヌール診療所	アフガン・ニングラハル州	100名	
ダラエ・ピーチ診療所	アフガン・クナール州	100名	
ワマ診療所	アフガン・ヌーリスタン州	80名	
ラシュト診療所	パキスタン北西辺境州チトラール	50名	
コーヒスタン・ドベイル診療所	パキスタン北西辺境州コーヒスタン	100名	
マスツジ診療基地	パキスタン北西辺境州チトラール	（中継基地）	

現地プロジェクトの構造

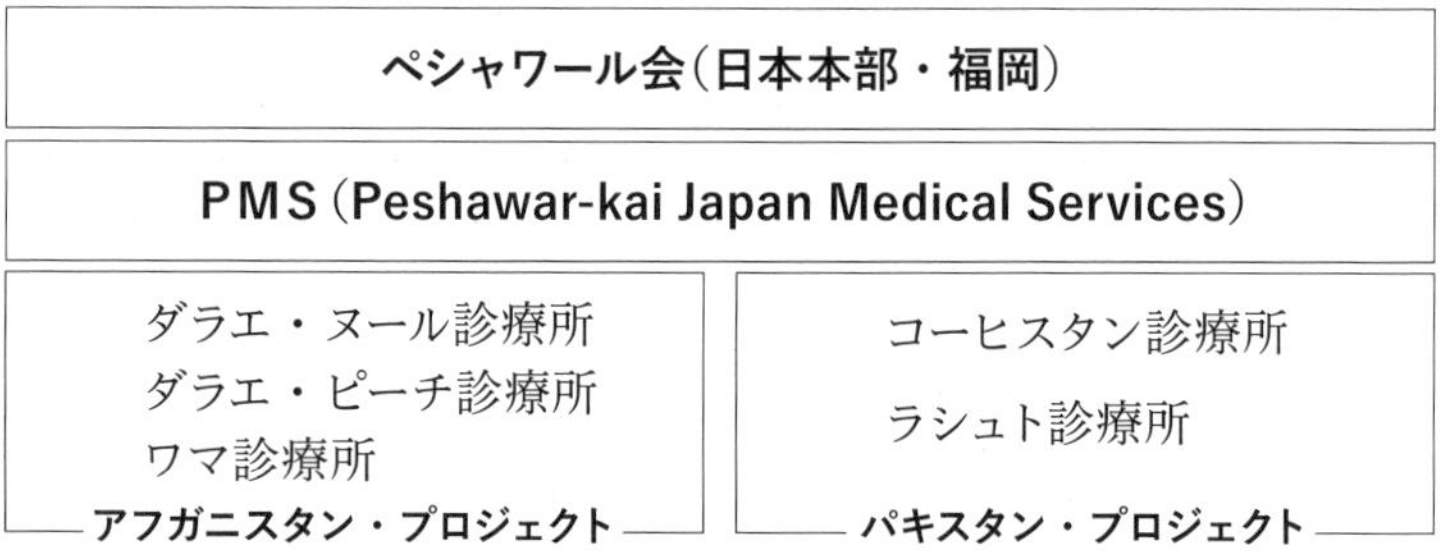

ワーカー派遣事業

1999年度は、以下がワーカーとして協力した。何れも現地になじんだ粒ぞろいで、かれらなしに、新体制はならなかった。PMS病院の出発以後、以前のような野戦病院体質から脱皮し、日本人の医療ワーカーは、一昔前に比べて働きやすくなっている。今後、さらにとぎれなく日本から人員を送り続けることが、継続の要である。新体制の基本構造は、日本・アフガン・パキスタンの人々がペシャワール会の存在を介して一体となっていることである。日本人ワーカーが途絶えれば、現地事業が分解する。

名前	派遣期間	職種	所属
藤田千代子	1990年9月〜現在	看護婦	元・福岡徳洲会病院
小林　晃	1997年2月〜現在	医師	徳之島徳洲会病院
藤井卓郎	1998年6月〜現在	技師／ウルドゥ語通訳	イスラマバード国立語学院出身
蓮岡　修	1999年12月〜現在	僧職	浄土真宗大乗寺

□その他

ＰＭＳ病院では、一九九九年十一月から「新訓練コース」を開設した。これは主に看護助手、検査助手、医療事務などの人材育成を主眼としたもので、我々の活動スタイルになじむ者を自前で育成することにある。公募で十五名から二〇名を選抜して出発した。さらに選択を重ね、二年間で数名（五〜六名）が育てば成功だと考えている。

「研修医の訓練」では、小林医師の努力で、現地では水準の高い病院として、医療関係者たちの注目を集めている。九九年度は六名が学んで二名が継続している。

日本からの研修生（医学生、看護学生）の受け入れ準備は、ゲストルームの完成で可能となった。長年の懸案であった財政再建も、新体制発足で見通しが明るくなった。具体的には、基地病院機能の一本化と、薬剤の精選、本来診られるべき患者（ハンセン病らの身体障害者、山村無医地区の貧困層）に精力を集中したことが大きな要因である。なお、煩瑣《はんさ》な事務作業を求められる公的補助金は、今や逆に大きな負担となってきた。書類作成に忙殺されて肝心の事業に支障が出ているのが現状である。近い将来、ペシャワール会による完全自給が求められる。

chapter

V

65号 (2000.10) ～70号 (2001.12)

2000 (54歳)	**7月、PMS、アフガニスタンでの水源確保事業開始（井戸の掘削、カレーズ（地下水路）の修復）**
2001	1月、国連、タリバン政権への経済制裁を強化
	3月、PMS、アフガニスタンの首都カブールに臨時診療所を5ヵ所設置
	タリバン、バーミヤンの石仏を破壊
	7月、パキスタン政府とUNHCR（国連難民高等弁務官事務所）、パキスタンのアフガン難民を国境近くのキャンプに移送開始
	8月、PMSによる掘削井戸が600ヵ所を超える
	9月9日、北部同盟のマスード将軍が暗殺される
	9月11日、米国で同時多発テロ
	9月14日、中村医師とPMS日本人スタッフは外務省の勧告を受けてアフガニスタンを出国、ペシャワールで活動を継続
	10月7日、米英軍がアフガニスタンへの大規模空爆を開始
	10月12日、ペシャワール会、「アフガンいのちの基金」を開設
	10月13日、中村医師、国会衆議院テロ特別小委員会に参考人として出席
	10月20日、アフガニスタンへの食糧配給開始。翌年2月までに約15万人に小麦粉・食用油を配給
	11月9日、自衛隊、イージス艦をインド洋に派遣
	11月13日、北部同盟がカブールを制圧しタリバン政権崩壊
	11月27日、アフガニスタンの暫定行政機構の枠組みを検討する国際会議がドイツのボンで開催される
	11月30日、アフガニスタン東部におけるマラリア流行の報を受け、移動診療に着手
	12月22日、アフガニスタン暫定政権発足

65号
2000・10

飲料水を確保し、「終末」に対峙せよ
――目標水源七〇〇、現在一五〇ヵ所で着手

ダラエ・ヌール

それは、現在のアフガニスタンの象徴であった。干割《ひび》れた段々の土地が、昨年まで緑豊かな水田だったとは誰も思わないだろう。頭上をロケット弾がかすめる。遠くで機関銃の音がこだまする。我々は足元でさくさくと鳴る乾いた粘土質の土を踏みながら作業場に着いた。

「水の谷」ダラエ・ヌールの面影は完全になかった。そびえ立つ四千メートルのケシュマンドの山々の白雪は消え、ただ漠々と乾燥しきった熱風と、じりじりと照りつける陽光が我々を迎えてくれた。静かだ。あまりに静かなのだ。かつて子供たちが駆け回り、鍛冶屋の音、のどかな牛の声、川の流れ、井戸端会議の女たちの話し声……これら心和む人里の喧騒に代って、殺伐な弾丸の炸裂音が響くだけだ。

二〇〇〇年九月十五日、私は一月ぶりにダラエ・ヌールを訪れて、折から進行していた「飲料水確保計画」を今後どうするか、立て直しを図っていた。同年五月にやっと「PMSアフガン・プロジェクト」が再編され、無視されてきた診療所の再建が始まったばかりだった。赤痢の大流行を目の当たりにし、問題の大きさに驚き、ダラエ・ヌールを皮切りに「水計画」がスタートしたのは、この直後、七月一日である。いわば我々の行動の火付け役がダラエ・ヌールであった。

アフガニスタン内の診療所建設（一九九一年〜）、マラリア大流行に対する活動（一九九三年）、そして今回が干ばつ《かん》対策である。ペシャワール会の大きなプロジェクトは、常にダラエ・ヌールを起点としてきたと言える。

七月初旬に開始された我々の計画は、「大成功」と報じられた通りだったが、これは皮肉な光景を生み出していた。七月三日、井戸掘りが始められ、十三ヵ所で飲料水が確保された。さらに不十分と見て、主としてアムラ村で十九ヵ所のカレーズ修復を始め、うち十六ヵ所で水を出した。そのうち「完成」と見なされた二つのカレーズは、飲料水どころか数ヘクタールの灌漑用水を確保したのである。

これは「皮肉な奇跡」と言うべきだった。九月十五日午前十一時、下流のブディアライ村から望んだとき、アムラ村が砂漠に浮かぶオアシスのごとく姿を現した。つまり、作業地域以外の土地がほぼ壊滅し、PMSの介入で早めに作業が始められた所だけが生き残ったのである。我々もこの

干ばつがここまで過酷なものだとは思ってなかった。

もっとも、我々の判断が甘かったというだけではない。ダラエ・ヌール渓谷の中心、カライシャヒ村の診療所付近が八月二〇日、一時的に反タリバン＝マスード勢力の手に陥《お》ちた。八月二二日、再びタリバン軍事勢力がこれを奪回して上流に押し返したが、以後争奪がくりかえされた。そのため、作業が著しく遅れたのである。診療所を最後まで守っていた職員は九月一日に撤収、シェイワまで後退したが、逃れてくる難民のため宿舎が見つからず、ジャララバードの対策事務所に寝起きして周辺の巡回診療を開始させた。

カレーズ

ここで少し「カレーズ」について説明しなければならない。これは西アジアから中央アジアにかけて広く利用されている伝統的な灌漑《かんがい》方法で、数千年の歴史を持つ。簡単にいうと、山麓の地下水を水平に導き出す用水路である。イランに見られるものは延々数十キロメートルに及ぶが、ダラエ・ヌールのものは小規模で、長さ五〇〇mから二千m、八〜九m毎《ごと》に縦井戸を掘り、これらの井戸を横のトンネルでつなぐのである。

それぞれのカレーズには名前がついていて、ダラエ・ヌールで「パキスタン・カレーズ」というものがあった。これは、一九四七年、パキスタンの分離独立の年に作られたことに因むのだという。つまり、五三年前のものだ。しかし、村民は長らくこのカレーズの維持を怠っていた。川の水が豊富なために、「使うまでもない」という楽観的考えがあったのと、一九七九年から一九九二年まで、アフガン戦争で住民が一時難民化して居なかったためである。帰還後、十一年間放置されて荒れた田畑の復興に追われて、カレーズの保全に手が回らなかったという事情もあった。セメントを使って即席に仕上げたものは、長い目で見ると、伝統技術に劣る。実際、カレーズがこの危急時に底力を発揮したのである。

五四歳の誕生日に

難民化した村人は、主に診療所付近のカライシャヒ村の住民で、谷の中流域に相当する。直接のきっかけは八月二〇日以降の戦火であったが、飲料水欠乏による病気の蔓延《まんえん》、家畜の死亡が拍車をかけた。残ってさえいれば、PMSの協力で何とか打つ手はあった。事実、隣のアムラ村は起死回生の努力で生き残れたのである。住民さえ居れば、我々も放ってはおかない。彼らの不在は、悪循環を生み、カレーズの修復は他村の者を動員したものの、真剣さが違う。

だが残った村民たちは、もはや何ものも恐れなかった。と言うより、これ以上追い詰められようがなかったのである。九月十五日午後十二時半、しばらくの沈黙の後、再び砲声が聞こえ始めた。

「ワレイコム・アッサラーム、ご挨拶だぜ。金曜日くらい休まなきゃ、バチが当たるぜ」

村人は黙々と作業に励み、ポンプが水を吐き出すたびに、鍋やバケツを手にした女子供が水場に群がる。中にはロバの背にポリバケツを載せた少年の姿がある。何時間も向うの村から歩いてくるそうだ。

私はただ訳もなく哀しかった。「終末……」。確かに、そう感じさせるものがあった。ふと時計を見ると、九月十五日、アフガン時間午後十二時四五分、私の誕生日である。五四歳にもなって、こんな所でウロウロしている自分は何者だ。ままよ、バカはバカなりの生き方があろうて。終わりの時こそ、人間の真価が試されるんだ……そう思った。

「ドクター・サーブ、PMSは引き上げるんですかい？」

「タリバンもマスードも忙しそうだな。しかしそれどころじゃない。こっちはこっちで忙しいんだ。君たちは続けられるだけ続けろ」

ダラエ・ヌール出身の職員ヨセフが指揮を執っていたが、急に彼の顔がほころんだ。さらに、下流の村に十五ヵ所の井戸を掘るように指示すると、士気は高まった。

蓮岡氏の奮闘——思わぬ才能

一方、ジャララバードに三週間はりつけで奮闘していた蓮岡修氏の働きは目を見張るものがあった。人口、面積から言えば、ペシャワール会の手掛けたソルフロッド郡の惨状はダラエ・ヌールに数十倍した。「ともかく始めろ」という指示で、八月二〇日に急遽《きゅうきょ》、孤立無援でスタートを切らせた。九月十三日の時点で、住民を動員して掘り始めた井戸が一一三本、その数は更に増加していた。冬を前に同郡だけで最低三〇〇本を目指していた。

こうなると、かなりの組織化が必要になる。単に陳情に応じて出掛けるだけではなく、十分な調査が要る。本当に必要かどうか、一本の井戸を何家族が利用できるか、機材の運搬方法、地元の井戸掘り職人の協力、そして職人・現場労働者一千名の組織化と管理、機材・器具の調達、他のNGOとの協力、地方政府との折衝……。それだけでも数ヵ月かかるところを、蓮岡氏は、ごく短期間に膨大な量の仕事をこなした。

人にはどんな才能が隠されているか分からない。二七歳の若者に任せ切りにせねばならぬ、やむを得ない個人的事情があったが、私は最初彼を見くびっていた。ともかく、三週間やれそうな所を手掛けさせ、本格的な組織化は後で自分が乗り込んでやればよいと考えていた。機材調達の遅れは致命的であったが、これは彼のせいではない。すでに稼働している筈であった組み上げポンプ二〇台は、私の到着後、やっと三台がペシャワールから送られ、使われ始めたばかりだった。

これは、現在の水位をできるだけ深く保つための窮余の策だった。六月以来、住民は自衛策で涸れた井戸を掘ったが、手掘りの場合、水が出てから掘削できるのは一・五メートルが限界である。掘っては涸れ、掘っては涸れ、水位はどんどん下がっていった。我々はダラエ・ヌールの経験から、強力な吸引ポンプを使って一時的に水を排除、その間に掘り進み、水面から十メートル前後を確保すれば、数ヵ月間はもつだろう、そしてその間、ボーリングを大量に準備して、次の段階に備えれば間に合うと考えていた。

実際、ダラエ・ヌールで、この方法がかなりの実を上げたのである。ところが、ソルフロッド郡では、最初の段階からつまずいた。まず機材の調達が簡単でなかった。「ジャララバードの店はペシャワールから持ってくる」と聞いて、ペシャワールのバザールで捜したが満足な調達ができなかった。やっと数基を揃えたが、国境を越える時の「輸出手続き」が要る。これは面倒なもので、パキスタンの首都イスラマバードまで行って許可を得るのに十日を要し、カイバル峠を越えてアフガニスタンに入ると、今度は「輸入手続き」が要る。荷物が国境で留め置かれ、またそれを請け出すのに数日をかける。その頃までには、枠を外した井戸の壁面が乾燥して崩落が始まり、作業が困難になった。

第二に、事情が地形によって全く異なることであった。例えば川沿いの場所では、排水後ものの数分で水が滔々と湧き出して元の水位に復し、掘削を進める時間を与えない。別の所では砂状の地層で、掘削が可能でも井戸の底がフラスコ状に崩れ、危険である。既に二ヵ所で崩落して井戸が埋まり、危険と見て作業を中止、新たな井戸を近くに掘り始めた。

焦りをこらえ

最大の問題は、いったいどの深さまで確保すべきかであった。これは誰にも分からない。例年なら最も水位の上がる八月も下がりつづけ、秋になれば普通でも下がり始める。アフガニスタンの水源の大部分は、夏に解け出すヒンズークシ山脈の氷雪である。それが異常気象で積雪が少なくなり、特に昨年は降雪が激減、例年ならアフガニスタンの夏の光景を飾る銀白の山々は無残に茶褐色の山肌をさらしていた。洋々と流れるカーブル河とクナール河の合流点がジャララバードで、近郊に大きな橋がある。長さ約五〇〇メートルの橋の欄干から眺めると、昨年まで渦巻く巨大な流れが、歩いて渡れるほど底をついていた。

冬の降雪を待ち、来年の春にならないと水量の増加は期待できない。それまでは、さらに掘り進めないと、再び涸れるのは目に見えている。

蓮岡氏は、排水ポンプの遅れに焦っていた。「短期大量」

が方針だったから、無理もない。作業地をネズミ算式に拡大し、ともかく取りあえずの飲料水を確保するのが急務ではあった。だが、いざ手を着けてみると、泥沼の戦いに引きずり込まれたようで、精神的に疲れていた。

「私の力不足で、行き届かなくてすみません」

「やるじゃないか。たいしたもんだ。ここまで組織するとは、上の上だよ」

「始めたものの、先が見えないような気がして……」

「構わずに、どんどん増やすんだ。涸れればまた掘ればよい」

「排水ポンプの遅れで井戸壁が崩れ始めています。井戸枠を入れないと危険ですが、一旦入れると、涸れたときにまた外すのは大変ですが……。ジレンマです」

「どこまで掘ればよいのか、誰も分からないんだ。完成に一年は覚悟して、ある程度掘り進めば、まず井戸枠をおろせ」

私が冬を乗り切るための暫定案を示して「長期戦」を説くと、少し落ち着きを取り戻したようであった。排水ポンプを使って掘り進む深さは、最初水面から十メートルを予定していたが、調達の遅れと緊急性を計りにかけて五〜六メートルに減らした。しかし、ポンプの数がわずか三台である上、仕事の進み具合が一日〇・五メートル〜一メートルがやっとだとわかり、更に二〜三メートルに減じた。住民はすぐに水が要る。あまりの遅れが不満を生み始めていたのである。

排水ポンプと発電機は徐々に補充される見通しがついたが、次の段階はボーリングをどう準備するかが焦点になってきた。それでも、「段階的掘削、長期作戦」が伝えられると、悲壮な緊迫感が薄れ、ゆとりを与えられて安堵した様子であった。

「風の学校」の決断

しかし、いくら我々が頑張ったとて、所詮《しょせん》「素人集団」である。技術面の適切な指導はやはりプロが必要だ。私が無念の気持ちで思い出したのは、井戸掘り名人、「風の学校」の主宰者、故中田正一氏だった。氏はアフガン戦争中ペシャワールを訪ねること三回、氏の活動の振出しであったアフガニスタンに情熱を傾けていた。それが数年前に逝去され、今さらながらそのかくしゃくたる容貌が生き生きと思い浮かび、あの世から呼び戻したい気持ちであった。

思い余って氏のご夫人、中田章子さんに連絡をとったのが九月六日であった。私の訴えに驚いた中田章子氏が、わざわざアフリカ・セネガルの仕事をとりやめ、急遽、井戸掘り経験の長い中屋伸一氏を送ることを決定した。氏がパキスタン大使館の協力でビザを得て機上の人となったのが九月十一日、この間五日である。

中屋氏はペシャワール到着後、アフガン領事館でビザを待つこと七日、間もなく現場に到着する。アフガン側の非能率で、じりじりと時間が過ぎてゆく。物資調達から人材の送り込みまで、一つ一つの何でもない仕事が、日本の何十倍もの努力と忍耐を強いられる。とはいえ、因縁だと言えば古くさく聞こえるが、中田章子氏の果敢な決断には、ただただ感謝という以外にない。

こうして、仕事は始まったばかりだが、徐々に態勢を整えつつある。私たちの電撃的な活動の開始は、現地で驚きと賞賛と感謝を以《も》って迎えられ、多方面で友好的な協力を得ることができた。通常、政府間援助はもちろん、NGOでも調査・準備に優に半年はかかるのだという。三週間でほぼ一二〇ヵ所に着手したPMSの動きは、奇跡的というのに近かった。しかし、この背後に会員たちの強力な財政的支持があったことは言うまでもない。

これはPMS（ペシャワール会医療サービス）の活動の中で、或いは最後の大きな戦いとなる可能性もある。現場の士気は高い。成功の可否は、ひとえに財政と補給、人材にかかっている。

66号
2000・12

◎アフガン大旱魃《かんばつ》　医者井戸を掘る

人知を超えた闘いに挑む

プロジェクト発足前後

ペシャワール会から定期的に「アフガニスタン旱魃《かんばつ》情報」が送られてくる。これは非常に役立った。この定期情報が始められたのは、いきさつがある。七月初めにペシャワール会＝PMS（ペシャワール会医療サービス）がダラエ・ヌールで大規模な旱魃に驚き、「水計画」を始めた際、日本の事務局で新聞社などを通して実態をつかもうとしたが、できなかった。そこで、英語の達者な事務局員、松岡さんがインターネットで膨大な情報を整理、抜粋して翻訳、要点だけを一、二週間毎《ごと》に報告してくれたものである。これが貴重な情報源となった。事務局は以下のように経緯を伝えている。

「……もっと現地情報を知りたいものと、東京の某通信社外信部に電話を入れると、『そういう話は聞いていない。あのあたりはもともと乾燥地帯だから』という返事。ためしにインターネットに当たる。日本語の『旱魃』で検索したところ一件。おかしい。英文のサイトで検索する。すると、一万五千件がヒット。旱魃は、アフガンだけでなく、インド、パキスタンからイラン、イラクに中央アジアまで、エチオピアの飢饉を超える今世紀最悪の規模になりつつあるという。そこで某通信社に、我々が翻訳した情報を送ると、漸《よう》く《や》慌て始めた。『うーん、何がIT革命じゃ』

この頃、日本はサミットの報道ばかりで、日本中がまるで「鹿鳴館」と化して、熱烈歓迎に忙しく、そのあまりの派手さに肝心の各国首脳が批判的になったという。ともかく、アフガニスタンを襲う未曾有《みぞう》の大旱魃は、政治的に重要性が薄かったために、情報社会の外におかれていたのが真相だろう。

しかし、この英文情報でさえ稀ならず誇張や見落としがあり、東部一帯の惨状には触れられていなかった。そこでペシャワール会＝ＰＭＳとしては、東部一帯を親しく実見した上で、ダラエ・ヌールとソルフロッド郡に的を絞り、行動を開始したものである。十月になって、国連機関やＷＦＰ（世界食糧計画）による「旱魃地図」が事務局より送付されてきたとき、東部一帯でぽっかりと、ニングラハル州のソルフロッド郡とダラエ・ヌールだけが島のように赤く塗りつぶされて、つけ加えられていた。私たちの活動によるものか、独自の調査によるものかは定かではないが、「活動地の選定に狂いはなかった」と自信が持てた。

最後の賭け

財政面の補給も幸運だった。これは、前年一九九九年度に大幅な組織再編を断行して、ＰＭＳ新病院を中心にアフガン・パキスタンの両プロジェクトを束ねたことが大きかった。自転車操業は続いていたものの、ペシャワール会としては発足以来おそらく初めて繰越金一千数百万円を出した。これにアフガニスタンに好意を持つ募金者たちが現れ、六ヵ月間の予算、約三二〇〇万円を当面使えることになり、即座に行動できたのである。通常、緊急援助の場合、訴え始めて反応が現れるまで一ヵ月以上待たねばならぬ。そうすると、水源確保のような土木関係の仕事は、きちんとした予算立てが難しくなる。九三年のマラリア大流行の時は、お膳立ては比較的簡単で、募金の集まっただけ薬品を大量購入、わが医療チームをそのまま流行地に飛ばせばよかった。しかし、今回は必要機材・規模を決定した上で計画的にことを運ばねばならなかったから、この当面の活動資金の存在は大きな意味を持った。

徐々に集まってくる募金は、活動の後半部に当てればよい。それに、今回の旱魃はまだ世界的なニュースとして報じられていなかったから、時間がかかると踏んでいた。この方は、例によってペシャワール会の広報担当を中心に、世の無関心の中で実情を訴え、必死で駆けずり回った。

私は「世紀末」などという大げさな巷《ちまた》の流行が嫌いであったが、アフガニスタンの実情は世紀末どころか、世界的な終末の始まりを感じさせるものがあって、「最悪の場合は、これがペシャワール会最後の活動になる」と思っていた。そこで、決してやけくそでなかったものの、全てをはたいてでも敢行すべき事業だと信じていた。これまで、ペシャワール会は日本の小さなＮＧＯとしては身に余るような事業に挑戦してきた。動乱に次ぐ動乱であったが、それなりの成果を上げた。人々はきっと「また狼が出たか」と思うだろう。しかし、今度という今度は、狼どころか、巨大な竜である。最後の大きな賭けになると思った。それに比べると、他のことはどうでもよい小さなことに思えたのである。

失敗と教訓

九月二〇日午前十時、ビザで足止めを食っていた中屋氏がやっとジャララバードに送り込まれた。だが、この時までに様々な教訓が得られた。「教訓」といえば聞こえがよいが、重大な失敗があった。井戸の枠を外すのに時間をかけすぎた上、一部は壁が崩落、結局、近くに新しく掘らざるを得ない。やっと到着し始めた排水ポンプは、大部分のところで役に立たない。そもそもの間違いが、井戸に関する限り、ダラエ・ヌール診療所職員の過大報告で、誤った方針が立てられていたことである。

その後の調査で、ダラエ・ヌール、アムラ村の成功は主としてカレーズの再生によるもので、井戸の掘削は遅々として進んでいないことがわかった。予定の「水位から十メートル深く」を達成したところはない。可能ではあろうが、掘り始めて二ヵ月を経過、三～四メートルがやっとである。成功というよりは、作業を進める際の排水で村民が助かってきたというのが真相だ。最初の成功に幻惑されて自信過剰になっていたのである。ダラエ・ヌールの責任者サイード医師を九月中旬に更迭し、初期計画の大幅な見直しが始められた。もっとも、この排水作業で大勢の者が救われてきたのだから、あながち無駄だったとは言えない。それはそれで、見通しがつくまでポンプを据え付け、給水を目的に続ければよい。

そこで、専門家のところを飛び回って意見を求めると、井戸枠を外すのは無駄で、涸れ井戸の底からいきなりボーリングを始めたほうが良いという意見が圧倒的に多かった。「ボーリング」というと、どうしても大がかりな工事を想像するが、これもいけなかった。七月に示されたＷＨＯ（世界保健機関）の算定「一本四七万円」という数字にも惑わされた。これだと数百ヵ所というのは手が出ないと考えられたのである。

ずっと安価の手動式ボーリングは、かなり改良されたものが出まわっていた。しかし、アフガニスタンで見たものは比較的容易な地層で二〇メートルが限界だった。堅い岩石層になると歯が立たない。それで初めから見くびっていた。

しかし、「餅は餅屋に」である。「風の学校」の中屋氏の意見を皮切りに、北西辺境州政府の土木関係者の意見を集めた。これはペシャワール側でPMS病院事務長イクラムラー少佐が奔走、誠実なコンサルタントを捜した。請負業者の中には、利を得ようとする余り、子供だまし的な誇大宣伝をする山師も少なからず、なかなか納得のゆく意見が聞かれなかった。やっと経験豊富な政府技術者と会うことができたのが、九月二〇日のことであった。彼らペシャワールの経験ある技術者によると、手動のボーリングでも四十数メートルまで掘削可能だという。そうであれば、「段階的掘削」で、五メートルずついくよりも、一挙に数十メートル掘り進める方が時間的ロスが少ない。それに、だらだらと長くすれば労賃がかさみ、却ってボーリングよりも高価になる。実際、九月二〇日に支払われた労賃が、六〇〇名・二週間分で九千ドルに達した。

では、この一ヵ月の労賃は何だったのかと言いたくなるが、失敗は失敗である。排水ポンプを待ち続けてきた蓮岡氏は怒るかも知れぬが、つまらぬ威信にこだわる時ではない。

悲壮な電話

九月十八日夕刻、私がペシャワールに一旦戻った直後、蓮岡氏より悲壮な声で電話連絡が来た。それまで頼りにしてきたデンマークの土木プロジェクト「DACAAR（デンマーク・アフガン難民救援会）」の職員が、突然態度をひるがえして「貸し出したもの全てを返せ」とねじ込んできたという。この団体は十年以上アフガニスタンで水利関係の事業をすすめる大組織で、デンマークやベルギー政府の資金で運営されている。数百名の職員を全土に抱え、技術的経験、規模においてペシャワール会などものの数ではない。井戸枠、汲み上げポンプ、必要な材料の生産を自ら行い、ペシャワール市内のハヤタバードという新開地に大きな工場とワークショップまで持っていた。

諸外国NGOの中では、珍しく比較的まともな団体で、我々が再生のために解体した井戸の構造ひとつを見ても手抜きがなかった。しかも私たちが再生した井戸の大半がこのDACAARによるものであったから、何かと協力関係が出来上がっていた。彼らは、最も旱魃がひどいアフガニスタン西部に釘付けになっていて、東部まで手が回らない。しかも、DACAARの名で作られた井戸が次々と涸れ果てて住民の不評を買っていた。これは決して彼らのせいではないが、ペシャワール会がそれを再生した上に彼らの名前まで残すというので、大いに協力的だったのである。

蓮岡氏は、セメント製井戸枠の鋳型、手動式ボーリング器械二基をＤＡＣＡＡＲに交渉して調整していた。多少の過大評価はあったが、少なくとも初期段階でＤＡＣＡＡＲの協力なしに仕事の進行が考えられなかった。

やや引きつった声で事情が伝えられた。ジャララバードからペシャワールの電話事情は最悪で、声が遠いだけでなく気まぐれに途中で切れる。その上、ペシャワールからかけ直すのに予約して半日は待たねばならないから、事実上一方通行である。いろいろと述べるので、大声で伝えた。

「電話が切れる。ペシャワール側で要するにどうしたらよいか、先に言え！」

「ペシャワールのＤＡＣＡＡＲ本部と掛け合って下さい！」

「ＤＡＣＡＡＲが協力しない訳がない。下っ端《ぱ》の意地悪だ。明日、所長と話して確認するから心配するな！」

「お願いします」

そこで電話がとぎれた。

確執の背景

翌朝九月十九日、直ちに面会に赴いた。幸いペシャワールのＤＡＣＡＡＲ本部はわがＰＭＳ病院と目と鼻の先にあり、午前十一時、会見できた。さすがに堂々とした門構えで、オフィスだけでＵＮＩＣＥＦ（国連児童基金）に匹敵するくらいの事務職員が働いていた。

所長はトマス・トムセン、四〇歳前後の年齢で、長身で温厚な紳士という印象だった。デンマークから赴任して数年だという。気さくな人柄で、大組織にありがちな官僚臭さがなかった。事情を話すと、案の定、即座に返答した。

「それは何かの誤解か、間違いでしょう。早速連絡してジャララバード事務所に確認してみます」

と言ってコーヒーを勧められた。

「失礼ですが、どちらからお出でですか」

「デンマークという小さな国からです」

「アンデルセンの国ですな」

「え？　日本人のあなたがご存知で？」

「日本人なら誰でも知ってますよ。特にアンデルセン童話は、大抵の日本の子供たちが聞かされて育ったものです」

「本当ですか。知りませんでした」

意外だという様子だったが、ともかく和やかに話が進んで、約束どおり返事が届けられた。

「現地に問い合わせたところ、先日のもめごとは、完全に誤解に基づくことが分かりました。現地事務所は協力を惜しみません。健闘を祈ります。

二〇〇〇年九月二〇日
所長　トマス・トムセン」

これによって、時間稼ぎができた。ジャララバードでの

PMSとDACAARとの確執は、複雑な背景があった。再生した井戸の大半は、PMSが手をつける以前に、住民たち自身が自衛手段で解体して掘り始めていた。そこに我々が突如現れて「短期大量」を掲げて支援し、電撃的な速さでことを進めた。DACAARの担当者が遅れて見回りに行くと、「今ごろのこのこ出てきて、その上サルヴェイ（調査）などと、ふざけるな」と罵倒した。渇きの恐怖に怯える住民は、それくらい逼迫《ひっぱく》した心情だった。PMSの仕事は、実は知らぬが仏の着手だったが、その迅速さが皆に受けて、救世主のごとく映り、「きみらに比べると、あの日本人グループを見ろ」というセリフも出る。すると罵倒される側は我々にやっかみを起こす。現地責任者が悪意ある報告をしていたのだった。

私たちの側にも問題がないわけではなかった。蓮岡氏は曲がったことが嫌いで、政治的な交渉やかけひきは不得手だった。住民の協力よびかけのセリフは、「我々はDACAARなどの他のNGOと異なり、四千名の良心的な日本人の一〇〇パーセント純粋な厚意による資金である」と説いていた。それは正しかったが、やましさを抱える一部NGOの職員を刺激した。

タリバン政府との交渉では、厚意的な外務省の役人が出入り自由の三カ月ビザをアフガン側で発給したが、ついでに自分の家のなかにある井戸掘りを要求、蓮岡氏が拒絶して一時険悪となっていた。これには困った。国家権力の怖さを知らないだけでなく、下手をすれば立ち入り禁止である。そうすると水計画どころかPMSの全面撤退に発展する。自分の正義感が満足しても、困るのは住民であろう。そこで、渉外は私のような「年長者」に任させ、なるべく蓮岡氏らの若い人々を現場に専念するよう配慮した。

恐るべき予測

しかし、住民の圧倒的な支持を圧力に、徐々に各方面と協力関係ができていった。

九月二〇日に私が再びジャララバードに戻ったとき、中屋氏も専門家らしく短期間に事情を把握していた。特に安全面の配慮は適切な助言を行なった。彼はそれまでのPMSの無謀なやり方を知りつつ、バランスを崩さぬよう気を配っていた。緻密な技術者というより経験ある職人で、おそらく最も実際的に事態を把握していた。

異常気象、見通しのつかぬ水位、来年夏の最悪の事態の想定、……悲観的な予想に対して中屋氏はためらいながら、しかし冷静に述べた。

「それでもだめなら、人の及ぶところでないと判断せざるを得ないでしょう」

「つまり……砂漠化ですな」

「……そういうことになります。言いにくいですが、人間の努力で如何ともしがたい領域だということです」

　これは恐るべき想定だった。ヒンズークシ山脈の大山塊の氷雪が巨大な貯水槽の役目を果たし、夏に解けだして農業・飲料水を供給する。その地域は広大で、アフガニスタン全域とパキスタン北部に及ぶ。この氷雪が枯渇するとなれば、たとい今冬の修羅場を切り抜けても、来年夏の水量が上がらなければ、アフガニスタンの国土の大半で農業が壊滅して人々が村を空け始める。

　ではその後は……。簡単に言えば、砂漠化で無人の荒野が広がることを意味する。そうなるともはや、我々の出番ではない。数百万、数千万の人々が生活の場を失っても、神意としか言えない。人間の手が及び得ない自然の選択なのだ。

67号

２００１・４

◎バーミヤンを視野に、カブール臨時診療所開設へ
あえてカブールへ　――暴を以《もっ》て報いず

カブール診療へ

　イーデ・クルバーン（犠牲祭）明けの三月九日、祝日で帰郷していた一五〇名の全職員がペシャワールに戻った。PMS病院はカブール派遣チームの出発を三月十四日と定め、これまでで最大規模のフィールドワークの準備に取り掛かった。藤田看護長以下、医療スタッフはもちろん、イクラムラー事務長を先頭に、病院総出で買出しや機材整理に追いまくられ、夜遅くまで働いた。副院長のジア医師と私が指揮を執ることになり、ジア医師が祝日の休みもそこそこに、三月九日にカブール入りをして宿泊施設や診療所の下準備をし、私が五日後の十四日に、本隊二四名を率いて直ちに活動を開始する予定であった。

　時あたかも、例の「バーミヤン仏跡問題」で世界中がタリバン政権を非難する中であった。日本から送られてくる

旱魃情報は、仏跡破壊問題で影が薄れていた。石仏破壊中止の説得のため、松浪・国会議員を使節にして送った。イスラマバードの大使館は、壊れた仏像を復元すると発表した。タリバン側は却って硬化し、三月十日に爆破を敢行したと伝え、ますます孤立化を深めていた。「凶暴なわからずや・タリバン」という認識が恐怖感をあおり、各国のNGOや国連組織の外国人は、続々とカブールを退避していた。出発前日の十三日に、ペシャワール会事務局の福元氏からメッセージが寄せられた。

「仏跡破壊は、ヒステリックでないにせよ、やはり日本人の心性に根を下ろす、ある種の郷愁に深い打撃を与えています。今、私たちが大旱魃の重大さを訴えても、おそらく大方の日本人は聞く耳がないでしょう。『蛇のように聡き』行動を願います。くれぐれも気をつけてアフガニスタンにお出でください」

かくて三月十四日、午前九時、PMS病院は異例のベルを鳴らし、薬品を満載した五台の車両に分乗、二四名のチームを全職員が見送った。

私自身は病院の用事を済ませ、二時間遅れて出発、昼過ぎにカイバル峠の国境、トルハムで落ち合うことにしていたが、トラックの長蛇の列が延々と続き、なかなか通れない。何事かと聞けば、昨夜、アフガン側から発砲があり、国境が閉鎖されていたのだという。紛争は前日夕刻、パキスタン側警備兵が、逃げてくるアフガン人の老人を乱暴に扱い、いじめに怒ったタリバン兵士が威嚇発砲、これにパキスタン側が応戦、国境が一時閉鎖されて険悪なムードになった。死傷者が出たという噂が流れ、午前十時にペシャワールからアフガン領事が急行、私が到着する少し前に開門されたという。

入国手続きを済ませてアフガン側に入ると、いつも私に茶を勧める役人たちに元気がない。昨夜から飲まず食わずだという。通過した外国人の名簿を見ると、スイス人二名、フランス人二名、イタリア人一名が記されてあった。何れ《いず》もアフガンからパキスタン側へ出たもので、アフガン側に入ったものは我々だけであった。国境の水供給はパキスタン側に頼っていたが、これが報復で停止されたらしい。アフガニスタン側のバザール、とくに茶店、食堂は営業できず、先発のスタッフは昼食ぬきで、既にジャララバードに向かった後であった。

アフガン側の事務所の裏手にある井戸は、昨年八月頃見た時には既に涸れていた。役人たちに井戸掘りをせがまれていたので、蓮岡氏を連れて一応涸れた井戸を確認し、PMSが水源を確保することを約して別れた。

その晩はジャララバードの水計画事務所に一行を宿泊させ、翌朝早くカブールに発たせることにした。ジャララバードでは、留守を守っていた目黒、辰本の両氏が、私たちの到着を待っていた。ロダト郡へは既に準備を完了、十七ヵ所で作業が始められたとのことだった。ダラエ・ヌールに留《とど》まっていた目黒氏の報告によると、新しく着手した村のモスクの水は大成功で、四メートル水平に掘り進むだけで、かなりの量が湧き出してきた。下手《しもて》のバザール、モスクなどの公共の井戸にも着手したとのことで、着実に仕事が進展しているらしい。さらに嬉しいことには、ペシャワール出発の二日前、三月十二日の雨で、小川の水が増え、下手の村で、多くの涸れかけていた麦畑が復活したという。

「我々は非難の合唱に加わらない」

ジャララバードからカブールへ発つ直前、水計画のプロジェクトに携わるスタッフから、以下の文面が届けられた。

「仏跡破壊は遺憾です。職員一同、全イスラム教徒に代わって謝罪します。他人の信心を冒瀆《ぼうとく》するのは我々の意図ではありません。日本がアフガン人を誤解せぬよう切に望みます」と記してあった。

午前八時、ＰＭＳ水計画事務所の全員を整列させ、カブール診療チームを見送らせたが、以下の訓辞を以《もっ》てその厚意に応えた。

「今世界中で仏跡破壊の議論が盛んであるが、我々は非難の合唱に加わらない。私たちの信仰は大切だが、アフガニスタンの国情を尊重する。暴に対して暴を以て報いるは、我々のやり方ではない。餓死者一〇〇万と言われるこの状態の中で、今仏跡の議論をする暇はないと思う。平和が日本の国是である。少なくともペシャワール会＝ＰＭＳは、建設的な人道的支援を、忍耐を以て継続する。そして、長い間には日本国民の誤解も解ける日がくるであろう。我々はアフガニスタンを見捨てない。人類の文化とは何か。文明とは何であるか。考える機会を与えてくれた神に感謝する。真の人類共通の文化遺産は、平和と相互扶助の精神である。それは我々の心の中に築かれるべきものである」

職員は日本への親しみと尊敬をこめてわれわれを見送った。ジャララバード郊外でタリバンの兵士が行き先を訊ねたので、「カブールだ」と答えると、目を丸くして、「続々と外国人が逃げてくる中で……」と絶句し、感激に堪えないという様子だった。

巨大な難民キャンプ、カブール

ジャララバードからカブールまでの悪路をゆられること六時間半、カブールに到着したのは午後二時半であった。ジア医師が首を長くして待っていた。ＰＭＳカブール事務所は官庁街の近くの安全地帯に置いた。診療所の候補地は既に選定されていたが、地元の長老会とジア医師が協議して協力を取り付けていて、直ちに準備が始められた。場所はカブール西部のダステ・バルチーに二ヵ所、東部のカラエ・

ザマーンに一ヵ所を定めていた。何れもハザラ族が多く、特にダステ・バルチー地区は、「隔離されたコロニー」と言ってよく、明らかに北部バーミヤンから逃れてきた人々がひしめき合っていた。これらハザラ族の場末は広大で、「先生、これは泥沼です」と、同行してきた蓮岡氏がため息をついた。かつて十五年前、私がパキスタンの国境地帯でひしめく数十万の難民の居住地を初めて見た時を思い出し、無力感に打たれた。この地域だけで三〇万人という。

それに、これはカブール全市のほんの一角に過ぎなかった。全市が巨大な難民キャンプだと言ってよかった。カブールは標高一五〇〇メートル、高山に囲まれた盆地の様相で、夜は冷える。砲弾で穴だらけの廃墟が市外の至る所にあり、九年前のカブール陥落以来、荒れるに任せたままである。人々に聞けば、「家を直せないことはないが、また壊されては無駄だから」とのことだった。尤《もっと》もな話で、こんなに市街戦が繰り返されると、やる気も起きまい。かつての目抜き通りでは、制服らしきものを着た警官が、退屈そうに交通整理をしていた。

カブールを支配するタリバン政権は、パシュトゥン人で固められているから、バーミヤンで敵対しているハザラ族居住地はまるで無視されていた。確かに「下層民族」という蔑視があったのは事実だ。それにも拘わらず人々は、タリバン以前の無政府状態で、タジク人やウズベク人の軍閥から受けた暴行よりはマシだと思っていたし、タリバン側もイスラム平等主義を掲げる以上、戦闘地での慣習的な報復行為以外は、概《おおむ》ね組織的な迫害はなかったといってよい。

私たちも特にハザラ族だけを対象にした訳ではなく、貧困な地域を選ぶと自ずと彼らが主な対象となったというだけである。それでも、一応特定の民族を対象とするのは具合が悪いので、タリバン政府の建言を入れて、政府公営の市内の診療所（母子保健センター）二ヵ所を支えることにした。これには、政府が首都の小さな診療所さえ支える余力がなく、「ともかく好きに回して下さい」と嘆願してきたこともあったが、宗教的規制で女性を診《み》るのが何かと不便なところで、政府の母子保健センターだけは堂々と診療が許されていたからであった。スタッフまるがかえだが、医師の月給が二〇ドル、看護士が十五ドルなど、総計十三名の人員の給与が月に一八四ドルと格安、これに多少の薬品をつぎ込めばよいから、テストケースとして暫《しばら》く回しても、特別負担にはならぬと考えられた。

ジア医師以下二十数名は連日、政府との交渉、買出し、看板作り、机や椅子など診察室や検査室の整備に奔走した。その結果、三月二〇日までには二つの診療所で仕事を始め、他の診療所でも数日以内に「開所」の見通しとなった。

超インフレ

さて、少し腰を落ち着けて町なみを眺めると、初めに受けた墓場のような陰惨な印象が和らいできて、タリバン政府筋とも打ち解けて話ができるようになってきた。バザールを歩けば、食品が驚くほど安い。薬品は質のよいイラン製のものが出回っている。ものにもよるが、パキスタンで購入するブランド薬品（大半が日欧米の会社）よりも、約半額以下だ。中国製のものはペシャワールでも評価が高かったが、カブールではイラン製に圧倒されているようである。最近は特に手抜きがないのだと聞いた。

町全体を見ると、明らかにタリバンの規制は緩められている。「シンデレラ姫」に出てくるようなドレスがショーウィンドウに掛けてあったのには驚いた。シークの商人がインドの怪しげな民間薬を売っている。ブルカを着た女性たちがファッション豊かな靴屋に出入りしている。中にはタリバン兵士も混じって、ささやかなおしゃれ用品の買い物を楽しんでいる。日本製の商品、象印か孔雀印の魔法瓶が欠かせぬ日用品としてふんだんに出回っていた。ただ、庶民の手が届かぬ高級品のある街角は限られていて、大半は路上にものを並べて商いする小売の人々だ。野菜・果物、ナッツ類などはペシャワールの約三分の一から半額、現地通貨のアフガニは超インフレで、分厚い札束がやり取りされている。一パキスタン・ルピー（＝二円）が約一千アフガニ弱で、十アフガニ札なら一〇〇枚持ち歩かねばならない。わずかな物を買うのにとんでもない札束を抱えてゆかねばならぬから、至る所に両替屋がある。人々はルピーを持ち歩いて、有利と見ればアフガニに替えて買い物をする。しかし、アフガニ札は旧ソ連諸国で印刷されてくるので、通貨の価値よりも明らかに印刷費、運送費の方が高くつくはずだ。それに変動が激しいので、パキスタン・ルピーが普通に通用するようになっている。

バザールはペシャワールやジャラランバードほどには活気がないが、官庁街の、整然としているが寒々した侘びしさと好対照を成して、何やら人々のたくましさが感ぜられ、安堵させるものがある。物足りないのは、娯楽施設がないことだ。八年前に来た時は、まだ楽士や踊り子の姿があったが、映画やテレビはもちろん、ラジオまで一時禁止されていたので、何だか潤いがない。同じタリバンでも、東部のジャラランバードでは随分開けている感じがする。

バーミヤンへ

三月十八日、到着以来、無聊《ぶりょう》を託《かこ》っていた蓮岡氏が喜ぶ日が来た。やっと許可証が出て、バーミヤンへ向けて発つことになったのである。彼にとっては、憧れのバーミヤン仏を拝める「歴史的な日」であった。まるでイスラム教徒が聖地巡礼に赴く心境だったのだろう。私の胸を踊らす動機は少し異なっていて、年来の標的地であったハンセン病の最大の中心地へ向けて、第一歩を記す記念すべき日であった。十一時半にカブールを発ち、午後九時半バーミヤンから十数分手前の宿に着いて、翌朝夜明けと共に調査活動を始めることにした。

この旅は大半が雪の丘陵を越える道であった。まる六時間、延々と限りなく続く雪山を越える。時々スリップで路肩から転落したトラックを横目にしながら、零下の寒風にさらされる。途中から日没となったが、雪明りで白い峰が薄紫色に輝き、幻想的な光景であった。中途で凍結して通れず、間道を行き、ほうほうの体《てい》で到着したが、憧れの地にやはり思いが集中する。夜は宿場に雑魚寝した。

連行

翌三月十九日午前五時、「起きろ、礼拝の時間だ！」と命令口調の男たちが叫んで、たたき起こされる。バーミヤンまで行って、前線の隊長に許可をもらう手筈になっていた。だが、中途で蓮岡氏が、「先生、あれです！　あれが小さい方の仏像で……」と興奮して叫ぶ。私もつられて、車内から思わず破壊された仏跡にシャッターを切った。小さい三五メートルほどのものは、完全に消滅していた。五〇メートル以上ある大きな方は、残っているのは右半身だけだった。すると、たちまちタリバンの見張りが軍用車で追いかけてきて、カメラをもぎ取られ、取調べで兵営に連行された。しかし、これという乱暴な扱いはなく、取調べ兵士の大部分がニングラハル州、それもソルフロッド郡の出身者だったから、茶を振舞われながらの「友好的な取調べ」であった。ここでは、いくら狭量なタリバンといえども、地縁と血縁がやはり大きな絆なのである。聞けば、昨日も小規模な戦闘があり数名の兵士が死亡し、軍民を除いて殆どが退避しているとのこと。われわれも、大変なときに来たもんだと、軽率さを反省した。

駐屯軍の隊長らしい人物は、弱冠二五歳前後、精悍な表情が最近の戦いの厳しさを物語っていた。ジア医師が、「らい診療所の調査」という名目で許可証を貰っていたので、戦々恐々、影響がカブール診療に及ぶことを心配していた。蓮岡氏は、容貌がハザラ族に似ていたので、念入りに取調べを受け、憤慨していた。「仏教徒として彼らの情に訴えるため、経を上げる」と提案したが、下っ端の取調べ役人はそんな高尚な話が通じる人間ではない。それに、前線の指揮者は気が立っている。われわれを全員葬り去ることもその気になれば容易なのである。私は大いに驚き、制止した。この連中にそんなことをすると、かえって事がややこしくなる。ともかく、「医療調査で撮影が必要なのだ」で通した。

「違う違う、日本人だ！」

指揮者と思しき者が、最近中国の協力でカブールに設置された携帯用の電話通信で、私たちの処置について指示を仰いでいた。窓の外で「中国人二名とアフガン人四名が……」と聞こえたので、大声で「違う違う、日本人だ！」とジア医師が叫んだ。これが効き目があったらしく、突然彼の態度が変わった。アフガン人は一般に日本に対して並々ならぬ親近感を抱いている。「日本とアフガニスタンの独立が同じ年だ」と信じている者が少なくない。タリバン兵士とて例外ではない。この隊長は、若いが規律正しく、責任感の強い人物だった。おまけに、ニングラハル州・ソルフロッド郡出身者だったので、ジア医師以下、同地出身の職員と直ぐに打ち解け、ペシャワール会＝ＰＭＳの事業などを説明した。この時ばかりは、「日本国民」であったことに感謝した。これまでも似たような場面があり、自分が単に日本人であることによって切り抜けたことが稀ならずあった。ご先祖様の功徳に与《あずか》っていたわけである。

結局、釈放が決まったようだ。隊長が謝罪して円満な解決となった。

「無礼をお許し下さい。私も任務でやむを得ず拘留したのです」と丁寧に詫びた。

「いやいや、この緊急事態を知らずに、のこのこ出てきたこちらもお詫びしたい。昨今、賄賂が横行する中、貴君の責任ある態度に敬意を表します。私たちは貴官の故郷、ソルフロッド郡で水の事業を進めているので、また会う事もあるでしょう」と答えた。

ただし、カメラの中のフィルムだけは抜き取られた。蓮岡氏はパスポートから小さな紙片に至るまで、ポケットの中のものを全て没収されていたが、一つ一つ確認しながら皆返却された。日本では当然だが、こんなことは当地では珍しい。例の隊長が述べた。

「これも指示でありますから、お気を悪くなさらないでください。昨日、米国人四名がタリバン兵士を一万五千ドルで買収し、撮影をして逃走する事件があったのです。その一味ではないかとの嫌疑で連行したのです。仏陀の像が大切なことは私も知っております。この地の勤務ももうすぐ終わりますから、その時こちらが撮影した写真を代わりに差し上げます。それでご勘弁願います」

こうして午前十時四五分に釈放された。青くなっていたジア医師は胸をなでおろし、蓮岡氏は憧れの仏陀の写真を失って憮然たる表情であった。隊長に昼食に招かれたが、カブールに着くのが遅くなるので、丁重に断った。

嵐の前の静けさ

盆地には人影が見当たらなかった。次の大戦闘に双方が備える嵐の前の静けさなのである。

前年八月のダラエ・ヌールの気配に似ていたが、はるかに規模が大きい。帰路を急いだ。中途でハザラ族の集落がいくつもあったが、多くはもぬけの殻で、大部分がカブールなどの親族を頼って逃げ出したものらしい。

再びまばゆい雪の丘陵を延々六時間かけて越え、カブールに到着したのは午後八時半、医療活動が不可能であることを確認しただけである。それでも、無駄な旅ではなかった。バーミヤンでの活動はまだまだ先の話だという確信が持てたし、もぬけの殻の村落を見て、相当多数の避難民がわがＰＭＳのカブール診療所に殺到するであろうと予測されたのである。それに、何といっても広大な雪原が、やがて夏の雪解けで人々を潤すことを思うと、ますます輝いて見え、胸を弾ませた。

68号
2001・7

虚飾はびこる世界に〈現実の格闘〉を以《も》て抗す

□二〇〇〇年度を振り返って

嵐のように過ぎ去った一年だったと思います。殉職者二名と負傷者五名を出し、まるで戦争のようでした。アフガニスタンの現実は情報の密室というべく、殆ど日本に知らされませんでしたが、心ある人々の手によって、かつてなく大規模、かつ速やかな対応ができたと思います。これは、ペシャワール会が過去十七年間築いてきた地元との信頼関係が大きな背景にあります。

アフガニスタンの大旱魃《かんばつ》は、世の政争や騒々しい自己宣伝をよそに、やがて全世界規模で起きる戦慄すべき出来事の前哨戦に過ぎないように思えます。そして見聞きする多くのことは、私たちの常識、世界観を根底から問うものでありました。単に国際協力に止《とど》まらず、戦争と平和、文化と文明、自然との共存、あらゆる人の営みの危機的様相を眺め、現実の格闘を通して多くの示唆を得たと思います。やや誇張すれば、人類的な課題を目前に突き付けられたと言えるでしょう。

私たちは得てして、目先の人為の小世界に埋没しがちですが、この殺伐な世界にあって、私たちの仕事が見捨てられた多くの人々の慰めとなり、ひとつの灯火として存続することを願って止みません。

□二〇〇〇年度の概況

二〇〇〇年春からユーラシア大陸は未曾有《みぞう》の旱魃にさらされた。パキスタン西部、アフガニスタン全土、パキスタン北部、イラン・イラク北部、インド北部、中央アジア諸国、中国西部、北朝鮮と広範にわたり、被災者六千万人、中でもアフガニスタンが最悪で、人口の半分、約一二〇〇万人が影響を受けた。アフガニスタンだけで飢餓に直面する者四〇〇万人、餓死線上にある者一〇〇万人と伝えられた（二〇〇〇年六月・WHO〈世界保健機関〉発表）。しかし、このことは殆ど世界的な話題になることはなかった。辛うじて伝えられたのは「旱魃に揺れるタリバン政権」という政治的動向だけで、農民と下層民は更に困窮の淵に立たされた。過去最大の危機にあったと言ってよい。

アフガニスタン全土の九割以上はタリバン政権によって統一されたが、これを敵視する欧米諸国はマスードなどの小軍閥へ武器支援を公然と行い、混乱を加えている。二〇〇一年一月、タリバンを「テロリスト勢力」と決めつける米国などの音頭で国連制裁が実施された。それまで国際的認知を期待していたタリバン政権が一転して硬化し、徹底抗戦の構えを見せた。旱魃は収まる気配がなく、雨乞いで実施されたバーミヤン石仏の破壊は、却ってタリバン非難の大合唱となった。しかし、元来アフガニスタンは農業立国であり、タリバンの宗教政策は農村部の伝統的慣習を敷延《ふえん》したものであったから、下層民や農民の大部分は、タリバン政権に違和感がなかったのが現実である。彼らが驚くべき少数の軍隊で国土を収め得たのも、このためである。多少のゆきすぎは、「一〇〇万人が餓死寸前」という、あの困窮状態では問題にならなかった。それどころではなかった。事実、タリバンによる治安の回復は驚くべきで、人々は概《おおむ》ねこれを歓迎していた。

タリバン政権が倒れると再び大混乱に陥り、アフガニスタン国家そのものが崩壊するのは必至である。誰もこれ以上の混乱を望んではいない。タリバン政権崩壊による無政府状態、旱魃による砂漠化が、ペシャワール会にとって現地事業の死命を制する事態だと考えられる。

□PMSの活動

PMSは二〇〇〇年春に、それまで分裂していたアフガン・プロジェクトとパキスタン・プロジェクトとを統合、これによって財政負担を著しく軽減した。それまでアフガン側担当者にお座なりにされていた本来の出発点、山村無医地区とハンセン病診療に力を入れるようになった。

しかし、ダラエ・ヌール診療所付近の旱魃で廃村が続出し始め、赤痢の大流行で犠牲者が多発し始めると、医療と同時に、水源確保の緊急事業に乗り出した。問題は医療以前であって、「病気どころではない。まず生きておれ！」という状態だったのである。その後アフガン東部の旱魃地帯に速やかに展開、離村寸前の農民を必死でつなぎとめてきた。この結果、二〇〇一年五月末現在、作業地五〇七ヵ所、うち利用できる水源が四二二。五四ヵ村、二十数万名の流民化を防ぐという、ペシャワール会としては過去最大規模の事業となった。わがPMS診療所のあるダラエ・ヌール渓谷では、飲料水源だけでなく、灌漑《かんがい》用水まで出した。同地は反タリバンとタリバン勢力の争奪が繰り返され、砂漠化の上に戦場となって一時約一万数千名の住民が離村したが、私たちの必死の作業で再び緑化、全村民を帰村させた。

東部で最も人口が多く、かつ旱魃被害が大きかったニングラハル州ソルフロド郡では、蓮岡修氏ら若い人々を中心とする現地ボランティアの必死の働きで、更に多くの農民たちが流民化を避けえた。これには「風の学校」が協力、活動地はなおも拡大している。

二〇〇〇年六月七日には、避難民であふれるカイバル峠のトルハムの水源確保が開始された。私たちの基本方針は、「難民を出さぬ努力」であり、これを誘い出すような国際的動き、パキスタン側の難民キャンプ支援などは避けた。

こうして飲料水確保に主力が注がれたが、医療活動でも、これまでにない大規模なものとなった。二〇〇一年三月、国連制裁発動で諸外国が退避する中、事実上無医地区と化した首都カーブルへ乗り込み、その中でも最も貧困な地区に五つの臨時診療所を開いた。これも、「難民」になることさえできぬ取り残された人々に、大きな励ましを与えた。またハンセン病診療でも、同病の最多発地帯バーミヤンからの避難民が集中する、カーブルのハザラ族居住地区に診療所が開かれるに及んで、本格的アプローチの可能性が出てきた。

□PMSの現況

二〇〇一年三月三一日現在、PMSの構成は以下の如し。

①職員一六一名（うち日本人四名）、うち医師十六名、検査九名、看護助手二六名。

②カーブル臨時診療所職員：五三名（うち医師六名）

③水計画：事務・見回り職員七四名、作業員五一〇名

診療施設（①診療所／病院名　②所在地　③一日外来診療能力（病床数））

①ＰＭＳ基地病院　②パキスタン・ペシャワール　③三五〇名（七〇床）
①コーヒスタン診療所　②パキスタン・ドベイル渓谷　③一〇〇名
①ラシュト診療所　②パキスタン・チトラール　③五〇名
①ダラエ・ヌール診療所　②アフガニスタン・ニングラハル州　③一五〇名
①ダラエ・ピーチ診療所　②アフガニスタン・クナール州　③一五〇名
①ヌーリスタン（ワマ）診療所　②アフガニスタン・ヌーリスタン州　③一〇〇名

⑴カーブル市内臨時診療所

①ダシュテ・バルチー診療所　②アフガニスタン・カーブル市内　③一五〇名
①カラエ・ザマーン診療所　②アフガニスタン・カーブル市内　③一五〇名
①カルガ診療所　②アフガニスタン・カーブル市内　③一五〇名
①ラフマン・ミナ診療所　②アフガニスタン・カーブル市内　③一五〇名
①チルストン診療所　②アフガニスタン・カーブル市内　③一五〇名

⑵ＰＭＳ支部事務所

・ＰＭＳアフガン・プロジェクト／水計画ジャララバード事務所
・ＰＭＳアフガン・プロジェクト／カーブル事務所

□事業実績

1　診療実績

二〇〇〇年度は、総計十九万四三七九名が診療を受けた。これはカーブル診療所の開設、ペシャワールでの避難民増加によるもので、大量避難民帰還の一九九三年度に次ぐものとなった。内訳は以下のとおり。

①ハンセン病診療：外来二六四名、入院二四九名で、いずれも合併症の治療。
手術四七例、理学療法のべ一万二七〇〇例、スプリント装着一四七例、下肢装具六六例
足底潰瘍《かいよう》予防サンダル：生産四二足、配布二〇一足
②カーブル診療所は五ヵ所で、三月中旬から一ヵ月間の数字。
③重要疾病《しっぺい》診療数の内訳：ハンセン病五〇四名、結核二四七名、マラリア五八五四名

診療所	外来数	外傷治療数	入院数	総計
PMS基地病院（ペシャワール）	56,585	11,279	1,051	68,915
ダラエ・ヌール診療所	29,286	1,544		30,830
ダラエ・ピーチ診療所	34,041	2,047		36,088
ヌーリスタン・ワマ診療所	17,991	1,278		19,269
コーヒスタン診療所	14,266	600		14,866
チトラール・ラシュト診療所	3,978	140		4,118
ソルフロド郡・フィールドワーク	7,452	227		7,679
カーブル診療所（5ヵ所、1ヵ月）	12,365	249		12,614
計	175,964	17,364	1,051	194,379

④検査数の内訳（右下）

2　水計画（六月十六日現在）

概要は冒頭で述べたとおり。二〇〇〇年度で最も精力を傾けた事業である。六月中旬現在の進捗状態は以下の如し。五九カ村で二〇万名以上がこれによって離村を免れている。最終的に作業地は七〇〇カ所に上ると思われる。なお付け加えれば、我々の標的地は殆んど見捨てられた困難な地域が多く、蓮岡、目黒らの若い日本人ワーカー、現地住民自身の並々ならぬ協力と努力の賜物であることを、特に明記しておく。

検査数の内訳

PMS（ペシャワール・メディカル・サービス）本院検査数内訳　検査総数　30,227件	
血液一般	3,859
尿一般	4,822
便一般	3,457
らい菌塗沫検査	180
抗酸菌	657
マラリア血液フィルム	2,385
リーシュマニア	79
生化学	1,950
レントゲン	4,807
心電図	1,439
超音波断層写真	4,521
心エコー	470
病理	33
細菌	32
体液	46
内視鏡	99
他	1,391

3　ワーカー派遣・ボランティア受入れ事業

旱魃対策でかつてない増員となった。全体として若い層（二〇代）の参加が顕著な傾向である。

4　教育関係

以下の現地医師二名をリヴァプール熱帯医学校に留学させ、感染症診療能力の向上を図った。

ジア・ウル・ラフマン医師（カーブル大学医学部卒・P

各診療所の検査数内訳

	ダラエ・ヌール診療所	ダラエ・ピーチ診療所	ヌーリスタン・ワマ診療所	ラシュト診療所	コーヒスタン診療所
血液一般	2,550	2,724	1,155	42	536
尿一般	2,040	2,233	991	56	601
便一般	3,304	3,729	1,879	95	657
抗酸菌	223	209	158	4	244
マラリア・リーシュマニア	3,806	3,206	926	9	315
髄液検査等	0	0	0	0	0
らい組織検査	1	310	38	8	2
他	155	101	99	0	27

MS院長補佐）
　シャキール医師
（ペシャワール大学医学校卒・内科担当）

　なお、一九九九年十一月に始められた「診療員養成」は、二〇名中九名を採用。看護助手、検査助手に振り分けた。医師の指導は、「基本技術の習得」に力を入れるようになり、長期の小林医師を筆頭に、短期の若い医師が技術改善に活躍した。

5　スタディツアー

　組織的な受入れは初めてのケースであったが、九名の会員が一週間滞在した。年齢は高校生から高齢者まで、職業も様々で、主にペシャワールのPMS病院を中心に見学した。皆それなりに現地理解を深め、有意義なものになった。このような実のある現地と日本側の距離を埋める努力が、今後も切望される。

	推定人口	総作業地	利用可能	完成	カレーズ
ダラエ・ヌール渓谷	4万人	92	80	33	38
ソルフロド郡	35万人	304	295	258	0
ロダト郡	15万人	151	90	0	0
トルハム（カイバル峠）	不定（約2万）	2	0	0	0
総計		549	465	291	38

6　その他

　パキスタンのコーヒスタン診療所は、住民の間で排外的な扇動を行うものが出て、治安当局も対応できず、二〇〇一年三月初旬、一時閉鎖した。現在、行政と協力して二〇〇一年夏に再開予定である。

□二〇〇一年度計画

1　カーブル診療所

　旱魃対策の一環であり、市内五ヵ所の診療所を二〇〇一年度いっぱいは継続する。当分諸外国の実のある救援活動は望めない。なお、ハンセン病と関係の深いハザラ族居住区の診療所は、長期的展望でいずれ再編する。

2　水計画

東部アフガニスタン、特にダラエ・ヌールとニングラハル州全域を二〇〇一年十二月までにカバーする。これによって最終的には七〇〇水源を確保、三十数万名が流民化を避け得ると思われる。なお、カイバル峠・トルハムの水源はペシャワール会の威信にかけて完成し、国境の混乱を防止して難民流入予防に資する。

3　教育事業

二〇〇一年九月からアフガン人医師一名がリヴァプール熱帯医学校に送られる予定。

診療員訓練コースは、二〇〇一年二月に一旦停止、被訓練者を現場に投入して様子を観察する。

4　ハンセン病関係

年度内に「ハンセン病カラーアトラス」を完成、四千部を北西辺境州とアフガニスタンの各診療機関、薬局などに配布予定。早期発見、早期治療を期する。カーブル臨時診療所の存在を利用して、ハザラ族に多い本病への本格的アプローチが可能となってきた。

名前	所属	職業・任務	期間
藤田千代子	PMS	看護婦・PMS病院看護長	1990年9月から現在
小林　晃	徳之島徳洲会病院	医師・PMS病院副院長	1997年2月から現在
藤井卓郎	PMS	技師・PMS病院会計／連絡	1998年6月から現在
蓮岡　修	PMS	僧職・水計画責任者	1999年12月から現在
中屋伸一	風の学校	井戸職人・水計画技術指導	2000年9月−2001年1月
目黒　丞	PMS	会社員・水計画担当	2000年12月から現在
知田佳奈子	PMS	会社員・PMS病院会計	2001年1月から現在
辰本幸治	京都大学	学生・水計画	2000年11月−2001年3月
永田高志	聖マリア病院	医師	2001年3月
田中　剛	警察病院	医師	2001年3月
村上　楽	熊本大学医学部	学生	2001年3月−同5月
中山博喜	PMS	会社員・事務／水計画	2001年4月−現在（1年）
木村隆幸	大学	学生・水計画	2001年6月予定
石田恵慈	風の学校	井戸職人・水計画技術指導	2001年6月予定

69号 2001・10

私たちは帰ってきます

――「アフガンいのちの基金*」にご協力を!

二〇〇一年九月十三日、私は米国の報復近しと聞き、帰国予定を急遽《きゅうきょ》変更して、再びアフガニスタンのジャララバードに入った。強い「邦人退去勧告」がパキスタンの日本大使館から出され、やむなく日本人抜きの現地プロジェクト継続を図るためである。この三日前まで実はカブールにいて、巨大な難民キャンプと化した同市の五つの診療所を強化すると共に、新たに五ヵ所を増設、更に東部一帯で進められていた水源確保(井戸・灌漑《かんがい》用水路)の作業地をも、現在の六六〇ヵ所から年内に一千ヵ所に拡大、予想される餓死者数百万と云われる未曾有《みぞう》の旱魃《かんばつ》に対して、可能な限りの対策を準備して帰国しようとしていた矢先である。九月十一日のニューヨークにおけるテロ事件は、寝耳に水の出来事であった。

しかし大規模な軍事報復を予想して、車両・機材を安全地帯と思える場所に移動させ、薬剤はＰＭＳ(ペシャワール会医療サービス)の最初の診療所があるダラエ・ヌール渓谷に移し、数ヵ月の籠城《ろうじょう》に耐えうるように指示した。五ヵ所に診療所をもつカブールには伝令を送った。ペシャワールに家族がある職員はペシャワールの本院に戻らせ、カブール市内に家族のある者はその意志に委《ゆだ》ねた。

旱魃対策の要《かなめ》であった水源確保の事務所はジャララバードに置かれており、若い日本人ワーカーたちもここに寝起きしていた。「ＰＭＳ・水対策事務所」の職員七四名は、翌日は金曜日の休みであったにもかかわらず、午前七時に異例の招集をかけられて集結していた。

意外に町は平静であった。その静けさが異様でさえあった。黙々と日々の営みが行われていたが、それは事情を知らないからではない。相変わらずＢＢＣはパシュトゥー語放送で米国の実情を伝え続けていたし、職員の誰もが日本人大衆よりは驚くほど正確に事態を判断していた。実際、ジャララバードには三年前も米国の巡航ミサイル攻撃が集中した。今度は更に大規模な空爆が行われるだろうとは百も承知の上のことである。

粛々と何かに備えるように……といっても、米国憎しと戦意をたぎらすわけでもなく、ただひたすらその日を生き、後は神に全てを委ねると述べるのが精確であろう。緊迫した決意であっても、そこに騒々しい主張や狼狽《ろうばい》はいささかも感じられなかった。

私は集まった職員たちに手短に事情を説明した。「日本人ワーカーを帰すべき言い訳を述べ、かつ士気を保つように」との水計画担当の蓮岡の求めだったが、感傷的になっていたのはおそらく私の方だったろう。

「諸君、この一年、君たちの協力で、二十数万名の人々が村を捨てずに助かり、命をつなぎえたことを感謝します。今私たちは大使館の命令によって当地を一時退避します。すでにお聞きのように、米国による報復で、この町も危険にさらされています。しかし、私たちは帰ってきます。PMSが諸君を見捨てることはないでしょう。死を恐れてはなりません。しかし、私たちの死は他の人々のいのちのために意味を持つべきです。緊急時が去ったあかつきには、また共に汗を流して働きましょう。この一週間は休暇とし、家族退避の備えをして下さい。プロジェクトに絶対に変更はありません。九月二三日に作業を再開します。」

長老らしき者が立ち上がり、私たちへの感謝を述べた。

「皆さん、世界には二種類の人間があるだけです。無欲に他人を思う人、そして己の利益を図るのに心がくもった人です。PMSはいずれかお分かりでしょう。私たちはあなたたち日本人と日本を永久に忘れません」

これは既に決別の辞であった。

家族をアフガン内に抱える者は、誰一人ペシャワールに逃れようとしなかった。その粛然たる落ち着きと笑顔に、内心何か恥じ入るものを感ぜずにはおれなかった。再会する可能性がないと互いに知りつつ敢《あ》えてカブールへと旅立つ一人の医師を、「神のご加護を」と抱擁して見送った。

帰国してから、日本中が沸き返る「米国対タリバン」という対決の構図が、何だか作為的な気がした。淡々と日常の生を刻む人々の姿が忘れられなかった。昼夜を問わずテレビが未知の国「アフガニスタン」を騒々しく報道する。ブッシュ大統領が「強いアメリカ」を叫んで報復の雄叫びをあげ、米国人が喝采する。湧き出した評論家がアフガン情勢を語る。これが芝居でなければ、みなが何かに憑《つ》かれているように思えた。私たちの文明は大地から足が浮いてしまったのだ。

全ては砂漠の彼方にゆらめく蜃気楼の如く、真実とは遠い出来事である。それが無性に哀しかった。アフガニスタン！　茶褐色の動かぬ大地、労苦を共にして水を得て喜び合った村人、井戸掘りを手伝うタリバン兵士たちの人懐っこい顔、憂いをたたえて逝った仏像……尽きぬ回顧の中で確かなのは、漠々たる水なし地獄の修羅場にもかかわらず、アフガニスタンが私に動かぬ「人間」を見せてくれたことである。「自由と民主主義」は今、テロ報復で大規模な殺戮《さつりく》戦を展開しようとしている。おそらく、累々たる罪なき人々の屍《しかばね》の山を見たとき、夢見の悪い後悔と痛みを覚えるのは、報復者その人であろう。瀕死の小国に世界中の超大国が束になり、果たして何を守ろうとするのか、私の素朴な疑問である。

＊中村医師は餓死に直面するカーブル市民が冬を乗り切るために「アフガンいのちの基金」の募金を開始、「一家族（一〇名）を一カ月二千円で支えることができます」と訴えた。

新たな難民をつくらないために

アフガン状勢は予断を許さない。いわゆる国際社会は大規模な難民支援を計画している。だが、それは本当に情勢を読んだ結果なのか、疑問がある。

二〇〇一年十月現在、カブール現政権の崩壊を前提として、各国団体・国連機関が続々とパキスタン側のペシャワールに集結している。しかし、皆が期待する難民の姿は殆どない。これはアフガン内の実情が北部の一部を除いて知られていないからである。

意外に思われるが、この大旱魃《かんばつ》と戦争の危機の中で、実はカブールなど大都市の市民生活は秩序正しく、整然と行われている。二〇〇一年一月の国連制裁以来、生活はさらに急迫し、九月十一日の多発テロ事件と米国の報復声明で数日は動揺したものの、逃げ場のない人々は半ば諦めで死を待つに等しい。それでも、彼らは動こうとしない。人々は過去二二年間の内戦で多くの苦汁を味わってきた。かつてパキスタンで行われた難民援助の実態を知る者は、誰一人故郷を離れようとしないだろう。カブール市内のいたるところに破壊された建物の残骸は、過去の愚かな血の晩餐の記憶を生々しくよみがえらせる。

現カブール政権のもたらした秩序と市民生活の安定は、多くの人々にとって、たとえ極貧にあっても換えがたいものであった。そして、それは今でもそうである。アフガニスタンの実像は正しく伝えられていない。人々は北部の軍事勢力と米国が協同して昔の混乱と破壊の悪夢を再現すると恐れている。しかし、厳冬を間近に、餓死の不安が広がっている。その上、国際社会は彼らの「難民化」を期待しているかのようである。

親切や助力は当人たちのためにするものであって、政治や商売の道具ではない。いわんや、そのために難民を作りだすのは非人道的だと言わざるを得ない。期待されるＷＦＰ（世界食糧計画）も現在のところ、時間がかかりそうである。事態は緊急である。私たちは、巨大な難民キャンプと化した一〇〇万都市カブールが、一人も餓死者を出すことなく今冬を乗り切り、難民化を避けて平和な市民生活を送るため、ここに大規模な行動を起こす。即ち、餓死の予想される人々の生命を保障して惨めな難民化を防止すべく、直ちに餓死に直面すると推定される十万名（約一万家族）の食糧配布を自らの手で直ちに開始する。状況次第ではできる限り更に拡大する。

現在、カブールにいる一〇〇万～一五〇万名のうち慢性の飢餓状態の者が約三〇～四〇％、餓死線上の者が一〇％前後と推測される。

70号
2001・12

◎首都カブール貧困層十万人に緊急食糧配布
はびこる虚構の影で
——事業は総力をあげて継続

第一期計画でカブール市民の餓死の危機を訴え、予想を上回る協力を頂きました。空爆下で一四〇〇トン（十五万人、六週間分）を搬入しました。これはみなさまの良心の成果で、強いインパクトを各方面に与えました。その後ＷＦＰ（世界食糧計画）や各国ＮＧＯが次々とカブール入りし、市民の餓死の危機は遠のきつつあると思われます。

約三千トンのストックは近々東部へ逃れてきた避難民へと配給される予定です。これにて第一期を終了。次より長期の農村再建にふり向けたいと存じます。

どうもご支援ありがとうございました。

無秩序

ペシャワールでは報道陣や国際諸団体の数が少しずつ減り始め、町は落ち着きを取り戻してきている。彼らの大半が「解放された首都カブール」へと移り始めたからだ。だがそれと対照的に、我々ＰＭＳ（ペシャワール会医療サービス）は、ますます多忙さを加えていた。それどころではない。権力の真空状態で活動地の治安が乱れ、アフガン国内の救援活動が何倍もの困難に直面している。五ヵ所のカブール診療所と三ヵ所の東部地区診療所は平常どおり運営され、かろうじて約一千数百トンの食糧が餓死寸前のカブール、ジャララバード周辺の市民たちに配給されたものの、三千トンがペシャワールで待機を余儀なくされている。だがこの中にあって、新政権（北部同盟）の政治的迫害や飢餓を逃れてくる避難民への救援が、総力をあげて継続されている。さらに悪性マラリアの大流行が追い討ちをかける。既に八月段階での予測が現実のものとなり、ＰＭＳでは急《きゅう》遽《きょ》、二チームを編成して流行地へ送った。

東部のニングラハル州では、飢えた人々の頭上に爆撃が加えられ、突如現れた北部同盟からの武装集団が略奪を行なっている。わがＰＭＳとデンマーク系の事務所以外は、国連と外国系の組織が全て襲撃され、ほとんど完全に物品が持ち去られた。ジャララバードはかつてなく無秩序が横行している。

皮肉な朗報……

カブール陥落が既成事実となってから、各国の救援団体は「難民援助」から「アフガン国内支援・復興」に方針を切りかえ始めた。現在、続々と外国機関がカブール入りをしている。既に大使館設置を決定した諸国もある。大旱魃《かんばつ》の様子も漸《ようや》く知られるところとなり、WFPを先頭に、飢餓対策が大規模に始動している。

これは飢餓に瀕する人々にとって、確かに朗報ではある。皮肉なことに、米軍の報復爆撃で未曾有《みぞう》の天災と飢餓の悲劇が世界に認識されたからだ。とはいえ、昨年以来あれだけWFPや国連機関が警告を発し続けてきたのに、「今さら」という思いはどうしても拭《ぬぐ》えない。

世界中の報道がゲーム感覚で戦局を論じ、一種異様なフィクションの中にあった。ニューヨーク多発テロ事件の死者・行方不明数の発表が六千人から三千人に減る一方、テロリストだけを壊滅する予定だった「無限の正義*」は、殺傷を欲しいままにして予想を上回る市民の犠牲を増している。さらに、タリバンによる秩序は崩壊し、救援活動は麻痺した。その政策の善し悪しは別として、あの激しい空爆下にあっても、整然と秩序が保たれていたのを、誰よりも当事者たちがつぶさに眺めてきた。国連機関で働く現地スタッフたちが例外なくそれを証言している。

「取り返しのつかぬことを」

空爆が始まったとき、「取り返しのつかぬことを」と、おそらく多少の事情通なら誰もが思ったであろう。タリバン政権による秩序を懐かしんでいたのは、他ならぬ現地国連職員たちであった。

大旱魃の実態は鬼気迫るものがあった。六〇〇万人以上が飢餓線上にあり、厳冬を間近に恐るべき事態が予測されていたのである。犠牲は単に空爆による殺傷だけではなかった。無秩序による救援活動の支障で、いったいどれほどの人々が命を落としたのか想像を超える。実際、私たちPMSと関わりの深いアフガン東部は無政府状態と略奪が横行し、食糧や医薬品の補給は多大の困難に直面した。ペシャワールに逃れ得た者はまだ幸運であった。

カブール陥落直前まで食糧配給に従事していた吾がPMS職員たちは、弾雨の中で敢然と任務を果たし、今また無政府状態の東部で悪性マラリア流行地に展開、必死の救援活動を継続している。彼らの活動は決して紙面を飾ることもなければ、国際的な賞賛を浴びることもなかろう。しかし、底辺で瀕死の民衆を支えていたのは彼らのような人々であった。

「解放されて自由を喜ぶカブール市民の姿」が映像に流され、米国人が喝采する。「タリバン後の自由なアフガニスタン」が討議され、あたかも突如として新秩序が現出するかのような錯覚を与える。だが現在進行しつつある恐るべき事態は、心ないメディアの話題性からは程遠い。もっと恐ろしいのは、このような虚像に基づいて私たちの世論や世界観が作られてゆくことだ。

置き去りにされる民衆

いったい、日本中を巻き込んだあの議論は何だったのか。いやしくも一国の軍隊（自衛隊は現地では「日本軍」と受けとめられる）が出動するかどうか、国運に関わる重大事さえ、いとも簡単に国民の支持を受けた。その議論の基盤が実体のない筋書きだったとすれば、大変なことである。あの時、「空爆とタリバンの圧制から逃れてくる難民救援」が議論の中心であった筈だ。それに対する現実認識が軽々と無視され、奇怪な意見が国論を風靡《ふうび》したことは忘れがたい。先ず必要なのはわが身を省みる謙虚さと、冷静に事実を見ようとする確かな眼であった。

昨日までペシャワールで大量難民を期待して待機していた国際諸団体がカブールに続々と殺到する光景は、いったい何であろう。現実は西部劇やファミコンゲームではない。扇情的な報道の陰で、ニューヨークでもアフガニスタンでも、そこに生きて死んでゆく生身の人間が置き去りにされる。「文明の正義」の名においてこのような蛮行がまかり通ることと自体、私には理解できない。私たちの文明はひょっとして何かの虚構に基づいているのではあるまいか。そうだとすれば、本当に怖い話だ。少なくとも、わが文明は原始社会から続いてきた野蛮さを克服していない。日本もまた、「アフガニスタン」は一つの終局の序曲に過ぎない。日本もまた、遠からずそのツケを払う日がくるだろう。おそらく復讐とテロの予備軍が、空爆下で逃げまどった無数の飢えた子供たちである。

＊アメリカ同時多発テロ事件への報復として計画されたアフガニスタン侵攻作戦の名称を踏まえた表現。

編集後記

ペシャワール会副会長　城尾邦隆

中村哲医師は「後継者は水路」「今後二〇年の活動を見すえて」と繰り返し語っていました。ペシャワール会事務局「ことばの会」はその意図を理解するために、まず書籍十六冊から言葉（メッセージ）の抽出作業を行い、約一千項目のキイワード——現地報告から国際情勢さらに哲学・宗教など多岐にわたっています——をデータ化しました。つぎに年四回発行の会報に掲載された中村医師の報告の書籍化を目指しました。

今、三七年間の報告を読みなおす意義は何でしょうか。中村医師は、国際環境の激変に翻弄される現地は「流動的」であると度々伝えていました。予期せぬ立場に置かれた時、いかに考え、いかに行動したか。刻々の報告は、今後のペシャワール会とＰＭＳの活動を支えていく指標となるでしょう。

上巻では一九八三年から二〇〇一年までを五期に分け、初めに国際環境と現地事業の動向がわかる簡略な年表を付しました。ソ連軍の侵攻、戦争、内乱、空爆という状況下での活動はまさに奇跡です。しかし、事態は今後ますます複雑になるでしょう。先進国・大国の愚行が大量殺戮と貧困を生む基本構図が、今も所をかえて露呈しています。複雑な宗教・文化、民族間の軋轢などを冷静に観察し、多民族・異文化社会の人々と共感をもって働く中村医師の視点と姿勢は、多くの示唆を我々にもたらすことと思われます。

荒れ果てた農村の回復に必須の医療環境整備のための計画と実行、一切の虚構を排した報告は心ある人々の共感を得、支援者は増え続けました。そして、現地アフガニスタンに動かぬ「人間」をみた中村医師は、超大国の虚構を突き崩す極めて重要な証言を残しました（会報六九号・二〇〇一年）。

さて、ハンセン病に関しては現地活動の出発点でもあり、長い歴史と文化に触れつつ多くの報告をしています。「ハンセン病の真実と偽り」に、「（行政や国際ＮＧＯ活動の）実態を暴露・告発して鬱憤を晴らし、当事者に打撃を与えることは困難ではない。しかし我々は、患者たちに害が及ぶのを避け、ひたすら沈黙を守り、先の長い計画を」と述べています（会報四九号・一九九六年）。さらに日本ハンセン病学会の講演に帰国した時、「背後で告発や訴訟問題があると聞き、複雑な思い」を抱いたのは（会報六三号・二〇〇〇年）、邑久光明園《おくこうみょう》などで指導を受けたこと、さらに現地ボランティアとして患者を支えた方々に対する「思い」でしょう。

山岳地帯への展開は、ときに愉快な冒険や秘境の紹介に及びました。「二二〇円のキニーネで一人の命」とのアピールから、昆虫の介在する自然の生態系と「マラリア」流行の相（安定相、不安定相）についての冷静な解説（会報三八号・一九九三年）は、四半世紀後にわれわれが経験するＣＯＶＩＤ—19を予見していました。

ついに中村医師の視点は、医療支援を越えました。気候変動による干ばつと突然の洪水は、二〇〇〇年（会報六五号）から切迫した警告となり、二〇〇一年（会報六八号）では「病気どころではない。まず生きておれ！」と言い切り、活動後半の主題となっていきます。

§

本書の編集は、中村哲の哲学と心情をたどる作業でした。

医学生時代に中村から自治会役員を引き継いだ後、彼は突然私の視野から消えました。学業を中断して町工場で働き、「自由・平等・相互扶助そして人間回復」の大義を見失った学生運動と決別しています。中村が学生時代に学んだ九州大学教授、滝沢克己が師事した神学者カール・バルトが説く「神と人の厳然たる序列と一体性、万人に通ずる恩寵の普遍性」を、良心や徳と呼ばれるものでさえ「その人の輝きではなく、もっと大きな、人間が共通に属する神聖な輝きである」と感得したとき、傾倒する田中正造、内村鑑三の思想と幼いときから馴染んできた「論語」

などの道徳観が結びつき、揺るがない哲学となったと思われます。

「器用に変身して、卒業後ちゃっかりと医局や大会社に」という同世代への批判に、身近だった火野葦平への思いを感じます。葦平に繊細な詩人の魂を見、著作に紹介されたランボーの詩「将軍たちよ、もし君たちの崩れた堡塁に、錆びついた大砲が残っているならば」を引用し、そして「トウキョウを撃て」とつづく、弱者の犠牲の上にある繁栄への異議は、時に中村の激情となります。（会報七号・一九八五年、『天、共に在り』『ペシャワールにて』）。

一方で、「ＪＡＭＳ（日本―アフガン医療サービス）が発足する前後の難民の実情は、描くのに躊躇《ちゅうちょ》する。…医療とよべる代物ではなかった。無数の墓標は忘れることができない」（会報五〇号・一九九六年）と記しつつ、そのような苦闘の中で忘れがたい体験があったことに触れています。

「私はせめて楽に息ができるように抱き方を教え、甘いシロップを一サジ与えた。すると、息もたえだえの赤子が一瞬にっこりとほほ笑んだのである。それだけで、みな明るくなった。しかし、それだけだった。その夜、十ヵ月の幼い命は天に召された」（会報四六号・一九九五年）。

小さい命に注ぐ、終生失われることのなかった優しさがここにあり、感動的です。

この書を手にした方々は、あらためて、中村哲の深く広い思索と行動に惹きつけられることでしょう。

二〇二三年三月二十六日

ペシャワール会への入会・寄付について

以下の①～③いずれかの方法でご入金ください。
会員・支援者の方には「ペシャワール会報」を年4回お送りしております。

［年会費］

一般会員　　3,000円より
学生会員　　1,000円より
維持会員　　10,000円より
団体会員　　30,000円より
（会計年度4月1日～翌年3月31日）
※会費以外の寄付も随時お受けしております。

［会費・寄付の納入方法］

① 払込取扱票（ゆうちょ銀行）

郵便局備え付けの払込取扱票に、以下の口座記号番号を記入し、通信欄に「会費」「寄付」「入会希望」等をご明記ください。

口座記号番号：01790－7－6559
加入者名：ペシャワール会

② クレジットカード（ホームページ）

クレジットカードにて会費や寄付を入金いただく方法です。1回のみの決済と、毎年の継続決済がお選びいただけます。当会ホームページからお手続きできます。

③ ゆうちょ銀行以外の金融機関やネットバンキング

事務局までご連絡ください。

ペシャワール会事務局

〒810－0003　福岡市中央区春吉1－16－8　VEGA天神南601号
電話 092（731）2372／FAX 092（731）2373

中村　哲（なかむら・てつ）

1946年（昭和21年）福岡県生まれ。医師。PMS（平和医療団・日本）総院長／ペシャワール会現地代表。

九州大学医学部卒業。日本国内の病院勤務を経て、84年にパキスタンのペシャワールに赴任。以来、ハンセン病を中心とした貧困層の診療に携わる。87年よりアフガニスタン難民のための医療チームを結成し、山岳無医地区での診療を開始。91年よりアフガニスタン東部山岳地帯に三つの診療所を開設し、98年にはペシャワールに基地病院を設立。2000年からは診療活動と同時に、大干ばつに見舞われたアフガニスタン国内の水源確保のために井戸掘削とカレーズ（伝統的な地下水路）の修復を行う。03年、「緑の大地計画」に着手、ナンガラハル州に全長27キロメートルに及ぶ灌漑用水路を建設。その後も砂嵐や洪水と闘いながら沙漠化した農地を復旧した。マグサイサイ賞「平和と国際理解部門」、福岡アジア文化賞大賞など受賞多数。19年10月にはアフガニスタン政府から名誉市民証を授与される。

2019年12月4日、アフガニスタンのジャララバードで凶弾に倒れる。

著書：『ペシャワールにて』『ダラエ・ヌールへの道』『医者 井戸を掘る』『医は国境を越えて』『医者、用水路を拓く』（以上、石風社）、『天、共に在り』『わたしは「セロ弾きのゴーシュ」』（以上、NHK出版）、『アフガン・緑の大地計画』（PMS＆ペシャワール会）、『希望の一滴』（西日本新聞社）など。

中村哲《なかむらてつ》 思索《しさく》と行動《こうどう》
「ペシャワール会報」現地活動報告集成［上］1983〜2001

2023年6月3日　初版第１刷発行
著　者　中《なか》　村《むら》　　哲《てつ》
発　行　ペシャワール会
〒810-0003　福岡市中央区春吉1-16-8
電　話 092-731-2372　ＦＡＸ 092-731-2373
発　売　忘《ぼう》　羊《よう》　社《しゃ》
〒810-0022　福岡市中央区薬院4-8-28
電　話 092-406-2036　ＦＡＸ 092-406-2093
印刷・製本　シナノ・パブリッシングプレス

ISBN978-4-907902-34-6